提升知识产权服务能力 促进创新驱动发展战略

——2014年中华全国专利代理人协会年会第五届知识产权论坛优秀论文集

中华全国专利代理人协会 ⊙ 编

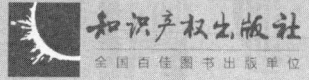

图书在版编目（CIP）数据

提升知识产权服务能力　促进创新驱动发展战略：2014年中华全国专利代理人协会年会第五届知识产权论坛优秀论文集/中华全国专利代理人协会编. —北京：知识产权出版社，2014.4

ISBN 978-7-5130-2643-7

Ⅰ.①提… Ⅱ.①中… Ⅲ.①专利—代理（法律）—中国—文集 Ⅳ.①D923.42-53

中国版本图书馆CIP数据核字（2014）第051173号

内容提要

本书为2014年中华全国专利代理人协会年会第五届知识产权论坛优秀论文集，内容涉及专利领域的多个方面，作者结合自身的专利工作实践，阐述了自己的一些想法，提出了很多新观点、新思路、新创意，对我国专利制度的发展和进步具有良好的借鉴和启迪。

责任编辑：卢海鹰　胡文彬	责任校对：韩秀天
特约编辑：程　飞	责任出版：卢运霞

提升知识产权服务能力　促进创新驱动发展战略
——2014年中华全国专利代理人协会年会第五届知识产权论坛优秀论文集

中华全国专利代理人协会　编

出版发行：知识产权出版社有限责任公司	网　　址：http://www.ipph.cn
社　　址：北京市海淀区马甸南村1号	邮　　编：100088
责编电话：010-82000860转8031	责编邮箱：huwenbin@cnipr.com
发行电话：010-82000860转8101/8102	发行传真：010-82000893/82005070/82000270
印　　刷：北京市凯鑫彩色印刷有限公司	经　　销：各大网络书店、新华书店及相关专业书店
开　　本：720mm×960mm　1/16	印　　张：24.25
版　　次：2014年4月第1版	印　　次：2014年4月第1次印刷
字　　数：440千字	定　　价：78.00元（附光盘）
ISBN 978-7-5130-2643-7	

出版权专有　侵权必究

如有印装质量问题，本社负责调换。

2014年中华全国专利代理人协会年会第五届知识产权论坛征文评审委员会

主　任： 杨　梧

副主任： 林柏楠　马　浩　王宏祥　姜建成　李　勇（港专）
　　　　　　任　虹　陈　浩　胡　杰　吴大建　徐媛媛

成　员： 黄　庆　吴　凯　马维野　龚亚麟　徐治江
　　　　　　徐　聪　高　康　葛　树　王　澄　李永红
　　　　　　卜　方　陈　伟　崔伯雄　毕　囡　刘志会
　　　　　　林笑跃　钱红缨　张茂于　白光清　王岚涛
　　　　　　韩秀成　魏保志　胡文辉　张伟波　王达佐
　　　　　　龙　淳　刘　芳　余　刚　张建成　李卫东
　　　　　　李　勇（金杜）　李雁翔　陆锦华　郭晓东
　　　　　　尉伟敏　蹇　炜　王　芸　寿　宏　朱宝华

秘书组： 何　涛　程　泳

序　言

继党的十八大报告提出"实施知识产权战略，加强知识产权保护"之后，"加强知识产权运用和保护"等一系列重要论述又写入了十八届三中全会的《中共中央关于全面深化改革若干重大问题的决定》中。这不仅为我国知识产权事业的发展指明了方向，也为我国知识产权服务行业的发展提出了新的要求。面对实施创新驱动发展、建设创新型国家的战略任务，知识产权服务业应当在其中发挥怎样的作用，如何充分发挥作用，以及如何进一步加强行业建设及自律管理以适应战略任务需求等一系列理论和实践问题，需要全行业认真思考并通过不断探索和创新，用实际行动给出满意的答案。

"知识产权论坛"作为中华全国专利代理人协会组织的年度盛会，在业界影响力日益扩大。参会人员不仅覆盖广大专利代理机构和专利代理人，还包括行政管理机关的官员、人民法院法官、企业知识产权工作者及专家学者等。本届"知识产权论坛"的征文活动选定的主题为"提升知识产权服务能力，促进创新驱动发展战略"，期望广大知识产权界的理论和实践工作者围绕知识产权保护领域的热点问题，总结经验，交流体会，为我国知识产权服务业的未来发展献计献策。同时通过此次论坛的论文征集与评选工作，也期盼业界同仁统一认识、凝聚共识，用理论指导全行业未来的实践工作，共同提高行业服务质量和管理水平，促进知识产权服务业的健康发展。

本届论坛得到了广大从业人员、行政主管机关、司法机关、企业单位、专家学者的广泛关注和大力支持，具体表现为论坛征文呈现出以下三个特点：第一，征文投稿数量大，参与人数明显增多。本届论坛征文活动共收到来自国家知识产权局、专利代理机构、高等院校、人民法院以及企业的稿件500余篇。第二，投稿作者分布较广。往届征文的投稿者主要集中为审查员和专利代理人。本届论坛征文活动稿件中，不仅来自全国各级人民法院系统的投稿有了显著增长，来自企业的投稿也较往届明显增多，带来了更多知识产权服务业用户体会与意见。第三，稿件内容富有新意，质量有较大提升。作者们汇集了业务实践中遇到的相关热点与难点问题，提出多视角、全方位的思考和建议。同时紧扣我国新一轮经济改革的战略任务，结合国际国内知识产权领域的新动向，提出了诸多富有创见的设想和独到的见解。

本届征文活动的开展，得到了各界知识产权工作者的大力支持。在此，我代表中华全国专利代理人协会衷心感谢广大参与者对专利代理行业发展所给予的高度热情和大力支持，感谢各位投稿人对本届论坛征文活动贡献出的聪明才智和思想智慧，感谢评审委员会全体评委的无私奉献和辛勤劳动！

本次征文活动的成功不仅反映出广大从业人员对专利代理行业未来健康发展的高度关心，也为中华全国专利代理人协会今后不断改进工作增添了信心。相信今后征文活动会越办越精彩，有力促进我国专利代理以及相关知识产权保护工作的进一步发展，并将激励更多业界同仁不断开拓进取，为我国知识产权事业以及建设创新型国家作出更大的贡献！

中华全国专利代理人协会会长
杨梧

目 录

第一部分 专利代理行业建设与专利代理机构管理

以客户为中心的业务转型 ………………………… 尤 佳（003）
　　——浅谈知识产权代理服务理念
专利代理机构应加速从专利权质押
　　融资业务中寻求发展机遇 ………………… 李小童 李广辉（012）
专利代理人在实质审查中对维护专利价值的贡献 …… 李镝的 胡利鸣（022）
专利代理合同纠纷诉讼研究 ……………………… 曲凌刚（030）
　　——以北京法院相关法律文书为研究基点

第二部分 专利代理与专利审查业务交流

从微信案看专利文件中的环境特征 ……………… 邓云鹏（043）
浅析在先优先权文件提前公布以及优先权有效性对
　　在后国际专利申请的影响 ……………… 尤一名 张嘉凯（051）
公众参与对降低问题专利申请的影响 …………… 郭荣庆（061）
专利实质审查中引用 ISO 质量
　　管理体系的思考 …………………… 王岩 张瑶 旭昀（065）
小议"技术问题"的重新确定 …………… 袁逸 李小芳 亓云（070）
由最高人民法院关于侵犯专利权纠纷案件中"禁止
　　反悔原则"的案例浅析该原则的适用方式 …… 佟巍 李艳艳（079）
对开放式和封闭式权利要求的再认识 …………… 李建忠（086）
　　——兼评胡小泉案

说明书公开不充分与相应权利
　　要求之间的关联性分析 ················· 刘长勇　王　芳　马　鑫（096）
浅议公知常识的认定方法 ················· 王　曦　孙明浩　杨艳云（103）
存在多个区别特征的发明专利申请创造性　芦　霞　陈晓伟　林桂荣
　　评判 ······························· 闫洪波　费聿辉　刘慧卿（111）
关于二次概括式修改是否超范围的思考 ····· 曲凤丽　田　冰　鲁　洁（121）
浅谈专利法意义上的"技术方案" ······································ 陈　斌（126）
《专利法》第33条的具体适用体会 ·································· 王宝筠（132）
　　——再议上海家化案
往者不可谏，来者犹可追？ ····· 徐方明　傅晓亮　吴　静　曾彩霞　周　珑（143）
　　——在后提交实验数据能否用作专利性判断证据的讨论
基因专利，何去何从？ ·· 韩威威（152）
浅谈有效答复化学领域"公开不充分"
　　审查意见的合理思路 ············· 刘　庆　刘宇雄　王丽娜　王　舟（161）
植物细胞知识产权保护问题探讨 ······································ 张　彬（170）
浅谈现有技术证据在实质审查条款中的扩展应用 ······ 岳瑞娟　高晓薇（176）
关于植物细胞是否属于植物品种的审查标准探讨 ······ 张丽华　孙永福（185）
保藏号限定的微生物的创造性判断辨析 ······· 欧阳石文　徐　莉　唐华东（193）
从《专利法》第33条的立法宗旨探析审查
　　中的若干标准 ··························· 万闪闪　陈　超　汪晓风（205）
从合理行政角度看修改超范围的审查 ······························ 刘佳斐（213）
把握技术方案核心，提高通知书说服力 ······· 郑　明　朱　宁　宋庆华（223）
图形用户界面的可专利性探讨 ······································ 亓　云（231）
一种互助检索模型的设计 ··················· 王宗文　彭　亮　赵　奇（239）

第三部分　国内外法律研究与实践

知识产权法律解释规则研究 ·· 魏　嘉（251）
新《民事诉讼法》框架下行为保全制度问题研究 ···················· 姚建军（262）
　　——以侵害商业秘密纠纷案件为样本
如何利用反垄断制度应对标准必要
　　专利权的滥用 ························· 付圆媛　牛　爽　郝政宇（273）

美国对华"337调查"分析
 及应对措施……………… 曹斌宏 霍廖然 张 毅 唐 宇 仇 颖（281）
专利产品平行进口的美中法律制度探究 ………………… 邵珏茹（288）
著作权默示许可制度研究 ……………………………… 路 聪（299）

第四部分　企业知识产权管理与维权实务

专利布局设计方法浅析 …………………………………… 杨 斌（313）
我国企业"走出去"战略中海外知识产权
 风险防范机制研究 ………………… 王 飞 卢海君（323）
建立企业知识产权管理体系 …………………………… 李 想（336）
关于对科技型中小企业实施专利援助工作的思考 ……… 金 源（346）
企业专利分析方法及其对企业技术
 研发策略的影响 ………… 王 帅 张 雪 武 姿 张 宇（356）
  ——以某品牌冰箱在华专利申请为例
贯彻企业知识产权管理标准　构建知识产权全过程
 管理体系 ………………………………………… 孙 朗（366）

（论文按主题分为四个部分，各部分中的论文排名不分先后。——编者注）

第一部分

专利代理行业建设与专利代理机构管理

以客户为中心的业务转型
——浅谈知识产权代理服务理念

尤 佳[*]

【摘　要】
　　本文阐述了知识产权代理服务中树立"以客户为中心"服务理念的必要性,指出了目前知识产权代理服务理念中所存在的一些问题,提出了构建以客户为中心的业务转型的设想。

【关键词】
　　知识产权代理　服务理念　以客户为中心

一、知识产权代理服务的定义和现状

　　知识产权代理是指代理当事人处理知识产权事务的行为,主要包括专利代理和商标代理,还包括版权登记代理、集成电路布图设计登记代理等其他知识产权类别的代理行为。知识产权代理的业务范围涉及所有与专利、商标以及其他知识产权相关的法律行为,主要包括:申请、无效、诉讼、咨询、维权、战略规划等业务内容。

　　与美国、日本等发达国家同行相比,中国知识产权代理的历史不长,到2014年还尚未到而立之年。近30年来,知识产权代理在中国从无到有,随着中国经济的持续发展以及在国家知识产权战略的助动下,中国现有知识产权代理市场已经相当可观,呈现出申请量、代理机构以及代理人员齐增长的态势:根据国家知识产权局2013年的统计数据,我国已通过审批的专利代理机构数量已经达到1001家,具有专利代理人资格人员和执业专利代理人数量分别达到1.7886万人和8861人。❶ 在专利申请方面,2013年受理的各类专利申请超

---

[*] 作者单位:上海专利商标事务所有限公司。
❶ 数据来源:国家知识产权局网站。

过 237 万件，比 2012 年同期增长 16%。❶ 商标注册申请量 2013 年超过 188 万件，比 2012 年增长 14.15%。❷

庞大的专利市场，众多的代理机构，在数字繁荣的背后，中国知识产权代理服务竞争加剧并出现了服务同质化的现象。各知识产权代理机构特别是规模大，能力强，已经占有一定市场份额的老牌知识产权代理机构已经开始更多地思考从提升服务理念的角度加强机构竞争力的问题。

二、知识产权代理服务中树立"以客户为中心"服务理念的必要性

根据一份对众多跨国企业 CEO 的调查，如何使企业更加"客户中心化"已经成为当今企业面临的主要挑战。现今许多企业的战略革新都围绕客户中心化展开。❸ 知识产权代理服务行业"产品形式集中"，"利润客户来源集中"，"服务流程、质量控制方法雷同"，知识产权代理机构引入"以客户为中心"的服务理念显然有其必要性。

1. "以客户为中心"的服务理念是知识产权代理行业竞争态势变化的产物

2009 年 10 月 1 日《第九届全国人民代表大会常务委员会关于修改〈中华人民共和国专利法〉的决定》实施之前，中国的知识产权代理业务，特别是涉外知识产权代理业务几乎被几家大所所垄断。这些大所基于政策红利和先发优势，业务量呈现自然增长态势，市场竞争态势平稳。因而在市场竞争尚不激烈的过往，知识产权代理服务提供的服务大都"以产品为中心"，知识产权代理中的"产品"主要包括专利、商标申请、专利无效、商标异议争议以及专利、商标诉讼等，其中特别是专利、商标申请业务是各大知识产权代理机构的主营"产品"。各机构对其业务的营销以及服务，都是以"产品"为出发点。然而，随着客户对知识产权代理机构个性化服务要求的提高以及各领域行业巨头（知识产权行业的主要利润客户）都更加重视专利战略和布局，知识产权代理服务的发展方向也逐渐转向"以客户为中心"。从客户需求和客户开拓的实际效果来看，谁能够提供更加全面的知识产权保护策略，谁能更加了解客户的需求，谁就能赢得客户。

---

❶ 数据来源：国家知识产权局网站。
❷ 数据来源：国家工商行政管理总局商标局网站。
❸ 诺曼，等. 以客户为中心的六西格玛：联系客户、流程优化与财务结果的纽带 [M]. 王晓芹，译. 北京：机械工业出版社，2004.

事实上，与能带来利润的客户建立持久的合作关系是"以客户为中心"服务理念的核心，持久的关系是指长时间的维系，定期以接触的方式联络，并不断地了解客户需求上所作的改变。现今，建立在产品或服务创新上的企业优势都可能是短暂的；相对地，与客户建立长期的关系，使知识产权带领和客户需求紧密联系在一起，就如同在土壤中加入了营养土，很可能成为在变化激烈的市场中取胜的关键。

2. "以客户为中心"的服务理念是适应知识产权代理行业市场供求关系变化以及营销方式变化的要求

目前知识产权代理行业市场供求关系正在从以往的求大于供转化为供求相对平衡，而就申请量大、利润高的优质客户而言，已经是供大于求。同时，鉴于越来越多的知识产权代理机构，代理人可以以近似的价格提供质量近似的服务，行业内竞争正在加剧。各大知识产权代理机构一方面着力于为自身现有大客户提供良好的服务，保持市场份额，另一方面也都在积极表现，寻求获得更多有潜力的优质客户。

在目前市场供求关系的变化和竞争情况下，"以客户为中心"的服务理念逐渐成为知识产权代理机构可持续发展的保证之一。第一，对于自身现有的长期客户，基于对客户需求的基本了解，各代理机构会努力和客户进行良好沟通，进一步探求客户需求，以便保持好长期合作关系。第二，客户是最好的广告，客户的口碑是为代理机构带来新的客户和案源的有效途径。第三，"以客户为中心"的服务理念有助于让你的客户从需要你到依赖你，这样，代理机构就可以在和客户一同成长的过程中获得客户不断的案件委托，并有可能拓展出新的案源。

在另一方面，现今时代知识产权代理服务的营销已经不是客户被动地接受信息，"产品或服务问世，客户自然会上门"的时代已经一去不复返了。在充分竞争的态势下，各代理机构的营销方式已经主要向如下三种方式转化，而这三种方式背后的服务理念正是"以客户为中心"：

方式一：有区分的营销——针对特点客户群，寄发特定代理产品的营销邮件。例如，有些代理机构会监控商标申请驳回或异议状态，适时发送邮件给商标注册申请人或利害关系人营销他们的复审或异议代理产品。

方式二：需求导向的营销——根据客户知识产权战略的改变，推出目标明确的营销活动。例如，到了解到某利润客户的知识产权申请策略从追求数量向提高质量发展之时，代理机构就要及时根据该客户需求的改变调整营销重点并同时加强案件代理质量的监控。

方式三：全方位的客户关系管理营销——以多元渠道、特定知识产权代理案件驱动及各种知识产权代理信息沟通的做法，完全个性化地针对特定客户进行营销。

3. "以客户为中心"的服务理念是化解知识产权代理同质化竞争压力的突破口，也是取得扩展业务以及高利润业务的敲门砖

"以客户为中心"的服务理念是化解知识产权代理同质化竞争压力的突破口。在服务内容、服务质量以及服务价格趋同的情况下，如果要在竞争者中脱颖而出，赢得客户的信任，取得客户的订单，各大代理机构之间比拼的恐怕就是特定客户眼中他们的"不同"之处了。要让客户感受到你的"不同"，首先要让客户对你有"认同"感，要和客户有"相同的理念"。2013年5月中旬，IBM全球企业咨询服务在其策略发布会上宣告中国企业正揭开新一轮全球化浪潮，而在社交媒体、超级数字化、移动技术影响下的大数据时代也同时拉开帷幕，个人和组织的工作、互动和协作方式正在发生显著变化。IBM咨询服务建议中国企业应抓住这一数字化转型机会，进行以客户为中心的业务转型。而中国知识产权代理行业中的高利润客户群之一——全球各技术领域行业巨头也都已经创建并实践着"以客户为中心"的服务理念。因而，树立"以客户为中心"的服务理念可以使知识产权代理机构和目标利润客户有"相同的理念"基础。在"相同的理念"基础上，"以客户为中心"的服务理念将可以帮助知识产权代理机构深度挖掘客户的真正需求，以及通过一时期的合作以及充分的沟通让客户了解到机构可以满足相应客户需求的能力。当客户了解了"不同"，对于这个客户而言，某知识产权代理机构的服务就有了不同于其他机构代理服务的优点，并很可能在竞争中被客户所选择，这就突破了"同质化"的瓶颈。

"以客户为中心"的服务理念是取得扩展业务和高利润业务的敲门砖。俗话说，机会是留给有准备的人的，同样的，新的业务增长点是不会从天而降的。一般而言，新的业务增长点会出现在新的业务内容中。随着近年来国家知识产权战略的大力推进，全球商战中知识产权布局和比拼所占据的比重越来越大，知识产权代理行业中的新业务内容开始不断涌现，包括"知识产权战略"、"专利地图"、"知识产权评估"、"知识产权质押"、"知识产权保险"、"美国ITC诉讼"等。这些新业务，案值高，利润高，一般有相关需求的客户都是相当优质的客户。"以客户为中心"的服务理念的运用可以使知识产权代理机构以最快的反应速度对新业务需求作出响应，并通过和客户的及时深入互动获得这些扩展业务和高利润业务。

在这一方面，包括律所在内的很多知识产权代理机构在实务中会发现原来单纯委托专利案件的客户，当有商标或其他知识产权需求时会首先考虑由代理其专利案件的知识产权代理机构代理。而律所常常发现为客户做好一件知识产权代理案件常常会带来后续该客户中国机构设立、合并、合同纠纷等扩展案件。

三、"以客户为中心"的服务理念在知识产权代理行业的内涵以及对知识产权代理机构和代理人的要求

"以客户为中心"的服务理念的一般概念可以概括为"以客户的需求为中心",其目的是从客户需求的满足之中获取利润,这可以认为是一种"以客户为导向"或称"市场导向"的服务观念。

1. 在知识产权代理行业,"以客户为中心"的服务理念的内涵解读

知识产权代理行业经过了相对"垄断时期"并经历了一定时期的发展,正在不可避免地经历着这样一个从以产品为中心到以客户为中心的业务经营模式的转变。知识产权代理的传统业务模式是以知识产权代理产品为竞争基础,知识产权代理机构关心的是机构内部运作效率和代理产品质量的提高,以此提高在代理行业内的竞争力。随着知识产权代理行业竞争的加剧,代理产品同质化的趋势越来越明显,代理产品的价格和质量的差别已经不再是机构获取高额利润的主要手段。越来越多的知识产权代理机构认识到满足客户的个性化需求,甚至能超越客户的需要和期望的重要性。与此同时,越来越多的知识产权代理机构开始以客户为中心,倾听客户的呼声和需求,发展自身对不断变化的客户期望迅速作出反应的能力,满足客户的个性化需求。

知识产权代理机构的"以客户为中心"的服务理念一般具有以下内容特征:

(1) 知识产权代理机构将业务经营的关注重点由代理产品转向客户需求;

(2) 知识产权代理机构将仅仅注重业务管理转化为更加关注系统的客户关系管理;

(3) 在业务开拓方面,知识产权代理机构从重视如何吸引新的客户转向全客户生命周期的关系管理,其中很重要的一部分工作放在对现有客户关系的维护上;

(4) 知识产权代理机构开始将客户价值和客户关系维护作为绩效衡量和评价的标准。

2. "以客户为中心"的服务理念对知识产权代理机构和代理人提出了新要求

主要可以归纳为如下几点:

（1）知识产权代理机构在日常繁杂的代理业务中要注重对已有客户的分级管理。

与能带来利润的客户建立持久的合作关系是"以客户为中心"服务理念的核心，但目前很多知识产权代理机构可能并不明确知晓它们的客户群内哪些属于较有利润的一类，并因此无法进一步为这些客户提供符合其个别需求的代理产品或服务。根据著名的"二八定律"，一个知识产权代理机构80%的利润来自它20%的客户，"以客户为中心"的服务理念的树立因而要求知识产权代理机构通过对已有客户的分级管理筛分出为机构带来80%利润的客户群体。

（2）知识产权代理机构要规划自身的战略发展方向，重点关注和拓展自身的目标客户。

《孙子兵法》曰："谋定而后动。"每个知识产权代理机构因其规模、人员专业领域构成等不同具有在不同技术和法律领域的优势。在目前中国知识产权代理行业每年100万件以上的专利申请以及近200万件的商标申请量的大形势下，大中小型知识产权代理机构都有发展自身业务的空间。同时，每个知识产权代理机构可以提供的知识产权代理服务体量和机构规模、人员紧密相关，具有明显的局限性。因而，对于每一个知识产权代理机构而言，对自身战略方向要做好规划，将自己的工作重点放在关注和拓展与自身实力以及能力相符的目标客户上，才能有效地实践好"以客户为中心"的服务理念。

（3）知识产权代理人要学会以客户的角度"换位思考"，从"做案子"向"做客户"转化。

知识产权代理是专业性很强的工作，需要专业法律知识，需要专业技术背景，还需要实务经验。再者，知识产权代理和保护有很强的地域性，不仅隔行如隔山，不同国家的代理实务也常常有明显的差别。鉴于此，在大多数中小企业客户的知识产权代理案件中，知识产权代理人在提供代理服务时一般会处于主导地位，即在不少案件代理中，知识产权代理人的建议和观点基本被缺乏知识产权知识和经验的客户所全部采纳。

在另一方面，行业内利润率较高的涉外代理案件的委托人大多是知识产权代理经验丰富的国外知识产权代理机构以及知识产权管理经验丰富的国外大机构。在这些案子的代理过程中，大多数中国知识产权代理机构的代理人又往往处于被动地位，常常根据客户的指令进行申请、实审、异议、复审等。

不论知识产权代理人在案件代理中是处于主导地位还是处于被动地位，如果关注点仅仅是"代理案件"本身，常常会出现经验主义的"主观臆断"或者"木头人"式的代理行为。有时还会出现，案子是代理成功了，在代理过程中客户感受却有欠缺，最后还导致客户流失的现象。

在"以客户为中心"的服务理念之下,知识产权代理人仅仅"做好案子"显然是不够的,还要好好学习如何"做客户"。代理质量的好坏说到底不是代理经验丰富的同行评价的,而是购买代理服务的客户的评价和感受,最直接的就是客户持续不断的订单。

(4) 知识产权代理人要扩展自己的视野,扩充知识面,加强沟通能力。

在知识产权代理服务行业,最能了解客户需求的就是天天和客户直接接触、讨论案件的知识产权代理人。从客户眼中了解其需求,让客户感受到代理服务的内容和质量,这些都是知识产权代理人每天要面对的。"以客户为中心"服务理念的实践无疑对知识产权代理人的视野、知识面和沟通能力都有了更高的要求。

每位知识产权代理人每天要处理的案件繁杂,一般是通过书面形式和客户沟通。俗话说"文如其人",知识产权代理人需要不断提高自己的书面写作能力,力求和客户沟通高效率、无误区。另外,知识产权代理人常常是"审查员"和"客户"之间的沟通桥梁,有技巧地、专业地转达和答复好"审查意见",在专业能力之外,沟通能力也不可或缺。这主要表现在需要抓住"审查意见"的关键点,同时还要兼顾客户技术研发中的要点以及相关知识产权对客户商业发展的影响。

当今世界科技发展日新月异,商业模式也创新不断,时代对知识产权代理人的要求绝不是仅仅局限在知识产权代理的实务中。"以客户为中心"的服务理念也就是要求知识产权代理人紧紧跟随有创新力的"客户",了解它们的创新商业模式,时刻关注它们的新技术以及技术发展趋势,还要了解它们的竞争对手,这样才可能真正做到"以客户为中心",和客户一同成长,被客户认同,被客户信赖。

四、知识产权代理机构如何实现"以客户为中心"的业务转型

"以客户为中心"的业务转型顺应了目前知识产权代理服务竞争的要求,对于每一个知识产权代理机构而言,这样的业务转型都是一个逐步转变的过程。这个过程一般包括如下几点。

1. 在机构内部创建"以客户为中心"的文化

"以客户为中心"的业务转型,首先是知识产权代理机构从管理层到代理人到各部门员工全员都要培育"以客户为中心"的观念。欧洲铁路机构就是一个成功的例子。这家原本由政府所经营的机构,花了18个月的时间成功地

改变了所有员工及管理阶层的观念,而完成了"以客户为中心"的业务转型。机构全员转变观念之后,在日常知识产权代理工作中理论和实践相结合,知行合一就能逐步构建起"以客户为中心"的文化。

2. 构建好机构的客户关系分级管理体系,了解你的客户群,找到目标客户

每年可观的申请量,每个专利、商标申请从申请到注册以及注册后的年费维持、续展、权利变更和维护等使知识产权代理机构的客户呈现数量多、类型多、周期长的特点。机构80%的利润仅仅来自20%的关键客户,并且这20%的关键客户还可能是经常变化的。❶ 因而,知识产权代理机构的客户关系分级管理既是一项艰巨的任务,也是"以客户为中心"业务转型的必要前提。构建客户关系分级管理体系有助于知识产权代理机构了解自身的客户。一般来说,体系的建立要基于一个完善的客户资料库,了解并记录每一位客户的信息和细节,包括客户要求、历史案件、财务结算情况等。

每个知识产权代理机构每个知识产权代理人的时间和能力都是有限的,要做好"以客户为中心",就要在了解自身客户的基础上找到机构目标客户,将有限的精力投入到有价值的目标客户身上。目标客户首先是那些已经为机构带来利润的长期既有客户,这些客户通常对机构现有的服务和价格满意并和机构有着良好的业务合作关系,它们不仅会继续给机构带来持续的业务量,也可能通过它们的良好口碑为机构带来潜在的客户和业务。其次,目标客户是机构客户群中最有价值的客户,即从投入和产出比上最有利可图的客户。最后,通过客户关系分级管理,机构可以知道并找出行业技术前景好,可能给机构带来高利润的潜在目标客户,并在它们尚未真正成为机构的关键客户之前,就及时确定向这些客户提供完整的服务计划,使它们最终成为为机构带来利润的关键客户。

3. 根据客户需求,组建代理团队,成为客户团队的一部分

知识产权代理机构的大客户常常是在某一技术或商业领域处于领先地位,知识产权代理案件委托量大,知识产权代理相关业务繁杂的公司。同时,这些大客户一般和一个或数个知识产权代理机构有长期的业务合作。因而此类大客户不仅会对知识产权代理机构有较多的个性化要求,凭借自身具有的知识产权法律知识以及对各代理机构服务的比较对案件代理的质量情况了如指掌。服务好这样的大客户,显然需要"以客户为中心"的服务理念。在实务中,"代理人团队服务"就是"以客户为中心"的业务转型过程中的一个很有效的服务模式。

---

❶ 玛丽·奈勒,苏珊·葛瑞可. 客户管理八步走 [M]. 林宜萱,罗雅萱,译. 汕头:汕头大学出版社,2014.

"代理人团队服务"是指知识产权代理机构为某特定客户根据专业、技术领域、流程需要配备知识产权代理人,与客户经理、秘书等组成团队,为该特定客户提供所需的知识产权服务。在代理人团队服务的过程中,呈现出的服务内容和服务特点正体现出了"以客户为中心"的服务理念,主要包括以下几点:

(1) 以客户需求为中心,提供优质和专业的服务,提高客户满意度和忠诚度;

(2) 关注客户需求,团队成员主动拓宽视野,加强客户重点技术方向知识的学习,并根据客户要求制定专利撰写以及新案及实审的操作规程;

(3) 重视和客户的沟通,根据客户联系人的不同特点和习惯采用不同的沟通方式,换位思考,站在客户立场上理解客户需求,提供有针对性、有侧重的服务;

(4) 培养每个团队成员的团队归属感和客户归属感,加强团队内部沟通交流,共享客户服务经验成果。

4. 将"以客户为中心"的服务理念融入到知识产权代理案件质量管理以及知识产权代理人的绩效考核中

实现"以客户为中心"的业务转型还需要知识产权代理机构将"以客户为中心"的服务理念和知识产权案件质量以及知识产权代理人的绩效考核紧密结合起来,从而将无形的服务理念落实到有形的质量管理和绩效考核中。这样,客户可以从案件代理的质量中体会到自己的需求被重视被满足,而绩效考核的指标也可以进一步鼓励代理人在日常工作中更加重视和客户的沟通,为客户获取更多的利益。长此以往,"以客户为中心"的业务转型就逐步成形,并自然融入知识产权代理机构的日常业务运营中。

五、结 语

知识产权包括专利、商标等对于每一个企业来说都是处于金字塔上层的为企业所重视的无形资产。这些无形资产还常常是各企业利润的主要源泉。在知识产权代理行业蓬勃发展的中国,各知识产权代理机构正面临着时代赋予的机遇和挑战。随着竞争的加剧和分化,知识产权代理机构想要保持自己的市场份额,争取可以为机构带来高利润的优质客户,就将面临着从原有的"代理产品导向"向更加贴合客户需求的"以客户为中心"的业务转型。相信在未来几年,各大中小型知识产权代理机构都会努力实践这样的业务转型,相应地,知识产权代理服务的质量和客户满意度也将因此更上层楼。

专利代理机构应加速从专利权质押融资业务中寻求发展机遇

李小童* 李广辉**

【摘 要】

本文研究了专利权质押融资贷款的发展现状,分析了制约专利权质押融资发展的主要因素,并有针对性地分析了专利代理机构在质押融资业务中所能起到的作用,以及专利代理机构开展质押融资业务所具有的优势,建议专利代理机构大力进行制度创新,全面开展专利权质押融资相关业务。

【关键词】

专利权 质押融资 代理机构 价值评估

专利权质押融资已经成为当前知识产权行业热点,同时也是学术研究的重点,备受世人关注。但是针对专利代理机构开展质押融资业务的研究尚不多见,本文从专利权质押融资目前所遇到的困境出发,分析专利代理机构开展质押融资业务的有利因素和必要性,并提出大胆建议。

一、专利代理机构开展质押融资业务的必要性

2013 年,我国知识产权金融服务工作取得积极成效,专利权质押融资金额首次突破 200 亿元大关,达到 254 亿元人民币,与 2012 年的 141 亿元相比,暴增 80%。一方面,未来专利权质押融资数量和金额仍将继续增长,质押融资中介服务的市场极其广阔。专利权质押融资至少涉及质押业务代理、专利法

---

* 作者单位:国家知识产权局专利审查协作北京中心。
** 作者单位:国家知识产权局专利审查协作河南中心。

律审查和全程法律服务、专利权价值评估等基本业务和风险担保等延伸服务，参照国际惯例，服务费为专利权质押融资金额的 3%~5%，仅以 2013 年为例，理论上至少存在 7 亿元服务费的市场空间等待专利代理机构前来掘金。

另一方面，我国专利代理行业经过近 30 年发展，专利代理市场接近饱和，竞争已经趋于白热化，专利代理费也连年走低，在某些网站甚至出现了一件发明专利申请 1000 元的代理价格。根据近 10 年专利申请量增长情况，结合国家知识产权局"优化结构，提升质量"的指导思想，可以判断未来专利申请量不会持续高速增长，而发明专利授权量 2013 年已经出现了同比 4.1% 的下降。这意味着，过去单纯依靠代理案件数量增长的发展模式已经走到了尽头，我国专利代理行业必须转变发展方式，拓展新兴业务，从方兴未艾的质押融资业务中寻找新的利润增长点。

二、专利权质押融资的现状与瓶颈

1. 专利权质押融资的现状

关于专利权质押融资形成的机理，学者认为在企业发展的早期，公司在缺乏有形资产质押担保的情况下，由于不愿意通过风险投资的方式让渡公司股份，自身又拥有具备发展前景的技术和强有力的专利组合，便应运而生了此种融资方式。[1] 中小企业对资金渴求强烈，专利权用于质押融资能为众多中小企业新提供一条输血的生命线。一个典型的案例是河南省首个质押贷款，即郑州春泉暖通节能设备有限公司利用 50 万元雪中送炭的专利权质押贷款渡过难关，现在已经跻身为销售额近亿元的行业创新龙头企业。[2]

从媒体公开报道的情况来看，专利权质押融资的现状有以下几个特点：一是质押融资增速极快，但融资额仍然偏低，相对于 2013 年全国 17.29 万亿元的社会融资总额，其仅占 0.15%，占比低得可怜；二是中小企业争先恐后，大企业热情不高，因为大企业资金雄厚，易于通过普通方式从银行获得贷款；三是实际参与的企业少，观望徘徊的企业多；四是财政补贴发展速度极快，纯市场化运作则进展缓慢；五是政府推进意愿强烈，银行跟进速度迟缓。这些现象的背后，折射出诸多制约专利权质押融资全面推广的瓶颈。

2. 专利权价值评估的困难影响银行放款积极性

专利权价值评估是一个世界性难题，至今没有权威的评估方法和评估机

---

[1] 钱坤，等. 知识产权质押融资的研究现状及发展趋势 [J]. 科技与经济，2013 (2)：51-55.
[2] 司志营. 河南知识产权质押融资乘风破浪好扬帆 [J]. 中国发明与专利，2013 (5)：14-15.

构。比如，一套北京三环内的三居室住房，不同的评估机构会给出不同的评估价格，但是这种评估价格的差距不会太大，至少不会是数量级的差距，市价500万元的房子，无论如何不可能被评估为5000万元或者50万元。对于住房来说，一旦其所处地理位置和建筑面积确定，则参考该区域市场价即可确定一个基数，在此基础上结合户型、朝向、年代等二级影响因素进行适当修正就能得到一个合理估价。但是在专利权价值评估中，由不同评估机构采用不同评估体系所给出的评估价格，通常最多甚至可以出现2~3个数量级的差别，而且人们不会对这种评估结果感到可笑。这种情况的出现，是由于影响专利权价值的因素太多，而每个因素的影响因子又不确定，无法在每个影响因素和专利权价值之间建立确定的数学关联。即使国家知识产权局联合中技所研究开发的评估体系，也只能给出一个专利权价值度，不能给出一个定量的市场价格。而很多给出定量市场价格的评估方法，由于自身缺陷不能被专利权人和商业银行所普遍接受。

由于现有评估方法缺乏公信力，商业银行为了规避风险，通常选择压低质押率放贷以增加安全边际。例如，上海市资产评估协会调查的26个融资项目，平均每项评估值为1376万元，而每个项目平均实际获得的融资额为234万元，质押率为17%。❶ 而固定资产质押贷款的质押率一般在70%左右。可见，专利权的价值评估问题既影响了银行放贷的积极性，也影响了银行放款数额，导致质押率明显偏低。

3. 质押专利的许可使用严重受限

专利之所以有价值，根本原因在于其能够对技术进行改进，促进生产效率的提升，进而创造经济效益。而这种经济效益，除了专利权人本人使用并获得，更主要地体现在专利技术的转让和许可使用上。因为如果不是为了转让和许可使用，专利权人完全可以不申请专利而采用保守技术秘密的形式维护自己的利益，就如同可口可乐的配方一样，在更长时间里自己独享技术改进的好处。

专利权出质以后，专利权人不再拥有完全的处置权，不能进行转让，这是毫无疑问的。而作为质权人的商业银行，出于维护质押标的物权利完整性考虑，通常不同意出质人对第三人许可使用。于是形成了一个怪圈：不具备技术先进性和商业价值的专利，银行也不会接受其出质并放款；而具备技术先进性和较高商业价值的专利，专利权人又不愿意出质，因为一旦出质就变成了死专利，无法通过许可获得收益。

---

❶姜楠. 知识产权质押评估价值类型选择的思考 [J]. 中国资产评估, 2013 (2)：28-31.

事实上，专利权与一般的财产权有着很大不同，许可使用非但不会降低专利权的价值，相反，专利权人能够收取到的许可费数额大小恰恰与专利权本身价值成正比。或者说，对于一件本来难以判断价值的专利，如果能够广泛许可使用并收取高额许可费，反倒帮助公众通过这种方式认识到了专利权的应有价值，甚至可以理解为许可使用是帮助专利权的价值获得实现和提高，毕竟，不能让人切实看到的价值很难说是真正的价值。遗憾的是，商业银行沿袭对财产权的传统管理方式，认为专利和机器厂房一样，一经使用就会形成折旧，进而降低质押标的物的内在价值。而根据现行《物权法》和《担保法》的相关规定，没有银行的同意质权人无法对质押专利进行许可使用，这导致中小企业顾虑重重，不敢将真正具备经济价值的专利进行质押融资。

4. 融资成本居高不下

专利权质押融资的成本有至少四类：第一类是中介费，包括代办费、贷前贷后的管理咨询费和法律服务费等，通常约为贷款额的1%；第二类是价值评估费，通常约为贷款额的1%；第三类是担保费，通常为贷款额的3%；第四类是利息成本，目前一年期贷款基准利率是6%，商业银行对中小企业贷款通常利率上浮30%。由此可见，在没有国家特殊政策扶持和利率补贴的情况下，专利权质押融资需要付出5%左右的费用支出和年息8%左右的利息支出，总融资成本已经接近民间借贷的水平。这也正是质押融资表面火爆而总数额实际偏低的原因。表面上火爆是因为政府政策扶持和利息补贴令企业大感兴趣，而总数额偏低是因为融资成本偏高，一旦失去国家政策扶持就缺乏自发动力。而国家政策扶持的目的是在于引导和培育，显然不可能对所有企业都给予扶持和补贴，否则会成为沉重的财政负担。所以专利权质押融资能走多远，在一定程度上取决于融资成本未来是否能够降低到合理水平。

5. 专利申请权不能质押融资

根据一些学者❶对历史和现行法律条款的梳理，结合2010年8月公布的《专利权质押登记办法》第9条、第12条，《物权法》第223条、第216条的规定，参照英国专利法第30条和我国台湾的"专利法"第6条的规定，专利申请权作为财产权用于质押融资并不存在法理上的障碍。专利申请权不能用于质押融资归根结底是不能获得银行的认可，而银行不认可的原因又是基于自己利益的现实考虑。银行的担忧主要有以下三个方面：

第一，专利申请权法律状态不确定。专利申请权仅仅是用于申请专利的权

---

❶强志强. 完善专利权质押登记制度, 促进知识产权创造和运用[M]//国家知识产权局条法司. 专利法研究2011. 北京：知识产权出版社，2012：197-209.

利,而不是已经获得国家行政部门颁证并以国家信用保证的权利。专利申请权既可能在经历了实质审查之后授予专利权,也可能因不符合《专利法》或《专利法实施细则》的授权要求而被驳回,也可能因申请人自己的原因而放弃。

第二,专利申请权转化为专利权的可能性不易评估。一件发明要想获得授权,要经受13个驳回条款的审查,任何一个条款规定的要求不能满足,都会导致申请被驳回而丧失本来似乎具备的价值。这些条款,既包括新颖性、创造性等对发明创新程度的审查,也包括说明书必须公开充分等对申请人和公众利益平衡的审查,既涉及不同角度不同层次的法律问题,还要涉及机械、电学、化学等不同专业不同领域的技术问题,其复杂程度远非评估一栋烂尾楼是否具备抵押价值那么简单,商业银行在没有能力完成这种评估的情况下,自然不敢对专利申请权轻易放款。

第三,专利申请权到专利权的转化受到国家宏观政策影响较大。比如,在2012年以前,国务院专利行政部门对申请文件修改超范围的要求较为严格,一些专利申请因为不符合《专利法》第33条而被驳回;但是如果后来该条款的要求相对放松,原来不能获得授权的专利申请则可能获得授权。反之,如果对某一项条款的要求趋严,则以前预期可以获得授权的申请可能不再能够获得授权。这种宏观政策的影响既非企业所能把握,更非商业银行所能预料。

我国中小企业有一个普遍的共同特点,那就是在创业初期最需要资金支持的时候,技术和研发的实力还比较薄弱,相应地,往往也处于刚刚关注知识产权的阶段,要么还压根没有想到要申请专利,要么刚刚提交了几份专利申请,还不曾拥有获得授权的专利。而且这种情况短期内不会改变,因为随着原有企业的专利申请逐渐获得授权或者被驳回,又会有大量新的中小企业雨后春笋般诞生,循环往复,这是由中小企业的寿命周期和成活率所注定的。基于这种情况,专利申请权用于质押融资对中小企业就有着重要意义,专利申请权不能用于质押融资的这种状况亟待改善。

三、代理机构在质押融资中的作用和优势

1. 开展质押中介业务

社会分工越来越细是不可阻挡的发展趋势,专业的事情由专业的人来做能够提高效率,降低整体社会成本。对于中小企业的融资需求,交由专业代理机构操作既是社会分工细化的必然选择,也是中小企业自身特点所决定的内在需求。企业的融资渠道有很多种,可以直接通过银行贷款,也可以面向特定群体

或不特定群体发行债券，也可以在股票市场发行股票募集资金，也可以以专利权等无形资产质押贷款。在上述几种形式中，除了直接向银行申请贷款外，其他情况下通常都需要借助于中介服务机构的帮助。发行债券需要承销单位的销售渠道，发行股票需要券商的保荐，而以专利权出质融资，当然也需要专业的代理机构为企业提供帮助。

为什么企业不能自行完成各种融资方式的全部流程，而必须借助于中介服务机构的帮助呢？因为除了直接向银行申请贷款之外，其他融资方式的操作流程都非常复杂，中小企业不可能也没有必要熟悉并掌握所有融资方式的全部操作流程。由专利代理机构提供质押融资中介服务还有一个额外的好处，就是有助于提高专利权本身的价值。在司法实践中发现，很多原本颇具价值的专利由于撰写的缺陷导致专利权人利益受损，或者保护范围过小不能有效维护自己权益，或者因缺陷而受到实审质疑进而不当修改最终陷于禁止反悔原则的桎梏，或者带病授权最终被利益相关人提请宣告无效。❶ 如果专利申请代理业务和质押融资中介服务业务由同一家专利代理机构实施，而且后者中介费用大幅度高于前者，那么显然专利代理机构会竭尽全力帮助申请人撰写出一份尽善尽美的申请文件，为申请人争取得到最为有利的授权文本，以便于在后续质押融资业务中收获更多的服务费。客观的结果必然是提高了专利权的价值，维护了专利权人的利益。

代理质押中介业务与代理专利申请一样，由申请专利质押贷款的企业委托代理机构进行，内容包括专利法律状态审查、专利行政部门办理各种登记手续、全程法律服务等事项。专利代理机构应当尽快开展这项业务，并随着越来越多的中小企业申请质押融资，将这项业务做大做强，对原有专利申请代理业务形成一定的代替和补充。

2. 开展专利权价值评估业务

专利代理机构开展专利权价值评估具有先天优势。首先，专利代理机构具备人才优势。经过多年的培育和发展，我国专利代理行业已经比较成熟，专利代理人素质较高，大多数专利代理人具备理工科硕士研究生教育背景，不少专利代理人拥有理工科博士学位，他们既具备理论知识也具备实践经验和一定的科研能力，有利于对专利的技术价值作出较为客观的判断。很多专利代理人都补充了法律知识的学习并拥有法律学位，有些专利代理人还通过了司法考试。

---

❶李小童. 透过侵权诉讼和无效诉讼看申请文件的撰写［G］//中华全国专利代理人协会. 高质量的专利申请文件——2013 年专利审查与专利代理学术研讨会优秀论文集. 北京：知识产权出版社，2013：184-192.

专利代理人对法律知识的学习是在工作实践中进行的,学习的动力来自工作的需要,而学习的法律知识又可以在工作实践中加以应用和实践,因此是一种有效的、学以致用的学习。在经历多年专利代理之后,法律知识和技术知识在专利代理人身上能够得到一定程度的融合,既使得他们能够判断专利的法律价值,也能够进一步促进他们对专利技术价值的认识和判断。❶

其次,专利代理机构具有资源和信息优势。目前专利代理机构的业务已经涵盖了专利申请、答复意见通知书、复审、无效以及诉讼,对于任何一件专利,除了专利权人本人之外,最熟悉其内容和价值的可能就是专利代理人了。如果一件专利由社会评估机构进行价值评估,为了获得相对准确的评估结果,评估机构也必须花费相当的时间和精力对该专利的全部申请文件、审查中间文件以及复审、无效案卷和诉讼案卷进行全面的研读,相比专利代理机构会产生显著的额外成本。并且,由于社会评估人员没有参与被评估专利的整个审查过程和诉讼过程,其对专利技术方案、法律状况和经济价值的理解不太可能超过专利代理人,因此其评估准确性也不容易超过专利代理人。

最后,专利代理机构从事价值评估具有应用优势。专利权价值评估的目的最终是为了应用,是为了确定一个合理的贷款数额。社会评估机构由于不需要对评估结果承担直接责任,也不直接使用评估结果,而评估费用却和评估结果成比例,因此存在高评的潜在动机,这也正是目前社会评估机构缺乏公信力的原因。专利代理机构则不然,由于后续要承接担保服务,对一项专利作出高评偏离其真实价值,一旦出质人不能如约偿还贷款,专利代理机构将会承担由于高评而带来的风险,这就会对专利代理机构形成制约,促使其作出客观真实的评价。反之,专利代理机构进行价值评估并作出客观真实的评价,评估结果用于后续承接担保服务的参考,也能提高专利代理机构整体工作效率。而信用一旦建立起来并为社会公众所接受,专利代理机构的评估结果也会获得更为广阔的应用空间。如果专利代理机构能够尽快研究出科学有效的评估方法,就能在质押融资业务中占领先机,获得快速发展。

3. 创新质押模式,延伸担保服务,推进质押专利的许可使用

如上文分析,专利权出质以后的许可使用受限导致专利权人存在顾虑,影响了质押融资的积极性。在不对现行法律进行修订的前提下,单纯依靠专利权人和银行的努力很难改变这一局面。为了破解这个难题,可以充分发挥专利代

---

❶ 李小童. 专利代理机构亟须大力开展专利权价值评估业务 [G] //中华全国专利代理人协会. 加强专利代理行业建设 有效服务国家发展大局——2013 年中华全国专利代理人协会年会暨第四届知识产权论坛论文选编. 北京:知识产权出版社,2013: 49-55.

理机构的专长和优势,在银行和专利权人之间引入专利代理机构作为桥梁,专利权人将专利质押给专利代理机构,由专利代理机构为专利权人向银行提供担保。交通银行北京分行已经联合律师事务所、连城资产评估公司、北京资和信担保有限公司等机构探索风险补偿与分担机制,❶但是专利代理机构直接在银行和专利权人之间搭桥能够更有效地消解银行和专利权人的顾虑。

如此一来,从银行的角度出发,由于引入了专利代理机构的担保,借贷方违约风险由专利代理机构分担,银行不再担心由于质押专利的许可使用导致标的物价值缩水而影响自身利益;从专利权人的角度出发,由于专利代理机构作为质权人对专利价值的认识水平与银行不可同日而语,专利代理机构不但不会限制专利权人将质押专利许可他人使用,反而会利用自身渠道优势帮助专利权人实施许可,专利权人的专利在质押之后不丧失赢利能力,消除了被限制许可使用的忧虑;从专利代理机构的角度出发,由于帮助银行和专利权人解决了上述难题,不但有助于增加自己的质押中介业务数量,还能够扩展业务范围,额外增加佣金收入。可见,通过质押模式的创新,能够实现专利权人、银行和代理机构的"三赢",专利代理机构可以选择具有较大经济价值的专利尽快开展尝试。

4. 降低融资成本

如果专利代理机构能够突破现有制度的藩篱,将业务范围延伸到担保服务上,由专利权人将专利质押给专利代理机构,专利代理机构为专利权人提供担保服务,将会有助于降低企业的融资成本。其理由包括:第一,专利代理机构如果已经承担了同一专利的质押融资中介业务和专利权价值评估业务,再承接担保业务时将体现集约化经营的优势,相比于由三家不同公司分别承接上述三项业务,其总成本理应降低。第二,专利代理机构自行完成专利权的价值评估,同一评估人和同一担保人对评估结果的认可度较高,亦即专利代理机构掌握了质押专利的真实价值水平,从而能够排除那些不具备投资价值的专利,将有效降低担保风险。担保费的费率和担保风险是成正比的,如果专利代理机构能够比社会担保机构更好地控制风险,那么也将可以合理地降低担保费率,从而降低企业融资成本。第三,专利权人将专利质押给专利代理机构以后,专利代理机构出于对专利价值的了解而同意专利权人许可他人使用,同时专利代理机构利用自身渠道优势承接许可中介业务,既为专利权人所拥有的专利变现了更多的经济价值,也通过扩展业务增加了自己的收入,从两个方向变相降低了企业融资成本。第四,专利代理机构向银行提供担保事实上大幅分担和降低了

---

❶周丽. 我国知识产权质押融资的困境挑战及对策 [J]. 电子知识产权,2011 (7):37-43.

银行原来由于专利权不易折现所承受的风险，而商业贷款的利率和风险也是成正比的，银行风险的降低理应体现在利率水平的降低上，也可降低企业的融资成本。

融资成本一旦降低，质押融资业务将会以更快的速度发展，反过来将会为专利代理机构提供业务来源，形成良性发展。

5. 推进专利申请权质押融资

对于众多中小企业最迫切需要解决的申请权不能用于质押融资难题，专利代理机构同样可以大有作为。针对专利申请权不被银行接受的三个原因，专利代理机构完全有能力消化解决。专利申请的法律状态不确定，是相对于社会公众来说不确定，而非完全不确定。其实，从事审查和代理的人士都知道，经验丰富的专利代理人和审查员在拿到申请文件后读上一遍，在进行检索和审查之前，对该案的走向就会有一个大致的判断，是授权还是驳回心里会有一个初步预期。当然，仅凭这种经验猜测是不具备法律效力的，对尚未获得授权的专利申请，如果有质押融资的需求，专利代理机构可以根据审查员的审查意见或者自己的检索结果作出授权可能性评估，由于国家知识产权局的《专利审查指南 2010》是公开的，专利代理机构完全有能力按照审查标准作出较为精确的评估，从而克服法律状态不确定的障碍。至于宏观政策的变化，通过专利代理机构收到的审查意见通知书的反馈，专利代理机构一般会在第一时间掌握这种变化的趋势，进而应用到对专利申请可能走向的判断上。

因此，一旦代理专利申请的专利代理机构参与进来，就可以对专利申请的法律状态给予一定程度的明朗化，对未来审查结果作出一个评估，将其法律状态相对稳定化，就使得专利申请权具备了质押融资的条件，完全有可能在不提供补充担保❶的情况下为银行所接受，为拥有专利申请权的中小企业提供贷款。

四、专利代理机构开展质押融资业务前景展望

根据上述分析，鉴于专利代理机构从事质押融资相关业务的各种先天便利，专利代理机构应当尽快将业务范围从专利代理扩展到质押融资中介服务、专利权价值评估、担保服务等方面，充分发挥自身人才优势、信息优势和渠道优势，形成全方位多层次宽领域的服务能力，帮助中小企业获得资金支持，抢占行业发展制高点。

---

❶ 周倩. 专利申请权可质押性研究 [D]. 上海：华东政法大学，2012：21 - 24.

如果能够更进一步地解放思想，规模较大资本雄厚的专利代理机构不妨大胆进行制度创新，吸收借鉴美国硅谷银行❶的经验，数家联合起来出资设立民营科技银行。而 2013 年 7 月 8 日国务院办公厅下发的《关于金融支持经济结构调整和转型升级的指导意见》正式为民营银行亮了绿灯，并且已有 36 家民营银行获得国家工商行政管理总局核准。专利代理机构如果设立定向民营科技银行，借助国家政策的东风，专门发放专利权质押融资贷款，盘活闲置资金并吸收社会存款，将专利代理机构打造成一站式专利权（申请权）质押融资平台，自企业将专利申请委托交付之日起就能为企业提供所有与专利相关的服务，那么将会获得永不枯竭的业务来源和持续增长的发展动力。

---

❶张亚欣. 对发展我国科技银行的思考［J］. 科学管理研究，2013（1）：109 – 112.

专利代理人在实质审查中对维护专利价值的贡献

李镝的* 胡利鸣*

【摘 要】
　　发明创造是发明人的智慧结晶。尽管专利的价值在发明人作出发明创造时就已经基本确定，但是代理人仍然能够从多方面影响专利的价值。本文着重讨论了专利代理人如何在发明申请的实质审查过程中积极地维护专利价值。具体而言，专利代理人在实质审查过程中最好能够考虑到核心尺度、竞争尺度以及删除克服创造性非必需的技术特征这三个方面，以维护甚至提升专利价值。

【关键词】
　　实质审查　修改权利要求　专利价值　竞争对手

一、前　言

　　随着我国科学技术和经济水平的日益发展，近几年，我国已经成为专利申请大国，每年的申请量均名列国际前列。在专利数量已经大幅提升的情况下，如何进一步提高专利的质量，是每个申请人和专利代理人应该共同关注的问题。申请专利，应不仅仅只考虑如何获得授权，更应考虑授权的专利是否有专利价值。在此，笔者根据多年的代理经验，提出代理人在审查过程期间，如何能更好地帮助申请人提升专利的专利价值的一些想法。

　　在文章开头，笔者对本文中所涉及的一些基本概念作个简要介绍。

　　首先，何谓专利价值？专利价值是指专利预期可以给其所有者或使用者带

---

*作者单位：上海专利商标事务所有限公司。

来的利益在现实市场条件下的表现。❶ 其次,专利价值与权利要求保护范围之间又有何关系呢?总的来说,权利要求范围太宽,则易被宣告无效,而范围太窄,则容易被竞争对手技术规避而失去价值。笔者认为,确定合适的保护范围对于维护专利的价值是至关重要的。为此,笔者在多年代理实践的基础上,思考总结了专利代理人在实审中应当采取的策略。具体而言,在实审过程中,如何为申请人获得合适的保护范围,不仅仅取决于对比文件的选取,而且最好还考虑到竞争尺度和核心尺度两个因素,最后还应尽可能删除克服创造性非必需的技术特征。也就是说,专利代理人在实审过程中不仅要为申请人谋求"合理"的保护范围,即满足法定要求并维护公众利益的保护范围,而且更要为申请人争取"合适"的保护范围,即对申请人更有利的保护范围。

在本文中,笔者对竞争尺度、核心尺度以及删除克服创造性非必需的技术特征有以下定义:

竞争尺度:竞争者的产品将对本专利的保护范围的确定所产生的影响。

核心尺度:本专利的核心价值将对本专利的保护范围的确定所产生的影响。

删除克服创造性非必需的技术特征:在答复后续审查意见通知书时删除针对前次审查意见通知书添加的、对于克服创造性而言并非必不可少的特征。

下面分别详细介绍这三个方面以及专利代理人在实审中如何应对下面考虑到的这三个方面。

二、在实审中应当考虑到竞争尺度

专利代理人在实审过程中修改权利要求时最好在考虑到竞争对手的当前产品的特征的情况下确定如何修改权利要求,以试图覆盖竞争对手的产品;同时,在发现由于权利要求的撰写偏差或加入过多特征而无法覆盖竞争对手的产品时,可以建议客户根据说明书重新撰写能够覆盖竞争对手产品的权利要求书并视情况提出分案申请。

申请人申请专利的主要目的之一在于,其专利技术能够被更多的竞争对手使用,从而使专利权人占据更大的竞争优势或收取更多的专利许可费用。发明专利的实质审查周期往往持续数年,因此在发明申请的实质审查过程中,很有可能在市场上已经出现竞争对手的应用本申请中所记载的或类似技术方案的产品。鉴于此,专利代理人在实质审查过程中修改权利要求尤其是添加新特征

---

❶ 张涛,李刚. 企业知识产权价值及其评估价值 [J]. 改革与战略,2006(8):23-26.

时，最好在考虑到竞争尺度即当前市场中已存在的竞争对手产品的情况下，以说明书的原始记载为依据，恰当地限定权利要求的保护范围，以期覆盖竞争对手的产品，从而使专利授权后具有更大的价值。具体而言，这个过程可以按如下 4 个步骤进行。

（1）确定本申请相对于现有技术而言可能克服创造性缺陷的区别技术特征。在审查员指出创造性问题的情况下，首先须阅读本申请的申请文件以及对比文件以找出本申请相对于对比文件而言可能克服创造性缺陷的区别技术特征，这个过程可以参考审查指南中的相关流程进行（参见《专利审查指南 2010》第二部分第四章第 3.2.1.1 节关于创造性的判断方法[1]），在此就不加以赘述。通常，发明人在作出一项发明创造的同时一般会在说明书尤其是具体实施方式部分中记载多个优选实施例，因此，专利代理人很有可能从各优选实施例中找出相对于对比文件而言的多个区别技术特征。如果这些区别特征中的多个区别特征在专利代理人看来都有可能克服创造性缺陷，则具体添加哪个特征最好在分析竞争对手的产品后确定，这将在接下来的步骤中予以阐述。

（2）确定本申请的应用目标。本申请的应用目标是指本申请所能应用到的目标产品。通常，应用目标可以通过说明书本身来确定。例如若说明书中明确记载该申请涉及移动产品，则可以认为其应用目标为手机、平板电脑等产品；若本申请涉及用户界面，可以认为其应用目标为操作系统或应用软件。以此类推。如果说明书中未明确记载应用目标且通过上下文也难以确定时，专利代理人可以主动与发明人沟通以确定应用目标。如果发明人也不能明确确定应用目标或该申请尚处于理论阶段而无对应的应用目标，则可以按照本文第三节涉及核心尺度的处理方式进行处理。

（3）根据应用目标确定并分析当前市场中的主流产品以确定要添加的区别技术特征。由于代理人的信息获取途径有限，因此可以仅分析当前市场中的主流产品。在诸如手机、操作系统、电视机之类的常见应用目标的领域，当前市场中的主流产品的确定通常可以根据专利代理人的常识进行。例如专利代理人根据生活常识就可以确定：主流手机目前主要包括安卓、苹果和 Windows Phone 手机；主流操作系统当前主要包括 Windows、Linux 等；主流电视机眼下主要包括三星、LG、索尼等品牌。专利代理人也可以通过搜索查询或检索来获悉该领域的主流产品。例如通过互联网、借助于数据库等。对于不易确定主流产品的应用目标，也可以按照本文第三节涉及核心尺度的处理方式进行处

---

[1] 中华人民共和国国家知识产权局. 专利审查指南 2010 [M]. 北京：知识产权出版社，2010：172 – 174.

理。在确定主流产品以后，代理人须对这些主流产品进行简单的分析以确定前面已确定的区别技术特征中的哪个（些）区别特征已经被这些主流产品中的一个或多个所采用。对于专利代理人而言，由于受到信息获取方式以及专业领域知识的限制，对这些主流产品的分析可以通过简单和直接的方式进行。比如试用这些产品（例如实际使用某软件、某品牌手机）、查看产品说明书（例如以此了解其规格参数）、搜寻产品的宣传介绍（例如借此获悉其新功能）、测评文章等，以便确定这些产品是否包括与本申请的区别特征相对应的特性。

（4）然后，确定要添加到独立权利要求中的区别特征，以尝试克服创造性缺陷。在多数情况下，在本申请中可能仅仅存在一个区别特征被当前产品使用，对于这种情况可以直接将该特征添加到独立权利要求。但是如果本申请中的多个区别特征分别被不同的产品使用，则最好在考虑到下列因素的情况下再确定具体添加哪个特征：首先，这些特征中的哪个（些）被更多的竞争对手采用；其次，这些特征中哪个（些）特征更容易被竞争对手技术规避、哪个（些）特征较不容易被技术规避；再次，竞争对手在移除了这些特征中的哪个（些）以后将使产品基本失去价值，而移除哪个（些）特征将不会给产品价值带来实质性的影响；最后，还可以结合对比文件分析这些特征中哪个（些）更有希望克服创造性缺陷。在考虑了这些因素以后，专利代理人将更容易作出添加哪个（些）特征的判断。

当然，所添加的区别特征并不一定能够克服创造性问题，但是这至少在专利代理人面对多个区别技术特征时提供了一条选取对客户更有利的区别技术特征的标准。如此一来，能够使专利申请人的权利要求尽量覆盖到当前的主流产品，从而有望提高专利授权后的市场价值，给专利申请人带来更多利益。

下面举一案例来阐述该过程（注意，为了更清楚地说明问题，笔者对所有案例进行了适当的改编）。

【案例1】

申请人提交了一件关于一种防止移动设备的数据被破坏的方法的发明专利申请，该申请的独立权利要求的主要技术特征在于：在移动设备丢失或失窃以后，失主可通过移动运营商向丢失的移动设备发送指令，以便锁定该移动设备或清除移动设备的数据。在该申请进入实质审查阶段以后，审查员引用了多篇对比文件并指出上述特征已经被对比文件公开。专利代理人在阅读说明书以后，发现本申请的说明书中还记载有两个附加的区别技术特征：（a）数据备份功能：在移动设备丢失以后，失主可以登录用户界面以对移动设备上的尚未备份的数据进行备份；（b）移动设备找回功能：在移动设备丢失以后，该移动设备能自动记录小偷或周围环境的数据以帮助找回该移动设备。经初步分析，专利代理人认为这两个功能都是对于用户较为实用的功能，且似乎都具备创造性。但是专利代理人分析了当前的主流手机防盗软件（例如百度、奇虎360、腾讯手机防盗软件等）以后发现，大部分主流手机防盗软件都提供了手机找回功能，而仅有少数软件提供了数据备份功能。而且，专利代理人认为手机找回功能是大多数手机防盗软件所具有的基本功能（这是因为倘若不能找回手机，则许多用户可能不会选择安装该软件），因此专利代理人建议专利申请人将移动设备找回功能这一区别特征添加到独立权利要求中以覆盖主流手机防盗软件的手机找回特性。当然，由于移动设备找回功能在目前已经是一个非常流行且众所周知的功能，因此为了尽量避免该特征被审查员误判为本领域的常用技术手段，专利代理人在答复审查意见时向审查员特别强调了本申请的申请日为2008年，并解释，在2008年，人们尚不能通过手机本身找回丢失的手机，相反，如果当时丢失了手机，则只能选择报警或拨打丢失的手机号码以联系拾到者，因此该特征到本申请的申请日为止尚不属于本领域常用技术手段。笔者通过这个案例试图说明的是，专利代理人如果在实审过程中能够考虑到竞争尺度，则有可能维持甚至提高专利价值，从而为专利申请人谋求更大的利益。

此外，如果专利代理人通过分析竞争尺度遗憾地发现，尽管本申请的说明书中记载的方案已经被竞争对手使用，但是权利要求由于撰写偏差或由于在实审中加入了过多特征而已经不能覆盖竞争对手的产品或可被竞争对手轻易地技术规避，则专利代理人可以建议申请人提交分案申请并为专利申请人重新撰写能够覆盖竞争对手产品的权利要求书。

三、在实审中应当关注核心尺度

核心尺度是指，在考虑到专利的核心价值的情况下如何确定权利要求的保护范围。核心尺度着眼于专利本身的核心价值，因此，专利代理人在实质审查阶段面对多个区别特征且难以确定竞争尺度时，可以将核心尺度用作确定保护范围的考量因素。

具体来说，核心尺度主要包括如下三个方面：

（1）特征被其他人使用的可能性。特征是否容易被其他人例如竞争对手使用，笔者认为，这主要取决于该特征的应用前景。限于信息获取途径和专业知识，专利代理人在判断某特征的应用前景时可以主要参考该特征所能带来的技术效果（例如成本的降低、用户易用性如何、对用户的益处）或者其应用前景（例如现有技术中是否急需这样一种功能）等。专利代理人通过实审过程中添加更容易被他人使用的技术特征，可以增加专利授权后被他人使用的可能性，相当于潜在地提高了专利的价值。

（2）特征的检测难度。特征的检测难度也是在添加特征时最好考虑到的一个因素。对于专利代理人而言，判断某个特征是否难以检测可以根据代理人的常识进行，即判断该特征是属于底层特性还是属于高层的外在特性，而更底层的特性往往比更高层的特性更难以检测。例如，在计算机相关领域中，底层的编程中所使用的特性在未具体分析源代码的情况下可能是难以获悉的，然而程序所提供的高层功能特性却容易被普通用户感知。因此，专利代理人可以选择添加更高层、更外在的特征以使该特征更容易被检测出，从而降低了专利申请人的维权难度。

（3）技术规避的难度。技术规避的难度是指，为了实现相同的技术效果，采用与本申请的特征不同的特征的难度。这通常可以根据专利代理人在相关领域中的专业知识进行。例如专利代理人可以分析：在现有技术中，是否已经存在可实现类似技术效果的技术手段；如果存在，则这些技术手段与本申请的技术手段相比，在成本和效果方面是否相当或存在优势。专利代理人可以选择添加现有技术中还不存在替代技术手段的技术特征，或者尽管存在替代技术手段但在成本或效果方面明显不如本申请的特征那么有利的技术特征。这样一来，加大了本申请的技术方案被技术规避的难度，提高了专利价值。

此外，核心尺度还包括特征的添加对权利要求的保护范围的影响以及特征克服创造性缺陷的前景。对于前一点，已经有文献❶进行了探讨（该文献阐述了在实审中如何确定权利要求的保护范围并将其限制在合适的范围内）；对于后一点，专利代理人可以根据《专利法》关于创造性的规定结合具体区别特征以及相关对比文件来进行分析，本文限于篇幅就不再对这两点展开讨论。

接下来仍举一案例来说明在考虑到核心尺度的情况下如何选取区别技术特征。

【案例2】

专利申请人提供了一件关于一种将动画效果从源对象复制到目标对象的方法的发明专利申请。审查员通过引用对比文件指出，现有技术中的格式刷已经可将格式从一个对象复制到另一对象。专利代理人在阅读申请文件以后发现本申请还记载有两个附加的区别技术特征：（a）动画刷功能：仅仅将动画效果从源对象复制到目标对象，而不复制格式；（b）动画选择性复制功能：根据用户选择将源对象的多个动画效果中的一个或多个复制到目标对象。专利代理

---

❶王秋丽．实审过程中如何确定专利权保护范围［J］．中国发明与专利，2012（S1）．

人通过分析现有技术中的幻灯片应用发现，在现有技术中还不存在专门用于复制动画而不复制格式的工具（即特征（a）"动画刷"），而这一特性对用户而言是非常实用的功能；相比之下，特征（b）并不是每个用户都需要的功能。因此，专利代理人认为特征（a）较特征（b）而言具备更广阔的应用前景，也更有可能被他人使用。专利代理人据此建议申请人将特征（a）添加到独立权利要求。该案例说明，即使没有竞争对手的产品作为参照，专利代理人仍然可以根据核心尺度来确定对专利申请人而言更有利的权利要求范围。

四、删除克服创造性非必需的技术特征

"删除克服创造性非必需的技术特征"是指，专利代理人在尝试克服创造性时，最好删除在答复前次审查意见通知书时添加的对于克服创造性无帮助的特征，以期维护相对较宽且合适的保护范围。

在实审阶段，专利代理人往往需要多次修改权利要求书才能克服审查员指出的创造性缺陷，而每次作出修改时所添加的新特征可能使最终的授权权项的保护范围过窄。笔者对此深有体会。例如，笔者在回顾所处理的专利申请的过程中，一些已授权专利的独立权利要求由于在实审阶段为克服创造性缺陷加入了过多的特征而导致该权利要求最终可以轻松地被竞争对手技术规避，然而，在这些特征中，往往是在答复最后一次审查意见通知书时添加的特征克服了创造性问题。也就是说，在克服创造性的过程中所添加的其他特征不仅对克服创造性问题和维护专利稳定性没有帮助，反而显著地缩小了保护范围，以至于使专利失去了应有的价值。那么，在实审过程中，能不能删除在答复前次审查意见通知书时添加的对于克服创造性无帮助的特征呢？如果能够删除，应当何时删除呢？笔者认为，对于前一个问题的答案是肯定的。关于按通知书进行的修改的禁止反悔原则❶，《专利法实施细则》第51条第3款规定：申请人在收到国务院专利行政部门发出的审查意见通知书后对专利申请文件进行修改的，应当针对通知书指出的缺陷进行修改。根据该规定，在审查员未指出相应缺陷的情况下，直接删除在答复前次审查意见通知书时添加的特征将被认为是未针对审查意见的，因此是不允许的。然而笔者认为，该规定并未禁止在审查员仍然指出创造性缺陷的情况下，用新添加的特征替换在答复前次审查意见通知书时添加的被审查员指出仍未克服创造性缺陷的特征。这是因为，用新特征替换旧

---

❶ 李德宝. 专利申请审查及专利无效宣告程序中禁止反悔原则的适用研究［M］. 北京：中国政法大学出版社，2012.

特征正是为了克服审查员指出的创造性缺陷，而且这样的修改也未超过原始说明书和权利要求书的范围。因此，针对应当何时删除在答复前次审查意见通知书时添加的特征这一问题，笔者认为，最好在针对创造性缺陷添加新特征时删除在答复前次审查意见通知书时添加的对克服创造性无帮助的旧特征，而且笔者在多年代理实践中也发现，大多数审查员是容易接受这样的修改的。

此处应当指出的是，也不是在所有情况下都应当删除在答复前次审查意见通知书时添加的特征。例如，如果此次添加的特征是对上次添加特征的进一步解释说明，或者上次添加的特征对于本次添加的特征而言是必不可少的（例如为了满足《专利法》第 26 条第 4 款或《专利法实施细则》第 20 条第 2 款），则不应删除在答复前次审查意见通知书时添加的特征。此时，专利代理人可以在添加新特征以后对在答复前次审查意见通知书时添加的特征进行适应的修改以维护合适的保护范围。

如果专利代理人每次在针对创造性问题修改权利要求书时都能够注意是否存在克服创造性非必要的特征，那么在最终的授权权项中将仅包含专利代理人添加的、成功克服创造性缺陷的技术特征，而不包括不必要的特征。这既维护了专利的稳定性，又赋予了权利要求应有的、相对较宽的保护范围，从而较好地维护了专利申请人的利益。

如果在实审过程中，没有成功地删除在答复前次审查意见通知书时添加的对克服创造性无帮助的旧特征，那么专利代理人也可以建议专利申请人提交分案申请来获得更加宽泛的范围。

五、结　语

对于维护申请人的利益，每个专利代理人都负有义不容辞的责任，可谓"受人之托，忠人之事"。如果专利代理人在实质审查过程中能够考虑到核心尺度、竞争尺度以及删除克服创造性非必需的技术特征这三个方面，那么专利代理人对专利申请人的帮助将不仅仅在于促成专利申请的授权，更重要的是，这有助于维护甚至提高专利的价值，从而有可能更好地维护申请人的利益。

专利代理合同纠纷诉讼研究
——以北京法院相关法律文书为研究基点

曲凌刚[*]

【摘　要】
　　当前因专利代理合同纠纷引发的诉讼时有发生，如何正确审理此类案件，不仅关系到案件当事人合法权益的保障，而且涉及专利代理行业的健康有序发展。本文通过对北京各级法院审理的 29 起专利代理合同纠纷案件进行实证分析，继而提出解决此类纠纷的路径，以期对司法实践及规范专利代理行业健康发展能有所帮助。

【关键词】
　　专利代理机构　专利代理人　委托代理合同

一、专利代理合同纠纷案件审理情况实证分析

（一）样本选择

　　笔者以北京地区为研究样本，通过北京法院案件管理系统，以"专利代理纠纷"、"专利代理合同纠纷"为关键字进行查询，将所得文书逐一筛选，去除"专利实施合同纠纷"、"专利申请合同纠纷"等文书，去除虽然涉及专利代理机构，但却因商标、版权等引发纠纷的文书，只选取涉及专利代理机构且因专利委托代理合同引发纠纷的文书，最终获得有效文书共 29 份，时间跨度从 2000 年至 2012 年，审理法院涉及基层法院、中级法院以及高级法院。

---

[*] 作者单位：北京市西城区人民法院。

（二）数据分析

1. 案　由

在 29 份民事法律文书中，案由为"专利代理合同纠纷"和"委托合同纠纷"的各有 8 份；案由为"代理合同纠纷"的有 4 份；案由为"委托代理合同纠纷"和"专利申请代理合同纠纷"的各有 2 份；案由为"专利申请权权属纠纷"、"专利代理纠纷"、"其他合同纠纷"、"确认专利申请权纠纷"、"返还财物"的各有 1 份。其中，基层法院将此类案件案由立为"委托合同纠纷"、"代理合同纠纷"、"委托代理合同纠纷"案件的比例较高，中级法院及高级法院大多将此类案件案由立为"专利代理合同纠纷"案件。即使同一起案件，如果当事人上诉或者申诉的，一审法院、二审法院或再审法院立案案由也有很大差异。

2. 争议事项

以专利代理机构为原告的案件基本上都是要求被告支付专利代理费用，而被告的答辩就是专利代理机构没有积极履行义务或者专利代理费用过高。笔者对几起典型案件的争议事项总结如下：

① 由于专利代理机构指定无专利代理人资格的相关人员进行代理，原告要求法院判决委托代理协议无效；❶

② 因专利代理机构提交的专利申请被国家知识产权局认定为抄袭，从而将原告列入黑名单而引发诉讼；❷

③ 因委托人认为专利代理机构提交的发明专利申请文件遗漏署名而引发诉讼；❸

④ 因专利申请人被判刑而收不到专利代理机构转交的相关申请文件，最终导致专利申请被视为撤回而引发诉讼；❹

⑤ 因委托人认为专利代理机构超范围修改专利申请文件，导致增加了一项专利申请被驳回的理由而被起诉；❺

⑥ 因申请人未收到专利代理机构转交的《缴费通知书》导致专利被终止

---

❶ 参见（2000）海民初字第 12507 号民事判决书。
❷ 参见（2010）东民初字第 1337 号民事判决书。
❸ 参见（2001）一中知初字第 00003 号民事裁定书。
❹ 参见一审（2006）海民初字第 26379 号民事判决书及二审（2007）一中民终字第 04409 号民事判决书。
❺ 参见（2011）朝民初字第 27533 号民事判决书。

而引发诉讼;❶

⑦ 由于专利代理机构失误导致委托人专利申请丧失优先权而被起诉。❷

3. 审判庭室及适用程序

在 29 起案件中,由法院知识产权庭按照普通程序审理的共 12 起;由法院民商事庭按照简易程序审理的共 8 起;由法院民商事庭按照普通程序审理的共 6 起(其中 1 起案件在审理过程中,由民商事简易程序转为普通程序);由法院知识产权庭按照简易程序审理的共 2 起;由法院审判监督庭适用普通程序审理的为 1 起。北京一中院及北京高院适用普通程序由知识产权庭审理此类案件的比例较高。即使同一法院对于此类案件的审判部门及适用程序也不统一,上诉案件的审判部门受一审案件案由及审判部门影响比较大。具体统计结果如图 1 所示。

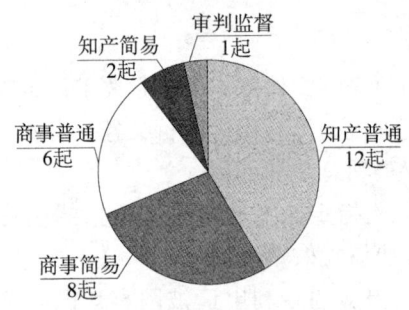

图 1　审判庭室及适用程序

4. 结案方式

在 29 起案件中,通过判决方式结案的共 18 起(包括一审和二审);原告撤诉(包括撤回上诉)的共 5 起;原被告双方达成调解,要求法院出具调解书的共 2 起;因原告主体不适格,而被法院驳回起诉的有 2 起;由法院裁定驳回上诉和裁定驳回再审申请各 1 起。由统计结果可以看出,此类案件大多都是以判决方式结案,原被告双方达成调解的概率比较小。具体统计数据如图 2 所示。

5. 涉案专利代理机构类型

此类案件涉及的专利代理机构包括公司名称为专利代理事务所、专利商标事务所、知识产权代理公司、专利商标代理公司以及开展专利代理服务的律师

---

❶ 参见一审(2010)一中民初字第 319 号民事判决书及二审(2011)高民终字第 2893 号民事裁定书。

❷ 参见(2007)海民初字第 27405 号民事裁定书。

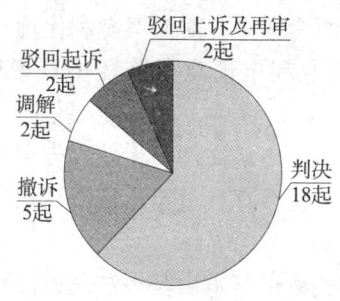

图2 结案方式

事务所（其中只有1起案件涉及律师事务所）。由于现在的律师事务所大多都成立了专门的知识产权代理公司，所以以律师事务所为诉讼主体的此类案件会越来越少。

6. 专利代理机构胜诉率分析

在29起案件中，除去撤诉、调解等情形，在18份民事判决书中，以专利代理机构为原告的，胜诉的为7起（包括一审、二审）；虽然也有以专利代理机构为被告的情况，但原告败诉的为3起（包括一审、二审）。对专利代理机构有利判决率为55.6%，如果算上驳回起诉的2起，有利率将达到60%，应该说这个比率还是比较高的。

二、专利代理合同纠纷审理中的问题

（一）专利代理机构违约责任的判定

专利代理合同在本质上属于服务合同，而在我国服务合同多被认为是委托合同。正因为如此，在以上案件的审理中，大多数案件都被认定为"委托合同纠纷"。在29起案件中，涉案委托合同委托事项基本都是专利申请（国内申请、国际申请）、专利诉讼（无效宣告及司法程序）等专业性比较强的事务。专利代理委托事项具有技术性、复杂性以及专业性等特点，使得专利代理合同又不同于普通的民事委托合同，这就要求法官不能以判断普通民事委托合同违约责任的标准去判定专利代理机构的违约责任。当前法院在判定专利代理机构违约责任方面存在以下问题：

1. 对违约责任认定不专业

专利代理行为作为专利委托代理合同的给付义务，因其具有技术性与复杂性，导致了此类案件审理中认定其违约责任的专业性。例如在孙某诉北京某知识产权代理公司委托合同纠纷案中，对涉案专利代理机构违约行为的认定，需要对被告两次撰写的发明专利申请意见陈述书及说明书文本的质量进行认定。❶ 在大多数此类案件审理过程中，法官需要依据申请人提交的技术方案，判断专利代理机构撰写的专利申请文件、无效宣告申请文件以及专利诉讼行为等是否符合本行业的要求，是否存在过错，从而认定专利代理机构是否应该承担违约责任。

目前司法实践中，此类案件基本由基层法院民商事庭或者知识产权庭负责一审。基层法院知识产权庭无专利案件管辖权，法官对相关技术领域、专利代理流程、专利文件撰写等不知晓或者无相关实践经验；而基层法院民商事庭的法官大多以自己审理过的普通民事委托合同的标准去判断专利代理机构违约责任。当然，二审法院民商事法官处理此类案件也存在同样的问题。

可以说，由对涉案技术领域、专利及专利代理流程一无所知或一知半解的人去认定专利代理机构是否构成违约是件很危险的事。认定不当不仅不利于保障委托人的合法权益，也可能会影响专利代理行业的健康发展。

2. 违约责任认定标准不统一

根据我国《合同法》第61条、第62条的规定，对合同内容有约定的从其约定，约定不明确的根据国家标准、行业标准履行，没有国家标准、行业标准的按照通常标准或者符合合同目的的特定标准履行。由于专利代理行为的专业性、技术性以及复杂性，判定专利代理机构履行合同是否符合标准、专利代理机构是否全面履行合同义务以及专利代理机构在何等情况下承担违约责任是比较复杂的。比如认定专利代理机构是否全面履行合同义务，是以"专利获得授权"还是以"专利获得授权及授权后应能获得充分保护"为标准，司法实践存在不统一。

法官在审理此类案件的过程中，不免在没有统一认定标准的情况下对专利代理机构是否有违约行为进行主观判断，导致"同案不同判"的现象时有发生。司法认定标准不统一，不仅会引发当事人对司法公正提出质疑，也会破坏整个司法的统一性。

（二）专利代理机构过错的认定

我国《合同法》第406条规定，"有偿的委托合同，因受托人的过错给委托人造成损失的，委托人可以要求赔偿损失。无偿的委托合同，因受托人的故意或重大过失给委托人造成损失的，委托人可以要求赔偿损失。""专利委托

---

❶ 参见（2011）朝民初字第27533号民事判决书。

代理合同"显然属于有偿的委托合同,委托人需支付一定的委托代理费,故专利代理行为的民事责任属于过错责任。在判定专利代理机构是否存在过错的问题上,法官应重点关注以下问题:

1. 合理注意义务

在专利代理机构已经履行了合同义务的情况下,法官需要对其是否存在过错、是否尽到了合理注意义务进行判定。对其过错判定的标准应该限定在何种高度?如果这个标准定得过高,对专利代理机构太过苛刻,就会不利于专利代理行业的健康发展;如果标准定得太低,使专利代理机构很容易免除责任,那么也不利于维护申请人合法利益。

笔者认为,法官在此类案件中判定专利代理机构是否尽到合理注意义务,应该以涉案技术领域普通专利代理机构或普通专利代理人认知为标准,选取与涉案专利代理机构处于同类性质、同类资质、同类能力和同类境况中的普通专利代理人的理性行为进行比较,再结合涉案委托代理合同,以此来衡量涉案专利代理机构是否达到了同行业其他专利代理在处理专利代理事务时所达到的行为标准,而不是以法官自身的审判经验及阅历去认定。如果经比较,被告在履行职务时已经承担了合理的注意义务,那么涉案专利代理机构就不存在过错,也就无须承担合同约定的违约责任。如果涉案专利代理机构没有尽到合理的注意义务和专业技能运用义务,那么其就需要承担因过错而造成的委托人的损失。

专利代理机构代理专利申请及专利诉讼,是以其专业知识为委托人提供专利申请等服务,其承担的注意义务和专业技能运用义务,应该以本技术领域普通专利代理人所承担的注意义务和技能运用义务为标准,只需要达到本行业平均水平的注意义务及专业技能即可。法官不应该苛求专利代理机构或专利代理人具有最高水平的技能,如要求其每起案件专利都必须获得授权并获得最大范围的保护,将过于加重专利代理机构或专利代理人的责任。

笔者认为,对于具备专业技术知识和法律技能的专利代理人,在提供专利代理相关服务时应提供如下程度的注意:同技术领域、同行业的普通标准。专利代理机构应当以其特有的专业知识和技能为委托人提供公众或同行认为是正常的专利相关业务服务,向委托人展现的专业知识和法律能力应当达到同技术领域、同行业普通专利代理机构应当具有的合理的水平。

当然在具体个案中,专利代理机构可就注意义务和委托人进行约定,约定的注意程度可以是高于或是等于合理的注意义务。在约定高于合理的注意程度时,此时专利代理机构就要承担更加谨慎的职业义务,承担的风险也会相应加大。另外基于权利与义务对等原则,专利代理机构收取的代理费高于同行业专利代理机构收费的,也应该承担更高的注意义务。

2. 举证责任分配

《最高人民法院关于民事诉讼证据的若干规定》第 7 条规定："在法律没有具体规定，依本规定及其他司法解释无法确定举证责任承担时，人民法院可以根据公平原则和诚实信用原则，综合当事人举证能力等因素确定举证责任的承担。"

在专利代理委托合同诉讼中，存在委托人与被委托人信息不对称、诉讼地位不对等的情况，因此法官在分配举证责任时应慎重考虑。一方面此类案件委托人大多数为个人，另一方面专利代理机构基于其专业知识及法律技能，证据流程管理方面可能更完善，所以法官在举证责任分配方面，应该综合各方诉讼能力、对专业技术的认知等方面，合理分配举证责任，避免因一方举证责任过重而导致败诉的情况发生。

（三）专利代理机构应承担的损失判赔标准

以专利代理机构为原告的案件，基本上是要求委托人支付代理费，这个无须多说。在以专利代理机构为被告的案件中，委托人要求赔偿损失的范围却千差万别。比如因专利撰写权利要求范围过窄要求赔偿相关实施及许可的经济损失；比如因专利代理机构失误造成委托人丧失优先权的经济损失；再比如因专利代理机构失误，导致本应该为专利发明权利人的委托人丧失权利人资格应当赔偿的经济损失及精神损失。损失判赔虽然不要求法官达成统一标准，但也不应该由法官拍脑门拍出个赔偿数额。当前司法实践中，法官在审理此类案件时，经济损失判赔标准随意性大，过多地掺杂了法官的主观因素。

三、专利代理合同纠纷诉讼解决路径

（一）统一案由

当前各个法院对于专利代理合同纠纷立案案由比较混乱，如上文指出，有立"委托合同纠纷"的，有立"代理合同纠纷"的，有立"其他合同纠纷"的，立案案由不同导致审理部门不同，不利于此类诉讼得到正确审理。

根据《最高人民法院民事案件案由规定理解与适用》一书，"专利合同纠纷"案由下有子案由"专利代理合同纠纷"项。其中指出，专利代理合同纠纷是指专利代理机构作为受托人与委托人就办理专利申请或者办理其他专利事

务所订立的合同而发生的纠纷。❶

《专利代理条例》第 2 条规定："本条例所称专利代理是指专利代理机构以委托人的名义，在代理权限范围内，办理专利申请或者办理其他专利事务。"由于专利代理本身的技术性和特殊性以及有关纠纷涉及审理的专业性，所以《最高人民法院民事案件案由规定》将这类合同纠纷统一归入知识产权纠纷案由。笔者认为，凡是专利代理机构与委托人发生的需要适用该条例处理的合同纠纷，均应当将案由统一确定为"专利代理合同纠纷"。具体操作可以由各省高级法院知识产权庭和立案庭联合出台相关规定，指导下级法院立案庭统一此类案件的立案案由。

（二）统一审理法院及审判部门

目前，由于此类案件立案案由不统一，导致审理法院及审判部门比较分散。既有基层法院民商事庭，也有中级法院民商事庭及知识产权庭。不同法院不同审判部门处理此类案件分歧比较大，标准不统一。

笔者认为，此类案由统一为"专利代理合同纠纷"后，审理法院及审判部门也应该统一。虽然关于专利代理合同纠纷案件的管辖，司法解释并未作出明确规定，但鉴于此类纠纷审理专业性较强，应该作为《最高人民法院关于审理专利纠纷案件适用法律问题的若干规定》第 1 条第（16）项规定的"其他专利纠纷"，即由具有专利案件管辖权的中级人民法院审理此类案件为宜，而且应该由中级人民法院的知识产权庭统一审理，这样有利于统一裁判标准，更好地保障当事人的合法权益。

（三）统一案件审理标准

正如笔者上文分析，此类案件审理标准不统一，专利代理人的合理注意义务高低、举证责任分配、判赔标准等这些问题如果不能正确判定，不仅会使当事人利益受损，也会影响专利代理行业的健康有序发展。

笔者建议，各省高级人民法院知识产权庭可以采用"知识产权问答"的方式，确立判定专利代理机构是否存在违约行为、是否尽到了合理注意义务的标准；应该以"本行业普通专利代理机构或者本技术领域普通专利代理人"为标准，而不应该由法官以个人的审判经验为标准。确立标准后，再结合合同的目的、合同的解释、专利代理行为的特殊性等进行最终认定，尽量降低法官主观认定的程度。

---

❶ 奚晓明. 最高人民法院民事案由规定理解与适用 [M]. 北京：人民法院出版社，2011：216.

另外，各高级法院也可以出台损失赔偿数额的参考标准，供下级法院审理此类案件参考。对于法官如何把握"本行业普通专利代理机构或者本技术领域普通专利代理人"的标准，法官可以征求非涉案专利代理机构或专利代理人的意见，也可以征求专利代理协会的意见。

（四）选取审查员及专利代理人作为人民陪审员

鉴于此类案件审理的专业性及技术性，可以通过组织推荐、遴选等方式使符合条件的不同技术背景的专利审查员及专利代理人等充实到法院人民陪审员队伍。如遇此类案件的审理，法院可以区分技术领域，邀请涉案技术领域的专利审查员或者专利代理人等作为人民陪审员参加案件审理，帮助法官解决技术问题、专利相关问题等案件事实的认定。另外，可选取资深专利审查员、代理经验丰富的专利代理人成立专家库，涉及疑难复杂或者影响比较大的案件，法院可以邀请以上人员作为专家证人出庭对疑难复杂的事实进行鉴定或者出具法律意见书。

（五）向涉案专利代理机构及专利代理人协会发送司法建议

法院在审结此类案件后，如果发现专利代理机构存在管理漏洞或者专利代理人代理行为违规的，可以通过向涉案专利代理机构及中华全国专利代理人协会发送司法建议的方式，要求相关机构对于案件中侵害委托人利益较轻的专利代理人，实施在整个行业内对其进行通报等惩罚措施，情节严重的法院应该向相关行政机构发送司法建议，要求行政机构按照《专利代理人条例》对其进行处罚，从而规范整个专利代理行业的健康发展。

（六）与专利代理人协会建立诉调对接机制

经笔者统计发现，此类案件目前虽然不是很多，但相当一部分案件都是由专利代理费用引发。所以笔者建议，对于此类案件，由法院与专利代理人协会建立诉调对接机制，从而快速有效地化解纠纷。具体操作如下：法院收到此类案件立案申请后，可以先移交专利代理人协会或者类似调解机构，由其组织双方当事人进行调解，如果双方达成调解并形成协议，当事人可依照《民事诉讼法》第 194 条的规定，❶ 共同向法院申请对调解协议进行司法确认。当然此条所指的法院为基层法院。

---

❶《中华人民共和国民事诉讼法》（2012 年修正）第 194 条规定："申请司法确认调解协议，由双方当事人依照人民调解法等法律，自调解协议生效之日起三十日内，共同向调解组织所在地基层人民法院提出。"

另外，对于委托人为自然人的案件，法院还可以采取减免诉讼费的办法，以减轻当事人的诉讼负担，进而通过诉讼费这一杠杆，引导双方通过调解的手段解决纠纷。这样不仅有利于纠纷得到快速解决，也避免双方矛盾激化，对于委托人和专利代理机构来说，是一个省时、高效、和谐的选择。

参考文献

[1] 吴观乐.《专利代理实务》[M]. 北京：知识产权出版社，2007.
[2] 王利明，崔建远.《合同法新论·总则》[M]. 北京：中国政法大学出版社，2000.
[3] 戈晓美. 专利代理行为民事责任分析[D]. 兰州：兰州大学，2011：34.
[4] 余则亮. 论我国专利代理方构成违约责任的认定[D]. 广东：华南理工大学，2011：20.

第二部分

专利代理与专利审查业务交流

从微信案看专利文件中的环境特征

邓云鹏*

【摘　要】
　　本文从近期引人关注的微信专利侵权及无效案件中涉及的专利出发，讨论专利申请文件中的环境特征对专利侵权诉讼、专利许可及专利审查过程的影响，并给出相应的建议。

【关键词】
　　专利　环境特征

引　言

　　据报道，2013年4月，创博亚太科技有限公司（以下简称"创博亚太"）以腾讯公司旗下的微信产品侵害其专利权为由，对腾讯公司提起了专利侵权诉讼，腾讯公司亦针对涉案专利提出了无效宣告请求。腾讯公司及其微信产品的广泛知名度，使得该案具有相当大的影响力，但本案中是否构成侵权及专利是否应被判无效并不是本文关注的焦点，而是通过涉案专利文件本身来探讨专利文件中的环境特征。

一、微信案专利概要

1. 案情简介

　　资料显示，创博亚太是创博（亚太）投资控股有限公司的全资子公司，后者于2011年2月在美国纳斯达克成功上市，专注于向电信运营商提供应用平台以支持其向客户提供的移动增值业务以及移动支付解决方案。

　　创博亚太起诉腾讯所依据的是专利号为ZL200910084756.8，名称为"提

---

* 作者单位：广州华进联合专利商标代理有限公司。

供与位置信息相关联的在线黄页电话簿的系统和方法"的发明专利。该专利由创博亚太创始人侯万春于 2009 年 5 月 21 日申请，并在 2011 年 7 月 20 日公告授权。此后，侯万春以独占许可的方式赋予创博亚太独占实施该专利的权利。

创博亚太认为微信产品的某些功能，比如"附近的人"、"微信公众账号"等功能，与创博亚太的上述专利相冲突，因而对腾讯公司提起了诉讼。

2. 涉案专利内容

涉案专利的申请公开文本中，权利要求 1（在授权文本中被删除）为："1. 一种与位置信息相关联的在线黄页电话簿，其特征在于，是具有以下功能的客户端软件：……"可见，申请公开文本中的权利要求 1 要求保护的主题是"在线黄页电话簿"，由于不清楚该权利要求是装置的权利要求还是方法的权利要求，权利要求的保护范围不清楚。而且，该权利要求的特征部分中将主题限定为一种客户端软件，而在审查指南中计算机程序本身被认为是一种智力活动规则和方法，不应当被授予专利权。相信这两点在促使申请人删除该项独立权利要求及其从属权利要求方面发生着一定的作用。

在该专利的授权文本中，权利要求 1 为："1. 基于与位置信息相关联的在线黄页电话簿模式实现通信的系统，其特征在于，包括公共电话簿服务器，数据网络，黄页电话簿服务器，移动电话终端；其中，所述黄页电话簿服务器是用于……所述公共电话簿服务器是用于……所述移动电话终端与黄页电话簿服务器之间通过数据网络互联……所述黄页电话簿服务器与所述公共电话簿服务器之间通过互联网数据网络互联……"。

可以看出，授权文本的独立权利要求要求保护的是一种系统，申请人在撰写时将技术方案中出现的所有元件都作为系统的一部分进行描述，该系统包括公共电话簿服务器、数据网络、黄页电话簿服务器以及移动电话终端。容易看出，该专利中的"公共电话簿服务器"等属于运营商运作，而"移动电话终端"一般为普通用户所有，从而在主张专利侵权时，出现了非单一民事主体作为"侵权者"的情形，即可能需要动用专利法的上位法即民法中的共同侵权方能认定侵权，给主张权利带来麻烦。实际上，这种麻烦，可以合理运用"环境特征"来解决。

二、权利要求中的"环境特征"

1. 定义"环境特征"

在中国的法律法规中并没有"环境特征"的概念。结合相关书籍与实际工作经验,可以将环境特征定义如下:"环境特征是不属于权利要求要求保护主题的一部分,但是在对主题进行限定时用到的特征"。环境特征一般是指物的特征,少部分情况下也可以是活动的特征。

2. 微信案专利文件的权利要求中的"环境特征"

定义了环境特征,再回到微信案专利的权利要求,涉案专利授权文本的权利要求1中要求保护的系统,包括公共电话簿服务器、数据网络、黄页电话簿服务器和移动电话终端。从该权利要求描述中可以得知,如果将"移动电话终端"作为"环境特征"来描述,即"移动电话终端"不再是权利要求主题"基于与位置信息相关联的在线黄页电话簿模式实现通信的系统"的一部分,侵权主体就只有运营商,有利于专利权人主张权利。那么,如何将"移动电话终端"作为"环境特征"描述?将"移动电话终端"作为"环境特征"是否可行?要搞清楚这个问题,就需要进一步探讨环境特征在专利诉讼中的影响。

三、"环境特征"与专利侵权

1. 案例1

为了便于探讨环境特征在专利诉讼中的作用,我们假设存在案例1:

甲拥有一项专利,该专利权利要求为:"一种X装置,其特征在于,包括A、B、C及D,A……B……C……;C用于与D……"

乙生产一种产品,该产品为:一种Y装置,包括A、B及C。在实际使用过程中,Y装置必须与D配合使用。最简单的例子为这种装置是遥控器,A是外壳,B是按键,C是遥控电路,D是电池。

那么在案例1中,乙是否侵犯甲的专利权?要作出判断,就需要先找出相关的法律依据。

2. 中国法律法规与司法解释

中国《专利法》及其实施细则中并没有对专利侵权的判断作出具体规定,而根据最高人民法院于2009年发布的《最高人民法院关于审理侵犯专利权纠纷案件应用法律若干问题的解释》的第7条,被诉侵权技术方案包含与权利要求记载的全部技术特征相同或者等同的技术特征的,人民法院应当认定其落入专利权的保护范围。该条规定了相同侵权与等同侵权的情形,但案例1中甲的专利的权利要求中X装置包括A、B、C和D四个技术特征,但乙生产的产品Y装置则只包括A、B和C三个技术特征,即并未包含与权利要求记载的全部技术特征相同或者等同的技术特征,因此不属于相同侵权或等同侵权的情形。

部分人民法院在司法实践中发展了"多余指定"原则。多余指定原则是指在专利侵权诉讼中法院把权利要求的技术特征区分为必要技术特征和非必要技术特征，在忽略非必要技术特征（多余特征）的情况下，仅以权利要求中的必要技术特征来确定专利保护范围，判定被控侵权客体是否落入权利要求保护范围的原则。在案例1中，若专利权利要求中的技术特征D是非必要技术特征，则可以适用多余指定原则判定产品侵犯专利权。但是多余指定原则在我国专利法律、法规和司法解释中都没有明文规定，仅是法院在司法实践中创立的操作规则，而且随着2009年《最高人民法院关于审理侵犯专利权纠纷案件应用法律若干问题的解释》确立了全部技术特征原则，多余指定原则正式退出了历史舞台。

3. 美国法律法规

依据美国专利法第271条：(c) Who ever offers to sell or sells... a component of a patented machine,... knowing the same to be especially made or especially adapted for use in an infringement of such patent, and not a staple article or commodity of commerce suitable for substantial noninfringing use, shall be liable as a contributory infringer. （任何人销售或者许诺销售……专利产品的部件或者专利保护的装置，如果他明知这样的部件材料或者装置是为侵犯专利权而专门制造的或者专门供侵犯专利权使用的，而且这样的部件材料或者装置不是一种常用商品或者具有实质性非侵权用途的商品，则应当认为是帮助侵权。）

结合美国专利法，对于案例1，由于乙生产的产品Y装置必须与D配合使用，即属于上述"装置是为侵犯专利权而专门制造的"情形，如果按照美国的法律，是可以作为侵权来处理的。

4. 北京市高级人民法院：专利侵权判定指南

北京市高级人民法院于2013年9月向北京市属中级法院和基层法院下发了《专利侵权判定指南》，该判定指南对专利权保护范围的确定、侵权判定、专利侵权抗辩等作出了全面的、具有操作性的规定。

根据判定指南第108条的规定，"提供、出售或者进口专门用于实施他人产品专利的材料、专用设备或者零部件的，或者提供、出售或者进口专门用于实施他人方法专利的材料、器件或者专用设备的，上述行为人与实施人构成共同侵权。"

可以看出，判定指南第108条规定了与美国专利法第271条相近的侵权情形，称为共同侵权。

5. 案例1 侵权判定

根据判定指南第108条的规定，案例1中，若乙制造的产品是专门用于实施甲的专利的专用设备或者零部件,则乙与实施人构成共同侵权。

首先,很明显,如果引入共同侵权,会将案件复杂化,因为涉及更多的主体。

其次,根据《侵权责任法》第 8 条的规定,即二人以上共同实施侵权行为,造成他人损害的,应当承担连带责任。一般认为,所谓共同侵权行为也称为共同过错、共同致人损害,是指数人基于共同过错而侵害他人的合法权益,依法应当承担连带赔偿责任的侵权行为。对于案例 1,如果最后实施人,即将 A、B、C、D 组装在一起的是普通用户,此时普通用户可能不是作为生产经营目的在使用(比如普通家庭用户使用遥控器),则存在普通用户的行为不是侵权行为,出现二人中一人不侵权的"共同侵权"行为,是否共同侵权出现争议。

6. 案例 2

如果对案例 1 进行修改,得到假设的案例 2:

甲拥有一项专利,该专利权利要求为:"一种 X 装置,其特征在于,包括 A、B 及 C,A……B……C……;C 用于与 D……"

乙生产一种产品,该产品为:一种 Y 装置,包括 A、B 及 C。

在案例 2 中,将甲的专利权利要求中的 D 作为环境特征对特征 C 进行功能性限定,那么案例 2 中,乙是否侵犯甲的专利权?

7. 案例 2 中的侵权判定

案例 2 中,甲的专利权利要求中,明确了权利要求主题所包含的元件,即明确 A、B、C 是 X 装置的一部分,而将特征 D 作为环境特征。根据判定指南第 22 条的规定,"写入权利要求的使用环境特征属于必要技术特征,对专利权保护范围具有限定作用。使用环境特征是指权利要求中用来描述发明所使用的背景或者条件的技术特征"。因此,即使将特征 D 作为环境特征,在侵权判定时该环境特征仍然会被考虑。

那么作为环境特征的特征 D 对保护范围具有怎样的限定作用?根据判定指南第 23 条的规定,"被诉侵权技术方案可以适用于产品权利要求记载的使用环境的,应当认定被诉侵权技术方案具备了权利要求记载的使用环境特征,而不以被诉侵权技术方案实际使用该环境特征为前提。"也就是说,案例 2 中,若乙生产的 Y 装置的特征 C 可以用于与特征 D……则应当认定乙生产的 Y 装置具备了甲专利权利要求记载的 C 用于与特征 D……的特征,而不以乙生产的 Y 装置实际使用的环境为前提。因此,在案例 2 中,根据判定指南,可认为乙生产的产品直接侵犯甲的专利权。

8. 案例小结

综合案例1和案例2，可以得到以下结论：

（1）由于环境特征也是侵权判定中必须考虑的技术特征，能不使用时尽量不使用，即权利要求中的特征"最少且必要"这一原则没有变。

（2）一定要使用环境特征时，应当明确非权利要求主题一部分的元件为环境特征，避免没有直接侵权的对象或需要引入共同侵权。即明确地写明哪些元件被权利要求的主题所"包括"，从而明确未被"包括"的在权利要求中出现的元件为环境特征。即应当写成："一种X装置，其特征在于，包括A、B及C，A……B……C……C用于与D……"而不应当写成："一种X装置，其特征在于，A……B……C……C用于与D……"因为后一种写法无法明确特征D是环境特征还是X装置的一部分。

9. 微信案中的侵权问题

再次回到微信案涉案专利，由于系统中的公共电话簿服务器、黄页电话簿服务器、数据网络以及移动电话终端在实际应用中分别属于不同的主体，难以构成最高人民法院司法解释所界定的侵权情况，需要引入共同侵权，导致案件本身复杂化，对专利权人不利。

但若假设创博亚太在申请专利时将权利要求中的移动电话终端描述为环境特征，即不被"包括"在系统内，在满足其他要件的前提下，则构成最高人民法院司法解释所界定的侵权情况。

四、"环境特征"与专利许可

1. 多方技术改进

在申请专利时，如何进行布局才能在专利许可过程中给申请人（专利权人）带来最大利益一直是受人关注的问题。仍然以微信案涉案专利为例，假设该专利属于微信技术中必须要用到的专利，很明显，如果某公司愿意购买许可，该公司首先会是潜在的侵权者，否则实在没有获得许可的必要。那么，结合上述专利侵权的分析可知，微信案涉案专利由于没有理清环境特征，导致主张权利出现不利情形，因此使用该技术的公司就存在不愿意购买许可的可能，因为不存在侵权之虞。

进一步地，对于通信领域这种互动性比较多的技术改进，更应当合理利用环境特征以便在许可过程中实现利益最大化。即在申请专利时，将通信的各方都对应撰写独立权利要求，而不是笼统的一个系统。举例来说，对于涉及A、B、C三方通信的技术，如果每一方都有各自的改进且各方通常不在一个地理位置或是不属于同一个民事主体,则至少应当为 A、B、C 都配置相应的独立权利要求,便于在今后对只是使用其中一方的技术的公司提出专利侵权诉讼或是给予专利许可;而不是只写成"一种通信系统,包括 A、B、C、A……B……C……"这种写法会导致没有直接的侵权对象,同样也难找到被许可的对象。如果在撰写 A 的独立权利要求时,不可避免地需要用到 B 或 C,可以通过环境特征的描述来实现。

2. 产业链控制

合理地利用环境特征,通过专利许可,可以实现良好的产业链控制。根据权利用尽原则,专利权人或者经其授权的人制造的产品在售出后,凡是合法取得该产品的人均可以对其自由处分,专利权人就丧失了对该产品的进一步控制权,这对专利权人实现对产业链的控制来说是不利的。

参照国外知名公司或专利组织的许可协议可以发现,权利权人在签订许可协议时,通常将许可范围覆盖到从零组件到产品的各个环节,比如从集成电路再到产品,以求达到控制整个产业链的目的。

因此,为了尽量避免权利用尽对专利权人的束缚,建议通过合理地利用"环境特征"对权利要求进行全产业链布局,即权利要求的主题涵盖产业链的各个环节。比如:

(1)尽量不引用"环境特征",则权利要求可布局如下:

独权 1:一种 X 零组件……

独权 2:一种 Y 产品,包括 X 零组件及 B……

(2)当"环境特征"无法避免时,则权利要求可布局如下:

独权 1:一种 X 零组件,包括 A,A……A 用于与 B……

独权 2:一种 Y 产品,包括 X 零组件及 B……

通过上述方式,可以选择将 X 零组件的权利要求许可给零组件厂商,将 Y 产品的权利要求许可给产品厂商,从而对整个产业链进行控制,获得最大的话语权。

五、专利审查中的"环境特征"

如上所述,在权利要求中尽量不引入环境特征,如果技术问题的解决需要依赖环境特征,在权利要求中不引入环境特征可能导致缺少必要技术特征。比如,假设在一个技术方案中,发射端与接收端共同的改进提高了信号质量,只写发射端或者接收端将无法达到发明目的,导致在专利审查过程中被认为缺少必要技术特征。

要克服缺少必要技术特征的情况，需要对所要解决的技术问题作出调整。具体地，应当根据所要保护的主题，列出该主题能够解决的技术问题，比如发送端解决发送端的问题，接收端解决接收端的问题，零组件解决零组件的问题，而不是一个整体的需要环境特征"参与"才能解决的问题。

举例来说，为了解决在高铁上电话容易断线的问题，假设通过对手机端和基站端都进行了改进才能实现手机高速移动时与基站连接的稳定性，在提出技术问题时，最好不直接将技术问题确定为实现手机高速移动时与基站连接的稳定性，因为这很可能需要在权利要求中引入基站而对保护范围造成限缩，不引入基站则会缺少必要技术特征。应当说明手机端的改进解决手机端原来存在的什么问题，比如通信距离的问题或者切换速度的问题等，从而避免被认为缺少必要技术特征。

六、结　论

综上所述，对于专利申请文件中的环境特征，在撰写过程中建议做到如下几点：

（1）能不引入环境特征时，尽量不引入，环境特征在侵权判定时也是限定特征之一。

（2）必须引入环境特征时，应当明确其为环境特征，避免将环境特征视为部件表述，导致无合适侵权对象，需要引入共同侵权。

（3）应当按照产业链进行权利要求的部署，例如"原材料—零组件—产品"的链条，通过对环境特征的控制实现。

（4）通过合理地调整技术问题，合理引入环境特征，避免被认为缺少必要技术特征。

浅析在先优先权文件提前公布以及优先权有效性对在后国际专利申请的影响

尤一名[*]　张嘉凯[*]

【摘　要】
　　本文就发明国际专利申请要求已经提前公布的在先中国申请的优先权时，有可能出现的优先权无效的问题进行论述，并进一步指出了问题产生的法规依据，分析了在国际阶段和中国、欧洲国家和美国的国家阶段，发明专利申请优先权成立的条件，对国际专利申请的撰写和申请提出建议。

【关键词】
　　专利合作条约　优先权　有效性　提前公布　现有技术

一、背　景

　　根据《专利合作条约》（Patent Cooperation Treaty，PCT）而进行的国际专利申请（以下简称国际申请）由于其具有程序简单、快捷、成本低、灵活性高等优势，可以起到简化申请手续、推迟决策时间、完善申请文件和减轻成员国国家局的负担等作用。[❶] 随着越来越多的中国企业走向国际市场，国际申请成为中国企业在国外寻求技术保护的重要途径。2012 年，中国国家知识产权局共受理通过 PCT 途径提交的国际专利申请 1.9926 万件，较上年增长

＊作者单位：国家知识产权局专利局专利审查协作北京中心。
❶国家知识产权局. 国际申请简介［EB/OL］. (2008－04－19) http：//www.sipo.gov.cn/zxft/zlsqjscligl/bjzl/2008 04/t20080419_ 384041. html.

14.0%❶，位居世界第四❷。

按照 PCT 的规定，申请人可以在自优先权日起 30 个月内，向包括中国在内的国家提交相关文件，办理进入该国国家阶段的手续。在审查实践中，笔者发现有相当数量的中国申请人并不是先在国际局申请，再进入中国国家阶段。反之，这些申请人会先在中国国家知识产权局申请中国专利，随后再在国际申请的受理局提交国际申请，并在在后的国际申请中要求在先中国申请的优先权。如下面两个案例：

案例 1：某国际申请，国际申请日为 2012 年某日，优先权为中国发明专利申请，优先权日为 2011 年某日，优先权文件公开日为 2011 年某日；

案例 2：某国际申请，国际申请日为 2013 年某日，优先权为中国发明专利申请，优先权日为 2012 年某日，优先权文件公开日为 2012 年某日。

那么这些申请在全部的以中国局作为受理局提交的国际申请中占有多少比例呢？经在 WPI 数据库中检索，2012 年以中国局作为受理局提交的，且已经进入中国国家阶段的 6134 件国际申请中，要求在先中国申请的中国优先权的案件数量有 5178 件，占比 84.4%。

可以看出，案例 1 和案例 2 还有一个共同的特点，即在先中国申请的公开日早于国际申请的申请日，即在其进行国际申请时，其要求优先权的中国申请已经公开。如图 1 所示。

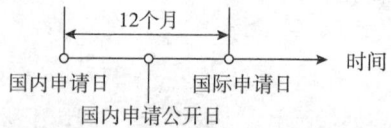

图 1　案例 1、案例 2 申请和公开时间示意图

之所以出现这种情况，是因为这些作为优先权的在先中国申请都被要求了提前公布。而笔者推测，申请人要求提前公布的原因可能是为了加快审查进度，希望尽早获得专利授权。

那么在先优先权申请的公开日早于国际申请日的国际申请又有多少呢？由于在数据库中难以批量比较每件申请的国际申请日和最早公开日，我们在 WPI 数据库中对在 2010～2012 三年中进行国际申请且已经公开的，且最早公开日

---

❶ 国家知识产权局. 2012 年我国 PCT 国际专利申请受理量增长 14.0% [EB/OL]. http://www.sipo.gov.cn/yw/2013/201310/t20131023_835213.html.

❷ 国家知识产权局. 申长雨在全国知识产权局局长会议上的工作报告（摘编）[EB/OL]. http://www.sipo.gov.cn/yw/2013/201401/t20140117_898822.html.

在国际申请日前一年的案件进行检索，并以此估算全部优先权公开日早于国际申请日的国际申请的数量级。在 2010 年提交的以中国局作为受理局的国际申请中，最早公开日在 2009 年的申请有 853 件；在 2011 年提交的以中国局作为受理局的国际申请中，最早公开日在 2010 年的申请有 1434 件；在 2012 年提交的以中国局作为受理局的国际申请中，仅最早公开日在 2011 年的申请有 1583 件。上述这些申请的最早公开日明显早于国际申请日，其总数为 3870 件，占这三年以中国局作为受理局的国际申请的 10% 以上。这仅是公开日在国际申请日前一年的情况，如果算上二者在同一年且公开日在国际申请日之前的情况，则数量会更大，保守估计仅在 2010～2012 年三年中提交的就在 4000 件以上。

二、法规依据

那么为什么会出现优先权文件在国际申请的申请日前公开的情况呢？下面分析这种情况出现的法规依据。

1. 国际申请要求中国优先权的期限

国际申请要求中国优先权的依据如下：

（1）《保护工业产权巴黎公约》中规定："上述优先权（笔者注：指的是包括专利、实用新型、外观设计注册或商标注册在内的中国或外国优先权）的期间，对于专利和实用新型应为 12 个月。"❶

（2）相应地，《专利合作条约实施细则（2013）》第 2.4 节 "优先权期限"（a）规定："凡涉及优先权要求而使用'优先权期限'一词时应当解释为自作为优先权基础的在先申请的申请日起 12 个月期限，在先申请的申请日当天不包括在该期限中。"❷

综上所述，在中国国家知识产权局进行专利申请后的 12 个月内，申请人均可能以该中国申请作为优先权进行国际申请。根据上文中的检索数据可知，这种申请方式已经成为中国申请人进行国际申请的主要方式。

2. 中国申请提前公布的时间规定

根据《专利审查指南 2010》第五部分第八章第 1.2.1.1 节 "发明专利申请公布" 的规定："发明专利申请经初步审查合格后，自申请日（有优先权

---

❶ 保护工业产权巴黎公约［EB/OL］. http：//www.wipo.int/treaties/zh/ip/paris/paris.htm.
❷ 世界知识产权组织. 专利合作条约实施细则 2013［EB/OL］. http：//www.wipo.int/export/sites/www/pct/zh/texts/pdf/pct_regs.pdf.

的,为优先权日)起满 15 个月进行公布准备,并于 18 个月期满时公布。发明专利申请人在初步审查合格前,要求提前公布其专利申请的,自初步审查合格之日起进行公布准备;在初步审查合格后,要求提前公布其专利申请的,自提前公布请求合格之日起进行公布准备,并及时予以公布。"❶

综上所述,如果申请人在其进行国际申请前,其所要求优先权的在先中国申请已经初步审查合格,并且申请人已经要求了提前公布,那么只要有时间完成了公布准备,该优先权文件就有可能在国际申请日之前进行公开。如图 2 所示,如果在先申请在虚线所示时间段提前公布,均会造成如上所述优先权在国际申请日之前公开的情况。

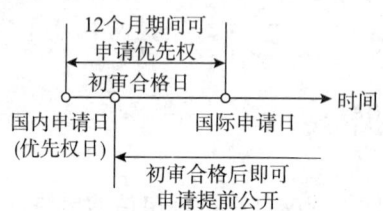

图 2 优先权文件在国际申请前提前公布示意图

三、优先权核实

根据《专利合作条约行政规程》第 507 条(d)的规定,国际检索报告中引用的任何文献,它的公开日早于该国际申请的申请日,但迟于该申请所要求的优先权日的,应用字母"P"表示。❷ 由于在先公开的优先权文件的内容与在后的国际申请往往高度相关,且优先权文件的公开日又必定在国际申请的优先权日之后,如果该公开日在国际申请日之前,则这类文献往往会在国际检索报告即 PCT/ISA/210 表中作为"PX"文件出现,并随着 A1 或 A3 文本的公布向全世界公布。

上文案例 1 和案例 2 中的优先权文件的公开文本,分别在案例 1 和案例 2 的国际检索报告中被列为"PX"文件。

随后,为了判断权利要求的新颖性和创造性,无论在国际阶段还是在国家阶段,在出现了"PX"文件的情况下,审查员均需要对权利要求的优先权有

---

❶中华人民共和国国家知识产权局. 专利审查指南 2010 [M]. 北京:知识产权出版社, 2010.
❷世界知识产权组织. 专利合作条约行政规程 [EB/OL]. http://www.patentexam.com.cn/UserFiles/Doc/20120117024106102.pdf.

效性进行核实。下面按照国际阶段和国家阶段分别阐述优先权核实的相关规定。

1. 国际阶段的优先权核实

在《专利合作条约国际检索和初步审查指南》第6.04节规定：

"通常，其申请日被要求了优先权的申请，必须是该发明已提交的首次申请。"❶

《专利合作条约国际检索和初步审查指南》第6.09节还规定了优先权成立在内容上的要求：

"判断一项权利要求能否享受优先权文件日期的基本准则与判断一份申请的修改文件是否符合条约第34条（2）（b）规定的准则相同（注：PCT第34条（2）（b）规定包括在国际阶段的修改不应超出国际申请提出时对发明公开的范围）。即为了获得优先权日，必须在优先权文件中明确地或内在地公开权利要求的主题，包括对所属领域技术人员来说是隐含的任何特征。"❷

综上，国际阶段优先权有效至少要同时满足两个条件：

（1）优先权申请是该发明的首次申请。

（2）在优先权文件中明确地或内在地公开权利要求的主题。

2. 国家阶段的优先权核实

下面分别针对中国、欧洲国家和美国国家阶段的相关规定进行分析。

（1）中国国家阶段。

根据《中华人民共和国专利法》第29条第2款的规定："申请人自发明或者实用新型在中国第一次提出专利申请之日起12个月内，又向国务院专利行政部门就相同主题提出专利申请的，可以享有优先权。"❸

那么，如何理解"相同主题"呢？

根据《专利审查指南2010》第二部分第三章第4.1.2节"相同主题的发明创造"的定义，"专利法第29条所述的相同主题的发明或者实用新型，是指技术领域、所解决的技术问题、技术方案和预期的效果相同的发明或者实用

---

❶ 世界知识产权组织. PCT国际检索和初步审查指南 [EB/OL]. http：//www.patentexam.com.cn/UserFiles/Doc/20120117023942686.pdf.

❷ 世界知识产权组织. PCT国际检索和初步审查指南 [EB/OL]. http：//www.patentexam.com.cn/UserFiles/Doc/20120117023942686.pdf.

❸ 中华人民共和国专利法 [EB/OL]. http：//www.gov.cn/flfg/2008-12/28/content_1189755.htm.

新型。但应注意这里所谓的相同,并不意味在文字记载或者叙述方式上完全一致。"❶

《专利审查指南2010》第二部分第二章第4.6.2节指出,"一般来说,核实优先权是指核查申请人要求的优先权是否能依照专利法第二十九条的规定成立。为此,审查员应当在初步审查部门审查的基础上核实:(1)作为要求优先权的基础的在先申请是否涉及与要求优先权的在后申请相同的主题。"❷

"进行上述第(1)项核实,即判断在后申请中各项权利要求所述的技术方案是否清楚地记载在上述在先申请的文件(说明书和权利要求书,不包括摘要)中。为此,审查员应当把在先申请作为一个整体进行分析研究,只要在先申请文件清楚地记载了在后申请权利要求所述的技术方案,就应当认定该在先申请与在后申请涉及相同的主题。审查员不得以在先申请的权利要求书中没有包含该技术方案为理由,而拒绝给予优先权。所谓清楚地记载,并不要求在叙述方式上完全一致,只要阐明了申请的权利要求所述的技术方案即可。但是,如果在先申请对上述技术方案中某一或者某些技术特征只作了笼统或者含糊的阐述,甚至仅仅只有暗示,而要求优先权的申请增加了对这一或者这些技术特征的详细叙述,以至于所属技术领域的技术人员认为该技术方案不能从在先申请中直接和毫无疑义地得出,则该在先申请不能作为在后申请要求优先权的基础。"❸

又如何理解"第一次提出专利申请"?《专利审查指南2010》中也作出了相关解释:"(2)该在先申请是否是记载了同一主题的首次申请。"

"在某些情况下,应当对上述第(2)项进行核实。例如,一件申请A以申请人的另一件在先申请B为基础要求优先权,在对申请A进行检索时审查员找到了该申请人的又一件在申请A的申请日和优先权日之间公布的专利申请文件或公告的专利文件C,文件C中已公开了申请A的主题,且文件C的申请日早于申请A的优先权日,即早于申请B的申请日,因此可以确定在先申请B并不是该申请人提出的记载了申请A的相同主题的首次申请,因此申请A不能要求以在先申请B的申请日为优先权日。"❹

(2)欧洲国家阶段。

根据《欧洲专利局审查指南2013》的规定❺,核实优先权时需要注意的有

---

❶❷❸❹中华人民共和国国家知识产权局. 专利审查指南2010 [M]. 北京:知识产权出版社,2010.

❺《欧洲专利局审查指南2013》第F部分第Ⅵ章第1.3节"核实所要求优先权"[EB/OL]. http://www.epo.org/law-practice/legal-texts/guidelines.html.

"(iv) 与欧洲申请相关的在先申请必须是相同主题的首次申请"。❶

"如果发现要求优先权的权利要求所对应的申请不是首次申请,但是在相同申请人或其变更名称前的申请人的更早的申请中公开了其中的全部或部分主题,则该优先权无效,并且该主题已经被所述更早的申请所公开。"❷

"在(iv)中,专利法第81条第1款的'相同主题'是指欧洲申请中的权利要求尽在如下条件下享受在先申请的优先权:即使用常规普通知识的本领域技术人员可以从整个在先申请直接地或者毫无疑义地得到权利要求所要求保护的主题。"❸

(3) 美国国家阶段。

根据美国专利法第119条(a)的规定❹,"(a)拥有、法律上代理或者指定拥有在先的在给予美国申请或美国公民同等优惠待遇或属于WTO成员的外国提交的合法专利申请的任何人在本国(注:即美国)提出的发明专利申请,如果是在最早申请日的十二个月之内提交的,该本国申请就同一发明享有与其在该外国首次申请时相同申请日的效力。"❺。

由此可见,中国、欧洲、美国国家阶段的优先权有效性标准和国际阶段并无实质性区别,均至少要同时满足两个条件:

a. 在先申请是该主题的首次申请;

---

❶ 原文是 the previous application must have been the "first application" filed in respect of the same invention as the one to which the European application relates (see F – VI, 1.4 and 1.4.1).

❷ 原文是 The filing date of the "first application" must be claimed as a priority, i.e. the application disclosing for the first time any or all of the subject – matter of the European application. If it is found that the application to which the priority claim is directed is in fact not the first application in this sense, but some or all of the subject – matter was disclosed in a still earlier application filed by the same applicant or his predecessor in title, the priority claim is invalid insofar as the subject – matter was already disclosed in the still earlier application (see F – VI, 1.4.1).

❸ 原文是 As concerns (iv), the expression "the same invention" in Art. 87 (1) means that the subject – matter of a claim in a European application may enjoy the priority of a previous application only if the skilled person can derive the subject – matter of the claim directly and unambiguously, using common general knowledge, from the previous application as a whole. This means that the specific combination of features present in the claim must at least implicitly be disclosed in the previous application (see F – VI, 2.2 and G 2/98).

❹ 美国专利法. 35 U.S.C. 119 (a) [DB/OL]. http://www.uspto.gov/web/offices/pac/mpep/consolidated_ laws.pdf.

❺ 原文是 (a) An application for patent for an invention filed in this country by any person who has, or whose legal representatives or assigns have, previously regularly filed an application for a patent for the same invention in a foreign country which affords similar privileges in the case of applications filed in the United States or to citizens of the United States, or in a WTO member country, shall have the same effect as the same application would have if filed in this country on the date on which the application for patent for the same invention was first filed in such foreign country, if the application in this country is filed within twelve months from the earliest date on which such foreign application was filed.

b. 作为要求优先权的基础的在先申请涉及与要求优先权的在后申请相同的主题。

四、相关案例的优先权情况

下面参照上述标准，对案例 1 和案例 2 的优先权进行核实。

案例 1 中，经检索发现申请人在在先申请之前，还向中国国家知识产权局提交了另一份已经被公开的在先申请，该在先申请中记载了国际申请中部分权利要求所要求保护的技术方案，造成这些权利要求的所要求的优先权并非申请人就该主题提出的首次申请。因此，这部分权利要求的优先权无效。从而对这部分权利要求来说，国际申请的优先权文件构成了现有技术，并直接破坏了上述权利要求的新颖性。

案例 2 中，经核实发现，申请人对在后申请进行了修改，增加了新的技术特征，修改后的技术方案并未明确地或内在地记载在在先申请中。因此，在后国际申请权利要求的优先权不能成立。在先申请结合另一篇专利文献可以评价国际申请全部权利要求的创造性。

以上案例 1 和案例 2 中，均出现了同一申请人的在后国际申请受到相同主题在先申请影响的情况。而如果申请人申请和撰写时有足够的注意，那么这种影响是完全可以避免的。

五、提前公布优先权申请造成的国际申请的问题

由上文可见，在国际申请前提前公布优先权文件，以下几种理由之一均可使得国际申请的优先权全部或者部分无效：

（1）该优先权文件不是该发明的首次申请：例如，正如案例 1，在申请人进行在先的中国申请之前，已经申请过与该中国申请相同主题的其他申请。

（2）在申请国际申请时，对权利要求进行了重新撰写或修改，以至于新的权利要求已经超出了优先权文件中明确地或内在地公开的范围。正如案例 2，对权利要求的修改造成了优先权的丧失。

而一旦在后申请的优先权无效，造成的后果有：

（1）在后的国际申请丧失了优先权，其相关日被推后，进入国家阶段后优先权也不成立，现有技术的范围被扩大。

（2）在先申请的公开文本，往往与在后申请密切相关，成为最接近的现

有技术，可直接破坏在后申请的新颖性和/或创造性。

而且，根据PCT第34条（2）（b）的规定："根据在国际初步审查报告作出之前，申请人有权依规定的方式，并在规定的期限内修改权利要求书、说明书和附图。这种修改不应超出国际申请提出时对发明公开的范围。"❶ 各国的专利法也有类似的对申请文件修改的限制。因此，即使申请人发现在后的国际申请的权利要求不能享受优先权，也不能以优先权文件为依据对权利要求进行修改。对权利要求修改的基础只能是国际申请时提交的申请文件本身。

六、对撰写和申请的建议

综上所述，为了避免上述问题的出现，建议申请人在进行国际申请的撰写和申请时采取如下策略：

（1）如果需要要求在先申请的优先权，应在提交国际申请前进行自查。核实作为优先权的在先申请是否是申请人就该主题的首次申请。特别要注意有无已经作出申请的系列申请的存在，在撰写国际申请的权利要求时也应当避免权利要求的保护范围与其之前申请的系列申请中的已有技术方案相同。

（2）如果发现作为优先权的在先申请不是申请人就该主题的首次申请，且实际上的首次申请已经公开，此时出于成本上的考虑，应重新考虑提交相同主题的在后国际申请的必要性。因为在后的国际申请将有可能因为优先权不成立而没有新颖性。

（3）如果有在先的中国申请，随后又希望提交相同主题的国际申请，在先中国申请还未要求提前公布的，不建议要求提前公布。

（4）如果在先申请已经提前公布，或者已经进入公布准备，此时仍希望在后进行相同主题的国际申请，则应慎重修改权利要求书。对权利要求的修改应在保证国际申请优先权有效的基础上进行。

（5）如果在先中国申请已经提前公布，并在后进行了同主题的国际申请，且由于在国际申请中对权利要求进行了新的修改或者重新撰写，导致在国际初审报告或国家阶段实质审查中，优先权被认定为无效，此时，可以尝试基于国际申请日提交的申请文件，对申请文件进行修改，以使得优先权成立。

总之，为了避免同一申请人申请的多项专利之间影响导致的优先权无效，在申请人在进行国际申请或要求提前公布时要全盘考虑，统一规划，做好专利布局和申请前决策。不要忽略系列申请之间的关联性。在撰写在后国际申请的

---

❶专利合作条约［EB/OL］. http://www.wipo.int/export/sites/www/pct/zh/texts/pdf/pct.pdf.

权利要求时，也应当注意优先权的有效性问题，避免不当修改导致的优先权无效。

另外，对首次申请的撰写质量提出了较高的要求。就同主题的发明创造而言，只有在首次申请时就撰写出高质量的申请文件，全面记载发明创造的实施例并进行合理概括，才能为在后的以该首次申请为优先权的国际申请和其他国家申请打下好的基础。应避免在首次申请中并未全面记载发明创造的内容，并试图在在后申请中通过修改或者重新申请进行补救的情况出现。

公众参与对降低问题专利申请的影响

郭荣庆[*]

【摘　要】

随着科学技术的快速发展，专利申请量急剧增加，对专利审查质量和专利权稳定性的要求也越来越高，然而迫于审查制度、审查资源和审查期限的要求，问题专利也随之出现。本文旨在研究通过提高公众在专利评审过程中的参与程度，提高部分专利权的稳定性，从而降低问题专利的申请量，促进专利事业的健康发展。

【关键词】

公众评审　公众无效请求　专利质量

一、引　言

专利审查质量、专利的稳定性事关实施专利制度的严肃性。《国家知识产权战略纲要》的专项任务中提到"按照授予专利权的条件，完善专利审查程序，提高审查质量，防止非正常专利申请"。由于科技进步飞速发展，加之审查成本和效率的制约，我们不可能寄希望于所有授权的专利都是合乎标准的。随着专利申请量的急剧增加，通过增加审查员的数量，对其进行教育培训等提高其业务素质，扩充和提高检索手段，在一定程度上有利于确保和提高授权专利的质量。但是，当前专利审查评审模式一般只涉及申请人和审查员，由于技术更新过快，审查员不可能知晓相关领域的所有现有技术，加之申请人对部分现有技术的刻意规避，使得审查员不能及时有效地发现足够的与申请相关的现有技术信息，从而造成了专利申请的不当授权。这些信息的不足并不能仅仅通过增加审查员的数量、加强教育培训等来弥补，必须引入第三方也就是公众的参与。

---

[*] 作者单位：国家知识产权局专利局实用新型审查部。

二、公众评审

《专利法实施细则》第 48 条中规定,自发明专利申请公布之日起至公告授予专利权之日前,任何人均可以对不符合《专利法》规定的专利申请向国务院专利行政部门提出意见,并说明理由。可见,现行《专利法》中是存在第三方即公众参与的法律基础的,只不过是限于发明专利申请,但是法条中没有关于公众意见的法律地位、作用,以及公众具体如何提供审查意见等细致的规定。

美国从 2007 年 6 月 15 日开始进行名为公众专利评审的实验项目,涉及计算机软件、生物技术等领域,允许公众参与到专利审查过程中,该试验平台将对经申请人许可的专利申请在网上进行为期 4 个月的公众评议期间,在这一期间内,公众评议和讨论公开的专利申请,检索和发现现有技术,上传权利要求相关的现有技术,提交现有技术所有的注释和评价,将排名前 10 位的现有技术转发至美国专利商标局(USPTO),这些检索方向和建议会有助于专利审查员利用有限的时间来进行有效的检索。

通过该项目的最终报告得出该方式可以从 4 个方面提高专利质量:一是公众的参与和监督有助于发明人提交更清楚、更完善、质量更高的专利申请;二是该平台能吸引专家和技术人员参与到专利审查中来;三是公众的参与有利于专利审查员获得更多、更准确的技术信息,特别是非专利文献;四是合法的专利将具有更强、更明确的效力,从而面临的诉讼会更少。这不仅可以减少低质量专利,降低不必要的司法成本、不必要的许可费用及其对市场秩序的干扰,而且可以从整体上提升国家的专利审查体系,并最终保障授权专利的质量。

这种公众参与的方式对公众的意见给予了充分的肯定,并且对公众如何参与也进行了细致的规定,对我们有一定的借鉴意义。但是也要注意到几个问题。一是如何调动公众参与的积极性。公众的积极参与是引入第三方评审的关键,因此如何调动观众积极参与其中,就显得尤其重要了。对于如何调动与提高公众参与的热情,可以考虑分步实施的方式。主要发动有影响力的大专院校、科研院所、大型企业等参与,或者采用带奖励性质的激励措施。此外,为了使公众的评审操作更易执行,开放式公众评审平台的建设应该最大可能地结合当今社交网络平台中各项有益的功能;以及为了扩大评审人的参与范围,应当积极考虑评议平台的跨语言特性,为评议人提供一个人性化、易于进行评议操作的平台。二是对技术领域的选择。相对于美国选择软件、生物技术等新兴高科技领域,我国的技术发展水平仍有一定差距,一些高精尖的领域并不适合完全鼓励推行公众参与的方式。对于我国当前降低问题专利申请的目标而言，选择较成熟的、公众易参与的、问题专利申请相对较多的如生活类、机械类等领域作为突破口，应该会得到良好的效果。

三、公众无效请求

由于我国实用新型专利和外观设计专利采用公告制，申请文本并不会提前公开，因此，目前公众直接在专利申请审查过程中进行参与并无法律基础，不适合公众评审。那么，这两种专利如何引入公众参与来降低问题专利的申请呢？

《专利法》第45条规定，自国务院专利行政部门公告授予专利权之日起，任何单位或者个人认为该专利权的授予不符合本法有关规定的，可以请求专利复审委员会宣告该专利权无效。也就是审查环节产生的问题专利，可以通过无效宣告、法院诉讼等救济和消除。在行政程序上设置专利无效宣告制度，目的就是以纠正无效专利或部分无效专利。然而，单纯的无效宣告很少被提起，这主要是因为专利无效活动是一项公共物品，没有侵权纠纷时，各方没有激励去提起单纯的无效宣告。国内专利司法实践表明，无效宣告制度反而被侵权者用作诉讼策略。一件专利侵权诉讼案件往往伴随着一起专利权的无效宣告请求。按照中国目前的专利制度设计，专利权人向人民法院提起民事侵权诉讼，被告则向专利复审委员会请求宣告专利权无效。在侵权诉讼中，被告一旦反诉专利权无效，专利侵权诉讼大多会中止审理，等待专利权无效审查的处理结果。由于专利复审委员会审查的决定，专利权人或者无效宣告请求人均可以就该决定提起专利权无效行政诉讼，专利权人将进入无休止的纠纷诉讼之中。可见，我国专利权的无效宣告程序常常被被告用来作为与专利权人抗衡的"武器"，这使得专利权的无效程序偏离其立法宗旨。

如果公众对认为无效的专利单纯地以合理的理由提起无效宣告，并有充分的证据证明某一专利无效或部分无效，这无疑可以通过后续程序将部分钻审查制度空子的问题专利予以打击。但是如何在节约行政成本的情况下，最大限度地降低公众提起无效宣告的成本从而保障公众利益，这是需要认真考虑的问题。

第一，要降低提起无效宣告请求的成本，对单纯以合理的理由、充分的证据提起无效宣告请求的请求人即公众进行费用的减免，并给予适当激励措施，如对其自身的专利申请的申请费等费用进行适当减免或者物质奖励。

第二，要简化提高审查效率，对以公众利益为目的的无效宣告请求，可成立"高、快"审查小组,对简单的、证据充分的专利直接作出无效或部分无效的决定。

第三,要针对重点的领域,如生活类领域的专利申请技术方案相对简单,多采用要素简单替换、现有技术的简单组合等,大多不符合创造性的规定,以实用新型专利申请为例,由于审查制度的限制,实用新型专利仅对申请的明显新颖性进行审查,这就使得部分申请人以此为缺口,恶意批量进行低质量申请,而无效宣告理由包括了《专利法》第22条在内的多个实质性审查条款,将对此行为进行有力打击。

第四,要加大宣传力度,引导鼓励公众抵制揭发问题专利,利用公众的力量降低问题专利的申请。

四、结　语

已有的实践表明,在专利审查中引入公众参与能够对专利审查起到良好的促进作用,能够进一步提高专利授权质量,能够有效打击降低问题专利申请,从而更好地鼓励创新、促进科技进步。公共参与作为一种可行性高的辅助的审查方式,预先要充分做好必需的评估和准备工作,通过选择特定的技术领域试点逐步实施,从而为我国专利事业的长远发展服务。

参考文献

[1] 中华人民共和国国家知识产权局. 专利审查指南 2010［M］. 北京:知识产权出版社,2010.

[2] 胡允银."公众专利评审":网络时代的美国专利审查改革［J］. 中国科技论坛,2009（2）.

[3] 陈琼娣,余翔. 美国"公众专利评审"及其对我国的启示［J］. 电子知识产权,2010（2）.

专利实质审查中引用ISO质量管理体系的思考

王　岩* 　张　瑶* 　旭　昀*

【摘　要】

　　ISO9000质量管理体系为政府部门构建管理科学、廉洁高效的服务型政府提供了科学方法和有效途径。本文借鉴国内外企业贯彻ISO质量管理体系认证的成熟经验，结合专利实质审查的特性，对构建ISO9000质量管理体系的可行性进行了分析。

【关键词】

　　ISO　专利　实质审查

　　ISO9000质量管理体系在企业中取得了广泛成功，它将全球质量管理推向体系管理的时代，也为政府部门构建管理科学、廉洁高效的服务型政府提供了科学方法和有效途径。一般意义上的ISO质量管理体系认证是指第三方认证机构对企业质量保障能力的评判活动，这种面向企业的标准认证能否移植到专利实质审查的质量控制上？如果可以，那么它能发挥多大的作用？本文借鉴国内外企业贯彻ISO质量管理体系认证的成熟经验，结合专利实质审查的特性，对构建ISO9000质量管理体系的可行性进行了阐述。

一、"理性"申请人——ISO质量管理体系的顾客

　　专利实质审查是指专利局根据《专利法》第35条的规定对发明专利申请的一种审查，其目的在于确定发明专利申请是否应当被授予专利权，特别是确定其是否符合《专利法》有关新颖性、创造性和实用性的规定。从根本上说，

---

* 作者单位：国家知识产权局专利局专利审查协作北京中心。

专利实质审查是政府提供的一种确权服务，是对于申请人是否可以以其技术公开换取市场垄断权的确认。

既然专利实质审查是一种政府服务，那么何为政府服务的质量呢？政府服务质量是指政府部门在提供公共产品和公共服务过程中的态度、所使用的方法与手段、所表现出的管理能力与社会效果以及公众对政府服务满意程度的总称。由于公众是政府提供公共服务质量的受众，因此公众对政府公共服务的满意度或认可度是政府服务质量的具体体现。从概念上看，一方面政府服务质量是客观概念，它是公共产品和公共服务自身特性与特征的总和；但同时，政府服务质量更是一个主观范畴，它取决于公众对政府服务实际感知质量和预期质量之间的对比：如果感知服务质量水平符合或高于其预期，公众将认为政府服务质量较高，反之，则会认为政府服务质量较低。❶

从上面的分析可以看出，公众的满意度以及认可度是衡量政府服务质量的重要标准，但由于每一件发明专利申请都是由特定人发起的，其目的就是通过专利实质审查，获得对市场垄断权的政府确认，因此，每一件通过专利实质审查的发明专利申请势必会对公众以及不特定第三人对于技术的自由使用发生现实侵害。因此，如果单纯以普通申请人的满意度或认可度来衡量专利实质审查的质量，必然会影响专利实质审查的公正性与客观性。因此，有必要引入一个客观的评价主体——"理性"申请人。和一般的申请人不同，"理性"申请人应该基本掌握专利法律制度，了解其立法本义，期望获得稳定而持久的专利权，不以简单获得专利授权为目的。"理性"申请人对于专利实质审查的要求应该是通过专利实质审查，了解现有技术中与本申请中最为接近的现有技术，以寻求最为合理的保护范围以及未来改进的方向。只有在这样的前提下，申请人才能够对于专利实质审查的质量作出最为客观的评判，而不仅仅是以案件是否授权作为评价专利实质审查服务好坏的唯一标准。

二、专利实质审查服务质量的构成和特性

专利实质审查服务既然是一种政府服务，那么对于其质量的评价就应该遵循政府服务质量的一般性理论。下面笔者通过政府服务的一般性理论对于其构成和特性进行进一步分析。

---

❶钟恢波. 政府公共服务质量及ISO9000质量管理体系的构建研究［D］. 南昌：南昌大学，2010.

（一）专利实质审查服务质量的构成

从一般意义上来说，政府服务质量的构成主要由四方面构成：技术质量、功能质量、形象质量、真实瞬间。

政府服务的技术质量是指公共服务的产出结果，即公众通过享用公共服务得到的实质内容，其易于被公众感知，是评价政府服务质量的重要指标。在实审过程中，技术质量包括检索报告的实体准确性（即一般意义上检全率和检准率）、"三性"评判的准确性、说理过程的充分性和客观性等。

政府服务的功能质量是指公共服务的过程质量，即公共服务是怎样提供的，包括政府服务人员在履行职责时的态度、行为、仪表、回应度以及办事效率等。在实审过程中，技术质量包括与申请人直接沟通中的态度和仪表、对于申请人的答复是否及时处理等，由于其完全取决于申请人的主观感受，因此较难进行客观的评价。

政府服务的形象质量是指政府在公众心目中长期以来形成的总体印象。公众可从政府以往的政绩、机构、规章、运作效率、行为方式等多个侧面认识政府的形象。政府组织形象质量是公众感知政府服务质量的过滤器。如果政府部门拥有良好的形象质量，偶尔的失误也会获得公众的谅解；如果失误频繁发生，则必然会破坏政府的形象；倘若政府形象不佳，则政府部门任何细微的失误都会引起公众的不满。具体到专利实质审查服务中，即为公众对于专利实质审查服务的长期印象，其来源于公众对于专利审查周期、审查效率、审查准确性的整体印象。

政府服务的真实瞬间是指政府部门在提供公共服务时与公众实际接触的过程。例如，接听电话、接待来访者以及在政府行政审批中心进行的与公众面对面的各种接触。在专利实质审查过程中，主要涉及与申请人的电话讨论、会晤、巡回审查等过程。真实瞬间是展示专利实质审查服务质量的重要时机，但它也是一个有限的时机。真实瞬间发生在特定的时间和地点，一旦服务过程结束，申请人就会对专利实质审查服务产生一定的印象，如果在这一真实瞬间政府服务质量出了问题也无法补救。

（二）专利实质审查服务质量的特性

1. 专利实质审查服务质量是一种主观质量

专利实质审查服务质量与一般的产品质量完全不同，具体的产品质量可以通过客观的标准加以度量，其不会因为顾客的具体感知而发生变化。但是，专利实质审查服务质量并非如此，针对不同的申请人，会发生不同的感知，即使是同一个顾客，也可能在不同的时段，对服务质量的评价发生变化。例如审查员由于对现有技术了解不够透彻，在"一通"中质疑说明书公开不充分，申请人必然会因为审查员的错误意见而降低了对服务过程质量的评价，但通过沟通，审查员纠正了自身的错误，申请人对于服务结果质量的评价又会提高。

2. 专利实质审查服务质量是一种互动质量

专利实质审查服务是在与申请人的沟通、活动过程中完成的，其主要是通过审查员以书面或口头的方式向申请人传递的，因此，专利实质审查服务的质量与审查员的说理能力、撰写能力、沟通能力具有很强的依赖性。

3. 过程质量的特殊地位

正因为专利审查服务服务质量是一种互动质量，所以，服务过程在服务质量形成过程中起着异常重要的作用。过程质量是服务质量中极其重要的组成部分。当然，我们这种表述并不意味结果质量不重要，服务结果是顾客购买服务的根本目的所在，如果没有服务结果，或者服务结果很差，那么，再好的服务过程也无法弥补。同样，即使服务结果很好，但服务传递过程很糟，最后形成的顾客感知服务质量也可能是低下的。忽视结果或者忽视过程，在服务质量管理中都是错误的。

三、ISO9000 质量管理体系在专利实质审查服务过程中的适用性分析

（一）提高专利实质审查过程中的服务意识

建设服务型政府是当前和今后一个时期我国推进政府部门改革的重要目标。服务型政府是"在公民本位、社会本位理念指导下，在整个社会民主秩序的框架下，通过法定程序，按照公民意志组建起来的以为公民服务为宗旨并承担着服务责任的政府"。❶ 在专利实质审查服务过程中，申请人的个人利益与公众利益之间的平衡是审查的重要目标，但这与向申请人提供优质服务并不矛盾。引入 ISO9000 质量管理体系后，以顾客为焦点的原则得以深化，审查员自身角色意识和职责意识得以加强，这并不会妨碍个人利于与公共利益的平衡，反之，会进一步提高审查服务过程和结果的质量，例如说理更加充分、解答申请人的疑问更加耐心、对申请人的答复处理周期更短等。

---

❶ 刘熙瑞. 服务型政府——经济全球化背景下中国政府改革的目标选择［J］. 中国行政管理，2002（7）：5-7.

（二）提供具体且可操作性强的服务标准

ISO9000 质量管理体系是一族标准的统称，它的引入为政府部门带来了具体且可操作性强的服务标准。ISO9000 质量管理体系对于服务实现过程中的策划、实施、检查、处置都给出了详细的标准，在质量管理体系的实施过程中，详细的作业指导标准必然能够发现现有服务流程中的不足和盲点。

（三）规范工作流程

ISO9000 质量管理体系中最重要的技术就是以文件形式规范组织的全过程。文件包括质量手册、程序文件、作业指南和文件记录等四个层次。质量手册规定质量方针、目标；程序文件描述实施质量体系要素所涉及的各职能部门的活动。在建立文件体系的过程中，专利实质审查服务部门可以对自己的职能、责任、工作程序进行新的认识，厘清部门间、工作人员间交叉的职能，缩减冗余的工作程序，提高效率和服务质量。

（四）完善全流程的监督、反馈、改进机制

在现行专利实质审查服务过程中，主要的监督、反馈机制有质检制度、后流程反馈制度以及外部反馈制度。引入质量管理体系后，审查过程、内容、效果都被记录下来，实现了过程的可追溯性，并作为绩效考核的依据。此外，ISO 质量管理体系还设计了顾客满意度调查、内部审计、外部审计、定期自查等制度，加强了顾客、组织对于专利实质审查服务质量的监控。

四、小　结

ISO9000 质量管理体系在专利实质审查服务过程中的构建完全是可行的，其有利于促进专利实质审查服务的规范化、程序化、制度化、长效化，是提高专利实质审查服务质量的有效途径，虽然其实际应用过程中还存在诸多问题，但随着研究的进一步深化，其必然能够在专利实质审查服务质量提高过程中发光发热。

小议"技术问题"的重新确定

袁 逸[*] 李小芳[*] 亓 云[*]

【摘 要】
　　本文结合审查指南中的相关规定以及最高院的判决对"技术问题"和"技术效果"的重新确定在创造性判断上的应用进行讨论，并建议了在评价创造性的具体实践中将"技术问题"、"技术效果"和"结合的技术启示"作为三个相互独立的因素来分开考虑。

【关键词】
　　技术问题　技术效果　重新确定　创造性　三步法　说明书记载

一、引 言

　　在发明专利申请的审查中，"技术问题"和"技术效果"是《专利法》第2条第2款（即发明构成技术方案）、《专利法》第22条（即发明的"三性"）、《专利法》第26条第3款（即说明书充分公开）、《专利法》第26条第4款（即权利要求得到说明书支持）、《专利法实施细则》第20条第2款（即不缺少必要技术特征）等重要条款的审查中的关键性衡量要素，因此恰当地确定"技术问题"和"技术效果"显得尤为重要。然而，"技术问题"和"技术效果"可能并不像"技术特征/技术手段/技术方案"那样通常被清楚地记载在原申请文件中，因此"技术问题"和"技术效果"可能不是直截了当的，而是需要人为地确定。

　　技术问题又可细分为"预期要解决的技术问题"和"实际解决的技术问题（或称为区别技术特征所解决的技术问题或重新确定的技术问题）"。"预期要解决的技术问题"是申请人基于其所知现有技术对其发明的定位并且一般反映了整个技术方案所要解决的总技术问题，而"实际解决的技术问题"则

---

[*] 作者单位：上海专利商标事务所有限公司。

是审查员在通过检索确定了最接近的现有技术的情况下对发明的重新定位并且反映了技术方案中的部分（区别）技术特征所解决的部分技术问题，其中，预期要解决的技术问题是审查员确定最接近的现有技术时可能参考的因素之一。类似地，技术效果可细分为"预期的技术效果"和"（区别技术特征）所能达到的技术效果"。

此外可以看出，整个技术方案所要解决的总技术问题及达成的技术效果极有可能不同于区别技术特征所解决的部分技术问题及达成的部分技术效果，因为一个技术方案可能包含了多个技术特征的贡献总和。在《专利法实施细则》第20条第2款的审查中，一般会考虑整个技术方案是否包含了解决总技术问题的全部必要技术特征，而在《专利法》第22条关于创造性的审查中，常常会考虑某个（某些）区别技术特征所解决的部分技术问题及达成的技术效果。

二、现行法律法规的相关规定

《专利法实施细则》第17条第3款规定，发明内容应当写明发明或者实用新型所要解决的技术问题以及解决其技术问题采用的技术方案，并对照现有技术写明发明或者实用新型的有益效果。《专利审查指南2010》第二部分第二章也对此进行了详细说明。

申请人在撰写申请文件时，可能会对相关现有技术进行检索，也可能并未进行这样的检索而仅凭自己对现有技术的了解来确定其发明所要解决的技术问题。甚至，申请人可能根本没有在说明书中明确记载发明所要解决的技术问题，或者仅仅是笼统地记载了发明所要解决的技术问题。对此，《专利审查指南2010》中提到（参见第二部分第八章第4.10.2.2节）：

> 如果说明书中没有明确记载或者仅仅笼统地记载了发明所要解决的技术问题，但审查员通过阅读整个说明书的内容，能够理解出发明所要解决的技术问题，并据此进行了检索和实质审查，那么审查员应当在通知书正文一开始就明确指出其认定的发明所要解决的技术问题。

可见，虽然《专利法实施细则》和《专利审查指南2010》中规定说明书应当写明所要解决的技术问题和达成的技术效果，但这更多的是一种形式要求而非实质要求，其目的只是便于审查员理解发明申请以及找到最接近的现有技术。《专利审查指南2010》并不要求申请人必须准确地确定最接近的现有技术，或是准确、明确、具体地指出要解决的技术问题和所达到的技术效果才能获得专利权。这样的规定也是相当合理的，其一方面希望申请人尽量准确地指出技术问题和技术效果以便于理解和审查，另一方面也认同申请人可能由于技术理解差异、检索手段有限、撰写经验不足等原因而无法提供精准的技术问题和技术效果。

相应地，在《专利审查指南2010》中对于创造性判断"三步法"中的第二步"确定发明的区别特征和发明实际解决的技术问题"有如下规定：

> 在审查中应当客观分析并确定发明实际解决的技术问题。为此，首先应当分析要求保护的发明与最接近的现有技术相比有哪些区别特征，然后根据该区别特征所能达到的技术效果确定发明实际解决的技术问题。从这个意义上说，发明实际解决的技术问题，是指为获得更好的技术效果而需对最接近的现有技术进行改进的技术任务。
>
> 审查过程中，由于审查员所认定的最接近的现有技术可能不同于申请人在说明书中所描述的现有技术，因此，<u>基于最接近的现有技术重新确定的该发明实际解决的技术问题，可能不同于说明书中所描述的技术问题</u>；在这种情况下，应当根据审查员所认定的最接近的现有技术重新确定发明实际解决的技术问题。
>
> 重新确定的技术问题可能要依据每项发明的具体情况而定。<u>作为一个原则，发明的任何技术效果都可以作为重新确定技术问题的基础，只要本领域的技术人员从该申请说明书中所记载的内容能够得知该技术效果即可</u>。

可见，《专利审查指南2010》的态度是，创造性评价不受原始申请文件中记载的技术问题和技术效果的限制，因为基于不同的现有技术，一项发明的区别特征可能是其任何一个技术特征，而该技术特征所解决的技术问题和技术效果不一定在原始申请文件中有明确记载。不仅如此，"三步法"明确了"实际解决的技术问题"是从"区别特征所能达到的技术效果"来确定的。换言之，<u>"三步法"认为，从"区别特征"能够确定"技术效果"，并且从"技术效果"能够反推出"技术问题"</u>。这种判断方法在创造性审查实践过程中是广泛使用的。

然而，在近年来法院的判例中所体现出的精神却有所不同。例如，在最高人民法院（2011）行提字第8号行政判决——抗β-内酰胺酶抗菌素复合物（发明）97108942.6中，最高人民法院判决意见如下：

专利申请人未能在专利说明书中公开的技术方案、技术效果等，一般不得作为评价专利权是否符合法定授权确权标准的依据。湘北威尔曼公司虽主张其为了解决本专利的安全性、有效性、稳定性，还进行了一系列试验和研究，但由于相关技术内容并未记载于涉案专利说明书中，不能体现出本专利在安全性、有效性、稳定性等方面对现有技术作出了创新性的改进与贡献。因此，这些试验和研究不能作为认定本专利创造性的依据。

又如，在北京市高级人民法院行政判决书（2010）高行终字第450号（CN1157542C）中，北京市高级人民法院判决意见如下：

某一技术特征的作用以及所带来的技术效果应当以说明书中的记载为准。上诉人主张区别特征b在权利要求1所起的作用是"使由于定子和永磁转子之间的间隙变大而使施加在驱动轴上的磁驱动力下降得到弥补"，但上述内容并未记载在本申请说明书中，本院对此不予认可。

可见，法院对此的态度是，争辩有创造性受原始申请文件中记载的技术内容和技术效果的限制。同时，笔者也发现，在答复审查意见通知书时，如果想要依据说明书中未记载的技术问题/技术效果来争辩创造性，也很有可能不被审查员接受。

可以想见，站在申请人的立场，对这种不对等原则是很难完全认同的。首先，审查员对技术问题和技术效果的认定并不受原申请文件中指出的现有技术、技术问题和技术效果所限制。审查员可以根据检索到的最接近的现有技术来确定区别技术特征，从区别技术特征确定所能达到的技术效果，再从实际达到的技术效果反推实际解决的技术问题。申请人既无法预知审查员究竟会确定哪篇对比文件作为最接近的现有技术，也无法预测审查员基于所认定的最接近的现有技术会认为其发明实际达到的技术效果是什么以及会反推出其发明实际解决的技术问题是什么。甚至，不同的审查员对同一区别技术特征所能解决的技术问题和所能达到的技术效果的认定都可能有所出入。然而，申请人的创造性争辩却要受原申请文件中记载的技术问题和技术效果的严格约束。

假定如下例子。一专利申请的权利要求的技术方案包含技术特征A、B和C。申请人认为现有技术R1是最接近的现有技术并且其公开了技术特征C。但申请人在撰写申请文件时，可能出于某种考虑，也可能只是无意地只强调了与技术特征 A 有关的技术问题和技术效果，而没有记载或只是笼统地提及了与技术特征 B 有关的技术问题和技术效果。在审查过程中，通过检索，审查员认为现有技术 R2 公开了技术特征 A 和 C，并据此认为现有技术 R2 才是最接近的现有技术。相应地，根据"三步法"，审查员认为技术特征 B 是区别技术特征。因为原申请文件中没有明确记载或者仅仅笼统地记载了与技术特征 B 有关的技术问题，所以审查员根据自己对说明书的理解，认为区别技术特征 B 达到了技术效果 Y1，并反推其实际解决的技术问题是 X1，再以公知常识为由认为现有技术中存在将区别技术特征 B 应用于现有技术 R2 来解决技术问题 X1 的启示。

此时，假使申请人无法说服审查员现有技术 R2 没有真正公开技术特征 A，则申请人必然需要退而基于区别特征 B 进行争辩。例如，申请人争辩，区别技术特征 B 实际上还解决了技术问题 X2 并达到了技术效果 Y2，且本领域技术人员在面对技术问题 X2 时，不会想到要通过应用技术特征 B 来改进现有技术 R2。

假定从原申请文件的记载能够直接而毫无疑义地确定，技术特征 B 的确能够解决技术问题 X2 并达到技术效果 Y2，且现有技术也没有给出通过应用技术特征 B 来改进现有技术 R2 的技术启示，那么根据《专利审查指南 2010》，申请人应当能说服审查员该权利要求具备创造性。

然而，假如最高人民法院的前述"未能在专利说明书中公开的技术方案、技术效果等，一般不得作为评价专利权是否符合法定授权确权标准的依据"和"某一技术特征的作用以及所带来的技术效果应当以说明书中的记载为准"的精神适用的话，将置申请人于非常不利的境地。如果因为原申请文件并未记载或只是笼统地提及了与技术特征 B 有关的技术问题和技术效果，因而不足以证明技术问题 X2 和技术效果 Y2 的确被"记载"在了说明书中，则技术特征 B 能够解决技术问题 X2 并达到技术效果 Y2 这一事实在争辩权利要求创造性时将不能被考虑。从而，该权利要求将依赖于审查员认定的区别技术特征 B 的技术效果 Y1 和实际解决的技术问题 X1 而被判断为缺乏创造性。而对审查员基于区别技术特征所确定的技术效果和实际解决的技术问题的准确性和合理性，申请人没有任何争辩权利。这未免有"只许州官放火，不准百姓点灯"之嫌。

申请人若要避免上述问题，需要在撰写申请文件时就能够准确地确定最接近的现有技术。尽管现有技术是客观存在的，但是限于检索水平、检索预算、外语能力等，要求申请人在撰写申请文件时能够在浩如烟海的中外专利和非专利文献中准确地确定最接近的现有技术尤其是预测审查员所会引用的对比文件，实际上是不太现实的也是不合理的。但若不能预测未来被审查员所确定的最接近的现有技术，则无法预知究竟哪些特征可能会被认为是区别技术特征，相应地也无法预测在说明书中记载和/或不记载某些技术问题和相应技术效果在后续的审查乃至诉讼过程中是否会带来负面作用。如果为了避免该问题而在说明书中详细论述每个具体特征所解决的技术问题和所达成的技术效果，这显然是累赘的，也是不合理的。不仅如此，撰写水平、成本考虑以及商业策略等因素也会影响说明书中对技术问题和技术效果的记载。

最高人民法院要求技术特征的作用以及技术效果要被记载在说明书中才能作为争辩创造性的依据的考虑是（例如，参见上述北京市高级人民法院行政判决书（2010）高行终字第 450 号）："假使在评价创造性时考虑说明书中没有明确记载的技术效果，则会违背专利法所规定的先申请原则，易使申请人引入新的技术内容以获得不正当利益，损害社会公众利益。"即最高人民法院认为，申请人不能从记载的技术特征和技术方案推断技术特征的作用和技术效果（及解决的技术问题）以争辩创造性，其目的是避免引入新的技术内容，而这显然是不利于申请人的。

三、对于重新确定"技术问题"和"技术效果"的思考和建议

由此，引出如下思考：在一专利申请的技术特征和技术方案以及现有技术作为能被固定的客观存在的前提下，"技术问题"和"技术效果"本身究竟是客观的还是主观的？或者说，在确定了最接近的现有技术的情况下，重新确定"技术问题"和"技术效果"是否会导致引入新的技术内容？从另一个角度来看，假使允许申请人基于申请文件的记载重新诠释技术问题和技术效果，是否会影响公众利益？

笔者认为，"技术问题"和"技术效果"不完全是客观存在的，允许重新确定"技术问题"和"技术效果"的确存在引入新的主题内容的可能性。例如，参考《专利审查指南2010》中所提到的"已知产品的新用途发明"的类似情况。在《专利审查指南2010》（第二部分第四章第4.5节）中规定：

> 在进行已知产品新用途发明的创造性判断时通常需要考虑：新用途与现有用途技术领域的远近、新用途所带来的技术效果等。
>
> （1）如果新的用途仅仅是使用了已知材料的已知的性质，则该用

途发明不具备创造性。

（2）如果新的用途是利用了已知产品新发现的性质，并且产生了预料不到的技术效果，则这种用途发明具有突出的实质性特点和显著的进步，具备创造性。

"已知产品"表明其技术特征和技术方案是能被固定下来的，而其"新用途"则表明可以对其"技术问题"和"技术效果"进行新的拓展和诠释。在判断基于所记载的技术方案/技术特征来重新确定"技术问题"和"技术效果"是否会引入新的技术内容时或许可采用类似判断准则。

例如，如果重新确定的"技术问题"和/或"技术效果"取决于区别技术特征在现有技术中已知的性质因而能从技术特征本身被直接而毫无疑义地确定，则即便说明书中没有相应的记载，也可认为其没有引入新的主题内容；而如果重新确定的"技术问题"和/或"技术效果"取决于区别技术特征在现有技术中未知的新性质，则若说明书中没有充分公开相应的新性质因而不能被直接而毫无疑义地确定，则认为其引入了新的主题内容。

在评价创造性的具体实践中，可以将"技术问题"、"技术效果"和"结合的技术启示"作为三个相互独立的因素来分开考虑，如图1所示。

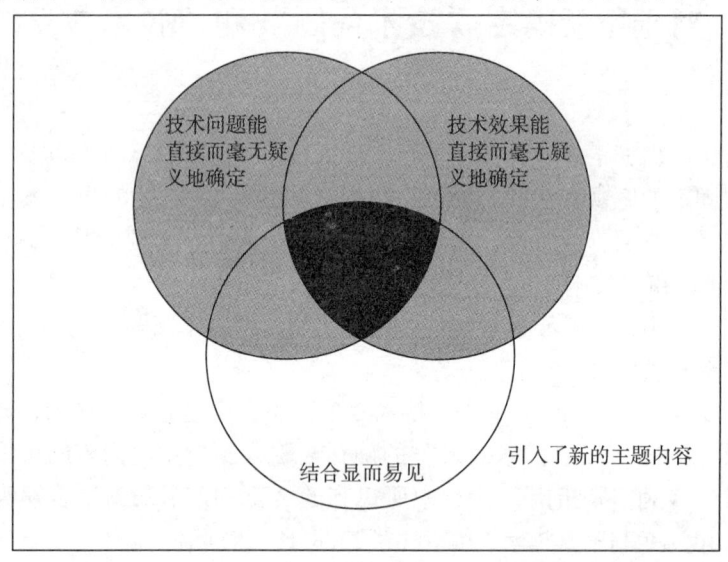

图1

例如，在前例中，区别技术特征 B 所解决的技术问题 X2 和所达到的技术效果 Y2（相对于最接近的现有技术 R2 而言）没有记载在说明书中，但在现有技术中，若该特征 B 已被用来解决类似技术问题或者已被用来实现类似技术效果或者两者皆是，则可认为其没有引入新的主题内容。此时，判断包含区别技术特征 B 的技术方案相对于现有技术 R2 究竟是否具备创造性的关键在于，与区别技术特征 B 有关的技术问题 X2、技术效果 Y2 以及其与最接近的现有技术 R2 的结合是否均显而易见。若是（即以上三者皆为真），则尽管其没有引入新的主题内容，但不具备创造性（即黑色区域）；若否（即以上三者至少有一者不为真），则具备创造性（即灰色区域）。另一方面，若区别技术特征 B 所解决的技术问题 X2 和所达到的技术效果 Y2 均既未记载在说明书中也不能从现有技术直接而毫无疑义地确定，则认为其引入了新的主题内容（即白色区域）。

以上方案最大的争议可能在于，在技术问题和技术效果中的一者能从区别技术特征直接而毫无疑义地确定（例如，说明书中有记载，或被现有技术公开）而另一者不能直接而毫无疑义地确定（例如，说明书中无记载，也未被现有技术公开）的情况下，认为其没有引入新的主题内容是否合理。对此，笔者认为，这样的方案是具有一定合理性的，因为假如说明书和现有技术中没有任何一者公开了技术效果，但是根据所记载的由技术特征的集合构成的技术方案，再结合能从说明书或现有技术中直接而毫无疑义地确定的、该区别特征所解决的技术问题，应该能够直接而毫无疑义地确定有和没有该区别技术特征对于整个技术方案的影响，亦即其技术效果。尤其，例如，尽管在现有技术中，该区别技术特征已被用来解决类似技术问题，但是由于该技术方案本身作为整体没有被完全公开，而该区别技术特征在该技术方案中产生的技术效果完全有可能不同于其在现有技术中用来解决类似技术问题时达到的技术效果。

反之，假如说明书和现有技术中没有任何一者公开了技术问题，但是根据所记载的由技术特征的集合构成的技术方案，再结合能从说明书或现有技术中直接而毫无疑义地确定的、该区别特征所能达到的技术效果，应该能够直接而毫无疑义地反推该区别技术特征的该技术效果在整个技术方案中解决了什么技术问题。尤其，例如，尽管在现有技术中，该区别技术特征已被用来达到类似技术效果，但是由于该技术方案本身作为整体没有被完全公开，而该区别技术特征在该技术方案中解决的技术问题是有可能不同于其在现有技术中解决的技术问题的。

以上方案可能的优点可能在于，对于审查员判断专利申请是否具有创造性以及申请人争辩创造性划定了统一的、与现有的创造性"三步法"相一致的标准，即审查员可根据区别技术特征来确定实际解决的技术问题和达成的技术效果，而在审查员认定区别特征所解决的技术问题和/或所达到的技术效果不准确时在合理的范围内给予申请人一定的争辩余地。同时，也会鼓励申请人合理地充分公开其技术方案、具体技术特征所解决的技术问题和达成的技术效果（即尽量避免区别技术特征所解决的技术问题和所达到的技术效果在说明书中无相应记载）。而在申请人的确没有真正认识到其发明相对于现有技术所解决的技术问题和达到的技术效果，或是申请人故意隐瞒某区别技术特征所解决的技术问题和所达到的技术效果的情况下，可通过上述方案来避免申请人在后续阶段引入新的主题内容而损害公众利益。

四、撰写建议

基于目前的审查规范，审查员在确定技术问题和技术效果时具有较高自由度，而申请人在基于技术问题和技术效果来争辩创造性时却受到较大的限制。因此，虽然不在说明书中写明技术问题/技术效果表面上看起来不会影响专利权，但实际上存在不利于申请人争辩创造性的潜在风险。较为有利的做法可能是，至少对于在一个技术方案中起到显著作用的技术特征，尤其是现有技术中没有明确其解决的技术问题或其达成的技术效果的那些技术特征，申请人应当尽量在说明书中记载这些技术特征所解决的技术问题和/或达成的技术效果，从而有利于创造性争辩。

由最高人民法院关于侵犯专利权纠纷案件中"禁止反悔原则"的案例浅析该原则的适用方式

佟 巍* 李艳艳*

【摘 要】

禁止反悔原则是专利侵权判断中的一个重要原则,本文在对禁止反悔原则的基本概念、适用现状并结合最高院典型案例进行阐述分析的前提下浅析该原则的适用方式,以期对专利代理人在答复审查意见通知书或无效宣告请求书时有所借鉴。

【关键词】

专利侵权 禁止反言 禁止反悔原则 等同原则

禁止反悔原则是英美法系中的"禁止反言"原则与专利法相结合的产物。专利法意义上的"禁止反悔"原则就是指:在专利申请的审批过程中,申请人对专利申请作出的修改和针对专利局审查的通知作出的意见陈述有可能会对起专利权保护范围产生一定限制作用。它体现在禁止专利权人将其在审批过程中通过修改或者意见陈述所表明的不属于专利权保护范围之内的内容重新囊括到其专利权保护范围之中。禁止反悔原则旨在防止专利权人采用出尔反尔的策略,即在专利审批过程中为了获得专利权而对其保护范围进行了某种限制,或者强调权利要求中某个技术特征对于确定其新颖性、创造性如何重要;到了侵权诉讼时又试图取消所作的限制,或者强调该技术特征可有可无,试图扩大其保护范围,从而两头得利。

在专利侵权判定中,当字面判断不侵权的情况下,即被控侵权物与专利权

---

* 作者单位:北京三友知识产权代理有限公司。

利要求记载的必要技术特征不一致、有变化的情况下，就要运用等同原则判定是否构成侵权。而在运用等同原则时，常常就会遇到禁止反悔原则的适用。

《最高人民法院关于审理侵犯专利权纠纷案件应用法律若干问题的解释》第 6 条规定，专利申请人、专利权人在专利授权或者无效宣告程序中，通过对权利要求、说明书的修改或者意见陈述而放弃的技术方案，权利人在侵犯专利权纠纷案件中又将其纳入专利权保护范围的，人民法院不予支持。

以上司法解释将禁止反悔原则归纳为两种适用途径：一是对已有特征的确认性说明，二是排除等同特征。第一种适用方式通常是指，申请人或专利权人在答复通知书或在无效审查阶段进行意见陈述时对申请文件中某些不确定或不清楚的技术特征进一步说明或澄清，尽管上述说明或澄清有可能是出现在意见陈述而非申请文件中，但依旧属于申请文件的补充，因此也应当认为有法律效力，将不得在诉讼程序中反悔。所谓排除等同特征，可以通过举例的方式明示排除，也可以通过确认内容的方式默示排除，即除确认的内容，其余都排除。本文将以最高院判例的方式探讨禁止反悔原则的法律适用及背后的法理逻辑，并以此探讨专利代理人在答复审查意见通知书或进行无效审查的意见陈述时应注意的问题。

一、申请人或专利权人的意见陈述可导致禁止反悔原则的适用

专利权人诉百胜公司侵犯其专利权案件涉及专利号为 ZL200620115497.2，名称为"简易牙膏挤出器"的实用新型专利，其权利要求 1 为"一种简易牙膏挤出器，其特征在于：包括一梯形端面的框架体……"

百胜公司于法定期限内对涉案专利提出无效宣告请求，专利权人针对无效请求提交意见陈述书，认为"证据 1 中公开的是中间有狭长空洞的长方体，与本专利权利要求 1 所述的梯形端面的框架体有明显区别，故本专利相对于证据 1 具有新颖性；并且，这种梯形端面设计可以最大限度地节约材料，故权利要求 1 具备创造性"。专利复审委员会经审理后认为，梯形端面框架体在整体结构上与请求人的证据存在区别，并且客观上能够带来节约材料的技术效果，因而具备创造性。

在专利侵权诉讼中，一审、二审法院均认为：被控侵权产品是通过在一长方形框架内设置两个斜对页片的方式实现，涉案专利则是直接以梯形框架的方式实现。专利权人在无效宣告程序中明确表明"梯形端面设计可以最大限度地节约材料"，专利复审委员会依据专利权人的该项陈述认定"梯形端面框架

体"是涉案专利区别于现有技术的区别技术特征，从而维持专利权有效。根据禁止反悔原则，专利权人对权利要求的解释在本案中对专利权具有约束力，因此应对涉案专利的技术特征"梯形端面的框架体"作严格解释。被控侵权产品的外框架为卡通鱼形，内框架、端面均不是梯形，不能达到最大限度地节约材料的效果，因而被控侵权产品与本专利的上述技术特征不构成等同。

专利权人不服终审判决，至最高人民法院申请再审，最高院作出的民事裁定书❶中驳回再审请求，该裁定书中认为：从专利权人在其无效宣告程序中的意见陈述看，专利权人将"这种梯形端面设计可以最大限度地节约材料"作为其专利相对于专利无效宣告程序中的现有技术具有创造性的理由，专利复审委员会也正是基于上述理由认定涉案专利具有创造性，并维持该专利有效。专利权人在无效程序中的上述意见在本案中具有约束力，否则涉案专利相对于无效程序中的现有技术就不具有创造性。一审、二审法院对技术特征"梯形端面的框架体"作严格解释，并无不妥。

诚实信用原则是民事行为的基本原则之一。从民法原理来看，《专利法》上的"禁止反悔"是诚实信用原则对权利人的具体要求，而对权利人意思自治的限制，其目的是平衡专利权与公共利益，通过禁止反悔来保证后者不会因为专利权人的"出尔反尔"而受到伤害，同时保证专利权的保护范围的确定性。因此，从这个角度讲，《专利法》上的"禁止反悔"产生于"诚实信用"和"利益衡平"的法律诉求。

在前述所说的"简易牙膏"一案中，专利权人对权利要求1中的"梯形端面的框架体"的解释为"节省材料"，并强调因此而具有显著的技术效果，该解释最终获得了专利复审委员会的认可，因而认为该权利要求具有创造性。很明显，权利人的这一解释对于专利权的有效性产生了实质性的影响。从公平、诚信的角度讲，如果权利人在今后的程序中又对该技术特征作出扩大解释，无疑说明其先前的陈述是对专利复审委员会的欺骗，从而将致使其最终获得维持的专利权丧失了合法的基础。在这种情况下，如果允许专利权人反悔，将是不公平的。因此在授权或确权过程中，权利人对于其权利要求的解释对专利有效性产生实质影响的，应当禁止反悔，以保证公众利益不受损害。

在现实的专利授权确权过程中，申请人或专利权人在解释技术方案时有着显而易见的优势，其为个案授权或维持有效而故意曲解专利技术方案的情况也时有发生，而这一曲解对于被控侵权的当事人却是极不公平的，因此，基于诚信原则的考虑，授权或确权阶段不应成为权利人滥用权利的"最佳时机"，有

---

❶参见最高人民法院（2009）民申字第1622号民事裁定。

必要在法律上作出一定的限制，以促使权利人合理行使权利。

二、申请人在授权过程中对权利要求的修改可导致禁止反悔原则的适用

在涉及名称为"一种防治钙质缺损的药物及其制备方法"❶的案件中，申请公开文本记载的权利要求1为："一种防治钙质缺损的药物，其特征在于：它是由下述重量配比的原料制成的药剂：可溶性钙4～8份……"与此相关，从属权利要求2对"可溶性钙剂"进行了限定"……所述的可溶性钙剂是葡萄糖酸钙、氯化钙、乳酸钙、太酸钙或活性钙"。专利申请说明书第2页明确记载有："可溶性钙剂可选用葡萄糖酸钙、氯化钙、乳酸钙、碳酸钙或活性钙"。

实质审查中审查员认为，权利要求书中使用的上位概念"可溶性钙剂"包括各种可溶性的含钙物质，概括了一个较宽的保护范围，而专利申请说明书说仅对其中的"葡萄糖酸钙"和"活性钙"提供了配制药物的实施例，对于其他的可溶性钙剂没有提供配方和效果实施例，所属技术领域的技术人员难于预见其他的可溶性钙剂按本发明进行配方是否也能在人体中发挥相同的作用，权利要求在实质上得不到说明书的支持。因此，审查员要求申请人对权利要求书进行修改。

根据审查意见通知书，申请人对权利要求书进行了修改，并获得授权，授权公告的权利要求1为："一种防治钙质缺损的药物，其特征在于：它是由下述重量配比的原料制成的药剂：活性钙4～8份……"而且，权利要求2不再对"可溶性钙剂"进行限定，而只是对剂型进行了限定。

专利权人与澳诺制药签订了独占实施许可协议。澳诺制药发现午时药业生产的"葡萄糖酸钙锌口服溶液"侵犯专利权，并将其起诉至石家庄市中级人民法院。一审法院没有支持午时药业提出的本案应当适用"禁止反悔"原则的主张，认为午时药业产品的技术特征与澳诺制药主张的涉案专利构成等同侵权。关于"禁止反悔原则"，一审法院认为，并非对专利申请过程中关于权利要求的所有修改或意见陈述都应当适用禁止反悔原则。只有为了使专利授权机关认定其申请专利具有新颖性或创造性而进行的修改或意见陈述，才产生禁止反悔的效果。本案专利权人在专利申请过程中根据专利审查员的意见对权利要求书进行了修改，将独立权利要求中的"可溶性钙剂"修改为"活性钙"，并

---

❶专利号为ZL95117811.3。

非是为了使其专利申请因此修改而具有新颖性或创造性,而是为了使其权利要求得到说明书的支持,所以,此修改不产生禁止反悔的法律效果。该案二审驳回午时药业的上诉,其中关于"禁止反悔原则"的适用二审法院与一审法院的观点相同。

午时药业不服,申请最高人民法院再审,认为对专利申请人在审查阶段的修改应当适用禁止反悔原则。澳诺制药辩称,专利申请人在涉案专利的审批过程中,将"可溶性钙剂"修改为"活性钙"属于一种澄清性修改,修改后的活性钙包括了含"葡萄糖酸钙"在内的所有组分钙。

经提审后,最高人民法院作出民事判决❶,对于权利要求1中记载的"活性钙"是否包含了"葡萄糖酸钙",该判决给予了否定。其主要理由为:在专利申请文件中,葡萄糖酸钙与活性钙是并列的两种可溶性钙剂,葡萄糖酸钙并非活性钙的一种。

对于"活性钙"与"葡萄糖酸钙"是否构成等同技术的问题,该判决指出,从涉案专利审批文档中可以看出,专利申请人进行上述修改是针对国家知识产权局认为涉案专利申请公开文本权利要求中"可溶性钙剂"保护范围过宽,在实质上得不到说明书支持的审查意见而进行的,专利申请人在修改时的意见陈述中,并未说明活性钙包括了葡萄糖酸钙。最高院指出,专利申请人或者专利权人在专利授权或者无效宣告程序中,通过对权利要求、说明书的修改或者意见陈述而放弃的技术方案,在专利侵权纠纷中不能将其纳入专利权的保护范围。专利权人通过专利授权程序中对权利要求1所进行的修改,放弃了包含"葡萄糖酸钙"技术特征的技术方案。被诉侵权产品的相应技术特征为"葡萄糖酸钙",属于专利权人在专利授权程序中放弃的技术方案,不应当认为其与权利要求1中记载的"活性钙"技术特征等同而将其纳入专利权的保护范围。基于"禁止反悔"原则,最高人民法院认为二者不构成等同。

以上案例中,对于是否构成等同技术特征,最高人民法院适用了《最高人民法院关于审理侵犯专利权纠纷案件应用法律若干问题的解释》第6条,并且不再将"禁止反悔"的适用范围仅局限于为克服新颖性、创造性的修改。事实上,本案的一审、二审法院适用的是《专利侵权判定若干问题的意见(试行)》(以下简称《意见》)❷,《意见》第43条规定:"禁止反悔原则,是指在专利审批、撤销或无效程序中,专利权人为确定其专利具备新颖性和创造性,通过书面声明或者修改专利文件的方式,对专利权利要求的保护范围作了

---

❶ 参见最高人民法院(2009)民提字第20号民事判决书。
❷ 京高法发〔2001〕229号。

限制承诺或者部分地放弃了保护，并因此获得了专利权，而在专利侵权诉讼中，法院适用等同原则确定专利权的保护范围时，应当禁止专利权人将已被限制、排除或者已经放弃的内容重新纳入专利权保护范围。"不难发现，一审法院和二审法院正是采用了《意见》的观点，判定对于使权利要求获得说明书支持的修改不适用禁止反悔。最高人民法院将"禁止反悔"的适用范围扩展到"专利权人为确定其专利具备新颖性和创造性"之外，其原因在于专利申请不仅需要符合新颖性和创造性，还需要满足其他实质性条件才能被授予专利。专利申请人修改专利文书后，专利审查员是基于此修改后的专利文书，考察它是否符合《专利法》授予专利的所有要求，从而决定是否授权。因此，对于专利申请人为符合《专利法》授予专利的条件所作的修改和意见陈述，都应适用"禁止反悔"原则。

2013年10月北京市高级人民法院发布的《专利侵权判定指南》在事实上对上述的《意见》作出了修正，其中第57条规定：

对被诉侵权技术方案中的技术特征与权利要求中的技术特征是否等同进行判断时，被诉侵权人可以专利权人对该等同特征已经放弃、应当禁止其反悔为由进行抗辩。

禁止反悔，是指在专利授权或无效程序中，专利申请人或专利权人通过对权利要求、说明书的修改或者意见陈述的方式，对权利要求的保护范围作了限制或者部分放弃，从而在侵犯专利权诉讼中，在确定是否构成等同侵权时，禁止专利申请人或专利权人将已放弃的内容重新纳入专利权保护范围。

该《专利侵权判定指南》还在其第58条明确指出了禁止反悔原则的适用范围：专利申请人或专利权人限制或者部分放弃的保护范围，应当是基于克服缺乏新颖性或创造性、缺少必要技术特征和权利要求得不到说明书的支持以及说明书未充分公开等不能获得授权的实质性缺陷的需要。

专利申请人或专利权人不能说明其修改专利文件原因的，可以推定其修改是为克服获得授权的实质性缺陷。

需要指出的是，本案有其特殊之处，最高院判决的主要依据在于，由于涉案专利申请文件中将"活性钙"与"葡萄糖酸钙"作为一个并列的技术方案，且修改后的权利要求仅指明了"包括活性钙"即被默示为放弃了"葡萄糖酸钙"的技术方案，因而禁止再将"葡萄糖酸钙"纳入权利要求的保护范围之内，因此被控侵权的"葡萄糖酸钙锌"不被认为是等同。最高院判决并没有明示对基于权利要求"修改后"的技术特征是否禁止适用等同原则。换句话说，如果被控侵权产品不是"葡糖糖酸钙"而是包括涉案专利说明书未提及的某某钙，那么对于涉案专利的"活性钙"是否可以适用等同原则呢？

就上述问题，美国联邦巡回上诉法院在 *Festo* 案中指出，为获得专利而限制权利要求范围，专利权人就此放弃了所有与修改了的技术特征等同的技术特征，不得再对这些等同技术特征主张专利保护。美国联邦最高法院提审了此案，认为对于修改后的技术特征不应该"绝对"地适用禁止反悔原则。但是，美国联邦最高法院也承认，专利申请人修改权利要求时，的确对修改后的权利要求的保护范围有相当清楚的认知。因此，它认为，专利申请人通过选定特定的语词修改原始权利要求，可以"推定"专利申请人是明确知道修改后的权利要求相对于原始权利要求所放弃的技术方案，除非专利权人能够举证证明自己没有放弃等同的技术特征。

关于上述问题，关于中誉电子（上海）有限公司与上海九鹰电子科技有限公司侵犯实用新型专利纠纷一案（下称中誉案）❶ 中给出了自己的看法："专利权保护范围是由权利要求包含的技术特征所限定的，故专利权保护范围的变化亦体现为权利要求中技术特征的变化。在专利授权或无效宣告程序中，专利权人主动或应审查员的要求，可以通过增加技术特征对权利要求所确定的保护范围进行限制，也可以通过意见陈述对某权利要求进行限缩性解释。禁止反悔原则适用于导致专利权保护范围缩小的修改或者陈述。亦即，由此所放弃的技术方案。该放弃通常是专利权人通过修改或意见陈述进行的自我放弃。但是，若专利复审委员会认定独立权利要求无效、再起从属权利要求的基础上维持专利权有效，且专利权人未曾作上述自我放弃，则在判断是否构成禁止反悔原则中的'放弃'时，应充分注意专利权人未自我放弃的情形，严格把握放弃的认定条件。如果该从属权利要求中的附加技术特征未被该独立权利要求所概括，则因该附加技术特征没有原始的参照，故不能推定该附加技术特征之外的技术方案已被全部放弃"。

由上述最高人民法院中誉案的判决，我们似乎可以得出这样的结论：①如果在授权或确权阶段，权利人存在自我放弃，那么在专利侵权纠纷中就应当严格适用等同原则；②如果在确权阶段部分权利要求被无效，那么当被维持有效的从属权利要求的附加技术特征是对其引用的权利要求中的技术特征的进一步限缩时则严格适用等同原则，否则按一般技术特征处理。

由于最高人民法院判决中并没有正面给出结论，以上结论还需要更多司法案例的验证。

---

❶参见最高人民法院民事判决书（2011）民提字第 306 号。

对开放式和封闭式权利要求的再认识
——兼评胡小泉案

李建忠*

【摘　要】
　　2013年，最高人民法院、北京市高级人民法院和国家知识产权局密集出台了一系列侵权判定指导意见，其中开放式和封闭式权利要求的侵权判定规则大异其趣，有点让人无所适从。本文通过对国内外现状进行分析比较，认为：应当取消开放式和封闭式权利要求的划分；权利要求是否排除新增的要素应从申请文件本身的内容来断定；新增要素的技术方案是否侵权应由二者的技术效果之间的关系来判定。

【关键词】
　　开放式　封闭式　权利要求　侵权判定　解释

　　提到所谓的开放式权利要求和封闭式权利要求，专利从业人员多半并不陌生。根据现行有关规定，❶权利要求中采用类似"包含"、"包括"等表达方式的，属于开放式，其中可以包含该权利要求未明确指出的技术特征；而权利要求中采用"由……组成"等的，属于封闭式，其中不包含该权利要求未明确指出的技术特征，但是，对于封闭式的化学组合物权利要求，其中可以带有通常含量的杂质。❷

　　基于这种规定，在侵权判定时，对于开放式权利要求，只要被诉技术方案包括了权利要求所公开的全部技术特征，就落入了权利要求的保护范围；而对

---

* 作者单位：北京三友知识产权代理有限公司。

❶《专利审查指南2010》，第二部分第二章第3.3节：通常，开放式的权利要求宜采用"包含"、"包括"、"主要由……组成"的表达方式，其解释为还可以含有该权利要求中没有述及的结构组成部分或方法步骤。封闭式的权利要求宜采用"由……组成"的表达方式，其一般解释为不含有该权利要求所述以外的结构组成部分或方法步骤。

❷参见《专利审查指南2010》，第二部分第十章第4.2.1节（2）。

于封闭式权利要求，如果被诉技术方案包括了权利要求所公开的技术特征以及附加的技术特征，则被诉技术方案没有落入权利要求的保护范围。

那么，简单地根据权利要求中采用的是"包括"还是"由……组成"等特定措辞来确定其属于开放式还是封闭式，进而根据其类型来确定其保护范围，这种做法是否公平合理呢？下文以胡小泉案为例略作分析。

一、开放式和封闭式权利要求之惑

（一）案情回放

胡小泉案是入选最高人民法院 2012 年度 34 件典型知识产权案例的案件之一。❶ 该案的经过大致如下。

2004 年 7 月 21 日，申请人胡小泉向中国国家知识产权局提出发明专利申请。在答复审查意见通知书时，申请人试图加入新修改的"开放式"权利要求 3："一种注射用三磷酸腺苷二钠氯化镁冻干粉针剂，主要成分由三磷酸腺苷与氯化镁组成，二者的重量比为 100 毫克比 32 毫克。"审查员指出，原始说明书和权利要求书均没有记载其他活性成分，因而此修改超范围，不予接受。随后申请人将其修改为"封闭式"权利要求 2："一种注射用三磷酸腺苷二钠氯化镁冻干粉针剂，其特征是：由三磷酸腺苷与氯化镁组成，二者的重量比为 100 毫克比 32 毫克。"该申请在此基础上获得授权，专利号为 ZL200410024515.1。

2008 年，专利权人胡小泉向济南市中级人民法院起诉两公司侵犯其专利权。本案中，各方均认可的事实是，被诉产品包括涉案专利的权利要求 2 的全部技术特征，此外还包含辅料。审理过程中，案件沿无效和诉讼两条途径齐头并进，并且分别经再审结案，具体过程在此不予详述。案件最终的审理结果是，专利权有效，被告人不侵权。也就是说，专利权人虽然公开了药物的活性成分及其组成，但其他人只要在此基础上再加入任何成分，就不会侵犯该专利权。这显然不是专利权人所希望的结果。

为了进一步彰显本案例的示范作用，最高人民法院将该案选入《最高人民法院知识产权年度报告（2012）》，并且在报告中称："本年度报告从最高人民法院 2012 年审结的知识产权和竞争案件中精选了 34 件典型案件，归纳出 37 个具有普遍指导意义的法律适用问题，反映了最高人民法院在知识产权和竞争审判领域处理新型、疑难、复杂案件的审判标准、裁判方法和司法政策导向。"

---

❶ 参见最高人民法院知识产权案件年度报告（2012）。

最高人民法院希望通过该案例来消除争议，统一认识，从而实现定纷止争的法律效果。但是，笔者却对此不免心生忧虑，担心在将来仍会有不少专利权人步胡小泉之后尘。何以见得呢？

（二）各方观点

回顾本案之经过可知，从专利的申请到诉讼，申请人（代理人）、审查员和法官对于审查指南的理解不尽相同。

胡本希望得到开放式的权利要求，却因在公开活性成分的同时没有记载"其他活性成分"，从而得到授权的是封闭式权利要求。可见申请人（代理人）至少在提交专利申请之初可能并不熟悉审查指南的有关规定。

审查员认为，该申请的说明书和权利要求书中未记载"其他活性成分"，因此拒绝接受开放式的权利要求，而审查指南要求应当记载"除此之外的组分"。❶显然，"活性成分"与"成分"有所不同，可见审查员的理解与审查指南的规定略有出入。为此，在诉讼过程中还产生了"此外的组分"与"除此之外的活性成分"对权利要求的解释有何影响的争议。

在该案的审理过程中，各法院的法官在是否侵权的判定上众说纷纭。济南市中院认定被告侵权，山东省高院亦认定被告侵权，而最高院则认定被告不侵权。济南市中院和山东省高院的判决依据是，被诉产品包括了权利要求2的全部技术特征，因此被告侵权。而最高院的判决依据是，涉案专利的权利要求2属于封闭式，根据审查指南的有关规定，其含义为不包含权利要求所明示的成分之外的成分，而被诉产品包含辅料，且辅料不属于通常意义上的杂质，因此被告不侵权。

可以看出，不论是作为像普通申请人这样的专利领域的"外行"，还是作为代理人、审查员和法官这样的专利领域的"专家"，对于审查指南中关于开放式和封闭式权利要求的规定要么知之甚少，要么各执一词。最高院典型案例的发布可能能够统一部分"专家"的认识，但未必能够统一众多"外行"的发明人的认识。因此，今后仍将有发明人重蹈覆辙应该是预料中的事。

这种规则难以在社会各界达成共识，其原因到底是这个问题过于高深，难于领悟，还是这种规则本身存在问题呢？笔者认为，是由于规则的不合理，才导致了各方理解上的重大偏差，最终导致了结果的不公平。下面结合国内外有关规定来对此问题作一简要的分析。

---

❶参见《专利审查指南2010》第二部分第十章第4.2.1节。

二、开放式和封闭式权利要求的国内外有关规定

中国自实施《专利法》以来,先后出现过四个版本的审查指南。在这四个版本的审查指南中均存在关于开放式和封闭式权利要求的规定,但各版之间有所变化。根据变化的幅度,大致可以分为前后两个阶段:第一阶段为《审查指南1993》和《审查指南2001》,第二阶段为《审查指南2006》和《专利审查指南2010》。四个版本的审查指南均认为,对组合物权利要求应当区分开放式和封闭式,且二者的保护范围是不同的;此外,开放式组合物权利要求还应得到说明书的支持,即说明书中应公开至少一种未在该权利要求中明示的成分。与第一阶段相比,第二阶段的最大变化在于,在《审查指南》第二部分第二章第3.3节"权利要求的撰写规定"中增加了开放式和封闭式的规定,这表明,这种划分从组合物权利要求扩展到了任何权利要求。

美国的《专利审查程序手册》(MPEP)中,权利要求分为开放式❶、封闭式❷和半开放式❸三种。三种类型的权利要求的定义与我国审查指南第一阶段的定义完全相同。所不同的是,我国审查指南的第一阶段对于权利要求的三种类型的划分仅限于组合物权利要求,而美国的MPEP中的划分适用于任何权利要求。

另外还有一点不同是,也许是考虑到封闭式权利要求的规定过死,不利于专利权的保护,MPEP引用了案例 Norian Corp. v. Stryker Corp.,363 F.3d 1321,1331-32,70 USPQ2d 1508,1516 (Fed. Cir. 2004),说明封闭式权利要求的解释并非铁板一块。该案中,涉案权利要求是一种骨修复药盒,其用封闭式(consisting of)列举了一些物质,而被诉药盒除了具有这些物质外,还包括一刮铲。最终美国联邦巡回上诉法院判决被诉药盒侵犯了涉案权利要求的专利

---

❶MANUAL OF PATENT EXAMINING PROCEDURE, Rev. 6, Sept. 2007, 2111.03:
The transitional term "comprising", which is synonymous with "including", "containing", or "characterized by", is inclusive or open-ended and does not exclude additional, unrecited elements or method steps.
❷MANUAL OF PATENT EXAMINING PROCEDURE, Rev. 6, Sept. 2007, 2111.03:
The transitional phrase "consisting of" excludes any element, step, or ingredient not specified in the claim.
❸MANUAL OF PATENT EXAMINING PROCEDURE, Rev. 6, Sept. 2007, 2111.03:
The transitional phrase "consisting essentially of" limits the scope of a claim to the specified materials or steps "and those that do not materially affect the basic and novel characteristic (s)" of the claimed invention.

权，理由是，刮铲与涉案发明无关。❶ 而中国审查指南中没有这种例外规定。

欧洲专利局的《欧洲专利局审查指南》认为，在日常用语中，"comprise"可以具有与"include"、"contain"或"comprehend"以及"consist of"相同的含义，但在权利要求的撰写中，考虑到权利要求的法律确定性，通常应将"comprise"解释为"include"、"contain"或"comprehend"等较宽的含义。也即，在权利要求中，"comprise"被解释为比"consist of"宽的含义。可见，《欧洲专利局审查指南》其实也将权利要求划分为开放式和封闭式，并且其对两种权利要求的保护范围的解释也与我国审查指南一致。

与美、欧相比，中国对于组合物的开放式权利要求的支持问题提出了特别的要求，即说明书中必须公开至少一种权利要求中未指明的成分，以此证明其权利要求中还可以含有其他成分。

另外，从最高人民法院的上述典型案例可以看出，在封闭式权利要求的侵权判断方面，其基本上持"一刀切"的观点，即根据权利要求的特定措辞来确定权利要求的类型，封闭式权利要求意味着权利要求不包括所列要素之外的要素。而美国的联邦上诉法院则会考虑附加的要素是否对涉案的发明产生影响，如果附加要素不对发明产生影响，则被诉技术方案仍落入封闭式权利要求的保护范围。

从美国和欧洲的规定来看，这种划分似乎属于国际通行做法，但是，在这个问题上我们不应盲从。我们应该从这种划分的必要性、合理性和可行性等多个角度进行审视，然后确定我们应当持有何种态度以及应当采取何种措施，才能更公平、更高效地实现专利制度"公开换保护"的宗旨。

三、关于开放式和封闭式权利要求的思考

（一）关于开放式和封闭式划分的争议

权利要求是划定专利保护范围的基本依据，权利要求中所有技术特征的总和构成权利要求的保护范围。换言之，如果权利要求的技术特征的总和相同，

---

❶ MANUAL OF PATENT EXAMINING PROCEDURE, Rev. 6, Sept. 2007, 2111.03:
（Fed. Cir.）holding that a bone repair kit "consisting of" claimed chemicals was infringed by a bone repair kit including a spatula in addition to the claimed chemicals because the presence of the spatula was unrelated to the claimed invention.

则权利要求的保护范围相同。根据有关司法解释❶，进行侵权比对时，被诉技术方案只要包含了涉案权利要求的全部技术特征，即构成侵权，这就是所谓的"全面覆盖原则"。

也就是说，根据"全面覆盖原则"，完整再现权利要求的技术方案或者在权利要求的基础上增加技术特征，均属于侵权，而不问权利要求是开放式还是封闭式的。

也有人认为，应当仅对组合物和化合物权利要求区分开放式和封闭式。例如尹新天先生指出❷："'封闭式'解释方式仅仅适用于组合物和化合物。……对于一般的机械产品或者电子产品等产品权利要求而言，即使权利要求采用了'由……组成'的表达方式，也不应适用'封闭式'解释方式"。其原因在于："在一些情况下，增加其他的组分所形成的组合物或者化合物有可能具有完全不同的性质，变成另一种不同的产品，因而不能使用上述一般原则。"

另外，孔祥俊法官也持类似的观点❸："对于以封闭式权利要求表征的组合物专利，如果被控侵权技术方案含有权利要求记载的组分之外的组分，则应当认为其未落入专利权的保护范围，而不应当以'增加的技术特征不影响侵权判定'为由认定落入保护范围。"

在最高人民法院的 2012 年度报告面世后不到半年，北京市高级人民法院于 2013 年 9 月 4 日发布了《专利侵权判定指南》，其中的观点与前者大相径庭，具体表现在❹：

（1）实质上取消了组合物之外的权利要求的开放式和封闭式的划分，权利要求是否排除新增技术特征，需要在权利要求中用文字明确表明。

（2）组合物权利要求区分开放式和封闭式，但是，如果新增技术特征对封闭式组合物权利要求的技术效果产生实质性影响，则不视为侵权。

---

❶《最高人民法院关于审理侵犯专利权纠纷案件应用法律若干问题的解释》（法释（2009）21 号）第 7 条。

❷参见：尹新天. 中国专利法详解 [M]. 北京：知识产权出版社，2011：577.

❸孔祥俊，王永昌，李剑.《最高人民法院关于审理侵犯专利权纠纷案件应用法律若干问题的解释》适用的若干问题 [J]. 电子知识产权，2010（2）：79.

❹参见《专利侵权判定指南》（北京市高级人民法院，2013 年 9 月 4 日）：

"37. 被诉侵权技术方案在包含了权利要求中的全部技术特征的基础上，又增加了新的技术特征的，仍然落入专利权保护范围。

但是，如果权利要求中的文字表述已将增加的新的技术特征排除在外，则不应当认为被诉侵权技术方案落入该权利要求的保护范围。

38. 对于组合物的封闭式权利要求，被诉侵权技术方案在包含权利要求中的全部技术特征的基础上，又增加了新的技术特征的，则不落入专利权保护范围。但是，被诉侵权技术方案中新增加的技术特征对组合物的性质和技术效果未产生实质性影响或该特征属于不可避免的常规数量杂质的情况除外。"

时隔不久，2013 年 9 月 26 日，国家知识产权局专利管理司发布了《专利侵权判定标准和假冒专利行为认定标准指引（征求意见稿）》，其中以专门的章节论述开放式和封闭式权利要求的侵权判定规则。❶ 其主要观点如下：

（1）开放式和封闭式权利要求的划分仅限于组合物。

（2）开放式和封闭式组合物权利要求的含义与审查指南的有关规定一致，但未提及侵权判定时是否考虑新增技术特征对组合物效果的影响。

以上各方观点的分歧可谓不小，但有一点是共同的，那就是，至少组合物权利要求需要划分开放式和封闭式。那么，在实践中，我们到底该何去何从？

（二）权利要求是否应划分为开放式和封闭式

笔者以为，不论对于何种权利要求，划分开放式和封闭式均不合理，而且并无必要。可以见得呢？

首先，从语言本身来看，语言是表达思想的工具，同时语言不可避免地具有模糊性。在很多情况下，"包括"和"由……组成"等措辞在语义上可能略有区别，但其间并不存在泾渭分明的界限，因而不能简单地按照这类措辞将权利要求划分为开放式和封闭式。例如，当我们说"杯子包括杯体和杯底"以及"杯子由杯体和杯底组成"时，通常可能仅是对同一事实采用了不同表达方式而已，并不一定表示前一杯子可以有杯盖、把手乃至任意附件，后一杯子就不能有任何附件。上文提到，《欧洲专利局审查指南》认为，在日常用语中，"comprising"和"consisting of"可以具有相同的意思。可见，在英文中也一定程度上存在类似现象。所以，不论权利要求采用的是"包括"还是"由……组成"，可以肯定的只是该技术方案具有所述及的技术特征，而并未明示是否可以增加其他特征。

其次，从专利理论来看，根据专利的契约理论❷，专利权是社会与发明人之间签订的一项特殊契约。根据该契约，发明人有义务将其发明的内容公开，而相应地获得独占使用权。专利申请文件就是这个契约的书面文本，其中的措辞的含义首先应由申请人予以阐明，只有在根据申请文件本身并结合有关工具书难以解释的情况下，才能根据有关法律法规的规定进行解释。这种解释原则已经被有关司法解释❸确定下来。也即，欲探究申请文件中的措辞究竟是什么

---

❶ 参见《专利侵权判定标准和假冒专利行为认定标准指引（征求意见稿）》，国知发管字〔2011〕74 号，国家知识产权专利管理司，2013 年 9 月 26 日，第一章 5.9，第二章 3.2.3（2）。

❷ 吴汉东，刘剑文，等．知识产权法学 [M]．2 版．北京：北京大学出版社，2002：132.

❸ 参见《最高人民法院关于审理侵犯专利权纠纷案件应用法律若干问题的解释》（法释（2009）21 号）第 3 条。

含义,首先应从申请文件记载的内容去寻找内部证据,只有在无法根据申请文件得出确切结论的情况下,才能借助外部证据对权利要求进行解释。如果撇开申请文件,径直按照某个法律文件的规定来圈定某些措辞的含义,可能会扭曲申请人的真实意思。

再次,当前对于开放式和封闭式权利要求的解释,事实上是给权利要求分别增加了"可以包括其他技术特征"和"不包括其他技术特征"这样的附加条件。结果是,开放式权利要求的范围大到可以包罗万象,而封闭式权利要求的范围则精确到"增之一分则太长,减之一分则太短"。这不但不符合常理,而且直接导致封闭式权利要求因过于容易被侵权方回避而变得名存实亡。事实上,不可能存在一种必然排除任何附加技术特征的技术方案。因为从道理上讲,发明人至多可能知道其技术方案不能增加某些特定的技术特征,但他绝对无法证实该技术方案不能增加任何技术特征。这也从另一个侧面说明,所谓的封闭式权利要求视为排除任何其他要素,其实是不合逻辑的。如果申请人希望排除某些要素,应当在权利要求中明示。

最后,区分开放式和封闭式权利要求还会附带产生一系列其他问题,粗略列举如下:

(1)开放式和封闭式权利要求的新颖性如何判断?
(2)在开放式和封闭式之间进行转换时,如何判定修改是否超范围?
(3)组合物之外的开放式权利要求如何得到说明书的支持?
(4)对开放式和封闭式权利要求的侵权判定如何适用等同原则?
(5)如何确定封闭式组合物权利要求中可以含有的"通常含量的杂质"?
等等。

关于以上问题,有些官方文件给出了一定的提示,也有法官、审查员、代理人及有关学者对其进行了探讨,但终归无法取得一致的见解。产生这些问题的根源在于对权利要求要求进行开放式和封闭式的划分。如果取消这种划分,以上问题自然烟消云散。

下面探讨在不区分所谓的开放式和封闭式权利要求的前提下,侵权判定应如何进行。

(三)不区分开放式和封闭式权利要求时的侵权判定

我们知道,特定的技术方案必定与特定的技术效果相关联。相同的技术方案必定产生相同的技术效果,不同的技术方案可能产生不同的技术效果,也可能产生相同的技术效果。可以根据技术效果之间的关系来判断增加技术特征的技术方案(以下简称"在后方案")与涉案权利要求的技术方案(以下简称

"在前方案") 是否属于不同的技术方案。由此即可得出是否侵权的结论。

具体判定方法如下：

(1) 如果在后方案与在前方案的技术效果相同或近似，则在后方案与在前方案等同，此时在后方案落入了在前方案的保护范围。

例如，在胡小泉案中，被诉产品与涉案产品相比，增加了辅料，二者的技术手段相似，技术效果相同或者近似，所以，两个方案应属于等同技术方案，故应当认定被告侵权。这样的判定符合《专利法》的"公开换保护"的基本原则。

(2) 如果在后方案的技术效果系在前方案的技术效果与新增技术特征的技术效果的简单叠加，则在后方案再现了在前方案，此时在后方案侵犯了在前方案的专利权。

仍以杯子为例。设权利要求为"一种杯子，其包括杯体和杯底（或者，其由杯体和杯底组成）"。被诉技术方案为一种杯子，其具有杯体、杯底和杯盖。被诉技术方案的技术效果是权利要求的杯子和杯盖的简单叠加，被诉技术方案再现了权利要求的技术方案，故被诉技术方案侵权。

再看一个组合物的例子。设权利要求为"一种化妆品，其包含组分A（保湿剂）和组分B（或者，其由组分A和组分B组成）"。被诉产品为一种化妆品，其具有A、B和C，其中C为香料。被诉产品有保湿和增香的效果。由于被诉产品的效果是涉案产品的效果与组分C的效果的简单叠加，故被诉产品侵权。

(3) 如果在后方案的技术效果不同于在前方案的技术效果，且在后方案的技术效果并非在前方案的技术效果与新增技术特征的技术效果的简单叠加，则在后方案相对在前方案为新的技术方案，此时在后方案不侵犯在前方案的专利权。

请看如下案例[1]。原告拥有 ZL961099099.5 号专利的专利权，其中的权利要求为用"封闭式"撰写的合金箔。被告生产一种合金箔，其中除了含有权利要求的全部成分，还含有 0.013% 的钛。争议的焦点在于，该 0.013% 的钛是否属于"通常含量的杂质"。按照审查指南的规定，封闭式组合物权利要求中可以含有"通常含量的杂质"，但在实际中，何为"通常含量"以及何为"杂质"并无确切定义，这就导致侵权判定时，对于是否属于"通常含量的杂质"的裁判随意性较大。

本案中，上海市高级人民法院二审认为，该钛的含量高于其作为杂质在铝锭（原料之一）中的通常含量，故应为被诉产品中的一成分而非杂质，因此判决被告不侵权。

---

[1] 参见上海市高级人民法院（2004）沪高民三（知）终字第4号判决书。

该判决的理由是不充分的。所谓杂质，简单来说，是某种物质中不希望存在的或者是可有可无的成分。根据物质的技术要求的不同，杂质及其含量有可能是变化的。钛在原料铝中属于杂质，这是相对于铝材料而言，钛作为杂质存在是不被希望的，但这并不能表明钛在作为组合物的合金中也是不希望存在的杂质。另外，原料铝也能不是合金箔产品中的钛的唯一来源。因此，该判决在说理上有不足的地方。

采用本文提出的上述原则，本案中，应当首先比对两种材料在技术效果上的差异，如果二者所有的特性都相同或近似，则二者为等同技术方案，此时被诉产品侵权；如果被诉产品至少有某一项特性显著不同于专利产品，则被诉产品为新的技术方案，此时就不侵权。如此一来，关于何为"通常含量的杂质"的争议便消弭于无形，且裁判的难度大大减小，结果的可信度大大增加。

可见，在对权利要求不作开放式和封闭式划分的情况下，能够轻松地解决侵权判定中的各种问题。

为了保证行政和司法程序中判定规则的一致性，在专利的审查中也应取消这种划分。在专利审查中，如果解除了所谓的开放式和封闭式的羁绊，则审查员无须考虑前述的种种附带问题，仅需着眼于权利要求中所述及的内容，按照现行的有关规定进行可专利性的判断即可，由此可以简化审查程序。此举更重要的意义还在于，可以避免申请人因不知此类规定而像胡小泉那样误入"封闭式陷阱"。

四、小　结

本文的主要观点概括如下：
（1）权利要求不应区分所谓的开放式和封闭式。
（2）权利要求是否排除其他要素，应遵循先内部证据、后外部证据的原则。
（3）新增技术特征的技术方案是否侵权，应结合两个技术方案的技术效果进行认定。

取消开放式和封闭式权利要求的划分其实是在尊重语言自身规律的基础上，回归语言的本来面目。这样做不但符合公众的一般认知，而且可以消解争议，提高裁判结果的公正性，从而更好地实现定纷止争的法律效果。

学识所限，舛误在所难免。笔者不揣浅陋，谨以此文就教于方家。

说明书公开不充分与相应权利要求之间的关联性分析

刘长勇* 王 芳* 马 鑫*

【摘 要】

当说明书中存在公开不充分缺陷的内容时,是否需要采用《专利法》第 26 条第 3 款来评述,这应当取决于说明书中涉及公开不充分缺陷的内容是否出现在权利要求中,仅以说明书中存在公开不充分缺陷为由使用《专利法》第 26 条第 3 款是不恰当的。同时涉及公开不充分的内容无论是出现在独立权利要求中还是从属权利要求中,都可以采用统一的方式进行评述,这样有助于申请人理解审查意见的本意,以便更好地进行修改。

【关键词】

说明书公开不充分 《专利法》第 26 条第 3 款 权利要求

我国《专利法》第 26 条第 3 款规定:说明书应当对发明或者实用新型作出清楚、完整的说明,以所属技术领域的技术人员能够实现为准。也就是说,作为就某一发明创造获得在一定时期内受法律保护的必要条件,申请人必须充分公开其发明创造,以使得本领域技术人员在不进行创造性劳动的基础上就能实现该发明创造,从而对整个社会的技术进步作出贡献。因此,只有通过说明书对发明创造作出清楚、完整的说明,并达到所属技术领域的技术人员能够实现的程度,才能获得相应的专利保护。这是获得专利保护的一个重要的先决条件。

在审查实践中,在一个申请文件的说明书存在公开不充分缺陷时,对该申请文件中的权利要求的处理主要有以下两种:一种是按照《专利审查指南 2010》第二部分第七章第 10 节的规定:当说明书和权利要求书未对该申请的

---

* 作者单位:国家知识产权局专利局专利审查协作北京中心。

主题作出清楚、完整的说明，以至于所属技术领域的技术人员不能实现时，不必对该申请进行检索，即在说明书存在公开不充分缺陷、权利要求也未涉及该公开不充分缺陷内容的情况下，则无须对权利要求进行检索，直接评述说明书不符合《专利法》第 26 条第 3 款的规定；另一种是当说明书存在部分公开不充分缺陷的情形时，在指出说明书不符合《专利法》第 26 条第 3 款规定的同时，还指出相应的从属权利要求不符合《专利法》第 26 条第 4 款的规定。

在实际情况下，由于权利要求书的撰写千差万别，当说明书存在公开不充分的缺陷时，相应的权利要求不一定也是涉及说明书中公开不充分缺陷的技术方案或者实施方式，但此时审查员往往并不会对权利要求书的具体情况予以考虑。同时在审查实践中还发现，当说明书存在部分公开不充分的情况下，审查员同时指出说明书不符合《专利法》第 26 条第 3 款以及权利要求不符合《专利法》第 26 条第 4 款的规定，申请人往往无所适从，不知道如何进行修改。

在本文中，笔者通过对两个案例来分析出现这种情况的原因，并尝试使用一种更加简洁的评述方式，以便在说明书存在公开不充分缺陷时能够充分考虑到权利要求的实际情况，并能更有效地提醒申请人进行修改的方向。

一、案例介绍

1. 案例 1——部分实施方式存在公开不充分的缺陷

本案例公开了一种电脑装置在多个无线局域网中移动时进行切换的系统，其中涉及 3 个实施方式，审查员认定第 2 和第 3 实施方式中没有明确说明电脑装置如何根据各无线局域网中的网络桥接器的辨识码以及区域组态表来确定所要连接的网络桥接器，因此说明书中存在公开不充分的缺陷，并以此为由驳回了该申请。通过分析该申请，可以很明显地发现，在对该申请的审查过程中，审查员并没有对第 1 实施方式是否公开充分发表意见。下面对第 1 实施方式作简单分析。

该第 1 实施方式如图 1 所示。电脑装置 15 可在多个无线局域网中移动，每个无线局域网具有网络桥接器。例如，当电脑装置位于位置 16 时，其可以接收第一桥接器 11、第三桥接器 13 和第四桥接器 14 的辨识码，电脑装置 15 选择辨识码信号最强的桥接器，此时电脑装置 15 利用其所具有的区域组态表配置对应所选择辨识码的网络环境，从而接入无线网络。而当电脑装置 15 移动到位置 17 时，此时电脑装置 15 无法利用第一桥接器接入无线网络，电脑装置 15 可接收到第二桥接器 12 和第四桥接器 14 的辨识码。因此基于相同的方式，电脑装置 15 可选择第二桥接器 12 或者第四桥接器 14 接入无线网络。

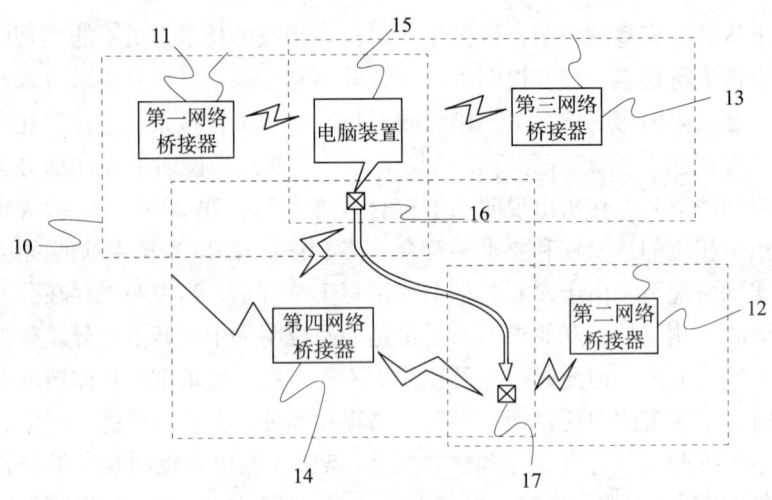

图1 案例1的第1实施方式

通过上面的分析可知，第1实施方式描述了电脑装置15在多个无线局域网中移动时通过切换与不同网络桥接器的连接而实现无线网络接入的技术方案，所属技术领域的技术人员在第1实施方式描述的基础上能够实现该无线网络接入的技术方案，因此第1实施方式是公开充分的。相应的独立权利要求1为：

"1. 一种无线网路设定系统，适用于一电脑装置中，该系统至少包含：

一接收单元，接收复数个网路桥接器的辨识码；

一储存单元，记录复数个区域组态表；

一控制单元，根据该电脑装置的所在位置，于该些区域组态表中选出一第一区域组态表，借由该第一区域组态表进行该些辨识码的比对动作，以产生一第一辨识码，借此与对应该第一辨识码的一第一网路桥接器进行连线动作，并产生一连线讯号。"

由此可知，独立权利要求1要求保护上述第1实施方式的技术方案。由于无论是第1实施方式还是与之相对应的独立权利要求1都对所要求保护的技术方案作出清楚、完整的说明，从而使得所属技术领域的技术人员能够实现。此时直接以本申请中的其他实施方式存在公开不充分的缺陷为由驳回本申请显然是不恰当的。

如果在审查过程中，在使用《专利法》第26条第3款驳回该申请之前，能够同时关注权利要求的撰写情况，相信能够克服这一驳回错误的发生。本案例的各实施方式以及各独立权利要求的对应关系如下：

实施方式	相应的独立权利要求
第 1 实施方式（公开充分）	独立权利要求 1
第 2 实施方式（公开不充分）	独立权利要求 5
第 3 实施方式（公开不充分）	无

通过该表中的对应关系可知，在本案例的三个实施方式中，第 1 实施方式并不存在公开不充分的缺陷，同时在权利要求书中还存在对应于第 1 实施方式的独立权利要求 1。在这种情况下，仅以第 2 和第 3 实施存在公开不充分的缺陷为由作出驳回决定并不符合《审查指南》的有关精神。相反，如果在作出驳回决定之前能够梳理多个具体实施方式和与其对应的独立权利要求所要求保护的技术方案之间的关系，并且如果存在不涉及公开不充分缺陷的独立权利要求时，就应当对该独立权利要求所在的一组权利要求继续进行审查，而不应简单地以说明书存在公开不充分缺陷而予以驳回，这样有助于减少驳回错误的发生。同时如果将这种经过梳理的关联关系告知申请人，也有助于申请人明确自己的修改方向。

2. 案例 2——说明书中存在部分公开不充分的缺陷

案例 2 涉及一种信道链路的补偿方式，其中在说明书中除了描述基本的信道链路补偿方式之外，还涉及了基于上述基本补偿方式的更加精细的补偿过程，即还公开了一种更优选的实施方式。在该优选的实施方式中使用了公式 $SNR = (1-q)S'/(N' + qS')$，但是在说明书中没有具体说明如何得到该参数 q，从而实现对信道链路的更精细的补偿。从而审查员以说明书存在部分公开不充分的缺陷为由驳回该申请，同时还指出与该优选实施方式相对应的从属权利要求 12 没有以说明书为依据，不符合《专利法》第 26 条第 4 款的规定。

申请人在提出复审请求时认为，说明书中清楚地记载了参数 q 来自一个信号部分，因此对于本领域技术人员来说是足够清楚的，同时权利要求 12 的技术方案能够从说明书公开的内容中得到，因此能够得到说明书的支持，符合《专利法》第 26 条第 4 款的规定。

事实上，对于从属权利要求 12 而言，由于所属技术领域的技术人员无法确定如何获得公式所使用的参数 q，因此认定从属权利要求 12 的概括范围过大，不符合《专利法》第 26 条第 4 款的规定，而申请人应当根据说明书充分公开的内容进行具体限定来克服这一缺陷。但是在说明书中对如何获得参数 q 这一点并未作具体交代，同时这也不是所属技术领域的技术人员所公知的，因此从属权利要求 12 没有修改的基础和依据，只有将其删除才能克服从属权利要求 12 不符合《专利法》第 26 条第 4 款的缺陷。从申请人的意见陈述可以看出，申请人显然没有了解审查意见中关于从属权利要求 12 不符合《专利法》第 26 条第 4 款的本意。而围绕同一个缺陷同时使用两个条款来评述确实会对申请人造成理解上的困难。

如果在使用《专利法》第 26 条第 3 款的同时，能够给出各实施方式与相应权利要求的关联关系，相信能帮助申请人更好地了解审查意见的本意，并能更好地进行修改。具体分析如下：

实施方式	对应权利要求
基本实施方式（公开充分）	独立权利要求 1
优选实施方式（公开不充分）	从属权利要求 12

对于本案例，在优选实施方式中存在公开不充分的缺陷是客观事实，但是导致审查员使用《专利法》第 26 条第 3 款进行评述的根本原因是从属权利要求 12 也涉及了该公开不充分缺陷的内容，也就是因为权利要求 12 的存在才导致说明书不符合《专利法》第 26 条第 3 款的缺陷。这样就明确地向申请人表达出这样的信息，即在说明书的优选实施方式中存在的缺陷并不会导致该申请没有授权前景，只要在权利要求中不要涉及该缺陷内容即可。这将有助于申请人更好地修改权利要求的内容，同时也不必再使用《专利法》第 26 条第 4 款。

二、由上述案例引发的思考

通过对上述两个案例的分析，可以看到，在进行有关公开不充分缺陷的审查时，审查员对于公开不充分缺陷的处理似乎不够严谨和明了。下面尝试分析一下具体原因。

1.《专利审查指南 2010》中存在可能使人产生误解的地方

由于《专利审查指南 2010》第二部分第二章第 2.1 节在对《专利法》第 26 条第 3 款进行解释说明时仅仅是围绕说明书来展开的，并且在所列举的 5 种由于缺乏解决技术问题的技术手段而被认为是无法实现的 5 种情况中，即说明书只给出任务和/或设想而没有给出所属技术领域的技术人员能够实施的技术手段，或者说明书中给出的技术手段无法具体实施，或者说明书中给出的技术手段并不能解决所要求解决的技术问题，或者组成技术方案的一个技术手段不能实现，或者说明书中给出的具体技术方案没有实验证据证实的情况中，仅仅考虑的是所属技术领域的技术人员无法实现说明书中所涉及的技术方案，而并未对相应权利要求书的具体情况进行分析。从而容易给人造成这样一种错觉，即公开不充分的缺陷仅是由于说明书自身撰写的缺陷造成的，而与权利要求如何进行撰写并无关系。

显然，这种孤立考察说明书的方式并不符合《专利审查指南2010》的基本精神。例如《专利审查指南2010》第二部分第七章第10节在涉及不需要对权利要求进行检索而直接进行审查类型中就包括"当说明书和权利要求书未对该申请的主题作出清楚、完整的说明，以至于所属技术领域的技术人员不能实现时"的情形。这就意味着在利用《专利法》第26条第3款评述公开不充分缺陷时应当考虑权利要求书的撰写情况。

然而由于《专利审查指南2010》在具体解释公开不充分缺陷时并未明确说明公开不充分缺陷与权利要求书存在的内在联系，从而导致在审查实践中容易出现尺度掌握过紧的情况，上述案例1就属于这一情况。

2. 说明书中并非不允许有公开不充分缺陷内容的存在

通过上述分析可知，当说明书中存在可能导致公开不充分缺陷而其权利要求中并未涉及相应内容时，此时不应简单地认定说明书中存在不符合《专利法》第26条第3款的规定，即在说明书中应当允许有公开不充分缺陷内容的存在。也就是说，说明书中由于缺乏解决技术问题的技术手段而被认为无法实现，这仅仅是说明书存在不符合《专利法》第26条第3款规定的一个必要条件，至于该缺陷是否一定会导致说明书不符合《专利法》第26条第3款的规定，还需要考虑其他因素。例如在上述案例1中，第三实施方式存在公开不充分的缺陷，但此时在相应的权利要求书中并不存在与之相对应的权利要求。由于根据《专利法》第59条的规定：发明或者使用新型专利权的保护范围以其权利要求的内容为准。由于在权利要求中并未涉及第三实施方式的技术方案，因此即使这样的权利要求能够获得专利权，在权利要求中也不会涉及第三实施方式的技术方案，自然也就不会存在受到保护的技术方案是所属技术领域的技术人员不能实施的问题。例如在案例1中，只要第3实施方式的技术方案不进入权利要求书中，完全可以将其置之不理。

实际上，说明书中允许有公开不充分缺陷内容的存在，这也是符合审查指南有关精神的。例如在《专利审查指南2010》第二部分第六章第3.2节就明确指出：分案前原申请有A、B两项发明，分案之后，分案申请的权利要求书若要求保护B，其说明书可以仍然是A和B，也可以只是B。因此在这种情况下，对于分案申请而言，说明书是否有A（即使A存在公开不充分的缺陷）都不会对分案申请中仅要求保护B的权利要求造成影响。这也进一步印证了说明书中允许存在有公开不充分缺陷的内容，说明书是否不符合《专利法》第26条第3款规定的缺陷与相应权利要求之间是有关联的。

3. 在评述说明书公开不充分缺陷时使用《专利法》第 26 条第 4 款效果不明显

《专利法》第 26 条第 4 款要求权利要求应当以说明书为依据,这也就意味着权利要求只要能够得到说明书支持,就能够符合《专利法》第 26 条第 4 款的规定。因此在审查实践中,如果将不符合《专利法》第 26 条第 4 款规定的权利要求按照说明书的内容进行合理的概括,则该权利要求就能够得到说明书的支持。也就是说,即使一项权利要求存在得不到说明书支持的缺陷,只要通过适当的修改就能够克服这样的缺陷。但是在上述案例 2 中,无论如何修改从属权利要求 12,即使将其修改为与说明书中相一致的表述,也不能克服这样的缺陷。而不能克服《专利法》第 26 条第 4 款所指缺陷的根本原因不在于从属权利要求 12 的具体撰写方式如何,而在于从属权利要求 12 所涉及的技术方案属于需要所属技术领域的技术人员通过过度实验才能实现,甚至是根本无法实现的情况,而这与专利制度本身是背道而驰的。但是申请人在看到从属权利要求存在得不到说明书支持的缺陷时,往往更多的是考虑如何对从属权利要求的撰写进行修改,而很难将其与说明书中存在公开不充分缺陷的内容联系起来。例如在案例 2 中,申请人就表达出这样的疑问:从属权利要求 12 的相应内容与说明书实施例部分的表述是完全一致的,怎么会出现权利要求得不到说明书支持的问题呢?

三、小　结

通过上面的分析可知,当说明书中存在涉及公开不充分缺陷的内容时,相应的权利要求可能会出现多种情况,也就是涉及公开不充分缺陷的内容可能存在于独立权利要求中或者从属权利要求中,也可能在权利要求中并未体现。如果通过上述方式梳理说明书中涉及公开不充分缺陷的内容与相应权利要求之间的关系,就能够避免在权利要求书中存在不涉及公开不充分缺陷的权利要求的情况下直接以说明书不符合《专利法》第 26 条第 3 款的规定为由进行驳回的错误。同时在利要求书中存在涉及公开不充分缺陷的权利要求的情况下,将具体实施方式与相应权利要求之间的对应关系告知申请人,从而使申请人能够明了是由于在权利要求中涉及了公开不充分缺陷的内容才使得说明书不符合《专利法》第 26 条第 3 款的规定。在这种情况下,只有通过修改,甚至是删除相关权利要求才能克服说明书不符合《专利法》第 26 条第 3 款的缺陷。至于关于《专利法》第 26 条第 4 款的评述则完全可以省略。

浅议公知常识的认定方法

王　曦[*]　孙明浩[*]　杨艳云[*]

【摘　要】

　　本文从《专利审查指南2010》对于公知常识的规定入手，分析了认定公知常识的一般性原则，提出应当基于区别技术特征在本申请中的技术效果以及区别技术特征在对比文件中所能够产生的技术效果这两方面来认定公知常识，并基于上述方法提出了答复涉及公知常识的审查意见的一般思路。

【关键词】

　　公知常识　创造性　技术效果

一、引　言

　　创造性评价是专利审查中一个老生常谈的问题，由于相应的判断规则具有较大的自由裁量空间，带有较强的主观因素，在具体的审查实践中，往往具有较大争议，其中，以"公知常识"引起的争议最大。审查员、专利代理人及申请人经常对公知常识的认定各执一词、争论不休，即使是不同的审查员，对于公知常识的认定有时也大相径庭。本文拟从《专利审查指南2010》的相关规定入手，结合具体案例，对于公知常识的认定方法进行探讨，以期达到抛砖引玉的作用。

二、《专利审查指南2010》中涉及公知常识的规定

　　关于实质审查阶段"公知常识"的定义，《专利审查指南2010》第二部分

---

[*] 作者单位：北京三友知识产权代理有限公司。

第四章第3.2.1.1节[1]在谈及创造性的技术启示时，通过举例对"公知常识"作了这样的规定"(i) 所述区别特征为公知常识，例如，本领域中解决该重新确定的技术问题的惯用手段，或教科书或者工具书等中披露的解决该重新确定的技术问题的技术手段"。

关于举证责任的承担，《专利审查指南2010》第二部分第八章第4.10.2.2节第（4）项[2]规定："审查员在审查意见通知书中引用的本领域的公知常识应当是确凿的，如果申请人对审查员引用的公知常识提出异议，审查员应当能够说明理由或提供相应的证据予以证明。"

在复审阶段，《专利审查指南2010》第四部分第二章第4.1节[3]谈及复审程序中理由和证据的审查时规定："在合议审查中，合议组可以引入所属技术领域的公知常识，或者补充相应的技术词典、技术手册、教科书等所属技术领域中的公知常识性证据。"

关于无效程序中对公知常识的举证责任的规定，《专利审查指南2010》第四部分第八章第4.3.3节[4]规定："主张某技术手段是本领域公知常识的当事人，对其主张承担举证责任。该当事人未能举证证明或者未能充分说明该技术手段是本领域公知常识，并且对方当事人不予认可的，合议组对该技术手段是本领域公知常识的主张不予支持。当事人可以通过教科书或者技术词典、技术手册等工具书记载的技术内容来证明某项技术手段是本领域的公知常识。"

由上述规定可知，关于公知常识涉及的范围，目前是通过列举的方式来描述，并没有给出明确、具体的规定，并且规定并不是所有的公知常识都需要进行举证，也可以通过充分说理来证明。在上述规定中，尤其放松了专利审查阶段审查员对于公知常识的举证责任，从提高行政效率的角度来说，这种规定对于加快专利审批的程序具有积极的作用。

但是，在审查实践中，由于对公知常识的规定比较模糊，审查员的举证责任又较轻，因此，容易导致审查员滥用"公知常识"，轻易否定发明的创造性，给申请人造成很大困扰；此外，审查员对于"公知常识"认定的随意性

---

[1] 中华人民共和国国家知识产权局. 专利审查指南2010 [M]. 北京：知识产权出版社，2010：173.

[2] 中华人民共和国国家知识产权局. 专利审查指南2010 [M]. 北京：知识产权出版社，2010：235.

[3] 中华人民共和国国家知识产权局. 专利审查指南2010 [M]. 北京：知识产权出版社，2010：371-372.

[4] 中华人民共和国国家知识产权局. 专利审查指南2010 [M]. 北京：知识产权出版社，2010：420.

也会导致对于同一案件前后审查流程的处理结果可能不一致，使得申请人、专利代理人，以及公众对公知常识的判定无所适从，并有可能影响相关专利权人权益的稳定性，反而占用更多的行政资源，从而违背了"公知常识"的立法初衷。

三、公知常识的认定方法探讨

关于公知常识的认定原则，历来是理论界和实践界探索的热点。笔者认为，在《专利审查指南2010》对公知常识看似宽泛的规定中，实际上已经蕴含着公知常识认定的一般性原则。

在上述规定中，公知常识具有一个最基本的前提"本领域中解决特定技术问题（'三步法'判断中该重新确定的技术问题）的技术手段"。可见，判断某个技术特征是否为公知常识，并不是单纯地判断该特征本身是否为本领域技术人员所公知，而是要判断"将该特征用于解决该特定的技术问题"是否为本领域技术人员所公知。

如果仅从技术特征本身的角度出发，往往无法对公知常识作出准确的认定。因为从某种程度上来说，如果将权利要求的技术方案进行拆分，其中的每一个技术特征都应当是本领域技术人员所公知的，否则，本领域技术人员可能无法实施，申请文件可能存在公开不充分的风险。只有将孤立的技术特征放到整个技术方案的背景下，考虑该技术特征在整个技术方案中的作用，才能正确地认定该技术特征，从而评价该技术方案的创造性。

笔者认为，对于某一特征是否为公知常识的判断，其核心是根据该特征与技术方案中其他特征之间的关联性（例如，前后步骤之间的特定顺序或者部件之间的相互配合），来确定该技术特征在技术方案中的作用，从而判断该特征是否为公知常识；而至于该技术特征的来源，即通过教科书、技术手册或词典等书面证据而得到，或是通过本领域技术人员合理的推断而得到，并不足以影响公知常识的判断。

根据上述分析，笔者认为，判断某区别特征是否为公知常识，至少应当基于对如下两个技术效果的分析：（1）该区别技术特征在本申请中的技术效果；（2）将该区别技术特征带入到对比文件的技术方案中，考察该区别技术特征在对比文件中是否能够产生同样的技术效果。如果二者不能产生同样的技术效果，甚至产生相反的技术效果，即使该区别技术特征本身属于本领域技术人员的惯用技术手段或被记载于教科书、技术手册或词典等，也不能将其认定为本申请的公知常识。

上述认定公知常识的方法，对于申请人和代理人如何有效地答复涉及公知常识的审查意见也有一定的借鉴作用。

笔者在实践中发现，对于涉及公知常识的审查意见，申请人或代理人的答辩意见往往只停留于分析上述第一个技术效果，并强调"没有证据证明该区别技术特征是公知常识"，这种答辩的效果非常有限。理由是：审查员在按照"三步法"评述创造性时，已经考虑过该区别特征在本申请中的技术效果，并且，并非对所有的公知常识都需要举证，所以，上述答辩意见其实还是没有跳出审查员的思路，很难说服审查员改变已有的审查意见。

基于上述对公知常识认定方法的探讨，笔者认为，在答复审查意见时，为了证明某一区别技术特征并不是公知常识，申请人和代理人至少应当对于上述的两个技术效果进行分析，即不仅分析该区别特征在本申请中的技术效果，而且分析该区别技术特征在对比文件中并不能产生与本申请相同的技术效果。由于审查意见往往忽视对第二个技术效果的分析，因此，这样的答辩意见能够给审查员提供另一个看待该区别技术特征的角度，比较容易说服审查员。

四、具体案例

下面以一个复审案为例，对上述公知常识的认定方法和相应的答辩方法进行说明。

"1. 一种CMOS半导体元件的制造方法，其特征在于，所述方法包括：

提供一基底（302），包括一N阱区（304）和一P阱区（306）；

形成一P型晶体管栅极（314）于所述N阱区上，且形成一N型晶体管栅极（316）于所述P阱区上；[参见图1（A）]

形成一氧化物掩膜层（320），于所述P型晶体管栅极、所述N型晶体管栅极和所述基底上；[参见图1（B）]

图形化所述氧化物掩膜层（320），分别于所述P型晶体管栅极和所述N型晶体管栅极两侧形成间隙壁（326），并同时于所述N阱区和所述P阱区上形成布植掩膜（324）；[参见图1（C）]

形成第一光刻胶图案（328）以覆盖所述N阱区和所述N阱区上的所述P型晶体管栅极、所述间隙壁和所述布植掩膜，以所述第一光刻胶图案和所述P阱区上的所述布植掩膜、所述间隙壁和所述N型晶体管栅极为掩膜，进行一第一布植工艺，形成N型晶体管源极/漏极区（330）；[参见图1（D）]

移除P阱区上的所述布植掩膜和所述间隙壁；

进行一第二布植工艺，于所述P阱区中形成一N型晶体管轻掺杂漏极区

(332)和一N型晶体管电阻区（334）；［参见图1（E）］

形成第二光刻胶图案（336）以覆盖所述P阱区和所述P阱区上的所述N型晶体管栅极，以所述第二光刻胶图案和所述N阱区上的所述布植掩膜、所述间隙壁和所述P型晶体管栅极为掩膜，进行一第三布植工艺，形成P型晶体管源极/漏极区；［参见图1（F）］

移除N阱区上的所述布植掩膜和所述间隙壁；及

进行一第四布植工艺，于所述N阱区中形成一P型晶体管轻掺杂漏极区和一P型晶体管电阻区（338）；［参见图1（G）］

其中，所述N型晶体管电阻区的掺杂量较所述N型晶体管源极/漏极区低，且所述P型晶体管电阻区的掺杂量较所述P型晶体管源极/漏极区低。"

驳回决定的主要意见为：对比文件1（US5355011A）的半导体元件制造方法涉及：步骤①先进行磷元素注入以形成LDD区和电阻区［参见图2（A）］，②然后形成图案化的光刻胶掩膜（22）［参见图2（B）］，③再进行砷元素的离子注入，从而形成源极/漏极区［参见图2（C）］，④最后移除掩膜。审查员认为，权利要求1与对比文件1的区别在于：（1）权利要求1的掩膜320是氧化物掩膜，而对比文件1的掩膜22是光刻胶掩膜；（2）权利要求1在制造PMOS或NMOS时，先图形化掩膜层，进行第一布植工艺，形成源漏区，然后移除掩膜层，进行第二布植工艺，形成掺杂漏极区和电阻区的轻掺杂区，而对比文件1是采用磷元素离子注入注入形成掺杂漏极区和电阻区的轻掺杂区（步骤①），然后形成图案化的光刻胶掩膜（步骤②），通过砷元素离子注入，形成源极区和漏极区（步骤③）。但是审查员进一步认为：对于上述区别特征（1），形成氧化物掩膜术语本领域技术人员的惯用技术手段；对于上述区别特征（2），将对比文件1的上述制造方法的步骤①调整到步骤④之后，并将该方法扩展到分别形成PMOS、NMOS进而得到CMOS元件是本领域技术人员容易想到的。

在提出复审请求时，复审请求人没有修改权利要求，主要的意见陈述如下：

权利要求1与对比文件1的主要区别在于：（1）掩膜层为氧化物掩膜层；（2）权利要求1在制造PMOS或NMOS时工艺步骤的顺序与对比文件1不同（详见上述驳回决定的评述）；上述区别技术特征（1）、（2）的作用是节省光刻工艺步骤，降低元件制造成本。

复审请求人认为上述区别技术特征（1）、（2）都不是公知常识，理由如下：

（1）由于权利要求1形成的掩膜层为氧化物掩膜，所以，形成的P型/N

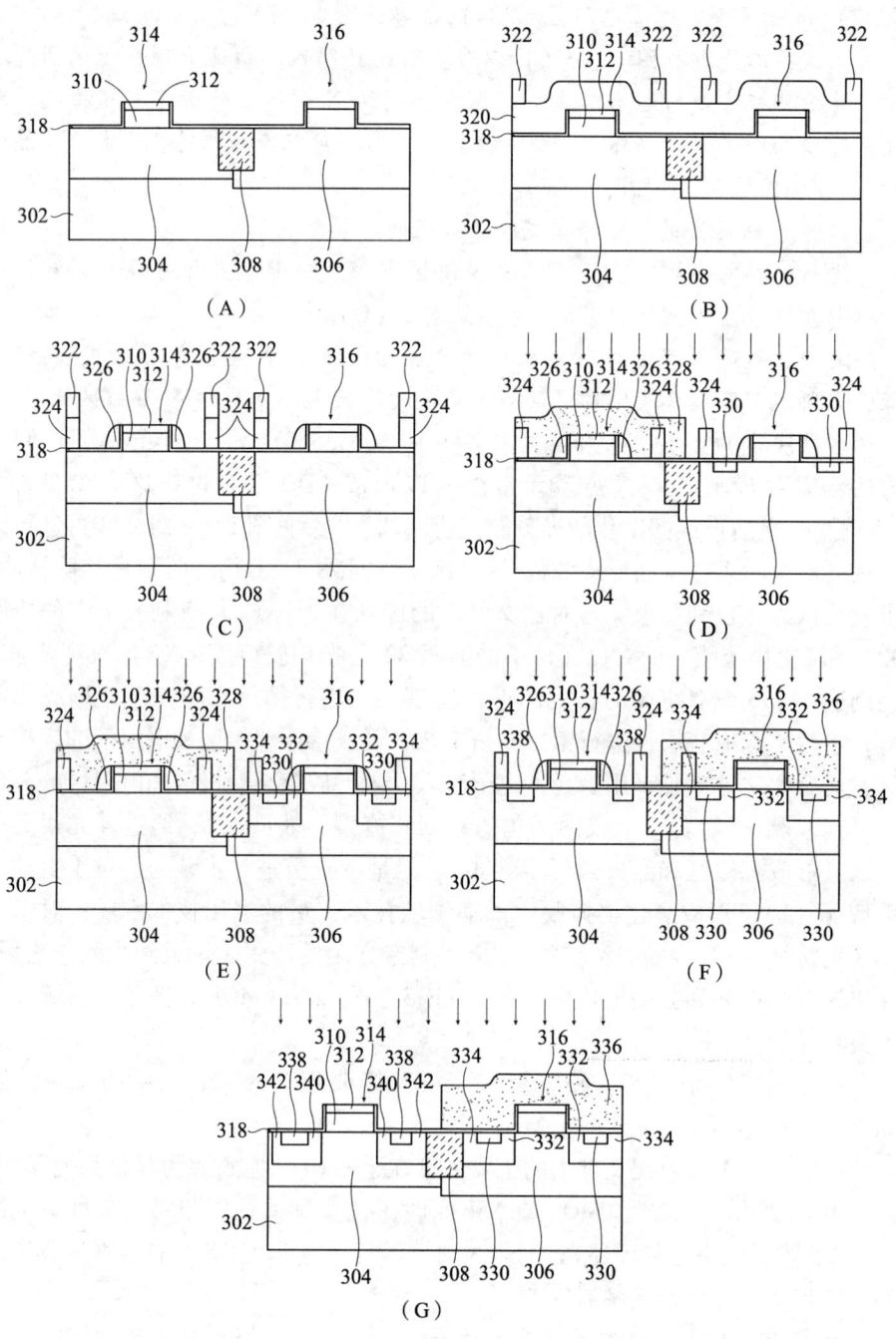

图 1

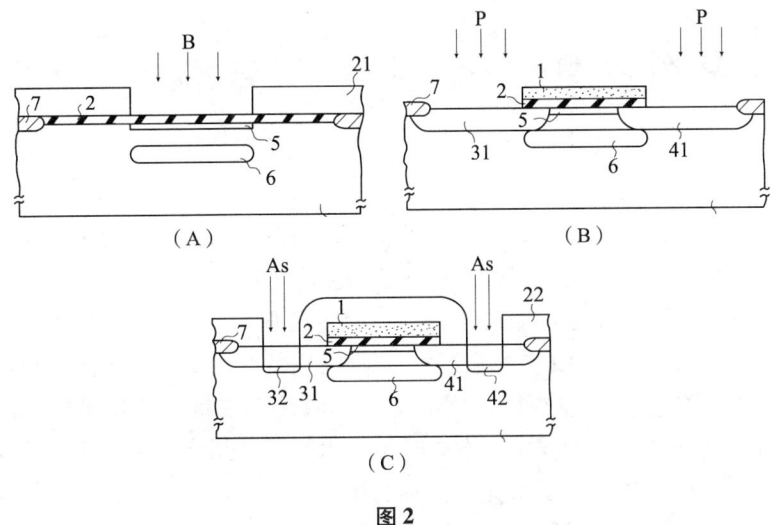

图 2

型晶体管栅极两侧的间隙壁、N 阱区/P 阱区上形成的布植掩膜都是氧化物材料，其与第一/第二光刻胶材料不同，因而在实施第二布植工艺之前，使用氢氟酸一处 P 阱区上的布植掩膜和间隙壁时，能够保留第一光刻胶图案，从而在实施第二布植工艺时，能够将第一光刻胶图案作为掩膜，无须重新形成光刻胶图案以保护相应的阱区，因此能够减少光刻制程，降低元件制造成本；

（2）对比文件 1 使用的掩膜层为光刻胶掩膜 22，本领域通常使用有机溶剂进行去除，此时，会不可避免地将覆盖在 CMOS 半导体元件中一个阱区（如 N 阱区）上的光刻胶图案一并去除，进而暴露该 N 阱区，而为了在另一阱区（如 P 阱区）上实施掺杂工艺的离子注入步骤，必须再次使用光刻工艺，在 N 阱区上重新形成光刻胶图案以保护该 N 阱区，可见，采用对比文件 1 的方法制造 CMOS 至少需要四步光刻工艺，多于本申请权利要求 1 的光刻步骤。

因此，对比文件 1 既没有公开上述区别技术特征（1）、（2），也没有依据表明上述区别技术特征是本领域的公知常识。由于上述区别技术特征的存在，使本申请的 CMOS 半导体元件的制造方法能够节省光刻工艺步骤，降低元件制造成本，因而，权利要求 1 具备《专利法》第 22 条第 3 款规定的创造性。

针对上述的意见陈述，专利复审委员会直接作出了撤销驳回决定的复审决定。

五、案例分析

上述案例的意见陈述就体现了本文所介绍的关于公知常识的认定方法和答辩方法。

在意见陈述的第 1 点中,根据技术特征之间的关联性,确定区别技术特征在本申请中的技术效果。在上述案例的权利要求 1 中,如果孤立地看待区别特征(1)、(2),的确都是公知的技术,其中,区别特征(1)的氧化物掩膜是半导体制造领域广泛使用的"硬掩膜",而区别特征(2)所涉及的每一个工艺步骤也都是半导体制造领域常用的工艺。但是,在将这些技术特征组合起来,并置于权利要求 1 的技术方案中时,技术特征之间会产生关联,从而产生通过简单叠加单个技术效果所无法得到的技术效果。具体到本案例,氧化物掩膜的作用并不仅仅是提供一种离子注入时所使用的掩膜,在权利要求 1 的技术方案中,只有在采用氧化物掩膜的情况下,才能够在实施后续工艺的过程中选择性地去除氧化物掩膜而保留光刻胶掩膜,从而达到减少光刻工艺的效果。

为了进一步增强说服力,在意见陈述的第 2 点中,从对比文件中各个技术特征之间的关联性,分析区别技术特征在对比文件中所能够产生的技术效果。在本案例中,假设如驳回决定所述,按照区别特征(2)来设定对比文件中各个步骤的顺序,由于对比文件使用光刻胶作为掩膜,因此,在实施区别特征(2)所设定的工艺步骤时,无法对掩膜进行选择性去除,需要在去除光刻胶掩膜后重新形成另一光刻胶掩膜,进而增加了光刻工艺。所以,区别特征(2)在对比文件中并不能起到与在权利要求 1 中相同的技术效果。

在上述的答辩意见中,分别基于本申请的技术方案和对比文件的技术方案,分析了区别技术特征所能够起到的作用,较为完整地贯彻了《专利审查指南 2010》所规定的认定公知常识的一般性原则,对于今后答辩此类审查意见具有一定的借鉴作用。

六、总 结

本文从《专利审查指南 2010》对于公知常识的规定入手,分析了认定公知常识的一般性原则,提出应当基于区别技术特征在本申请中的技术效果以及区别技术特征在对比文件中所能够产生的技术效果这两方面来认定公知常识,并基于上述方法提出了答复涉及公知常识的审查意见的一般思路。

存在多个区别特征的发明专利申请创造性评判

芦 霞* 陈晓伟* 林桂荣*
闫洪波* 费聿辉* 刘慧卿*

【摘 要】

本文分析了在发明专利实质审查中采用多个区别特征判断发明创造性的理论依据，通过分析几个实际案例的创造性审查意见，以期为当区别特征较为复杂时，如何判断是将区别特征作为一个整体看待，还是将区别特征分为多个特征分别看待找到较为合理的标准，从而对发明创造性作出较为客观、准确的评判。

【关键词】

区别特征 创造性 发明专利申请 评判标准

一、引 言

众所周知，在判断要求保护的发明相对于现有技术是否显而易见的问题上，《专利审查指南2010》[1]（以下简称"指南"）通过"三步法"为创造性评判建立了一个标准程序，在一定意义上对创造性评判这样一个主观问题进行了量化。"三步法"中的第二步为"确定发明的区别特征和发明实际解决的技术问题"，指南对如何客观分析并确定发明实际解决的技术问题作了如下规定：首先应当分析要求保护的发明与最接近的现有技术相比有哪些区别特征，然后根据该区别特征所能达到的技术效果确定发明实际解决的技术问题。从上述规

---

* 作者单位：国家知识产权局专利局专利审查协作北京中心。
[1] 中华人民共和国国家知识产权局. 专利审查指南2010 [M]. 北京：知识产权出版社，2010：170-184.

定的措辞中可以看出，在确定发明与最接近现有技术相比的区别特征时，可以允许有多个区别特征的存在，此时，需要针对每个区别特征所能达到的技术效果确定发明实际解决的技术问题，进而进行"三步法"的第三步。然而，在之后的判断示例中，指南均是以存在一个区别特征的情况进行举例说明。而在审查实践中，常常会出现发明相对于最接近的现有技术存在不止一个区别特征的情况。特别是通信领域的发明申请，由于其技术方案比较复杂，特征中方法步骤等功能性限定较多，因而出现多个区别特征的情形更加常见。本文由一个实际案例中申请人对审查员创造性审查意见的质疑出发，通过对多个案例中审查意见撰写的思路及申请人对审查意见接受程度的分析，试图对在存在多个区别特征的情况下，如何对发明的创造性进行准确、客观的评判进行探讨。

二、一个案子引发的问题

1. 案情简介[1]

该申请主要解决在网络中传输数据包时，如果网络路径上允许通过的最大数据传输单元（MTU）发生变化可能导致原有的数据包无法通过，从而引发的网络故障问题，采用的技术手段是当探知到MTU变化时，分割原有连接的数据包并将分割参数传输给接收端，以使接收端知道数据包发生了何种变化从而正确地重组数据。申请人与审查员之间产生争议的权利要求如下：

"一种用于在网络中发送数据包的方法，该方法包括以下步骤：

a）将连接的消息分割成至少一个数据包，其中数据包的大小等于或小于最大数据包大小（MTU）。

b）给消息的每个数据包分配传输顺序号（TSN）。

c）发送所述数据包。

d）有规律地发现最大数据包大小（MTU）。

e）由于发现最大数据包大小（MTU）减少，再分割该连接的数据包，使得数据包大小与新的最大数据包大小（MTU）相匹配。

f）将再分割参数朝向连接的远端对等体发送，以指示什么旧传输顺序号被新传输顺序号替换；以及

g）把被再分割的数据包发送给所述远端对等体。"

该权利要求包括多个步骤，审查员检索到的对比文件1公开了一种在网络

---

[1] 西门子公司. 用于在网络中发送数据包的方法［P］. 中国：200780022101.7，2009年6月24日公开.

中发送数据包的方法❶，其动态发现路径上最大数据包大小（MTU）的变化，如果发现链路中的 MTU 减小，则减小原有连接的数据包大小以满足数据包的大小不超过路径上所有链路最小的 MTU。可见，对比文件 1 公开了该申请的主要思想，但由于对比文件 1 是一篇 IETF 的协议草案，没有对技术细节进行详细阐述，具体而言，它没有公开减小数据包是采用"分割"数据包的方式，也没有公开减小数据包后如何进行适应性的操作，即步骤（f），此外，对于网络分组传输中的公知的给数据包分配传输顺序号这样的技术手段也没有涉及。也就是说权利要求 1 相对于对比文件 1 存在如下区别：（1）给消息的每个数据包分配传输顺序号；（2）通过再分割该连接的数据包从而使得数据大小与新的最大数据包大小（MTU）相匹配；（3）将再分割参数朝向连接的远端对等体发送，以指示什么旧传输顺序号被新传输顺序号替换。在创造性评述意见中，审查员按照该权利要求中的步骤顺序将上述区别列出为三个区别特征，并分别就各个技术特征确定了其相对于最接近的现有技术（对比文件 1）所要解决的技术问题，在此基础上判断请求保护的发明对本领域的技术人员来说是否显而易见。该部分审查意见摘录如下：根据该区别特征（1）所达到的技术效果确定，本发明实际要解决的技术问题是：如何使接收端组合还原数据。对比文件 2（CN1710880A）❷ 公开了一种探索路径最大传输单元并传送数据的方法，并具体公开了以下技术特征（参见说明书第 10 段至第 14 页第 2 段）：TCP 标题 210 包括一个顺序号字段 415，其被用来将包流中的某个特定包通知给接收主机 110。由此可见，该区别特征（1）已被对比文件 2 公开了，并且该技术特征在对比文件 2 中起的作用也是如何使接收端组合还原数据。根据该区别特征（2）所达到的技术效果确定，本发明实际要解决的技术问题是：如何使发送的数据包满足链路中最小 MTU 的要求。对本领域的技术人员而言，减小数据包，可以通过将现有数据包再分割成更小的数据包，或者重新对整个数据来划分数据包等方法来实现。也就是说将现有数据包再分割是获得更小的数据包的常规技术手段。根据该区别特征（3）所达到的技术效果确定，本发明实际要解决的技术问题是：如何使接收端知道哪个数据包被再分割。对本领域的技术人员而言，在发送数据包时，对于数据包重新分割的情况必须通知接收端，因而很容易想到将再分割参数发送给连接的远端，以指示什么旧传输顺

---

❶ J. McCann. Path MTU Discovery for IP version 6, rfc1981, IETF STANDARD, INTERNET ENGINEERING TASK FORCE, 1996 年 8 月 31 日公开.

❷ 国际商业机器公司. 探索路径最大传输单元的方法和设备［P］. 中国：200510008197. 4，2005 年 12 月 21 日公开.

序号被新传输序号替换。也就是说区别特征（3）是本领域的常规技术手段。

2. 申请人的质疑

申请人认同对比文件 1 公开的技术内容和权利要求 1 相对于对比文件 1 所存在的区别特征等客观事实。但对审查意见中权利要求 1 相对于现有技术是否是显而易见的判断方法提出质疑。申请人认为应当将上述区别特征作为一个有机的整体来评价本申请的创造性，否则，会带来创造性的低估。换而言之，申请人认为当仅基于区别特征之一，例如技术特征（e）确定技术问题时，其实就是无形地将特征（b）、（f）视作属于最接近现有技术的范畴。按照这种评判方法，势必得到一个最终的逻辑结果，所有三篇以上的对比文件都不可结合得到一个发明创造，这显然是与现有的事实结果不相符的。正确的做法是，要评判区别特征（b）、（e）、（f）相对于对比文件 1 是否显而易见，只要看区别特征（b）、（e）、（f）是否被现有技术或公知常识用来解决 SCTP 的数据传输阻塞问题就可以了。

三、问题分析

1. 指南中的相关规定

分析申请人的上述意见陈述，可能来源于指南中两个部分的论述。第一是关于发明创造性的审查原则中"将发明作为一个整体看待"❶，第二是"三步法"的第（3）步"判断过程中，要确定的是现有技术整体上是否存在某种技术启示，即现有技术中是否给出将该区别特征应用到该最接近的现有技术中以解决其存在的技术问题的启示"❷。需要指出的是，针对上述第一点，"将发明作为一个整体看待"是判断发明创造性的总体原则和框架，其强调在评价创造性时，不能孤立考虑发明的技术方案本身，而要将发明放在所属技术领域中去评价发明相对于现有技术所解决的技术问题和产生的技术效果。无论采用什么样的评判方式、方法都必须遵循该原则，但该原则没有对具体采用什么样的评判方法、每种方法中具体如何操作进行限定。针对上述第二点，指南强调的是从整体上看现有技术是否存在将区别特征用于最接近的现有技术的启示，而非将区别特征作为整体看，现有技术是否存在将区别特征整体用于最接近的现有技术的启示。

指南中关于"三步法"的判断方法及判断示例中基本都是基于存在一个

---

❶❷中华人民共和国国家知识产权局. 专利审查指南 2010 [M]. 北京：知识产权出版社，2010：170 - 184.

区别特征时进行论述的,其目的是为了阐述如何从区别特征客观分析并确定发明实际解决的技术问题,以及如何判断现有技术是否存在结合的启示两个问题。这是否说明对于所有情况,都必须将发明相对于最接近现有技术的所有区别作为一个整体来看待,进而判断发明的创造性呢?在指南的创造性审查原则中可以找到答案——"审查创造性时,将一份或者多份现有技术中的不同技术内容组合在一起对要求保护的发明进行评价"。❶ 在"三步法"中,由于最接近现有技术只能是一份现有技术,那么其他现有技术的不同技术内容只能体现在区别特征上,也即是说指南在此表明可以有多个不同的区别特征。对于申请人所质疑的"按照这种评判方法,势必得到一个最终的逻辑结果,所有三篇以上的对比文件都不可能结合得到一个发明创造,这显然是与现有的事实结果不相符的",笔者认为,在正确运用"三步法"的基础上,该问题属于创造性标准的问题。尹新天在《中国专利法详解》❷ 一书中对此有专门的论述——"如果不同现有技术的结合不需要有任何教导、启示或者动机,同时对允许结合的现有技术数量也没有什么限制,不论需要结合多少份现有技术,只要拼凑在一起能够覆盖一项权利要求中记载的所有技术特征,就可以得出该权利要求保护的技术方案不具备创造性的结论,那么世上将没有几件专利申请能够获得批准;反之,如果允许结合的现有技术数量越少(例如不允许超过两份),同时对结合不同现有技术的教导、启示、动机的要求越是刻板、严格,能够被认定具备创造性的发明就越多。"

那么,本文的问题归结到,当区别特征较为复杂时,如何判断是将区别特征作为一个整体看待,还是将区别特征分为多个特征分别看待,才算是正确运用"三步法"的问题上。以下,通过分析几个实际案例中审查意见的撰写思路及申请人的接受程度尝试为这个问题找到答案。

2. 案 例 分 析

【案例1】

权利要求1:"一种移动终端的在线录音方法,其特征在于,包括以下步骤:将上行的语音编码后获得的第一码流与下行的信道解码后获得的第二码流转换为一双声道格式文件,其中每一声道与其中一码流相对应;以及保存所述双声道格式文件。"❸

---

❶中华人民共和国国家知识产权局. 专利审查指南 2010 [M]. 北京:知识产权出版社,2010:170-184.

❷尹新天. 中国专利法详解 [M]. 北京:知识产权出版社,2011:261-276.

❸联芯科技有限公司. 移动终端的在线录音方法和装置 [P]. 中国:200910045206.5,2010年7月14日公开.

对比文件 1（CN1819602A）❶ 公开了一种移动终端通话录音方法，该方法中，双向录音的步骤包括，将音频输入装置的音频信号和通信部件的话音输出同时作为音源，将音频进行 ADPCM 或 MP3 编码，将编码好的数据存储在存储介质上。

因此，权利要求 1 相对于对比文件 1 存在区别特征：（1）该权利要求中对下行录音的是下行信道解码后获得的码流，而对比文件 1 中对下行录音的是下行的话音输出再进行 ADPCM 或 MP3 编码后的码流；（2）该权利要求中将上下行码流存储成双声道格式文件，其中每一声道与其中一码流相对应。

审查员分别基于上述区别特征（1）和（2）确定了发明所要解决的技术问题，并进一步检索得到了对比文件 2（CN1582000A）❷，其公开了上述区别特征（1），得到了对比文件 3（CN1641748A）❸，其公开了上述区别特征（2）。审查员在此基础上认定权利要求 1 不具备创造性。

分析案例 1 中的两个区别特征可知，区别特征（1）要解决的是录音过程对什么样的信号源进行录音的问题，区别特征（2）要解决的是对于录音后的结果如何保存的问题。这两个特征虽然是先后进行的两个步骤，但它们是录音过程中相对独立的两个阶段，从目前的技术方案来看，对什么样的信号源录音并不会影响到录音结果存储方式，并且录音结果的存储方式也不会限制录音信号源的选择。因而，审查员将它们作为两个区别特征进行创造性的判断。申请人没有对审查员的上述审查意见提出质疑，该案一通后视撤。

【案例 2】

权利要求 1："Domino 服务器的简便自动监控方法，其特征在于，该方法包括下列步骤：（1）设定工作线程参数；（2）启动守护线程；（3）监控工作线程；（4）检测工作线程是否有效，若检测结果为是，则返回步骤（3）；（5）若步骤（4）中检测的结果为否，则杀死工作线程，释放资源；（6）重新启动工作线程；（7）启动工作线程；（8）发送检测信号到 Domino 服务器；（9）检测反馈是否超时，若检测结果为否，则运行步骤（10），若检测结果为是，则跳至步骤（12）；（10）检测反馈是否匹配，若检测结果为是，则运行步骤（11），若检测结果为否，则运行步骤（12）；（11）异常计数器清零；（12）异

---

❶ 宇龙计算机通信科技（深圳）有限公司. 移动通信终端的通话录音方法［P］. 中国：200610034040.3，2006 年 8 月 16 日公开.

❷ 华为技术有限公司. 语音数据在线录取和上载方法［P］. 中国：03149956.2，2005 年 2 月 16 日公开.

❸ 华为技术有限公司. 一种语音数据的存储方法［P］. 中国：200410000401.3，2005 年 7 月 20 日公开.

常计数器加一；(13) 检测异常计数器是否超过临界值，若检测结果为否，则返回步骤 (8)；(14) 若步骤 (13) 中检测的结果为是，则发送报警信息。"❶

对比文件 1 (EP1729529A1)❷ 公开了一种视频信号损失检测的方法，其中当接收到视频信号，通过形成接收到的帧与存储的帧之间的差的量度，对这两个进行比较，检查该量度是否小于阈值。存储的帧为错误画面，若量度没在阈值以下，说明接收到的帧不同于错误画面，则再次重置计数，将计数设定为零，并针对下一帧重复该处理；若量度在阈值以下，说明接收到的帧近似等同于错误画面，则计数增加，并测试下一帧，仅当计数超过阈值计数 C_t，才产生报警。

因此，权利要求 1 相对于与对比文件 1 存在区别特征：(1) 设定工作线程参数，启动工作线程，发送检测信号到 Domino 服务器，接收到的信号为服务器的反馈信号，若反馈超时，则异常计数器加一；(2) 启动守护线程，监控工作线程，检测工作线程是否有效，若为是，继续监控，若为否，则杀死工作线程，释放资源，重新启动工作线程。

审查员分别基于上述区别特征 (1) 和 (2) 确定了发明所要解决的技术问题，并进一步检索得到了对比文件 2 (《Parlay 应用服务器的软件容错研究与设计》)❸，其公开了上述区别特征 (2)，对于区别特征 (1) 审查员认定为本领域的常规技术手段。在此基础上认定权利要求 1 不具备创造性。

案例 2 中请求保护的技术方案方法步骤较多，权利要求相对于对比文件 1 公开的内容存在的区别较多。审查员并没有对区别机械地罗列，而是分析了区别特征之间的内在联系，将区别特征中有关联作用的特征作为一个整体，从而认定了两种区别特征，以此为基础进行创造性的判断。申请人没有对审查员的上述审查意见提出质疑，该案一通后视撤。

不仅在国家知识产权局的审查实践中经常出现采用多个区别特征进行创造性评判的案例，在欧洲专利局和美国专利商标局的创造性评价过程中，也存在相关标准和案例。由于我国的《专利法》和《专利审查指南 2010》的一些规定多从欧洲借鉴而来，我国创造性的评价体系也来源于欧洲的"问题—解决方案"的"三步法"，同时考虑到欧洲专利局在"三性"评判时更为严谨和科

---

❶ 上海合胜计算机科技有限公司. Domino 服务器的简便自动监控方法 [P]. 中国：200710045265.3，2009 年 2 月 25 日公开.

❷ British Telecommunications Public Limited Company. Video Signal Loss Detection [P]. 欧洲专利局：05253395.7，2006 年 12 月 6 日公开.

❸ 喻志虎，邹华，杨放春. Parlay 应用服务器的软件容错研究与设计 [J]. 北京邮电大学学报，2004，27 (S2)：14-19.

学,因此,笔者着重研究了欧局中的相关规定和案例。在评价创造性时,欧洲专利局的"三步法"中,在第三步中,所要回答的问题是,在面对客观的技术问题时,在作为一个整体的现有技术中,是否存在促使普通技术人员采用和改进最接近现有技术的教导。其允许将一篇或多篇对比文件中公开的内容、对方的一部分内容或者其他现有技术(例如公用的技术)与最接近的对比文件结合。

【案例3】

欧洲专利局专利申请,该申请翻译后的权利要求1如下:

"一种用于自动分发联系的系统,所述系统包括:

联系分发组件,用于:将来电联系路由至远程代理,所述远程代理具有指示远程代理处理来电联系的能力的简档;以及使得远程代理能够拒绝来电联系;定价组件,与联系分发组件通信,确定一个或更多个来电联系的价格,所述价格将被支付给用于处理来电联系的远程代理;以及收入组件,与联系分发组件通信,发起以定价组件所确定的价格对远程代理的支付。"❶

在欧洲专利局作出的检索意见中,该权利要求相对于对比文件1公开的内容提出如下区别:(1) D1没有明确公开特征远程代理能够拒绝来电联系;以及(2) D1没有明确公开收入组件,与联系分发组件通信,发起以定价组件所确定的价格对远程代理的支付。欧专局认为上述的区别(1)对于本领域技术人员是公知常识(at least obvious to the man skilled in the art),上述区别(2)对于本领域技术人员而言,需要存在某种类型的收入组件,且该收入组件需要直接或者间接地与联系分发组件进行通信,需要某组件或者某人发起支付(some kind of "revenue component" is necessary)、(it is necessary to keep track of the kind of contact and the number of contacts handled)、(Therefore a "revenue component" needs to be in contact, either directly or indirectly, with the contact distribution component.)、(That something or someone has to initiate payment is also a necessary feature)。对区别(2)的上述意见可以理解为我局审查意见中的惯用技术手段。

分析案例3,区别特征1是联系分发组件的一部分功能,该功能使远程代理能够拒绝来电联系,解决了使远程代理有主动选择是否接听来电联系的能力的问题。区别特征2解决的是由谁发起支付过程的问题。这两个区别之间没有必然的联系,属于请求保护的系统中两个部件之间没有相互作用的功能,因

---

❶ Amazon Technologies Inc. Independent Customer Service Agents [P]. 欧洲专利局, 2010年8月25日公开.

而，欧专局将其分别进行评价。

由上述案例可见，无论在我局的审查实践中，还是在欧局的审查实践中，都不排除使用多个区别特征，并针对每个区别特征分别确定现有技术中是否存在将上述区别应用到最接近的现有技术中以解决其存在的技术问题的启示。问题的关键在于，是否深入研究技术方案的实质，对众多区别之间的内在联系进行分析，将有相互作用的区别特征作为一个整体，而对于之间没有相互作用的、相对独立的特征区分开来进行判断。只要区别特征认定准确，对创造性的判断尺度一致，采用多个区别特征分别分析并不一定造成创造性的低估。

3. 回到最初的案件

在从审查标准和审查实际案例中明确了可以采用多个区别特征来评价权利要求的创造性后，回到最初的案件，发现尽管申请人在意见陈述中所提出的理论依据不能成立，但其质疑不无道理，或者说，在原来的审查意见中存在让申请人不能信服的部分。仔细分析原来的审查意见可以发现，审查员机械地按照原权利要求的撰写模式直接将不同的步骤排列开来，定为区别特征1、2、3……而忽略了技术特征之间的相互作用，彼此是否互相支持，的确难以令人信服。在深入研究该案的技术方案后可以发现，最接近现有技术特征没有明确公开的三个步骤中，步骤"b) 给消息的每个数据包分配传输顺序号（TSN）"相对独立，其是在网路数据传输中使接收端能够正确地重组数据包而设定的标识，该特征在TCP相关的通信协议中均有规定，在对比文件2中也明确公开了。而步骤"e) 由于发现最大数据包大小（MTU）减少，再分割该连接的数据包，使得数据包大小与新的最大数据包大小（MTU）相匹配"和"f) 将再分割参数朝向连接的远端对等体发送，以指示什么旧传输顺序号被新传输顺序号替换"之间具显著的关联性，由于对原有的数据包进行了再分割，接收端必须知道数据包发生了何种变化才能完成数据包的组合，因而将"再分割参数"发送给接收端是与数据包的再分割直接联系的密不可分的步骤。必须将它们作为一个整体，看其对发明是否带来创造性。在此分析的基础上，对审查意见中"三步法"的第二步和第三步重新撰写如下：

……区别特征在于：（1）给消息的每个数据包分配传输顺序号。（2）通过再分割该连接的数据包从而使得数据大小与新的最大数据包大小（MTU）相匹配；将再分割参数朝向连接的远端对等体发送，以指示什么旧传输顺序号被新传输顺序号替换。

根据该区别特征（1）所达到的技术效果确定，本发明实际要解决的技术问题是：如何使接收端组合还原原数据。对比文件2（CN1710880A）公开了一种探索路径最大传输单元并传送数据的方法，并具体公开了以下技术特征

(参见说明书第 10 段至第 14 页第 2 段)；TCP 标题 210 包括一个顺序号字段 415，其被用来将包流中的某个特定包通知给接收主机 110。由此可见，该区别特征（1）已被对比文件 2 公开了，并且该技术特征在对比文件 2 中起的作用也是如何使接收端组合还原原数据。

根据该区别特征（2）所达到的技术效果确定，本发明实际要解决的技术问题是：如何在满足 MTU 变化时便于确定数据包分割方式变化前后所发送的数据包的对应关系。对本领域的技术人员而言，为了减小数据包的大小的同时将减小数据包大小前后所发送数据包能对应起来，容易想到采用将数据包在之前分割方式基础上进一步分割的方式进行减小（例如原先直接发送的数据包，现在会再一分为两个数据包，或一分为三个数据包，这样原先发送的数据包与变化后发送的数据包对应关系就是很明确的一对二、一对三），也容易想到将再分割参数（例如一分为二，或一分为三）发送给连接的远端，以指示什么旧传输顺序号被新传输序号替换。也就是说区别特征（2）是本领域的惯用技术手段。

对比前后的审查意见可以发现，由于后者厘清了区别特征之间的关系，将具有相互作用的特征作为一个整体，判断其实际解决的技术问题，并判断现有技术中是否存在将其用于最接近现有技术的启示，因而，显得顺理成章，更具有说服力。当然，对于本案的创造性的评价是否正确属于创造性评价标准的问题，不属于本文探讨的范围，将另行撰文进行分析，在此不作过多的赘述。

四、总　结

通过上述分析及案例可知，采用多个区别特征来评价发明的创造性的，符合《专利审查指南 2010》的相关规定。在审查实践中，区别特征认定正确，不同特征之间的关系界定准确的情况下，申请人完全能够接受审查意见。该实践的关键是，把握技术方案的实质，理清各技术特征之间的相互关系，深入分析它们在技术方案中起的作用。当这些特征之间存在互相作用时，它们是不可分割的整体，必须也只能够作为整体来看待；当它们各自以常规的方式工作，没有相互作用，独立解决其要解决的技术问题，则可以将其区分开来，各自分别评价。

关于二次概括式修改是否超范围的思考

曲凤丽* 田 冰* 鲁 洁*

【摘 要】
　　本文通过一个具体案例对权利要求进行二次概括式修改是否超范围进行了探讨，明确了修改超范围的判断主体以及范围依据，提出应该站在本领域技术人员的角度，结合本领域技术人员自身的本领域普通技术知识，从原申请文件中记载的技术方案的整体考虑，而不仅限于某一具体实施例，来判断二次概括式修改是否超范围。

【关键词】
　　权利要求　二次概括　修改超范围　本领域技术人员

一、引　言

　　我国《专利法》第33条规定，申请人可以对其专利申请文件进行修改，但是，对发明和实用新型专利申请文件的修改不得超出原说明书和权利要求书记载的范围。《专利审查指南2010》❶ 第二部分第八章第5.2.1.1节规定，原说明书和权利要求书记载的范围包括原说明书和权利要求书文字记载的内容和根据原说明书和权利要求书文字记载的内容以及说明书附图能直接地、毫无疑义地确定的内容。然而，在实际操作中，修改超范围的判断标准一直是实质审查和无效阶段中的难点，也是审查员和代理人研究和探讨的热点。笔者认为原因主要在于"直接地、毫无疑义地确定"是一个很抽象的概念，而《专利审查指南2010》❷ 并没有具体给出对于"直接地、毫无疑义地确定"的可操作性说明。

　　本文从一个涉及二次概括式修改的具体案例出发，探讨如何判断修改超范

---
　　* 作者单位：国家知识产权局专利局专利审查协作湖北中心。
　　❶❷中华人民共和国国家知识产权局. 专利审查指南2010 [M]. 北京：知识产权出版社，2010.

围的问题。本文中二次概括的含义，参考文献❶中提出的二次概括的定义，是指修改后的技术方案在原申请中没有记载，是申请人在对申请文件进行修改时，根据原始记载的内容重新进行上位概括或下位具体化后得到的技术方案。

二、具体案例

某案原始申请文件独立权利要求 1 的具体内容如下：

"一种振荡器，包括：用以接收控制信号以便控制所述振荡器的频率的多个变容二极管单元，所述变容二极管单元中的每一个均包括开关，所述开关包括用以接收所述控制信号的第一端子以及第二端子，使得所述开关响应所述第一和第二端子之间的电压差而操作以控制所述变容二极管单元的电容量；偏压电路，用以向每一个第二端子提供不同的偏压；和耦合到所述变容二极管单元用以产生周期信号的放大器。"

审查员经过检索，使用对比文件结合公知常识评述了权利要求 1 不具备创造性而发出第一次审查意见通知书（通知书中的其他审查意见与要探讨的问题无关，因而本文不作详细说明）。申请人答复时在意见陈述中对公知常识的认定提出了质疑，但是同时将权利要求 1 中的"开关"修改为了"晶体管"。

该申请说明书中具体实施方式部分关于开关的描述如下："所述单端单元由两个电容器 68 和 70 以及开关（诸如由 n 沟道金属氧化物半导体场效应晶体管（NMOSFET）74 构成的开关）形成。""因为 NMOSFET 74 不是理想的开关，所以由变容二极管单元 50 呈现的电容量一般说来落在三个区域之一：低电容量区 82，其中的电容量是当 NMOSFET 74 完全截止时由电容器 68 和 70 的组合形成的电容量；高电容量区 88，其中变容二极管单元 50 呈现 NMOSFET 74 完全接通并且饱和时的电容量 CA；以及一般线性过渡区 84，该区域延伸在两个区域 82 和 88 之间并且代表 NMOSFET 74 的截止和饱和状态之间的由变容二极管单元 50 呈现的电容量。"并且，说明书附图中电路的相应部分也是 NMOSFET，没有更多其他相关信息的图形以及文字记载。

三、问题的提出

上述案件的申请人在修改中，将权利要求 1 的变容二极管中包括的"开

---

❶ 吴红秀. 对权利要求保护范围"中位概括"和"二次概括"式修改的探讨 [J]. 审查业务通讯. 2010（12）.

关"修改成了"晶体管",然而申请文件的说明书中仅仅举例记载了一种具体的晶体管 NMOSFET 来实现开关。可见该案例的修改是将下位概念 NMOSFET 重新概括为晶体管,属于二次概括式修改。关于二次概括式修改,已有研究成果❶认为,如果原申请记载了多个并列的下位概念,本领域技术人员根据原申请的记载也能够确定具体技术方案利用了这些下位概念的共同点,并且这些下位概念的共同点也能够形成上位概念;此外也没有证据表明上位概念的其他下位概念带来了预料不到的效果,此时可以允许申请人修改。然而,本案说明书中并未记载多个并列的下位概念,而是只有一个具体的下位概念,笔者仍然认为上述二次概括式修改没有超范围,这个判断又是如何作出的呢?

四、问题的解析

1. 立法宗旨

《专利法》第 33 条既规定了申请人可以对申请文件进行修改,赋予了申请人修改申请文件的权力,同时又对修改的方式提出了限制,确定了哪些修改被允许,哪些修改不被允许。我国专利制度采用先申请原则,因此申请人在抢占了申请日的同时,不应当将申请日之后新提出的发明创造补入到原申请文件中并以原申请日为基准进行保护。否则,就会造成对公众以及其他申请人不公平的后果。❷ 因此,《专利法》第 33 条对于修改加以限制,目的是防止申请人滥用权利而损害公众的利益,实现申请人的利益与公众利益之间的平衡。

2. 超范围的判断主体

毫无疑问,修改超范围的判断主体不应该是具体的申请人、公众,更不应该是审查员,而应该是"本领域技术人员",那么我们首先需要认识一下本领域技术人员。《专利审查指南 2010》第二部分第四章第 2.4 节规定,所属技术领域的技术人员,也可称为本领域的技术人员,是指一种假设的"人",假定他知晓申请日或者优先权日之前发明所属技术领域所有的普通技术知识,能够获知该领域中所有的现有技术,并且具有应用该日期之前常规实验手段的能力,但他不具有创造能力。如果所要解决的技术问题能够促使本领域的技术人员在其他技术领域寻找技术手段,他也应具有从该其他技术领域中获知该申请日或优先权日之前的相关现有技术、普通技术知识和常规实验手段的能力。

---

❶陈玉阳. 对于"涉及上位概念、下位概念、中间概念的修改"的思考 [J]. 审查业务通讯, 2015 (5).

❷国家知识产权局条法司. 新专利法详解 [M]. 北京:知识产权出版社, 2001.

从上述定义可以发现，本领域技术人员的知识有四个部分，第一部分是"他"本身知晓的本领域普通技术知识，这些知识和"他"是一体的；第二部分是"他"能够获知的本领域所有的现有技术；第三部分是"他"具有该领域的常规实验手段能力；最后一部分是从其他技术领域获得的相关知识，当然上面四个部分的知识都有一个时间界限，就是申请日或者优先权日之前。

本领域技术人员阅读申请文件时，首先读取申请文件中记载的文字和图形等，然后经过"他"的理解和分析而获得申请文件所提供的技术信息。所以，本领域技术人员从申请文件所获得的技术信息不能等同于文字和图形等记载的内容，还包括了本领域技术人员利用其自身的本领域普通技术知识进行理解和分析而获得的技术信息。笔者认为，本领域技术人员从申请文件记载的内容进行"直接、毫无疑义地确定"的过程包括了其利用本身已知晓的普通技术知识对申请文件进行理解分析的过程。因此，判断修改超范围的"范围"应该是本领域技术人员利用本领域普通技术知识对申请文件进行阅读理解而获得的全部技术信息。

3. 技术方案的整体考虑

该案说明书中对于开关的实现方式，其相关描述包括"所述单端单元由两个电容器 68 和 70 以及开关（诸如由 n 沟道金属氧化物半导体场效应晶体管（NMOSFET）74 构成的开关）形成"，也就是说实施例中明确表明 NMOSFET 仅仅是开关实现方式的一个举例，本领域技术人员应该理解，存在其他能够应用在该变容二极管电路中实现相应的开关功能的其他器件。那么问题在于本领域技术人员能理解到的实现开关的其他方式包括什么呢？

那么我们首先来介绍一下相关的本领域普通技术知识。晶体管，也叫半导体三极管，是内部含有两个 PN 结，外部通常为三个引出电极的半导体器件，可以用于检波、整流、放大、稳压、信号调制和许多其他功能。由于晶体管具有三个工作状态：截止、饱和与放大，所以晶体管交替工作在饱和区和截止区时，相当于开关的闭合和断开，因此晶体管对于电信号的开关作用与放大作用一样应用广泛。晶体管主要分为两大类：双极晶体管（BJT）和场效应晶体管（FET），无论是 BJT 还是 FET，开关作用是其固有属性之一。例如，对于 BJT，当在发射结和集电结都是正向偏置时，其 CE 极间电压很小，相当于"短路"，即呈"闭合"的状态，在发射结和集电结都是反向偏置时，其 CE 极间的电流极小，相当于"断开"的状态。与场效应晶体管相比，双极型晶体管开关速度快、输入阻抗小、功耗大。场效应晶体管也叫场效应管，按照结构分为结型 FET（JFET）和绝缘栅型 FET（MOSFET），按照电学特性它们又可以进一步分为 N 沟道型和 P 沟道型，N 沟道型晶体管和 P 沟道型晶体管在电路应用中的连接方式是相同的，只是电压驱动方式不同，本领域技术人员一般根据采用的是高端驱动方式还是低端驱动方式来选择使用 N 型还是 P 型晶体管，因此对于本领域技术人员来说，理论上 N 型晶体管和 P 型晶体管是可以通用的。

根据本案说明书中的相关记载以及申请人的主张可知，该案件的主要发明构思就在于将"开关"与"电容"相结合，从而得到可变电容。基于这种对于技术方案整体上的把握和理解，本领域技术人员会意识到，NMOSFET 仅仅是开关的一个举例，并非因为相比其他类型的晶体管 NMOSFET 能够获得预料不到的技术效果，而是利用了晶体管的开关特性。因而，利用自身具有的上述晶体管相关普通技术知识以及对于发明技术方案的整体把握，本领域技术人员可以直接、毫无疑义地确定 PMOSFET、JFET、BJT 也能够用于实现上述开关而获得相同的技术效果——获得可变电容。也就是说，本领域技术人员能够从申请文件"直接、毫无疑义地确定"，晶体管可以实现本发明中的开关。即本领域技术人员从申请文件获得的信息应该是相当于说明书中存在"本领域技术人员可以理解，在不同的实施例中可以使用其他开关装置，例如不同类型的晶体管"这样的类似描述。

五、总　结

在修改超范围的判断中过于依赖申请文件的文字记载，对申请人是不公平的，违背了《专利法》第 33 条的立法宗旨，审查员在审查过程中应该时刻牢记，本领域技术人员才是修改超范围的判断主体。虽然本案中没有记载多个并列的下位概念，只记载了一个包含下位概念的实施例，但是也不能轻易地认定对于该下位概念的二次概括式修改超范围，而是应该站在本领域技术人员的角度，结合本领域技术人员自身的本领域普通技术知识，从原申请文件中记载的技术方案的整体考虑，从技术的角度理解发明的实质，而不仅限于某一具体实施例，来判断二次概括式修改是否超范围。

以上是笔者关于修改超范围的一些粗浅看法，不妥之处，恳请批评指正。

浅谈专利法意义上的"技术方案"

陈 斌[*]

【摘 要】
　　笔者从本人的代理经验对专利法意义上的"技术方案"进行了探讨，分析了目前国家知识产权局采用的判断方式，指出了该判断方式存在的缺陷，并给出了对《专利审查指南2010》的修改建议。

【关键词】
　　技术方案　技术方案三要素　《专利法》第2条第2款

　　笔者曾经代理了一件涉及计算机编程技术的专利申请，专利复审委员会以权利要求所要求保护的方案属于非技术方案为理由作出了维持驳回决定的复审决定。

　　在本申请的复审历史中，在复审通知书中，专利复审委员会合议组曾经指出："本申请的全部权利要求所要求保护的方案都不属于《专利法》第2条第2款规定的技术方案。合议组认为：本申请各项权利要求请求保护的无论是方法还是系统，其实质上都是通过在计算机上执行程序来实现……合议组认为包括显示单元的计算机是公知设备……<u>既没有给计算机的内部性能带来改变，也没有给计算机的构成或功能带来任何技术上的改变</u>。因此，本申请各权利要求限定的方案实际解决的问题是如何<u>根据用户的主观愿望</u>……不构成技术问题。同时……也并不能获得任何技术效果，因而不构成技术方案……"

　　在答复复审通知书时，笔者代表申请人作了以下争辩：

　　（1）"判断某一方案是否是技术方案"并不取决于它是否对现有技术作出贡献。《专利法实施细则》第2条第1款（现行《专利法》第2条第2款）要求的是技术方案，而并不评价其是否对现有技术作出技术改进。根据《专利

---

[*] 作者单位：上海专利商标事务所有限公司。

审查指南 2010》第二部分第一章第 2 节的规定，为构成技术方案，需要证明该方案使用了技术手段解决了技术问题并实现了技术效果。因此，是否对现有的计算机系统作出技术改进与本申请所要保护的方案是否构成技术方案无关。计算机是作为一种技术手段而应用于本申请中的，并不是技术方案本身。

（2）本申请中所述的……的问题并不取决于用户的主观意识，而是属于技术问题的。

……（具体理由此处省略）

上述的效果并非是用户的主观感受，因为它并不取决于用户想什么或用户怎么想。在实际操作中，它并不会因不同的人而变化，其结果是客观的而不是主观的。因此，上述的效果理应属于技术效果。

专利复审委员会合议组没有接受上述答辩意见，针对上述答辩意见，专利复审委员会合议组认为：正因为本申请限定的方案虽然利用了计算机，但所涉及的计算机是公知的设备，所述方案既没有给计算机的内部性能带来改变，也没有给计算机的构成或功能带来任何技术上的改变，从而导致本申请实际解决的问题仅为如何根据用户的主观愿望……不构成技术问题，同时……也并不能获得任何技术效果，因而本申请限定的方案均不构成技术方案。

不论合议组对本申请所要解决的问题是否是技术问题以及本申请所能实现的效果是否是技术效果的判定是否正确，也不论本申请所要求保护的方案是否是技术方案，笔者在这里希望探讨的是国家知识产权局所采用的针对技术方案的评判标准是否正确。实际上，根据笔者的代理经验，不管是复审委员会合议组还是实质审查部门的审查员，在评述此类问题时往往都会采用"<u>本申请限定的方案虽然利用了计算机，但所涉及的计算机是公知的设备，所述方案既没有给计算机的内部性能带来改变，也没有给计算机的构成或功能带来任何技术上的改变，从而导致本申请实际解决的问题是……因此不构成技术问题</u>"这样的拒绝理由。

从笔者多年代理工作经验来看，似乎国家知识产权局的这种评判标准是为了方便其审查以及内部质检而作出的模板化审查意见，但是这种评判方式其实并不正确，尤其欠缺法理依据。举一个很简单的例子。某一个申请要求保护的方案就是公知的计算机，并采用公知的计算机组成部分进行限定，例如包括主板、主板上有存储器、处理器、各种功能芯片等，那么审查员应该以什么法律依据来评判该申请呢？从实际情况来看，审查员绝对会以申请不具有新颖性或创造性的理由来驳回该申请。这是因为审查员已经主观地认定其属于技术方案。但是，换一种角度，如果使用上述审查员所用来判断技术方案的方法，则会得出该计算机没有给公知计算机的内部性能带来任何改变，也没有给计算机的构成或功能带来任何技术上的改变，因此与公知计算机相比，该计算机实际没有解决任何问题，更不用谈技术问题了，因此该申请要求保护的计算机不属于技术方案，这显然是一个悖论。

从上述分析我们可以得出这样一个推断，审查员似乎采用的审查方式是一种"主观在先"的审查方式，即先主观认定权利要求所要求保护的方案是否是技术方案，如果主观上认定其不是技术方案，则采用上述的所谓客观标准来进行评述。

专利性的审查确实离不开人的因素，不可否认往往会受到不同审查员的不同主观因素的影响。但是，《专利法》、《专利法实施细则》以及《专利审查指南2010》均为客观审查基准，有着严格的内容界定和适用范围，在审查过程中审查员不能就其主观意愿而脱离客观实际进行审查。笔者认为，在专利审查过程中应该严格按照"客观在先"的原则进行审查，而不是先在主观上表示怀疑，然后想方设法地用所谓的客观标准来证实。

说到客观标准，现行《专利法》第2条第2款对什么是《专利法》意义上的发明创造给出了定义，其中要求发明属于"新的技术方案"。这里"新的技术方案"可以分两层意思来理解，即"新的"和"技术方案"。对于"新的"本身，不同的人也有不同的理解，有的人就认为属于新颖性的范畴，在判断技术方案的过程中起作用，因此理所当然地认为上述的审查方法是适用的。但是，《专利法》第22条第2款对发明的新颖性作了专门规定，是判断发明是否具备新颖性的直接法律依据。《专利审查指南2010》第二部分第一章第2节明确阐明了《专利法》第2条第2款是对可申请专利保护的发明客体的一般性定义，不是判断新颖性、创造性的具体审查标准。

因此，归纳起来，在《专利法》第2条第2款对发明所作定义中，对判断是否属于能够被授予发明专利权的主题产生限定作用，从而构成授予发明专利权实质性条件之一的仅仅是"技术方案"这一要求❶。

那么，什么是专利法意义上的技术方案呢？

根据《专利审查指南2010》第一部分第二章第6.3节以及第二部分第一章第2节的规定，"技术方案"是对要解决的技术问题所采取的利用了自然规律的技术手段的集合。技术手段通常由技术特征来体现。未采用技术手段解决技术问题，以获得符合自然规律的技术效果的方案，不属于《专利法》第2条第2款、第3款规定的客体。因此，在实践中，判断什么是技术方案仅仅要求三要素，即技术问题、技术手段和技术效果。只有采用技术手段解决了技术

---

❶参见：尹新天. 中国专利法详解[M]. 北京：知识产权出版社，2010.

问题并实现了技术效果的方案才是中国专利法意义上的技术方案。也就是说，"判断某一方案是否是技术方案"并不取决于它是否对现有技术作出技术贡献，两者没有因果关系。即是否对现有技术作出贡献并非是发明是否是技术方案的必要条件。

在明确了技术方案的构成之后，我们再来看如何判断技术问题和技术效果。笔者给出的上面的示例中，合议组作出的复审决定有如下表述："<u>本申请限定的方案虽然利用了计算机，但所涉及的计算机是公知的设备，所述方案既没有给计算机的内部性能带来改变，也没有给计算机的构成或功能带来任何技术上的改变，从而导致本申请实际解决的问题是……因此不构成技术问题</u>。"也就是说合议组或审查员认为技术问题并非是发明人或申请人在申请文件中所声称的技术问题，而是基于最接近的现有技术由合议组或审查员重新确定的问题。这种判断方式实际上是不恰当地使用了《专利审查指南2010》有关创造性的判断方法（其目的归根结底是用客观标准来证实主观猜测）。❶ 如果上述审查方式是正确的，那么显然能够得出这样的悖论："任何不具有新颖性或创造性的技术方案由于没有解决新的技术问题并实现新的技术效果而不是技术方案。"因此，笔者认为技术方案的三要素与是否是"新的"没有因果关系，是否是新的并非是三要素的必要条件。

应当承认，"技术"是一个非常难以定义的抽象措辞，不管是中国《专利法》还是国外其他国家或地区的专利法都没有对"技术"一词有具体限定。既然没有客观具体定义，我们又如何来进行判断呢？这也就不难理解国家知识产权局为什么要采用上述有悖常理的审查方式了。这违背了笔者所说的"客观在先"的审查原则。

笔者认为既然无法明确界定什么是"技术"，那么审查过程中就不应过于纠结判断某一方案是否是技术方案。笔者认为《专利法》第2条第2款作为《专利法》的法条有其存在的意义，即给出发明创造的定义，属于事实认定的范畴，即《专利法》保护的客体一定是技术方案。而且，《专利法》第5条、第25条已经明确给出了非专利保护的客体。不应把《专利法》第2条第2款作为客观审查标准。因为，这一条款本身存在界定困难的问题，另外并不要求《专利法》中的全部条款都必须在《专利审查指南2010》中有所体现，在实际审查过程中，是不需要参照全部法条进行审查的。

从另一个角度来看，即使确实有必要在审查过程中就是否是技术方案进行审查，笔者认为三要素的判断方法是可以简化的。我们究竟如何判断发明是否

---

❶参见《专利审查指南2010》第二部分第四章第3.2.1.1节。

利用了技术手段解决了技术问题并实现了技术效果呢？首先，三者是不能拆开来进行判断的，而是应当紧密联系在一起。问题和效果一般是成对出现的，解决了问题就必然实现了相应的效果，因此技术问题和技术效果同时作为技术方案的必要构成要素实际上是冗余的。也许某一个方案要求解决的问题属于技术问题，但是其方案本身由于缺少特征而实际上解决不了这个问题或达成不了预期的技术效果，这也只是说明方案本身缺少必要技术特征或没有实用性，并不能说明技术问题和技术效果可以被拆分开来。其次，就某一个问题或效果本身来说，其既可以是技术问题也可以是非技术问题，例如减少排放问题，如果采用例如不开车、工厂停产、植树造林等非技术手段来减少排放，则减少排放的问题或效果属于非技术问题和效果；而如果采用技术手段例如通过特定过滤技术减少汽车尾气排放、工厂污染排放等，则减少排放的问题或效果就属于技术问题和效果。因此，就同一问题而言，在不同解决手段下或不同领域下其是否具有技术属性是不同的。因此，笔者认为必须将手段和问题（或效果）结合起来看这种结合体是否是技术的。

基于此，笔者自然地得出技术手段一定解决了某种技术问题的结论。三要素只要判断一个要素即可，即是否采用了"技术手段"。也许有很多人会说笔者的结论是错误的、武断的、片面的，例如电子商务方法尽管采用了计算机或网络技术等技术手段但解决的是商务问题，不是技术问题。实际上，笔者认为这仍然是将手段与问题割裂开来看了。手段与问题必须要结合在一起看，并不能割裂开来。如果我们将技术手段和其解决的问题结合起来一起分析，不难得出电子商务方法本身就是一种技术方案，因为其采用了技术手段（计算机和网络技术），解决的是如何<u>电子化地</u>进行商务活动的问题，并非是如何进行商务活动的问题。商业方法放在技术领域中靠技术手段解决的问题理应属于技术问题，这与前述的减少排放的问题是类似的。至于是否要对电子商务方法授权，完全可以基于新颖性和创造性来进行判断，笔者在此就不再赘述。

可喜的是，从笔者近一段时间收到的审查意见来看，有关"技术方案"的审查意见的数量极大地减少了，国家知识产权局的审查意见也越来越多地倾向于新颖性、创造性之类的问题，似乎国家知识产权局已经认识到不应在"技术方案"这个问题上与申请人或代理人反复纠结了。

尽管如此，笔者建议从《专利审查指南2010》中删除对《专利法》第2条第2款的审查要求，将《专利审查指南2010》第二部分第一章第2节中第四段的内容合并入《专利法》第25条的审查中。即使一定要保留有关《专利法》第2条第2款的审查要求，也可以仅仅从是否采用技术手段的角度来进行判断。这简化了技术方案的判断，节省了审查资源和申请人的负担，将审查的重点导向实质性的新颖性和创造性问题。

笔者根据自己的代理经验对专利法意义上的"技术方案"进行了探讨，并给出了《专利审查指南2010》的修改建议，不当之处，敬请各位专家同行批评指正。

《专利法》第33条的具体适用体会
——再议上海家化案

王宝筠[*]

【摘 要】

在我国《专利法》第33条中，针对专利申请文件的修改问题进行了规定。围绕如何理解以及如何使用该法条，各方都提出了自己的见解，并结合案例进行了说明。笔者针对当前热议的上海家化案，提出了自己的观点，并针对该案审理过程中的观点进行了分析，以期通过该案例，理清《专利法》第33条中的一些问题。

【关键词】

修改　范围　记载　本领域技术人员　支持

一、案情介绍

该案涉及专利号为ZL03150996.7，发明名称为"氨氯地平、厄贝沙坦复方制剂"的发明专利。该案原始申请文件的权利要求1为：

1. 一种复方制剂，其特征在于该制剂是以重量比组成为1:(10~50)的氨氯地平或氨氯地平生理上可接受的盐和厄贝沙坦为活性成分组成的药物组合物。

在授权文本中，权利要求1中的重量比组成为1:(10~30)。

在专利无效宣告请求阶段，专利权人于口头审理当庭提交了权利要求的修改文本，将权利要求1的比例"1:(10~30)"这一范围修改为"1:30"。由此涉及一个该修改是否超范围的问题。

上述修改涉及从公开的一个连续范围中，选择一个特定比例1:30作为修

---

[*] 作者单位：北京集佳知识产权代理有限公司。

改后的内容。那么，这里最为关键的问题就是，该比例是否在原申请文件记载的范围之内。

二、和修改内容相关的记载

让我们翻阅一下原始申请文件，看看哪些内容是和 1∶30 相关的内容。

（1）在说明书第 8 页第 2 段中，有如下记载：

氨氯地平 1mg/kg 与厄贝沙坦 30mg/kg 的组方因降压效果稳定持久，用药剂量较小，故推荐为最佳剂量组合。

该记载中涉及了氨氯地平和厄贝沙坦，同时，在该记载中也分别提及了 1 和 30。但需要注意的是，该记载的内容中，提及的是氨氯地平和厄贝沙坦的两个具体剂量，没有提及比例关系。

（2）在说明书第 7 的表 5 中，公开了 9 种剂量组合及相应的剂量比。

在表 5 中，A_1I_{30}（1∶30）涉及"1∶30"。但问题是，这里的"1∶30"所表示的到底是剂量组合关系，还是一个比例关系呢？也就是说，"∶"表示的是不是比例的意思呢？

从表 5 的名称我们似乎就能分析出一些端倪。表 5 的名称叫做剂量组合及相应的剂量比，A_1I_{30} 自然是剂量组合，那么，在该剂量组合之后的 1∶30，也就理应被理解为比例关系了。

如果这还不够的话，我们还可以从表 5 中具体公开的内容来加以分析。

表 5 中共公开了 9 种剂量组合，在每一剂量组合之后，都用括号中的内容来体现剂量组合中氨氯地平和厄贝沙坦的关系。在该表中出现了以下的内容：A_1I_{30}（1∶30）、A_2I_{10}（1∶5）、A_2I_{20}（1∶10）、A_5I_{10}（1∶2）、A_5I_{30}（1∶6）等。如果将括号中的内容理解为是不同组方的组合关系，那么对于 A_2I_{10}（1∶5）、A_2I_{20}（1∶10）、A_5I_{10}（1∶2）、A_5I_{30}（1∶6）来说，显然无法解释了。显然，结合上述内容，括号中的内容只能理解为比例关系。

三、原申请文件所记载的比例关系到底是个什么比例关系

从上述分析可知，表 5 中的确记载 1∶30 这样的特定比例关系，那么，是不是据此就可以得出修改不超范围了呢？笔者认为还不能据此得出结论。

我们再仔细回想一下之前的分析过程。

从之前的分析过程我们会发现，尽管我们能够得出原始申请文件中公开了 1∶30 这一比例关系，但该比例关系仅仅为特定剂量组合的比例关系，在原始

申请文件中,并没有公开能够脱离开特定剂量组合的通用的比例关系。概括来说,纯粹的比例关系并没有被公开,所公开的仅仅是特定剂量组合所体现的比例关系。我们从以下两个方面来说明这一观点:

第一,在表 5 中所公开的 A_1I_{30}(1:30)、A_2I_{10}(1:5)、A_2I_{20}(1:10)、A_5I_{10}(1:2)、A_5I_{30}(1:6)等内容,比例关系均是和前面的特定剂量组合相联系,没有之前的特定组合就没有之后的比例关系。在该表中,并没有公开一个脱离开某一特定剂量组合的比例关系。因此,从该表中 A_1I_{30}(1:30)这样的表现形式可以看出,该表中并没有公开脱离开特定剂量组合的比例关系。

第二,在说明书第 8 页第 2 段中,提到了氨氯地平 5mg/kg 各组方及 2mg/kg 有效的两个组方(特指 A_2I_{20}(1:10)和 A_2I_{30}(1:15))因降压作用较为剧烈,不宜作为普通高血压的日常用药。同时,在说明书第 7 页倒数第 11 行中,还有这样的记载:用药后除 A_1I_{10} 组合降压作用不明显。结合上述内容我们会发现,同样满足 1:10 比例关系的 A_1I_{10} 和 A_2I_{20},却在降压效果上有相反的体现。如果针对该表 5 所做的试验是以比例关系出发,并根据某一的比例关系来确定对应的组分关系,那么,针对 1:10 这一比例而言,该试验就会得出两个互为相反的结论,由此,也就不能确保 1:30 这一最佳剂量组合的选择也就是可靠的了。由上述分析可知,针对表 5 中各剂量组合所做的试验,是以剂量组合出发所做的试验,并非是以比例关系出发所进行的试验。相应地,所得出的氨氯地平和厄贝沙坦的剂量比为 1:30,也是针对特定剂量组合进行实验后所得出的,该比例关系也仅限于 1mg/kg 的氨氯地平和 30mg/kg 的厄贝沙坦。

综上所述,笔者认为,原始申请文件中只是公开了 1mg/kg 的氨氯地平和 30mg/kg 的厄贝沙坦这一剂量组合,以及该特定的剂量组合之间的比例关系是 1:30 这一内容,并没有公开脱离开该特定剂量组合的 1:30 的比例关系。

四、修改到底超不超范围

如果之前的分析正确,那么修改是否就超范围呢?笔者的观点是修改并不超范围。但是,既然原始申请文件中仅仅公开了特定剂量组合的比例关系,没有公开适用各个剂量组合的比例关系,修改后的通用比例关系怎么会不超范围呢?

1. 剂量和重量

本案中涉及两个概念,即剂量和重量。我们要注意到,修改后的权利要求中提及的是氨氯地平和厄贝沙坦的重量比为 1:30,这里是重量比而非剂量比。

而我们之前分析原始申请文件，能够发现其公开了 1mg/kg 的氨氯地平和 30mg/kg 的厄贝沙坦这一剂量组合以及该剂量组合所对应的 1∶30 的比例关系。需要注意的是，这里公开的是剂量比而非重量比。那么，剂量和重量的关系是什么呢？笔者尝试着分析一下。

所谓的剂量，是指一天的用药量。在本案中，针对试验的大鼠来说是以 mg/kg/d 的形式出现的。其中，kg 所体现的是大鼠的重量，以公式来表述，一日给药量＝体重×剂量。那么重量是什么呢？在本案中是指复方制剂中某一成分的重量。

重量和剂量的关系在于：对于一个单位的复方制剂来说，可以要求病人一天服用一次，亦可以一天服用两次、三次甚至四次（当然也可要求一天服用半个或四分之一单位的复方制剂），只需要最终满足单日的剂量要求即可。在上述关系明确后，我们再来分析一下。

2. 结合剂量、重量所进行的分析

原始申请文件公开了 1mg/kg 的氨氯地平和 30mg/kg 的厄贝沙坦这一剂量组合，也就是说，该方案所公开的是服药者的单日用药量中，换算为单位体重后，是应该服用的氨氯地平和厄贝沙坦的药量。

服药者可以通过一天一次服药来满足上述用药量要求，当然，也可以按照要求一天两次、三次甚至更多次服药来满足上述用药要求，不同的用药次数要求是由制药厂所设定的。相应地，制药厂会根据剂量及设定的用药次数来确定片剂中相应成分的重量（为了方便论述，我们仅以一次服用一个单位的复方制剂为例进行说明，一次服用多个单位复方制剂的情况和一次服用一个单位复方制剂的情况是相同的）。从公式的角度讲，片剂中成分的重量＝（剂量×体重）/用药次数。用药次数的出现，就使得之前单一的剂量组合可以根据用药次数的不同而转变成片剂中相应组分的重量比例关系。也就是说，用药次数的存在，使得 1 和 30 这两个特定的剂量数值，落实到片剂中的重量时，变成了满足 1∶30 这一比例关系的一系列数值，通用的比例关系由此产生。

例如成年人的体重是 60kg，那么，针对 1mg/kg 的氨氯地平和 30mg/kg 的厄贝沙坦这一剂量组合来说，成年人每日服用的氨氯地平为 60mg，厄贝沙坦为 1800mg。如果要求一日一次服药，则复方制剂中的氨氯地平和厄贝沙坦的重量分别为 60mg 和 1800mg；一日两次服药，则复方制剂中的氨氯地平和厄贝沙坦的重量分别为 30mg 和 900mg；一日三次服药，则复方制剂中的氨氯地平和厄贝沙坦的重量分别为 20mg 和 600mg。我们能够发现，上述片剂中的氨氯地平和厄贝沙坦的重量比是一个满足 1∶30 比例关系的重量比。

从公式的角度我们也能唯一地确定：

复方制剂中氨氯地平的重量 =（1mg/kg×体重）/用药次数，复方制剂中厄贝沙坦的重量 =（30mg/kg×体重）/用药次数，由于体重、用药次数均是相同数值，因此，复方制剂中氨氯地平的重量/片剂中厄贝沙坦的重量 = 1:30。

由此我们可以得出，从重量、剂量的关系出发，我们可以在原始申请文件记载了 1mg/kg 的氨氯地平和 30mg/kg 的厄贝沙坦这一剂量组合的情况下，唯一地确定得到复方制剂中的这两个组分的重量比为 1:30。在上述唯一的确定的过程中，我们甚至可以不考虑原始申请文件中是否公开了比例关系，因为上述确定过程中，只是利用了特定的剂量组合关系以及剂量和重量比的关系，因此，针对权利要求所作的修改，并没有超出原始公开的范围。

五、针对该案审理过程中的相关观点的分析

结合上述观点，笔者对该案无效及诉讼阶段的观点加以分析如下。

（一）无效及一审阶段

（1）在无效阶段，专利复审委员会认为：尽管本专利的说明书中记载了 1mg/kg 的氨氯地平和 30mg/kg 的厄贝沙坦这一剂量组合，但这仅表示药物具体剂量的组合，不能反映整个比例关系。

对于该观点，笔者基本同意，但笔者需要着重强调的是，不能认为说明书中没有公开反映整个比例关系，就认为修改超范围，其原因在于：修改后的比例关系是复方制剂中成分的重量比，而复审委提及的没有公开反映整个的比例关系，指的是剂量比，二者并不相同。从没有公开反映整体的剂量比，并不能得出公开的范围中不包括相应的成分的重量比。相反，从笔者之前的观点可以看出，在公开了具体的剂量组合的情况下，是能够唯一地确定公开了重量比的。

（2）在无效阶段，专利复审委员会还认为：本专利说明书第 10 页曾对药物具体剂量作出明确限定"本发明可应用的氨氯地平和厄贝沙坦复方剂量范围为：氨氯地平：厄贝沙坦 = 2~10mg：50~300mg"，故无法确定是否任意满足 1:30 这个比例的组合均能达到与该组合相同的效果。因此，该修改的内容无法从原说明书中毫无疑义地确定。

对于该观点，笔者也有不同观点。

如果专利复审委员会观点的原意在于：氨氯地平和厄贝沙坦在复方制剂中的配比重量是可以在 2~10mg 及 50~300mg 内选取的，但无法确定任意满足 1:30 这个比例（重量比）的选取结果是否都能达到表 5 实验中提及的剂量比

为 1∶30 所能达到的效果，那么，专利复审委员会其实是忽略了复方制剂中成分的配比重量比和试验中剂量比的相互关系（如前所分析的关系），在没有利用该相互关系进行分析的情况下就得出此结论，从而得到一个错误的结论。其实，配比重量是可以在上述范围内选择的，只需要满足 1mg/kg 的氨氯地平和 30mg/kg 的厄贝沙坦这一剂量组合的剂量要求，那么就都可实现该试验的效果。从这个角度来说，只有一个针对 1mg/kg 的氨氯地平和 30mg/kg 的厄贝沙坦这一剂量组合的试验就够了，不同配比重量都是在满足该剂量组合的前提下所选择的。

对于专利复审委员会的观点还有一种理解，该理解是：由于给出了氯地平和厄贝沙坦复方剂量的范围，则意味着这两个成分的剂量（指的是表 5 中的剂量）是在该范围内来进行选择的，由此得出"无法确定是否任意满足 1∶30 这个比例（剂量比）的组合均能达到与该组合相同的效果"这一结论。笔者认为，该观点其实是在混淆了复方剂量范围和剂量的情况下所得出的。

具体而言，表 5 中所公开的是剂量，而在说明书第 10 页中上述内容所提及的复方剂量范围，其实是指的在一个单位的复方制剂中（例如一粒药或者一个胶囊中），氨氯地平及厄贝沙坦的重量。这可以从说明书第 8 页至第 10 页的具体实施方式记载中得到验证。在这些具体实施方式中，都是针对片剂制备提供了相应成分的配比，配比的单位为 g。从配比表中可以看出，氨氯地平和厄贝沙坦的配比量范围分别在 2～10mg 以及 50～300mg。由此可以看出，尽管剂量和复方剂量范围二者表述类似，但实质上是不同的。不能由于给出了复方剂量范围（实际上是制剂中成分的重量范围），就认为剂量（实际上是单位体重的日用药量）是可以在该范围内随意选取的，这两者本质上是两个东西，给出的复方剂量范围其实对于剂量来说没有意义，在本发明中，提及的剂量组中的氨氯地平和厄贝沙坦的剂量是一个固定不变的数值，该数值并不涉及在一个范围内加以选取的问题。

其实，造成复方剂量范围和剂量的混淆，申请人是有责任的，正是因为在撰写原申请文件时，没有将这两个概念在表述上加以明确区分，才导致了由于表述的相似甚至基本相同，很多人对于这两个概念理解为同一概念。这种混淆甚至影响到了最高院的裁定，我们之后可以看到。

北京市第一中级人民法院的观点基本和专利复审委员会观点相同，笔者在此不再加以赘述。

（二）北京市高级人民法院审理阶段

1. 北京市高级人民法院的观点

北京市高级人民法院认为：专利复审委员会和一审法院关于原说明书中没有记载所有符合1∶30比例关系的氨氯地平和厄贝沙坦的组合都能达到相同效果的认定，属于修改后的权利要求能否得到说明书支持的问题，即是否符合《专利法》第26条第4款的问题，而非修改是否扩大原专利保护范围的问题，因此，专利复审委员会和一审法院的认定缺乏依据，故撤销一审判决，要求复审委重新作出无效宣告请求审查决定。

2. 笔者的观点

笔者赞同北京市高级人民法院的观点，认为支持和修改是否超范围这两者间并无绝对的关联关系。

具体而言，如果某一修改的内容能够得到说明书支持，但也不能得出该修改不超范围的结论，因为某些修改的内容，是结合了发明人进一步思考之后所进行的概括，这样的概括满足支持的要求，但并不是唯一确定的内容，因此该修改超范围。

总体来说，修改超范围和支持是两个完全不同的问题，相互之间只是在表象上存在一些共性，但实质是不同的，对于支持问题和修改超范围问题，仍应按照两个不同问题来看待。

3. 北京市高级人民法院观点的局限性

笔者认为北京市高级人民法院的观点还存在局限性。在北京市高院的观点中，只是认为专利复审委员会和北京市第一中级人民法院在法条适用上出现了错误，并基于此认为之前认定修改超范围的结论是错误的。但是，北京市高级人民法院只是从否定的角度出发，得出之前认为修改超范围的理由不正确，却没有从正面的角度出发，给出修改为何不超范围的理由。相比来说，最高人民法院的观点就更为全面了。

（三）最高人民法院审理阶段

1. 最高人民法院的观点1及分析

对于该案，最高人民法院的观点为：根据查明的事实可知，该专利说明书中明确公开了氨氯地平1mg与厄贝沙坦30mg的组合，并将氨氯地平1mg/kg与厄贝沙坦30mg/kg作为最佳剂量比，在片剂制备实施例中也有相应符合1∶30比例关系的组合，可见1∶30的比值在说明书中已经公开。

对于此观点，笔者有不同意见。的确，说明书中公开了最佳剂量比，在片剂制备实施例中也有符合1∶30比例关系的组合。但需要说明的是，不论是最佳剂量比，还是片剂制备实施例中，所公开的都是具体剂量或者成分重量的数值，这些数值对应于1∶30的比例关系，但该比例关系仅仅为特定数值所对应的比例关系，而非一个能够反映整体的比例关系。从这个角度来说，脱离开具体剂量组成或者成分配比的1∶30的比例关系，并未被公开。

2. 最高人民法院观点2及分析

最高人民法院还认为：对于比值关系的权利要求而言，说明书中具体实施例只能记载具体的数值，而无法公开一个抽象的比值关系，而且该专利说明书中披露的是在大鼠身上进行试验所得到的结果，该专利说明书明确记载可应用的剂量范围是氨氯地平2～10mg，厄贝沙坦50～300mg，如果认定其披露的最佳组方仅为1mg∶30mg这一具体剂量而非比值，则该最佳组方根本不包含在上述可应用的范围内，显然不符合常理。

对于此观点，笔者也有不同观点。首先，现行规定中并没有相应的说法提及对于比值关系的权利要求，说明书中具体实施例只能记载具体的数值，而无法公开一个抽象的比值关系，这一结论本身没有依据。另外，从技术上来说，在实施例中描述比例关系也不是不可能的。

更为重要的是，最高人民法院所认为的"如果披露的最佳组方仅为1mg∶30mg这一具体剂量而非比值，则该最佳组方根本不包含在上述可应用的范围内，显然不符合常理"这一观点本身是错误的。这一观点的错误在于，将剂量和成分配比（复方剂量范围）相混淆了。我们之前分析过，氨氯地平2～10mg、厄贝沙坦50～300mg是指在片剂中，相应成分的重量范围，而最佳组方的1mg/kg和30mg/kg则是指剂量，二者是不同的。实际中，完全可以在片剂制备中，在2～10mg以及50～300mg范围内，分别选择氨氯地平和厄贝沙坦，并满足1mg/kg和30mg/kg这一剂量组合要求，因此，片剂中氨氯地平和厄贝沙坦的重量范围和剂量组方的特定数值之间，并不存在矛盾之处。由此，就不能以存在矛盾来认定说明书所公开的1mg/kg的氨氯地平和30mg/kg的厄贝沙坦不是特定的剂量组合而是比例关系。

结合笔者之前的观点，笔者认为，最高人民法院最终的决定是正确的，只不过所依据的理由存在问题。笔者认为，该案的修改不超范围，但理由在于：由于说明书中公开了1mg/kg的氨氯地平和30mg/kg的厄贝沙坦这一剂量组合，因此，可以结合剂量和片剂中成分重量比的换算关系，唯一地确定在片剂中氨氯地平和厄贝沙坦的重量比为1∶30。

六、结合本案就修改超范围问题的思考

从对本案的上述分析过程可见,在本案中,的确没有在原始申请文件中直接记载重量比1:30这一内容,但从所公开的剂量组合出发,根据剂量、制剂中成分的重量的换算关系,可以唯一地确定得到重量比1:30这一内容,从这个角度来说,该案可以看做如何利用直接的、毫无疑义的确定(即唯一的确定)来判定修改不超范围的一个典型案例。

针对该案例,笔者认为可供我们思考的地方包括:

(1) 在判断修改是否超范围时,不能仅仅基于文字表述本身进行字面上的判断,而是应该以本领域技术人员的视角,透过文字表述来确定技术实质,以此来准确地确定本发明的保护范围。

例如在本案中,我们就不能只是看到说明书中记载了1mg/kg的氨氯地平和30mg/kg的厄贝沙坦这一剂量组合,而是还应进一步看到,该剂量组合落实到制剂制备上,氨氯地平和厄贝沙坦在制剂中的重量比就是该剂量组合的比值。这里涉及从文字记载到实质内容上两个方面概念的转变,一个是剂量到重量概念的转变,另一个则是组合到比值概念的转变。我们不应看到存在这样的转变,就认为修改超范围,这样做其实是只进行了字面的分析,而没有进行技术上的分析,实际上缩小了说明书记载的范围。我们应该结合上述各个概念,分析得到本发明所实质公开的技术内容,而这一分析过程,需要专利代理人就分析过程加以清晰、透彻的阐述,以方便专利复审委员会或法院据此作出正确的判断。

(2) 在具体确定本发明记载的范围时,我们要"动起来"看申请文件,而不应该静态地、僵化地看待申请文件记载的内容。

所谓的动起来包括以下两个方面的内容:

一是要注意上下文的记载,不能孤立地只看某一处记载,而不去看与之存在关联关系的记载。这里,强调的是阅读者应具有阅读的主观能动性。

例如在本案中,我们不能仅仅看到说明书所记载的1mg/kg的氨氯地平和30mg/kg的厄贝沙坦这一剂量组合(即1和30两个数值),还应看到,在表5中针对该剂量组合还给出了该剂量组合的比例关系(1:30),更应看到,表5的名称包括了"剂量比"这一比值的内容,甚至还应发现在试验设计的最开始,明确提及了"试验为筛选二药组方的最佳剂量比",这里从目的的角度提及了剂量比这一比值的概念。将这些内容综合起来看,我们就能发现其实申请文件中是记载了比例关系的(尽管该比例关系对于确定是否超范围没有太大

意义)。这种阅读的主观能动性,是阅读者本应具备的,我们在分析修改是否超范围时借助这种主观能动性,并不会从技术上添加新的内容,并不会导致基于此得出错误的结论。

二是要注意发挥本领域技术人员的主观能动性,以本领域技术人员的视角对关联的内容进行分析,从而确定从技术上来说能够确定的内容是什么,能够排除的是什么。

我们应该认识到,不管对于本领域技术人员作何种解读,这个虚拟的人都是以"人"的形式存在的。是人就应该能够思考,能够进行对比、分析,只不过这种对比、分析不能有创造性的劳动包括在内。我们在分析修改是否超范围时,不能严格地将对比、分析的过程排除掉,从而把一些本应隐含在原始记载中的内容忽略掉。

本案中,其实就存在一些分析过程。例如,针对表5中不同组合以及其比例的表述进行对比、分析就能发现,表5中括号内所采用的":"应该被理解为比例。而采用复方制剂范围和剂量组合加以对比(参见最高院的评述),尽管其结论存在问题,但这种对比的方式也是本领域技术人员合理分析、对比过程的一种体现,我们在实务中也可加以采用。

(3) 注意表述和法条具体适用条件的匹配。

在本案中,北京市高级人民法院认为一审法院和专利复审委员会存在将支持和修改超范围相混淆的问题。究其根源,其实是一审法院和专利复审委员会在表述上存在不准确的地方。一审法院和专利复审委员会在评述修改是否超范围时,所采用的是:无法确定是否任意满足1:30这个比例关系的组合均能达到与该组合相同的效果。这一表述其实是在假定1:30这一上位已经成立的情况下,再去看其他满足1:30这一比例关系的组合是否能够达到相同的效果。这里的逻辑是上位已经存在,然后去看下位的各个实施例是否均能支持,基于该逻辑所对应的表述来认为其是在评价是否支持并无不可。如果我们将该表述修改为以下表述,似乎就能比较吻合修改超范围判断时是否能够唯一确定这一判断思路了。

在申请文件中,仅仅记载了1mg/kg的氨氯地平和30mg/kg的厄贝沙坦这一剂量组合,本领域技术人员难以从该具体的剂量组合出发,确定得到其他能够达到与该组合相同效果的其他组合,进一步地,也难以确定这些其他组合也必然会满足1:30这一比例关系,从而,本领域技术人员无法基于原始记载唯一地确定得到满足1:30这一比例关系的剂量组合,因此,该修改超范围。

上述修改的思路在于,和修改超范围中唯一性判断的判断方法相适应,将上述事实表述出来，从而证实上述事实的存在满足了唯一性判断中无法唯一确定的判断标准，进而得出修改超范围的结论。由此可知，我们在进行具体的观点表述时，相关的表述要和该法条的适用条件相匹配，避免出现同一事实混淆不同法条适用的情况。

（4）要重视申请文件的细节。

在修改是否超范围的判断中，细节往往是判断正确与否的决定性因素。本案中，如果我们能够重视到剂量、重量这一细节上的差别，意识到重量比和剂量组合间的关系，则会有助于我们得出正确的结论。

往者不可谏，来者犹可追？
——在后提交实验数据能否用作专利性判断证据的讨论

徐方明[*]　傅晓亮[*]　吴　静[*]　曾彩霞[*]　周　珑[*]

【摘　要】
　　针对申请人在申请日后补交的证明专利申请的说明书公开充分或权利要求相对于现有技术具备创造性的实验数据是否可以接受的问题，本文结合相关案例进行探讨，比较了我国与日本、欧洲、美国对这一问题的相关规定和做法，并提出了笔者自己的观点和建议。

【关键词】
　　补交的实验数据　公开充分　创造性

一、引　言

　　申请人应当在申请文件中充分披露发明技术方案、所要解决的技术问题和预期取得的技术效果等技术内容。对于医药生物等化学领域发明，其属于实验性学科，仅靠一般性推论或描述往往不能证明该发明能够实现其发明目的并具备预期的技术效果，因此很多情况下必须依靠实验数据来进行说明。在专利授权确权审判程序中，针对审查员或无效宣告请求人有关发明公开不充分或不具备创造性的问题，申请人/专利权人可能会通过补交实验证据用以说明发明能够实现预期效果或者相对于现有技术具备预料不到的技术效果。

　　但对于补交的实验证据是否能被采纳用作证明专利性的证据（本文只讨论说明书公开充分以及创造性的问题），事关申请人/专利权人的直接利益，也往往是案件争议的焦点。本文将通过对一起典型案例的介绍并对我国以及日本、欧洲、美国等其他法域对于此问题的法律原则及处理方式进行比较，以期

---

[*] 作者单位：国家知识产权局专利局专利审查协作北京中心。

得到一个相对客观、全面的分析。

二、案例[1]介绍

武田药品工业株式会社（以下简称"武田药业"）拥有专利号为96111063.5，专利名称为"用于治疗糖尿病的药物组合物"的发明专利，其授权的独立权利要求为：

1. 用于预防或治疗糖尿病、糖尿病综合征、糖代谢紊乱或脂质代谢紊乱的药物组合物，其含有选自吡格列酮或其药理学可接受的盐的胰岛素敏感性增强剂，和作为胰岛素分泌增强剂的磺酰脲。

2008年6月13日和2008年7月18日，四川海思科制药有限公司（以下简称"海思科公司"）、重庆医药工业研究院有限责任公司（以下简称"重庆研究院"）分别向专利复审委员会提出无效请求，理由之一为涉案专利相对于证据1~8中的任一份均不具备《专利法》第22条第3款规定的创造性。对此，专利权人提交了对比试验数据（反证7）以证明涉案专利相对于请求人提供的证据而言具有预料不到的技术效果。经审查，专利复审委员会于2008年10月31日作出第12712号无效宣告请求审查决定（以下简称"第12712号决定"），以涉案专利相对于证据1不具备创造性为由宣告该专利权全部无效。第12712号决定指出，武田药业提交的对比试验数据的内容没有显示其实验结果由哪一机构或个人作出，同时武田药业在无效程序中也没有提供证据证实其真实性，且海思科公司和重庆研究院也不认可所述证据的真实性，故对所述试验数据的真实性不予认可。关于创造性，第12721号决定认为，涉案专利权利要求1的技术方案与证据1公开的内容相比，区别仅在于权利要求1选择了具体的胰岛素敏感性增强剂即吡格列酮或其药理学可接受的盐。然而，证据1已指出吡格列酮与曲格列酮具有相同的降血糖作用机制，可以用作胰岛素敏感性增强剂，而且明确教导了胰岛素抵抗性改善剂与磺脲剂或胰岛素的并用效果更值得期待。在此教导下，选择吡格列酮作为胰岛素敏感性增强剂与磺脲剂一起制成药物组合物用于预防或治疗糖尿病对于本领域技术人员来说是显而易见的，不具备突出的实质性特点。并且从涉案专利说明书记载的内容也看不到这种选择相对于证据1取得了任何意料不到的技术效果。故权利要求1的技术方案相对于证据1不具备创造性，不符合《专利法》第22条第3款的规定。

一审、二审法院的判决均维持了复审委员会的无效决定，武田药业向最高

---

[1] 参见最高人民法院（2012）知行字第41号判决。

人民法院申请再审称，反证7的试验数据是用于证明涉案专利技术效果和评价其创造性的关键证据，其真实性、客观性应得到认可。发明相对于现有技术到底有没有效果，这个客观事实是无法改变的，不能因为在提交专利申请时没有提交相应的证据就认为发明没有该效果。

最高人民法院审理后作出裁定书，关于对申请日后补交的实验数据在何种情况下可以采纳的问题，最高人民法院指出：说明书应当满足充分公开发明的要求，化学领域属于实验性科学领域，影响发明结果的因素是多方面、相互交叉且错综复杂的。说明书的撰写应该达到所属技术领域的技术人员能够实施发明的程度。根据现有技术，本领域技术人员无法预测请求保护的技术方案能够实现所述用途、技术效果时，说明书应当清楚、完整地记载相应的实验数据，以使所属技术领域的技术人员能够实现该技术方案，解决其技术问题，并且产生预期的技术效果。如果所属领域的技术人员根据现有技术不能预期该技术方案所声称的治疗效果时，说明书还应当给出足以证明所述技术方案能够产生所声称效果的实验数据。没有在专利说明书中公开的技术方案、技术效果等，一般不得作为评价专利权是否符合法定授权确权标准的依据。申请日后补交的实验数据不属于专利原始申请文件记载和公开的内容，公众看不到这些信息，如果这些实验数据也不是本申请的现有技术内容，在专利申请日之前并不能被所属领域技术人员所获知，则以这些实验数据为依据认定技术方案能够达到所述技术效果，有违专利先申请制原则，也背离专利权"以公开换保护"的制度本质，在此基础上申请授予专利权对于公众来说是不公平的。当专利申请人或专利权人欲通过提交对比试验数据证明其要求保护的技术方案相对于现有技术具备创造性时，接受该数据的前提必须是针对在原申请文件中明确记载的技术效果。武田药业提交实验数据所要证明的技术效果是原始申请文件中未记载也未证实的，不能以这样的实验数据作为评价专利创造性的依据。

三、各国法律实践

对于能否接受在后提交的实验数据作为专利申请公开充分、创造性证据的问题，各国或地区的专利审查和审判实践均有涉及对相关证据的处理方式，下面主要介绍我国、欧洲、日本、美国对申请日后补交的试验数据的使用规则。

1. 中 国

对于在后提交的实验数据是否应接受作为专利性证据的问题，争议由来已久。历次修订实施的审查指南中，这个问题在《审查指南1993》中规定为：后补交的实施例只能供审查员审查专利性时参考。在《审查指南2001》修订时将上述规定中"专利性"具体明确为"三性":"后补交的实施例只能供审查员审查新颖性、创造性和实用性时参考",进而在《审查指南2006》中,相应规定则被删除,而修改为:判断说明书是否充分公开,以原说明书和权利要求书公开的内容为准,申请日之后补交的实施例和实验数据不予考虑。《专利审查指南2010》延续了《审查指南2006》的相关规定,并无再作修订。

在实际的审查实践中,对于申请人为了克服说明公开不充分的缺陷,申请日后提交的实验数据或者效果实施例,一般不予接受;对于在后提交的用于证明创造性的试验数据则需要满足以下要求才能被接受:对比试验效果证据必须针对在原申请文件中明确记载且给出了相应实验数据的技术效果。❶

在专利确权程序中,对于提交的实验数据用于证明公开充分的问题,法院一般延续了上述做法,即如果申请日之后补交的实施例和实验数据不属于申请日前的现有技术,也不是说明书中记载的内容,则不予考虑;❷ 对于补交的实验数据是否可以用于证明创造性的问题,相关证据形式的认证则缺乏经验和相关规则,❸ 并无统一的做法。

在"用于治疗糖尿病的药物组合物"专利无效纠纷案中,最高人民法院在判决书中指出:对于化学领域,在本领域技术人员根据现有技术无法预测请求保护的技术方案能够实现所述用途、技术效果时,说明书应当清楚、完整地记载相应的实验数据,在此基础上,如果所属领域的技术人员根据现有技术不能预期该技术方案所声称的治疗效果时,说明书还应当给出足以证明所述技术方案能够产生所声称效果的实验数据。其次,当专利申请人或专利权人欲通过提交对比试验数据证明其要求保护的技术方案相对于现有技术具备创造性时,接受该数据的前提必须是针对在原申请文件中明确记载的技术效果。

2. 日 本

日本专利审查指南规定对于审查员发出的以说明书不满足实施要件或权利要求不具备创造性的拒绝理由,申请人都可以通过提交书面意见书或者实验数据的证明书等进行争辩或澄清。如果争辩理由至少使得审查员对是否公开充分或具备创造性而变得"真伪不明",那么拒绝理由就应被撤销。然而,在原始申请说明书中记载的信息不清楚、充分以至于本领域技术人员基于申请时的技术常识无法实施时,在后提交的实验数据仍不能使驳回理由撤销。❹

---

❶参见:《审查操作规程·实质审查分册》(2011) 第十章第1.6.5、2.1.2节。
❷例如,可参考北京市高级人民法院 (2010) 高行终字第280号判决。
❸参见:石必胜. 专利创造性判断的证据规则 [J]. 中国专利与商标,2012 (3).
❹参见:日本《特許·実用新案審査基準》第Ⅰ部分第1章第3.2.4节、第Ⅱ部分第2章第2.9节。

从实际判例来看，发明整体公开的技术信息对于裁判者决定是否可以接受在后提交实验数据具有重要的影响。当基于原始说明书记载的内容和申请时的技术常识，实施可能要件仍不能满足时，出于补救目的而提交的实验数据不能作为判断的依据。❶ 而如果提交的实验数据是对技术人员基于原始说明书记载的内容和申请时的技术常识可以预期得到的技术效果给予支持确认，则相关实验数据应被采用。❷

原始说明书公开的内容同样决定了能否接受在后提交的比较试验证据用于证明创造性，在"遮光剂组合物"发明专利申请驳回复审案❸中，判决认为：《专利法》中并没有要求说明书中必须记载发明的效果，然而其是评价发明相对于现有技术是否具备创造性的重要的因素。是否考虑申请日后提交的用于证明发明效果的补充实验数据，应基于申请人和第三方的公平角度出发，对于原说明书没有记载的发明效果，如果其能从说明书公开的内容中认识到或者可以推导得出，那补充实验数据应当被接受并予以考虑。

3. 欧洲国家

欧洲专利局审查指南中规定：审查员为评价创造性而考虑的相关意见和证据可以来自原始申请文件或申请人在后序程序中提交的证据。然而必须注意，用于支持创造性的证据涉及新效果时，仅在所述效果在原始申请中隐含或至少与原申请中记载的技术问题相关时才被考虑。❹ 从实际判例来看，上诉委员会的标准更显严格，其采取了"合理性考查"标准用于判定在后提交的比较试验等证据是否充分证明创造性。在 T 1329/04 中，上诉委员会认为：在先申请制下，是申请日而非发明实施的日期决定专利权是否应赋予申请人。在此制度下，发明应该解决技术问题，而非仅仅提出技术问题，这要求专利申请的公开内容至少"可信地"解决了其声称的技术问题。因此即使在后补交的证据在适当条件下应当被考虑，它也不是确定申请是否真正解决了其声称的技术问题的唯一基础。这一判断标准也被后续很多判例所认同和沿用。

对于是否可以接受在后提交的试验数据用于证明公开充分的证据，EPO 审查指南中虽没有直接明确规定，但并非绝对不考虑，其规定：在某些情况下，尽管不允许增加到申请文件中，在后提交的实施例或新效果仍然可为审查员考虑作为支持要求保护的发明专利性的证据。❺ 就上诉委员会判例看，一方面，

---

❶参见：东京高等裁判所平成 18 年（行ケ）第 10487 号。
❷参见：东京高等裁判所平成 15 年（行ケ）第 467 号。
❸参见：东京高等裁判所平成 21 年（行ケ）第 10238 号。
❹参见：欧洲专利局审查指南（2013）第 G 部分第 VII 章第 11 节。
❺参见：欧洲专利局审查指南（2013）第 H 部分第 V 章第 2.2 节。

原始申请公开的技术信息对于判断是否公开充分至关重要,例如在 T497/02 中,上诉委员会认为:如果判断在申请日提交的与蛋白质相关的医药发明专利申请的技术内容实质不充分,该缺陷不能通过申请日后提交实验证据予以克服,同时可以接受在后提交的实验数据作为支持申请公开充分的证据。例如在 T 433/05 中,上诉委员会认为:涉及一种治疗应用的公开充分问题时,没有必要一定要在申请日提供临床试验结果,但是专利或专利申请必须提供信息用以表明请求保护的化合物对疾病中涉及的代谢机制能产生直接效果。只要专利申请中可以获得上述证据,在后提交的证据可以考虑用于支持专利申请的充分公开。

4. 美 国

美国专利商标局在《专利审查手册》中规定,一旦审查员权衡所有证据后,建立了合理的依据质疑请求保护的发明不能实施或给出初步显而易见的意见,举证责任转于申请人,即其需给出合理证据表明本领域技术人员能够在本申请指引下制作和使用本发明或者请求保护的技术方案非显而易见。申请人可以根据专利法细则 37 CFR 1.132 提交事实宣誓陈述书,或者引用参考文献表明本领域技术人员在申请日知晓相关技术知识。❶ 其不排除在后提交的实验证据。

对于申请日后的证据是否可以用于证明发明可实施时,联邦巡回上诉法院在 *In re Brana*❷ 中认为,可以使用申请日后提交的证据支持如何使用该项发明。在杰森制药诉泰华制药一案❸中,法院认为,《专利法》第 112 条规定判断专利申请可否实施的基准日是实际申请日。发明可实施并不仅仅是一种可能性,如果本领域技术人员通过阅读说明书认为其仅是提出一种假设以及确定该假设是否准确,这并不足够。

对于申请日后形成的用于证明预料不到的技术效果的证据,在基诺制药诉泰华制药一案❹中,联邦巡回上诉法院认为:并无法律规定,在专利申请提出之前发明的属性或效果应完全知晓,或者专利申请中应包含发明研究的所有工作内容。为应对诉讼而在专利授权之后研究得到的预料不到结果的证据并不能排除在考虑之外,因为在专利申请的时候并不总是对发明有全方位的发现。因此即使用于证明预料不到的技术效果的证据形成于专利申请或授权之后,相应

---

❶参见:MPEP § 2145,§ 2164.05。
❷参见:In re Brana, 51 F. 3d 1560。
❸参见:Janssen Pharmaceutica N. V. v. Teva Pharmaceuticals USA, Inc., 583 F. 3d 1317 (Fed. Cir. 2009)。
❹参见:Knoll Pharm. Co. v. Teva Pharms. USA, Inc. 367 F. 3d 1381。

证据也能被用来反驳初步显而易见性。一般而言，如果预料不到的技术效果可以从专利文件中公开的方法隐含得出，或者与公开产品的预期用途具有紧密的联系时，在后提交的实验证据则应当被考虑。❶

四、案例评析及对比分析

在上面介绍的基础上，以下将对各国关于在后提交的实验数据是否能接受证明说明书充分公开，或者要求保护的技术方案相对于现有技术具备创造性的规定进行比较。

1. 各国关于在后提交的实验数据证明说明书公开充分的比较

可以看出，各国对于在后提交的实验数据是否可以接受用于说明专利能够实现，审查均是以申请的实际申请日为基准，在后提交的证据并不能用于弥补原申请公开不充分的缺陷。

但相比于我国的规定，其他国家/地区的规定稍显柔性，例如日本在专利审查指南中规定"申请人都可以通过提交书面意见书或者实验数据的证明书等进行争辩或澄清"，法院也认为"如果提交的试验数据是对可以预期得到的技术效果进行支持确认，则相关实验数据则应被采用"，欧洲和美国也有类似的规定。

首先，如何合理、客观地认定申请日后提交的实验数据，对于恰当地平衡申请人和社会公众的利益十分重要。行政审判中既要考量当事人的实体利益，也要兼顾程序正义，欧洲专利局上诉委员会案例法认为对于在后提交的证据不能因为其不属于现有技术而不给予考虑，这将剥夺当事人的基本程序权利。❷其他国家/地区对在后证据是否接受的考虑因素更集中于实验数据本身与原始申请公开的技术信息的关系，只因为实验数据在申请日之后而不予考虑，不利于实现行政审判的程序公正。

其次，对于说明公开充分的实体要件，"实验数据"并不是说明书必需的"组成"部分❸，本领域技术人员结合技术常识，在说明书中对于技术原理的充分描述基础上能够预期发明的技术效果，并不一定借助于实验数据才能实施。如果申请人提交的实验数据只是对说明书中描述的技术信息的确认、支持，对于这些实验数据也不接受，也是对申请人的利益的损害。

---

❶参见：Weather Engineering Corp. of America v. United States, 614 F. 2d 281。
❷参见：欧洲专利局上诉委员会案例法第Ⅲ部分第 G 章第 4.1 节。
❸参见：北京市高级人民法院（2012）高行终字第 741 号判决。

在"用于治疗糖尿病的药物组合物"案中,最高人民法院在判决书中指出:如果所属领域的技术人员根据现有技术不能预期该技术方案所声称的治疗效果时,说明书还应当给出足以证明所述技术方案能够产生所声称效果的实验数据。即如果实验数据可以由现有技术合理预期得到,则实验数据不是必须提交,但对于是否可以提交用于支持说明书的公开充分,法院并没有发表意见。

2. 各国关于在后提交的实验数据证明要求保护的技术方案具有创造性的比较

对于在后实验证据能否被接受用于证明专利的创造性,各国审查及审判实践的出发点也无一不是"申请人和公众利益之间的平衡",首先考虑到申请人/专利权人不可能预见所有的现有技术的情况,因此对于在后证据不能概不考虑,但何种情况下可以接受并给予考虑,各国的判断思维却有所差异,甚至是迥异有别,这也体现了专利的地域性原则。

对于在后提交的实验数据用于证明的技术效果或者解决的技术问题,欧洲专利局上诉委员会认为原始申请文件不仅仅是提出技术问题,而应当达到至少可信的程度;日本从判例上认为相应的技术效果应当是从原始申请文件中认识到或能推导得出的;美国案例法认为如果预料不到的技术效果可以从专利文件中公开的方法隐含得出,或者与公开产品的预期用途具有紧密的联系时,在后提交的证据则应当被考虑。

在"用于治疗糖尿病的药物组合物"案,最高人民法院给出了技术效果"明确记载"的标准,相对于现行审查的基准,可以看出,一方面其对要求申请文件有相应实验数据的规定进行"松绑",另一方面对"技术效果"则仍要求必须"明确记载",对比试验数据欲证明的效果也不能是从现有技术推导出来的技术效果❶,相比于其他国家/地区而言也较高。

五、小 结

能否接受在后提交的试验证据用于证明专利性的问题,需要考虑申请人和第三方利益的平衡。最高人民法院在"用于治疗糖尿病的药物组合物"案中对相关问题发表意见,既有对现行审查标准的突破,但同时相对其他国家/地区的基准,仍保持一种谨慎态度。

---

❶从通常含义理解,"明确记载的技术效果"并不包括能从现有技术中推导出来的技术效果。例如在(2011)知行字第 19 号判决中,最高人民法院指出:所谓明确的技术启示是指明确记载在现有技术中的技术启示或者本领域技术人员能够从现有技术直接、毫无疑义地确定的技术启示。即将"明确记载"与"直接、毫无疑义地确定"作为两层含义分别说明。

对于申请人而言，应该说用于证明专利性最有效的证据仍然是记载在原始申请文件中的技术信息，包括技术原理的介绍、技术效果和实验数据，因此在申请说明书中需要对发明的技术效果给予充分的说明（明确记载）并给予实验数据支持，尤其是对于生物、医药等技术效果难以预期的技术领域。

无疑，生物医药等化学领域发明，无论是对技术本身还是市场环境而言，"不确定性"的色彩都是很强的，是尽快地赶在竞争对手前"冒险"申请专利，还是等相关实验数据准备充分之后再进行申请以对获得稳定专利权更有信心，申请人必须要慎重考虑和选择。从这个意义上说，莎士比亚的那句"To be or not to be, that is a question"（生存还是毁灭，这是个问题）仍是现时的申请人在提交专利申请之前需时常自问的警言。

基因专利，何去何从？

韩威威[*]

【摘　要】

　　基因技术在工业、农业和医疗行业中发挥着日益重要的作用。目前，很多国家均通过知识产权制度对基因予以专利保护。然而，人们对于基因专利一直充满争议。2013年美国最高法院在 Myriad 案中的判决，改变甚至颠覆了美国过去数十载在基因相关专利中的实践。本文将结合基因技术的发展和应用，回顾 Myriad 案的诉讼过程，分析该案对社会各界产生的深远影响，并通过与其他国家基因专利保护进行比较分析，对未来的法律实践提出建议和展望。

【关键词】

　　基因　分离的DNA　专利　Myriad 案　美国最高法院

一、引　言

　　基因组时代的到来给人类的生活带来了翻天覆地的变化。随着对基因功能的解读，人们也在不断发掘基因的商业价值，并通过专利制度寻求对基因的保护。数十年来，基于基因的发明是否应该得到专利保护（以下简称"专利适格"）引起广泛争议。基因专利的支持者认为：基因专利为科学研究提供动力和支持，其所带来的经济利益能够吸引投资者。而基因专利的反对者则认为：基因是自然现象，归属于公众，不应由专利权人获得垄断；基因专利阻碍了科学研究和创新，限制了公众享用基因检测进行疾病诊断和治疗等。基因专利，特别是人类基因专利之争涉及自然科学、伦理学、政治等方方面面，很多学者称为"基因战争"。

---

[*] 作者单位：中国国际贸易促进委员会专利商标事务所。

尽管如此，在过去数十载，基因在主要国家和地区均能够得到专利保护。而 2013 年美国最高法院在 *Myriad* 案中作出的判决则改变了美国的当前实践。本文将通过介绍基因技术的发展和应用，回顾 *Myriad* 案的诉讼过程，探讨本案对社会各界带来的影响，并展望未来的法律实践。

二、基因技术的发展及应用

1. DNA 和基因

DNA，即脱氧核糖核酸，含有在几乎所有已知生物的发育和功能中所涉及的遗传信息。在 DNA 中携带遗传信息的区段称为基因，是生物体遗传性状的基础。通常而言，基因以其核苷酸序列进行表示。核苷酸序列有如源语言，指导细胞将 DNA 转录为中间语言 RNA，而 RNA 进一步翻译为蛋白质。从 DNA 到 RNA 再到蛋白质，这体现为遗传学的中心法则。在现代分子生物学技术中，cDNA 也发挥着重要角色。cDNA 通常是由 mRNA 分子合成而来的互补 DNA 序列，其仅含有外显子，用于基因克隆等技术。

2. 基因技术的发展

自 1953 年 James Watson 和 Francis Crick 博士首次揭秘 DNA 的双螺旋结构以来，基因技术迅速发展，从着眼于单一基因的性质和功能的传统遗传学研究，到后来以分子生物学和生物信息学技术为主导的基因组时代和后基因组时代。

随着基因组❶时代的到来、人类基因组计划的完成，使得基因的概念从实验室走入了寻常百姓家。然而，基因组图谱犹如"生命天书"，生物学家逐渐认识到，基因组测序完成仅仅是研究生命的秘密的起点。以转录组学❷、蛋白质组学❸、代谢组学❹等为代表的后基因组时代随之而来。

各种"组学"的结合实现了在不同水平进行生物分子的高通量分析，开启了全面理解生命过程的可能性，也提供了将基因技术研究成果在农业、工业和医疗等领域应用的契机。

---

❶基因组通常指包含在生物的 DNA 中的全部遗传信息。
❷转录组可以展现在某一特定时刻基因组所转录的全部 mRNA，提供关于何种基因在何时启动的信息。
❸蛋白质组学通过大规模蛋白质分离和鉴定技术来研究基因组所表达的蛋白质的整体，以探索生物功能的更精确图景。
❹代谢组学是继基因组学和蛋白质组学之后发展的一门学科，对生物体内所有代谢物进行定量分析，并寻找代谢物与生理病理变化的相对关系。

3. 基因技术的应用

在农业领域,基因技术的最重要也最有争议的应用莫过于转基因植物。尽管转基因植物能够提供优异的作物性状,但其安全性依然成为人们的顾虑。

在工业领域,应用基因技术获得的改良的微生物可以作为生物反应器,来生产蛋白质,如生物酶,用于食品、饲料和洗涤剂等,在未来可能成为替代化学添加剂的理想选择。

在医疗领域,既可以通过基因技术制备药物如疫苗,也可以用于疾病的诊断和治疗。一个典型的实例如在下文中重点分析的,Myriad Genetics 公司发现的通过乳腺癌或卵巢癌相关基因(BRCA1 和 BRCA2 基因)来进行临床诊断和风险分级,该基因中的突变与乳腺癌和卵巢癌风险提高密切相关。

三、基因专利的发展

现代生物技术产业的成功与专利法的不断发展息息相关,专利成为生物技术产业的支柱[1]。考虑到基因技术的广泛应用并可能产生巨大商业价值,世界各国的生物公司和科研院所在该领域活跃地寻求专利保护。下文将以在基因研究领域最为活跃的美国为例,展示在该领域的专利申请和授权情况。

2001~2012 年美国基于 DNA 的专利申请和授权情况如图 1 所示。

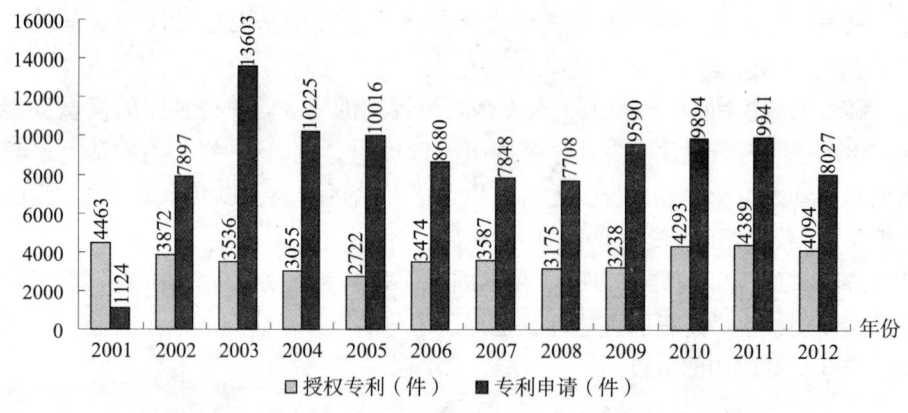

图1 2001~2012 年美国基于 DNA 的专利申请和授权情况[2]

在 1970~1989 年,基于 DNA 的授权专利的总量为 1556 件(数据未显

---

[1] Joseph Straus, *Biotechnology and Patents*, 54 Chimia 293 (2000).
[2] 数据来源于:http://dnapatents.georgetown.edu/aboutdpd.htm。该网站尚未提供 2013 年的数据。

示），仅占 1970～2012 年总量 63368 件的约 2%。在该领域较大规模地递交专利申请始于 20 世纪 90 年代（在 1990～1999 年为 16057 件，数据未显示）。而进入 21 世纪后，基因专利进入迅速发展期，在这期间的申请量和授权量均远远超过 20 世纪的总量。值得注意的是，2003 年递交的专利申请达 13603 件，创造历史最高纪录，估计与当年基因组计划的完成有关。此后，历年申请量和授权量相对稳定，尤其在 2009～2011 年。而在 2012 年，申请量与前两年相比下降约 20%，可能与历时 4 年之久的 Myriad 案所带来的不确定性相关。下文将进一步介绍 Myriad 案的始末和最新进展。

四、Myriad 案引起的基因专利"风波"

1. 背 景

早在 1980 年，美国最高法院的判例 Diamond v. Chakrabarty[1] 成为生物技术领域一个里程碑式的案例。在该案例中，最高法院认为包含至少两个产能质粒的细菌属于适格的专利主题。该判决建立了"确定分离的 DNA 分子的专利适格性的框架"[2]，自此美国专利商标局（USPTO）认定基因能够获得专利保护，这一状况持续 30 余年。然而，这一现状却遭到了美国纽约南区地区法院的判决 Ass'n for Molecular Pathology v. U. S. Patent & Trademark Office（Myriad I）[3] 的质疑。

2. Myriad 案始末

在 2009 年 5 月 12 日，分子病理学协会（Association for Molecular Pathology）、医师、研究人员、患者等联合在纽约南区法院对 USPTO 和 Myriad Genetics 公司（以下简称"Myriad 公司"）提起诉讼[4]，挑战 Myriad 公司涉及 BRCA 基因的 7 项专利中 15 项权利要求的有效性，分离的 DNA 被认为是不应得到专利保护的自然产物，因为未改变的 DNA 信息编码功能对于分离形式的 DNA 的应用同样起着核心作用[5]。该地区法院判决涉及分离的 DNA 的权利要求以及

---

[1] Diamond v. Chakrabarty, 447 U. S. 303 (1980).

[2] Ass'n for Molecular Pathology v. U. S. Patent & Trademark Office (Myriad II), 653 F. 3d 1329, 1350 (Fed. Cir. 2011).

[3] Stephen H. Schilling, *DNA as Patentable Subject Matter and a Narrow Framework for Addressing the Perceived Problems Caused by Gene Patents*, 61 Duke L. J. 731, 741 (2011).

[4] Ass'n for Molecular Pathology v. U. S. Patent & Trademark Office (Myriad I), 702 F. Supp. 2d 181 (S. D. N. Y. 2010).

[5] Stephen H. Schilling, *DNA as Patentable Subject Matter and a Narrow Framework for Addressing the Perceived Problems Caused by Gene Patents*, 61 Duke L. J. 731, 741 (2011).

通过比较和分析 DNA 序列来评估癌症风险的方法权利要求无效。然而，联邦第三巡回上诉法院部分地推翻了该地区法院的判决，并认为涉及分离的 DNA 以及 cDNA 的产品权利要求是适格的专利主题❶。尽管合议庭的三位法官一致认为 cDNA 应得到专利保护，对于分离的 DNA 却产生分歧，其中 Lourie 法官和 Moore 法官认为分离的 DNA 是专利适格的，而 Bryson 法官则持相反观点，认为涉案专利请求保护的 DNA 分子的核苷酸序列与天然存在的人类基因的序列是相同的，不应得到专利保护。

然而，在最高法院于 2012 年 3 月 20 日作出另一重大判决 *Mayo Collaborative Services v. Prometheus Laboratories, Inc.* ❷之后，该法院于同年 3 月 26 日撤销了联邦第三巡回上诉法院的上述判决，并责令该法院参照最高法院 *Prometheus* 案的判决重审此案。5 个月后，联邦第三巡回上诉法院维持其判决，该案重返最高法院。

2013 年 6 月 13 日，最高法院作出最终判决❸，认为 Myriad 公司的主要贡献在于揭示 BCRA1 和 BCRA2 基因的精确位置和基因序列，而没有创造或改变上述基因中所编码的遗传信息，也没有改变该 DNA 的基因结构；尽管 Myriad 公司在 BCRA 基因的研究中付出了巨大的努力，但是这样的努力并不足以使其满足 35 U. S. C. §101❹的规定，而从人类基因组分离 DNA 切割了化学键并由此产生新的非天然分子的事实也无法挽救 Myriad 公司的相关权利要求，因此这些权利要求并未体现化学组成，也不以任何方式依赖于由于分离 DNA 的具体部分而产生的化学变化，而是着眼于基因所编码的遗传信息。最终，该法院认为，天然存在的 DNA 区段是自然的产物，并不仅仅因为其被分离而是专利适格的，但是 cDNA 则是专利适格的，因为它不是天然存在的，并且当从 DNA 序列去除内含子来产生 cDNA 时，实验室技术人员毫无疑问地创造了新的事物。从而，最高法院否定了分离的 DNA 分子的专利适格性，而肯定了 cDNA 是专利适格的。

3. 最高法院的判决所带来的影响

自从 2009 年 *Myriad* 案以来，很多生物技术公司对于基因专利的未来产生

---

❶Ass'n for Molecular Pathology v. U. S. Patent & Trademark Office (Myriad II), 653 F. 3d 1329 (Fed. Cir. 2011).

❷Mayo Collaborative Services v. Prometheus Laboratories, Inc. , 132 S. Ct. 1289 (2012).

❸Ass'n for Molecular Pathology v. U. S. Patent & Trademark Office, 569 U. S. 12–398 (2013).

❹35 U. S. C. §101: whoever invents or discovers any new and useful process, machine, manufacture, or composition of matter, or any new and useful improvement thereof, may obtain a patent therefor, subject to the conditions and requirements of this title.

担忧，而研究人员、医生、社会公众等也对上述问题的解决充满期待。最高法院的判决使上述问题暂时尘埃落定，该判决也对社会各界产生了广泛影响。

（1） Myriad 公司

尽管判决涉及分离的 DNA 的产品权利要求无效，然而，Myriad 公司的法务总监 Rick Marsh 先生则认为，判决仅仅无效了 Myriad 公司的 24 个 BCRA 相关专利中 500 余项权利要求中的 5 项权利要求，不会影响到对其相关产品的专利保护，也不会影响其冠军产品 BRACAnalysis 检测的利润。然而，在判决作出之日，Myriad 公司的股价在激涨之后却遭遇下跌，很多持股人疯狂售出股票。此外，在判决后不久，2013 年 7 月 15 日，Myriad 公司宣布为保额不足的患者提供资金支持的项目。从 7 月 22 起，该公司将开始为符合标准的患者提供资金支持，以使其能够享受到 Myriad 公司的诊断检测❶。尽管这可能仅仅是巧合，但也不排除这是该公司为维持其市场地位和利润所采取的一项举措。

（2） 竞争者

在最高法院作出判决之后，Myriad 公司的竞争对手 Ambry Genetics （以下简称 Ambry 公司）和 DNATraits （Gene By Gene Ltd. 的一部分）随即启动了与 Myriad 竞争的乳腺癌基因的基因检测，其价格比 Myriad 的价格优惠得多：Ambry 公司的检测价格为 2280 美元，而 DNATraits 的检测则为更低廉的 995 美元，均低于 Myriad 公司的 4040 美元的高价检测。7 月，Myriad 公司提起侵权诉讼；8 月，Ambry 公司提起反诉，认为 Myriad 公司企图垄断乳腺癌基因检测市场并违反了反垄断法（Sherman Act），同时认为 Myriad 公司的涉及 DNA 引物以及筛选乳腺癌基因的方法的权利要求无效。诉讼仍在进行中，如果 Ambry 公司能够胜诉，将对更多的竞争者进入市场并进一步降低乳腺癌基因检测的价格提供可能性。

（3） 患者、研究人员、医师和被许可人

值得一提的是，在美国每年有大量基于 DNA 的专利申请，其中也有相当的比例获得授权。类似的专利如此之多，而围绕 *Myriad* 案却存在很多争议和批评，并非仅仅因为此类专利本身，也在于 Myriad 公司对专利权的商业运作模式。一直以来，Myriad 公司收取昂贵的许可费，阻碍了美国国内其他实验室进行乳腺癌诊断检测，并对患者造成经济负担。

随着最高法院的上述判决的出台，Myriad 公司的竞争对手推出更低廉的乳腺癌基因检测，降低了患者的诊断成本，也为很多因资金缺乏或保额不足而在过去难以享受到基因诊断的患者带来了希望。同时，研究人员可以更加自由地

---

❶ ［EB/OL］. http：//investor.myriad.com/releasedetail.cfm? releaseid = 777151.

从事乳腺癌研究，而医生也免除了在诊断过程中应用该基因的忧患。此外，被许可人可能会考虑针对许可费进行重新谈判。

（4）USPTO

在最高法院作出判决同日，USPTO 即向审查部门发出备忘录❶，指出"审查员应当驳回仅指向天然存在的核酸或其片段的产品权利要求，无论分离与否"。同时指出，"清楚地限定至非天然存在的核酸的权利要求仍然是适格的，例如 cDNA 或其中天然存在的核苷酸顺序已改变的核酸（例如，人造变体序列）"。同时，USPTO 表示，将发布更全面的对专利主题适格性进行确定的指南，包括"分离"在其中所起到的作用。

（5）生物技术工业组织

该判决也引起了生物技术工业组织（BIO）❷的关注。BIO 主席和首席执行官 Jim Greenwood 先生在最高法院作出判决的当日发表声明❸，表达了不同的声音。他指出，"今天的决定为依赖于 cDNA 专利用于创新投资的研究驱动型公司提供了迫切需要的确定性"，然而，"今天最高法院的决定代表了先前数十载的司法和 PTO 支持的模拟天然序列的 DNA 分子的可专利性的令人烦恼的偏离"。此外，"该法院的决定会不必要地产生对广泛的生物技术发明的商业不确定性"。他认为，"专利从未赋予对基因的所有权"，"也没有阻碍研究，危害患者，或者干扰医疗，正如很多独立研究在过去年间所反复证实的"。"专利没有阻碍发展，而是辅助了发展"。"尽管 Myriad Genetics 不是 BIO 的成员，BIO 代表研究、开发并应用现代生物技术来产生产品的公司，从挽救生命的药品和疫苗，到可再生燃料、工业酶和抗病或抗害虫作物"。此外，BIO 将继续致力于确保这些公司和其在全球的科研院校中的合作伙伴能够保障对于继续共同的愿景❹必要的专利保护。

五、总结与讨论

通过以上回顾和分析，可以看到美国最高法院在 *Myriad* 案的最终判决颠覆了先前 30 余载在基因专利领域的法律实践，对生物技术公司、研究人员、医生、公众、投资者等，都正在产生影响，或者将产生重大而深远的影响，尽

---

❶［EB/OL］．http：//www.uspto.gov/patents/law/exam/myriad_ 20130613.pdf.
❷BIO 是世界上最大的生物技术组织。
❸［EB/OL］．http：//www.biotech-now.org/public-policy/patently-biotech/2013/06/myriad-supreme-court-decision-bios-statement.
❹BIO 旨在"Healing, fueling and feeding the world"。

管有些影响是目前尚未可知的。有很多法律工作者和学者认为，该判决对生物技术公司是巨大的冲击，为研究人员和医生提供了更多的自由，同时可能为潜在的消费者提供更廉价的诊断和治疗，促进市场良性竞争。同时，也有学者通过详尽的统计学分析，探讨了可能被 Myriad 案波及的基因专利。❶

上述判决也将使得美国在基因专利领域的实践不同于其他主要国家和地区。如 BIO 主席和首席执行官 Jim Greenwood 先生在声明中所指出，"美国现在是唯一采取如此严格的专利适格性的发达国家，标示着对我们在生命科学中的全球经济和科学领先地位的不公正的漠视"。

纵览在各主要国家或地区的相关法律规定，目前通常认为分离的基因是专利适格的，无论其与天然存在的基因是否相同。根据欧洲专利局（EPO）的当前实践，基因或其片段能够构成可专利性发明，即便其结构与自然界相同❷。在我国，《专利审查指南 2010》第二部分第十章第 9.1.2.2 节对基因或 DNA 片段的专利适格性进行了阐释。该部分明确指出，"无论是基因或是 DNA 片段，其实质是一种化学物质"，"如果是首次从自然界分离或提取出来的基因或 DNA 片段，其碱基序列是现有技术中不曾记载的，并能被确切地表征，且在产业上有利用价值，则该基因或 DNA 片段本身及其得到方法均属于可给予专利保护的客体"。在日本、澳大利亚和加拿大等国，分离的基因也属于可授予专利权的客体。

而美国最高法院的判决虽然偏离了当前的主流实践，似乎也对于目前基因专利的专利权人与公众利益之间寻找到了一个新的平衡点。然而，笔者认为，寻找这样的平衡点，不一定需要通过将基因专利排除在适格的专利之外来实现，因为这造成了很大程度的不确定性。我国当前的实践即提供了一种可行而有益的模式。首先，我国《专利法》在第 25 条第 1 款第（3）项将疾病的诊断和治疗方法排除在可授权的主题之外，为医务工作者实施疾病诊断和治疗提供了便利。此外，在《专利法》第 69 条规定了不视为侵犯专利权的情形，其中包括"专为科学研究和实验而使用有关专利的"，从而为科学研究和创新提供了自由。再者，专利实施的强制许可制度也能够避免过于昂贵的许可费的发生。

Myriad 案的判决也将引起基因专利申请人和法律工作者进一步探索未来的

---

❶Gregory D. Graff et al.，*Not quite a myriad of gene patents*，31（5）Nature Biotechnology 404（2013）.

❷Article 5.2, Biotech Directive; Rule 29.2 EPC: "an element isolated from the human body or otherwise produced by means of a technical process, including the sequence or partial sequence of a gene, may constitute a patentable invention, even if the structure of that element is identical to that of a natural element".

基因保护策略。尽管在美国最高法院的判决中在分离的 DNA 和 cDNA 之间划清了界限，然而，正如在该判决结尾部分所指出，本案"不涉及关于 BRCA1 和 BRCA2 基因的知识的新应用的专利"，"我们也不考虑天然核苷酸的顺序已改变的 DNA 的可专利性"，对于该领域的很多问题留下了开放式的结尾。例如，对于从自然界分离的稀有的突变体，是否属于专利适格的范畴，是值得探讨的。此外，这一判决是否能够类似地适用于其他从自然界分离的分子（如化合物）乃至微生物，依然是不确定的问题。例如，很多专利申请中同样涉及蛋白质或多肽，按照该判决的思想，如果仅仅通过氨基酸序列对请求保护的蛋白质或多肽进行限定，那么其仍然与自然界中存在的蛋白质或多肽相同，而无法仅仅因为从自然界中分离而成为可授权的客体。如何通过合理设计专利策略和完善撰写技巧来获得有效的专利保护，为知识产权产权工作者提出了更高的要求。例如，如何通过某些限定或组合将请求保护的生物分子与自然界存在的生物分子相区分，或者增加申请文件中请求保护的主题的多样性，同时涵盖用途、方法等权利要求。同时，能否通过其他途径例如商业秘密来保护生物技术公司的利益，也是一种有待探究和尝试的方式。基因战争仍在继续，而相关法律问题的研究和完善也将随着技术的进步和法律实践的延伸而不断发展。

浅谈有效答复化学领域"公开不充分"审查意见的合理思路

刘 庆[*] 刘宇雄[*] 王丽娜[*] 王 舟[*]

【摘 要】

本文分析了判断说明书公开是否充分的整体判断原则，就申请人如何答复化学领域"公开不充分"审查意见通知书，提出了从"所属领域技术人员"和"技术问题认知"两个方面考量，并通过两个典型案例对答复思路进行了详细分析，以期为申请人答复该类审查意见通知书提供有参考价值的意见。

【关键词】

公开不充分 所属领域技术人员 技术问题

一、引 言

《专利法》第 26 条第 3 款规定，说明书应当对发明或者实用新型作出清楚、完整的说明，以所属技术领域的技术人员能够实现为准。该法条是《专利法》中"以公开换取保护"原则的集中体现。然而除去申请人由于恶意不履行其公开义务，故意隐瞒关键技术或虚造技术上不可行的技术方案导致说明书明显存在公开不充分问题的情况外（此类情况不可能获得专利权，因而不属于本文谈论范围），在实践中，随着技术领域、发明主题、技术内容、申请文件撰写水平、申请人或其代理人（下文统以申请人代指）对《专利法》认识等的不同，审查员面临的实际问题会复杂很多，这可能导致审查员对于充分公开的把握尺度存在差异，导致相同或相似的案件有时会得出不同甚至相反结论。显然，这一结果无论对于申请人还是对于社会公众，都是不公平的。

---

[*] 作者单位：国家知识产权局专利审查协作北京中心。

进一步具体到化学领域的审查，一方面，化学领域发明技术内容涉及面广，不同类别的发明技术差异很大；另一方面，化学属于实验科学，即对基本理论有很高要求，但往往最终实验结果却又有很强的不可预见性。上述原因造成了化学领域的专利审查往往出现很多特殊问题。鉴于化学领域专利审查的上述特殊性，《专利审查指南2010》第二部分第十章遵循《专利法》和《专利法实施细则》确立的原则，单独对化学领域产品、方法和用途发明的充分公开作出非常详细的规定，而且审查员在化学领域的专利审查中，对公开不充分的把握尺度更加严谨。上述情况也导致广大申请人在答复通知书的时候缺乏明确合理的答复思路，错误地将精力放在不能被接受的修改或者缺乏证据支持的主观陈述上，浪费了宝贵的意见陈述机会，导致案件走向驳回，在公开了自己的技术贡献同时没有获得相应的"独占性"保护。

基于上述原因，本文试图通过化学领域发明专利审查的实际案例，提供一个答复化学领域"公开不充分"审查意见的合理思路，以期能够帮助申请人有针对性和高效地答复化学领域有关"公开不充分"的审查意见通知书，提高授权概率。

二、判断说明书公开是否充分的基本原则和答复思路

从《专利法》第26条第3款的规定可以看出，说明书是否达到了对发明或者实用新型作出"清楚、完整的说明"这一基本要求的判断主要涉及两个方面，判断的主体是"所属领域的技术人员"，而作出判断的"准绳"是"能够实现"。

何为"所属领域的技术人员"？首先，其应该能够知晓本领域所有的普通技术知识，能够获得该领域中所有的现有技术；其次，其应该具有常规实验手段的能力，但是其不具备创造能力。前者属于对所属领域技术人员的客观要求，后者属于对所属领域技术人员的主观要求，上述两个要求只要有一个出现认识偏差，就容易造成判断主体人为地降低或拔高自己的认知水平，未能成为真正的"所属领域技术人员"。前者往往出现在公开不充分问题的认定中，而后者往往出现在创造性问题的认定中。本文只涉及前述降低标准的情况。

何为"能够实现"？一项发明创造被授权的前提是，其必须首先有一个能够实现的、可行的、有意义的技术方案。技术方案本身的技术特征及其组合仅仅是其中的一个方面。为了正确认识发明创造的本质，还需要进一步客观地考察技术方案所能解决什么样的技术问题，会产生什么样的技术效果，通过技术方案在运用中的外在表现来更全面、深入、正确地认识技术方案本身。也即只

有明确了要解决的技术问题,才能基于该技术问题判断哪些技术特征必须要公开以及其公开的程度,才能确定出其对应产生的技术效果。因此,在是否充分公开的判断中,技术方案所要解决的技术问题是必须要考虑的一个因素。是否从发明要解决的技术问题出发对技术方案进行整体把握,在某种程度上对判定说明书是否公开充分会产生决定性的影响。

基于此,笔者认为,判断说明书是否公开充分的原则应该基于上述两个方面整体把握。只有从所属领域技术人员的角度出发,从发明所要解决的技术问题出发,客观准确地理解说明书公开的技术内容,才能作出说明书公开是否充分的正确结论。

如果将说明书公开充分的判断基准比喻成一个水桶的最大容量,而将说明书公开的部分和所属领域技术人员确定的部分(包括现有技术和常规实验手段的能力)比喻作水的话,上述所谓的整体把握原则可以通过图1形象说明。

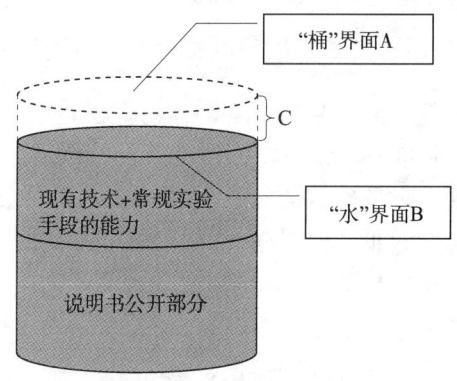

图1 整体把握原则的说明

理论上,当说明书公开充分时,界面A和B应该是重合的,也即C段为零。

虽然说明书公开部分的"高度"原则上已固定,但是如果判断主体由于对现有技术和/或常规实验手段能力的掌握有限,没有达到"所属领域技术人员"的要求时,其必然导致主体认知水平降低,使得"现有技术+常规实验手段"部分的水位高度发生降低,从而导致代表整体水位高度的界面B降低,界面B与界面A之间存在不为零的C段,从而会得出说明书公开不充分的结论。

同样的,即便判断主体没有人为地降低界面B,但是如果其对申请所要解决的技术问题认知不够准确而出现偏差,必然会人为地改变界面A的水平位置,导致界面A不能够与界面B重合,C段不为零,从而也会得出说明书公开不充分的结论。

综上可以看出，所谓整体，即是要整体上保证 C 段不存在，为此，应该从 A 界面和 B 界面两方面入手，上述第一方面考虑的就是水用量是否够多的问题（即需要用多少水才能装满桶的问题），第二方面考虑的就是水桶容量是否划分准确的问题（也即用什么样的桶才能刚装满水的问题）。如果有一方面的判定存在偏差，其必然会导致存在不为零的 C 段。

基于上述分析，笔者认为申请人针对公开不充分的审查意见，可以从以下两个方面进行合理争辩：（1）判断主体是否到达了"所属领域技术人员"的标准；（2）对发明所要解决的技术问题认知是否全面客观。

三、通过具体案例谈答复方法

（一）判断主体是否达到了"所属领域技术人员"的标准

在实践中，审查员是现实的人，其不可能知晓每一项发明专利申请所属技术领域的所有普通技术知识，了解相关的现有技术状况，这样要求也不现实。但是这就难免会导致审查员确认的"所属领域技术人员"标准实际过低，也即上述的"水"界面 B 过低。这就为申请人答复通知书时提供了一个明确合理的思路：与其人为强调未公开的部分不公开也不影响技术方案的实施，不如用事实说话，自己主动提供合适的现有技术证据，帮助审查员提升对本领域技术知识的了解，从而提高界面 B 的高度，最终使其与"桶"界面 A 重合，从而克服公开不充分的问题。

上述答复思路可以进一步细化如下：将"所属领域技术人员"确定的公开是否充分的标准（界面 A）与审查员在审查过程中确定的公开是否充分的标准（界面 B）相比较，二者的区别是存在 C 段，如果该 C 段只涉及现有技术的话，那么申请人只要能够提供公开了该现有技术的证据文件，就能将 C 段"补齐"，使得 B 界面与 A 界面重合。

但是从第二部分的示意图可以看出，影响界面 B 高度的因素除了"现有技术"还有"常规实验手段的能力"，此时，申请人如果仅提供现有技术证据文件，并不能将 C 段内容全部公开，也即无法补齐 C 段。这种情况又如何答复呢？笔者认为，在确定作为区别的 C 段后，申请人同样应该是提供"最接近"的现有技术文件，此时原界面 B 加上"最接近"现有技术后，与界面 A 存在的区别为"新 C 段"，申请人再论述该"新 C 段"为何属于"常规实验手段"。由此可见，只有申请人提供的现有技术"最接近"，才可能最大限度地提升原界面 B，从而使"新 C 段"最短，这样后继评述其是"常规实验手段"，证明其不需要"创造性劳动"时，才能更加简单，更加容易让人信服。

综上可以看出，其实上述答复思路与审查员评述创造性时使用的"三步法"有异曲同工之妙，且关键都在于有关现有技术的证据型文件的提供。只不过本文是建议申请人主动提交现有技术证据文件以期克服说明书公开不充分的问题。

现请看以下具体案例。

1. 案　情

本案涉及名称为"化合物 N-2-甲磺酰乙基-2β-羧甲氧基-3β-（4-氯苯基）去甲基托烷及其合成方法"的第 200510038767.4 号发明专利申请。该申请要求保护化合物 N-2-甲磺酰乙基-2β-羧甲氧基-3β-（4-氯苯基）去甲基托烷的合成方法。

说明书记载了该化合物的化学合成路线，并详细描述了合成方法中所需的原料、合成步骤、合成条件等技术信息，但未记载该方法制备得到的最终产物的结构鉴定数据。在驳回通知书中，审查员认为说明书没有记载能够证明目标化合物已被制备得到的证据，因此公开不充分。申请人不服，提交了复审。复审合议组在复审通知书中也认为本申请的合成方法中有可能得到其他反应产物，因此无法确认按照权利要求的方法得到的产物是否为目标化合物。但是最终申请人在答复复审通知书时提交了一篇现有技术文献，认为该文献中公开了与本申请相似的反应，其主要产品是确定的，不会有大量副产物。

2. 推荐的答复方式

在答复复审通知时，首先，申请人提供一篇"最接近"的现有技术文献，其具体公开了以 2β-羧甲氧基-3β-（4-碘苯基）去甲基托烷为起始原料，与溴丙醇反应得到作为中间产物的 N-（3-羟丙基）-2β-羧甲氧基-3β-（4-碘苯基）去甲基托烷，然后再与甲基磺酸酐反应制备得到作为终产物的 N-（3'-甲磺酰丙基）-2β-羧甲氧基-3β-（4-碘苯基）去甲基托烷的方法，并通过元素分析、1H NMR 等数据证明了该方法能够顺利实施。

其次，申请人将本申请要求保护的制备方法与上述"最接近"现有技术公开的制备方法对比，认为两者都涉及 2β-羧甲氧基-3β-（4'-卤代苯基）去甲基托烷的 N 取代衍生物的合成，反应路线均为两步合成法，并且这两种制备方法中涉及的反应位置、所使用的反应条件和反应步骤均基本相同，不同之处仅在于第一步中所使用的反应底物略有差别，由此导致反应产物略有不同。

最后，对于上述区别，申请人认为根据本领域的一般技术常识可知，本申请所使用的反应底物和现有技术中所使用的反应底物化学性质基本相同，在化学反应底物基本相同、反应位置相同、反应条件也基本相同的情况下，仅有细微技术区别尚不足以对反应过程带来任何实质性影响。因此对于本领域技术人员而言，本申请的制备方法和现有技术的制备方法基本相同。基于现有技术的制备方法已被证实能够顺利实施，因此，本领域技术人员将能预期到本申请的制备方法也能顺利实施。在此情况下，尽管本申请说明书未公开产品的结构鉴定数据，本领域技术人员也不会据此认为本申请要求保护的制备方法不能够顺利进行。

3. 分析小结

最后，基于上述合理意见陈述，复审委撤销了前审部门关于本申请公开不充分的审查结论。

本申请其实涉及当说明书未公开产品的结构鉴定数据时，该产品的合成方法是否符合充分公开的要求的问题。一般情况下，由于提供结构鉴定数据是表明产品已经得到或能够得到的最直观方式，因此，审查过程中，当审查员根据其所掌握的知识，无法根据制备方法本身的工艺条件确定该制备方法必然能够依所希望的路径反应并得到希望的产品时，如果说明书中未提供产品的确认数据，审查员将会质疑该制备方法未充分公开。而且由于确定产品结构参数的数据属于申请人公开义务的范畴，其后期补交往往是不能接受的，因此对于此类案件，往往会走向驳回。但是具体到本申请，申请人在复审阶段主动地提供了一篇关键性的现有技术证据，并基于区别，辅以常规实验手段方面的合理说明，有力地提高了本领域技术人员的实际预知水平，使原先的不确定性变成了可合理预期，促使案件走向发生逆转。

由此可见，对于申请人来说，证据优先，通过提供最接近的现有技术，进而采用类似"三步法"评述创造性的方式进行意见陈述，思路清晰，针对性强，有力地帮助审查员提高了认知水平，从而改变了公开不充分的结论。而对于审查员来说，相较于申请人漫无目的主观陈述或要求审查员"举证"，也更容易接受上述答复方式，同时也乐意通过这种方式促使自己向真正的"所述领域技术人员"转变。

（二）对发明所要解决的技术问题认知是否全面客观

审查员在实际审查工作中，由于缺乏相关领域的工作经验，就有可能过于关注说明书中整个技术方案的各个细节，而没有从申请所要解决的技术问题上进行宏观把握，这就会造成对技术方案理解出现偏差，"只见树木不见森林"，出现人为拔高公开充分基准面 A 的情况。这就为申请人答复通知书时提供了另一个合理的答复思路，如果说前部分是从申请人的角度补充说明书部分未提及的现有技术，帮助审查员提高认知水平，那么本部分就是从审查员的角度，直接指出审查员在认知方面存在的问题，促使其降低公开充分基准面 A，使其与 B 界面重合，这样就不再需要将大量精力花费在对现有技术证据文件的收集和说理上，有时还会收到更好的答复效果。

现请看以下具体案例。

1. 案　情

本案涉及名称为"一种益智软胶囊及其制造方法"的第 98107206.2 号发明专利申请。该申请请求保护一种益智软胶囊的制造方法，所述方法是将益智破壳取仁，过筛，分开皮壳和种子，随后将种子捣碎，加去离子水提取浓缩成流浸膏，干燥，或加维生素 E 醋酸酯、蔗糖酯、菜籽油，制成内容物，在模压丸机中制成软胶囊。其中，制备内容物的具体步骤如下：（1）将益智种子捣碎，在常温下榨取油脂；（2）将油饼粉碎，与益智皮壳混合，用水蒸气蒸馏法提取挥发油；（3）将益智油脂、挥发油以及蒸馏后残渣经水浸提制成的干浸膏粉混合制成混悬内容物。说明书中记载，本申请是针对传统方法制作益智制剂过程以及放置过程中挥发油损失多，提取单一成分不利于综合药效且其中辛辣成分不利于服食的缺陷，提供一种能克服上述缺陷的新的制备益智产品的方法。说明书描述了所述益智软胶囊的制备方法，并提供了若干具体实施例。在驳回中，审查员认为本申请说明书没有记载制备软胶囊的药物成分益智油脂、挥发油和干浸膏粉三者之间的用量比例，而这些用量是实施本申请技术方案不可缺少的必要技术特征，在没有详细公开这些技术内容的情况下，本申请不符合《专利法》第 26 条第 3 款的规定。

2. 推荐答复方式

根据说明书背景技术部分对现有技术缺陷以及本申请发明目的的描述，本申请所要解决的技术问题是提供一种能够较完全地提取益智所有有效成分的方法和含有益智有效成分完全、放置过程中挥发油不易逸散、服食方便的益智产品。为解决上述技术问题，本发明采用的技术手段为对益智植物进行分段提取，分段产物分别为益智油脂、挥发油和干浸膏粉，三者合并成为益智提取物。该益智提取物单独或者与包括维生素 E 醋酸酯、蔗糖酯、菜籽油在内的添加成分混合形成混悬液,该混悬液即为最终制得的软胶囊的内容物。益智是一种已知的药食同源中药材,本发明所采取的提取、制剂各步骤的单元操作均是已知的、可进行的。对于益智油脂、挥发油和干浸膏粉三者之间的比例,本发明的目的是尽可能完全地将益智成分提取出来并置于终产品当中,从其技术方案,即在益智分段提取后将所有提取物合并也可看出,本发明并不关注于对益智各成分的量进行调整、组配,而是追求将天然存在的成分尽可能完全地提取出来,就比例而言应是尽可能接近于天然比例。因此,说明书对益智油脂、挥发油和干浸膏粉的比例不作限定并不影响本发明的实现。

3. 分析小结

本案经过复审最终撤销驳回。在本案的答复中,申请人可以直接从说明书记载的内容出发,分析现有技术存在的缺陷,确定本发明要解决的技术问题是"提供一种能够较完全地提取益智所有有效成分的方法"。为了解决这一问题,本发明采用分段提取益智中药材的手段,分段得到益智油脂、挥发油和干浸膏粉,然后将其合并。由于这三种分段产物几乎囊括了益智的所有有药用价值的成分,因此,本领域技术人员根据其常识能够推知,三者之间的具体比例无论大小,均不会影响到上述"较完全提取益智所有有效成分"的目的,也不会影响到分段提取等技术手段的实施,还不会影响到预期效果的达成,即获得"有效成分完全"的益智产品。申请人通过宏观把握本申请所要解决的技术问题,得出"益智油脂、挥发油和干浸膏粉"的比例关系这一"技术特征"并不属于影响本申请充分公开程度的技术内容,并非说明书中必须记载的内容,说明书不对上述内容进行具体说明不会影响本领域技术人员实现该发明。

这种意见陈述方式并未将答复重点片面地放在"三者之间的具体比例"的确定是不是公知技术或者常规手段上,而是直接从技术方案所要解决的技术问题这一实质出发,分析了审查员看重的该技术特征并不属于本申请必须公开的部分,从而降低了审查员拔高的公开充分基准 A,在同样的公开内容的基础上(B 界面不变),使得 A 界面与 B 界面重合,从而得出本申请说明书公开充分的客观结论。这种答复思路简单直接,起到了事半功倍的效果。

四、小 结

本文通过形象的示意图,从两个角度,辅以有代表性的两个化学领域的具体实审案例,对判断说明书公开是否充分的整体分析原则及其相应答复思路进行了系统阐述,提出了笔者的一些见解。希望通过本文,能够为广大申请人在答复公开不充分的审查意见通知书时，提供一些有用建议和帮助。当然，由于笔者水平有限，有失偏颇之处还望读者不吝赐教。

参考文献

［1］中华人民共和国国家知识产权局. 专利审查指南 2010 ［M］. 北京：知识产权出版社，2010.

［2］中华人民共和国国家知识产权局. 审查操作规程·实质审查分册 ［M］. 北京：知识产权出版社，2011.

植物细胞知识产权保护问题探讨

张 彬*

【摘　要】

《专利法》第 25 条第 1 款第（4）项规定，动物和植物品种不能被授予专利权。对于动物细胞、组织或器官是否属于"动物品种"或"动物"的范畴，《专利审查指南 2010》给出明确的规定，而对于植物细胞、组织或器官，并没有明确的规定，因而，在植物细胞是否为植物品种，以及植物细胞是否可以通过放弃式修改获得专利保护的问题存在争议。

【关键词】

植物品种　植物细胞　不授权主题　具体放弃式修改

一、前　言

近年来，生物技术取得了突飞猛进的发展，针对生物技术领域的专利保护，许多国家的专利法中都有排除其专利保护的条款。在一些工业化的国家，老的专利法基于其政策的考虑，对以化学方法获得的物质、医药品、食品不授予专利权，但随着科技的进步，大多已取消了这些排除条款，目前涉及生物技术的发明在大多数国家仍保留的排除主题，只有动物和植物品种，以及生产植物和动物的基本上生物的方法。[1]

由于大多数国家的专利法都明确规定对动物和植物品种不授予专利权，因而动物和植物通常都得不到专利保护。然而，随着生物技术的发展，尤其是 DNA 重组技术的飞速发展，人们已经可以根据自己的需要创造出各种转基因动物或转基因植物，这是立法者当时未能预料的。一方面，人们认为应当保护这种极有价值的发明；另一方面，法律规定又不能随意变动。因此，在对该项

---

* 作者单位：国家知识产权局专利局专利审查协作北京中心。

[1] 马昭若. 植物和动物品种知识产权保护问题 [J]. 学术论坛，1995（3）.

法律条款的解释上，就出现了比较混乱的情况。各国专利法一般都对不授权主题作出了比较简单的特殊规定，然而在司法实践中，人们往往可以对这些简单的法律条文作出不同的甚至相当复杂的解释，从而使得其法律界限难以分辨。所以，在处理某些特殊的具体问题时，常常会出现不同的观点。

《欧洲专利公约》第53（b）条规定"植物或者动物品种或者生产植物或者动物的基本生物学方法"不能被授予专利权，1998年7月4日颁布的欧盟《关于生物技术发明的法律保护指令》，对"品种"这一概念进行了定义"品种限于其整个基因组并具有个体性且明显不同于其他品种"。在欧洲专利局申诉委员会案例 T320/87（OJ 1990，71）案中，申诉委员会认为，由于杂交种子和植物在整个子代种群的某些特征中缺乏稳定性，因此不属于《欧洲专利公约》第53（b）条中所指的植物品种。在 T356/93（OJ 1995，545）案中，申诉委员会认为由于现代生物技术可将植物细胞像细菌和酵母那样培养，因此，认为植物细胞不属于植物或植物品种，该观点也在 *Novartis* 案（EP488511，名称为"含溶菌肽和水解酶的抗病有效组合物"）中得到欧洲专利局扩大的申诉委员会的确认，基于此，欧洲专利局目前的实践，细胞和其部分被看做微生物❶，不属于植物品种的范畴而被排除专利性。

我国《专利法》第25条第1款第（4）项规定，动物和植物品种不能被授予专利权。对于动物细胞、组织或器官是否属于"动物品种"或"动物"的范畴，《专利审查指南2010》第二部分第十章第9.1.2.3节有明确的规定：动物的体细胞以及动物组织和器官（除胚胎以外）不属于《专利法》第25条第1款第（4）项的规定的范畴。对于植物细胞、组织或器官，该章节并没有明确的定义，只给出如下定义："可以借助光合作用，以水、二氧化碳和无机盐等无机物合成碳水化合物、蛋白质来维系生存的植物的单个植株及其繁殖材料"，如果满足上述特性，则属于《专利法》第25条第1款第（4）项规定的"植物品种"的范畴，从而不能被授予专利权。植物细胞、组织或器官如果不具备上述特性，则其不能被认为是"植物品种"，即针对植物细胞是否属于植物品种需要具体情况具体分析。

二、审查现状和实践

植物细胞较之动物细胞具有一定的特殊性，其存在全能性，即理论上所有的植物细胞都可能发育成完整的植物体，从而作为植物的繁殖材料。因而在植

---

❶刘稚. 转基因动植物及其品种的专利保护问题（中篇）[J]. 审查业务通讯，2004，10（2）.

物细胞是否为植物品种的问题上争议较大。

《专利审查指南 2010》第二部分第一章第 4.4 节给出了《专利法》所述植物的定义，《专利审查指南 2010》第二部分第十章第 9.1.2.3 节规定：可以借助光合作用，以水、二氧化碳和无机盐等无机物合成碳水化合物、蛋白质来维系生存的植物的单个植株及其繁殖材料（如种子等），属于本部分第一章第4.4 节所述的"植物品种"的范畴，不能被授予专利权；植物的细胞、组织和器官如果不具有上述特性，则其不能被认为是"植物品种"，因此不属于《专利法》第 25 条第 1 款第（4）项规定的范畴。

然而，《专利审查指南 2010》并没有明确"上述特征"具体指代何种特征，加之植物细胞的特殊性使得审查实践中存在对植物细胞是否属于植物品种的不同理解。

例如：申请号 200480004680.9，发明名称为"草甘膦耐受性甜菜"的发明专利申请，审查员在第一次审查意见通知书中认为：权利要求 8 要求保护植株的细胞、组织和部分（其中植株部分包括植株的任何部分，其中包括植株繁殖材料）属于《专利法》第 25 条第 1 款第（4）项规定的"植物品种"的范围，因此不能被授予专利权。申请人答复意见认为本申请要求保护的植物是通过在特定整合位点被整合的特定重组 DNA 序列进行定义的。这些植物不是植物品种，因为它们没有通过给定的基因型或基因型的组合所致的特征的表达来定义，还将权利要求 1~6 的主题由"植株"修改为"细胞"，审查员接受，并没有坚持植物细胞不授权主题的意见，本案最终以创造性驳回。经复审后，合议组认为：本发明的目的是赋予甜菜以草甘膦耐受性，显然，这种耐受性只有在田间种植时才能够为甜菜植株带来益处，而在细胞或组织水平的培养上是无须此性状的，因此，从发明目的的角度来说，无论是草甘膦耐受性甜菜植株细胞还是组织，要能够实现本发明的目的，均必须具备由其成长为甜菜植株的能力。因此，合议组依职权引入主动审查，认为"植物细胞"的保护主题不能被授予专利权，即前审和复审对"植物细胞"可专利权的看法截然不同。

考虑到专利复审委员会的复审决定对于实审部门的指导意义，当前审查实践中存在如下主流观点：植物品种包括处于不同发育阶段的植物体本身，还包括能够作为植物繁殖材料的植物细胞、组织或器官等。特定植物的某种细胞、组织或器官是否属于繁殖材料，应当依据该植物的自然特性以及说明书中对该细胞、组织或器官的具体描述进行判断。即判断植物细胞是否属于植物品种需要考虑植物自然特性及说明书中记载的内容。在根据说明书中对植物细胞的描述以及现有技术对该植物细胞自然生长特性的认知，能够确定其能发育成为完整植物体的情况下，可以认定植物细胞属于植物品种。否则，不宜认定该植物细胞必然能发育成为完整的植物体。

三、植物细胞放弃式修改

当认定"植物细胞"为植物品种时，申请人如果通过"放弃"的修改方式，是否能够被接受也存在诸多争议。

例如：申请号为 200680024822.7，发明名称为"产率增加的植物及其制备方法"，说明书第［0194］段记载了"可以将多核苷酸瞬时地或稳定地引入宿主细胞，并且可以，例如作为质粒保持非整合的状态。可选地，其可以整合进入宿主基因组。得到的转化植物细胞可以接着以本领域技术人员熟知的方式再生为转化的植物"。即明确了其植物细胞转化为植株，属于《专利法》第25条第1款第（4）项规定的"植物品种"的范畴，申请人通过"放弃"的修改方式，审查员认可并授权，授权的权利要求24为可通过权利要求1至23中任一项所述的方法获得的无繁殖能力的植物细胞、组织或器官，权利要求39为产率增加的转基因植物细胞，其通过将下述核酸分子引入所述植物而产生，其中所述核酸分子选自……即放弃式修改获得授权。

申请号 200580048627.3，发明名称为"产量增加的植物及其制备方法"，说明书第28页记载，在转化以后，选择存在有与目的基因转移的植物可表达基因所编码的一个或多个标记的植物细胞或细胞群，接着将转化的材料再生成整株植物。可见，说明书中记载了其植物细胞能够分化生长成完整植株，即本申请所述的植物细胞其属于繁殖材料。申请人通过"放弃"的修改方式，即修改为"非繁殖材料的植物细胞"，审查员不接受，发出修改超范围通知书，并最终以该具体放弃的修改方式超范围为由驳回。

因此，在涉及植物细胞放弃式修改的超范围问题时，有如下两个观点：

观点一：并非所有的植物细胞均具有全能性，《专利审查指南2010》第二部分第二章第9.1.2.3节最后一段指出：植物的细胞、组织和器官如果不具有上述特性，则其不能被认为是"植物品种"，因此不属于《专利法》第25条第1款第（4）项规定的范畴。可见，虽然本领域技术人员已知部分植物细胞在合适的条件下可以再生为整株植物，但是，在专利法意义下依旧存在不具有全能性、不能繁殖的植物细胞，且说明书并没有指出"转化的植物细胞均能够再生为完整的植物"，转化的对象是需要进行选择的，并不是所有的组织及其中的细胞均可使用，因此，如果将其作为植物繁殖材料的用途明确地排除在权利要求的保护范围之外，能够认可其不超范围，且保护主题不属于"植物品种"。

观点二：根据《专利审查指南 2010》第二部分第八章第 5.2.3 节，如果申请的内容通过增加、改变和/或删除其中的一部分，致使所属技术领域的技术人员看到的信息与原申请记载的信息不同，而且又不能从原申请记载的信息中直接地、毫无疑义地确定，那么，这种修改就是不允许的。《专利审查指南 2010》第二部分第一章第 4.3.2 节中也明确了对于既包含治疗目的又包含非治疗目的的方法，应当明确"非治疗目的"的限定，通过具体"放弃"的方式从权利要求中排除不授予专利权的主题。

虽然将植物细胞的"放弃"式修改，在撰写形式上与上述"非治疗目的"的具体"放弃"式相似，但二者仍有区别，不能等同对待。一种治疗方法可以同时存在治疗目的和非治疗目的两个范围，能够通过具体"放弃"将其中之一排除；而植物细胞要么能够繁殖成为完整植株，要么不能繁殖成为完整植株，对于某一种植物细胞而言，不存在既包含是植物品种的技术方案，又包含不是植物品种的技术方案，因而无法通过具体"放弃"修改方式来排除原申请文件中没有公开的技术特征以限制权利要求的保护范围。说明书中已经记载了植物细胞可繁殖为完整植株，修改后的权利要求又将其限定为"不是植物品种"，这与原始权利要求书和说明书中记载的信息不一致，因此修改超范围。

四、分析与建议

专利制度成为世界各国科技进步促进政策的重要组成部分，不同的专利政策和审查标准会间接地影响到专利制度刺激技术进步所起的作用，考虑到生物技术的发展对人类带来的巨大利益，对植物品种的现有审查实践相对过于保守，存在诸多不足：

首先，对于所有的转基因植物品种，《专利法》鞭长莫及，不能发挥它保护范围广的作用，而《植物新品种保护条例》的保护也只局限于国家植物品种保护名录中列举的，因此，那些没有列入国家植物品种保护名录中的植物品种，会陷入两边都不受保护的尴尬境地，这样不利于我国转基因植物的研究与发展，也是有违于转基因植物保护的根本性问题的。❶

其次，针对植物细胞是否属于植物品种而不能授予专利权，以及同样为"植物细胞"的权利要求，由于某些案件的说明书中记载了可以由所述细胞再生植株就使其不能被授权，而另外一些案件由于说明书中没有记载可以由所述

---

❶周莳文，等. 转基因植物的法律保护与利益平衡［J］. 华南理工大学学报：社会科学版，2010，12（6）.

细胞再生植株就可以授予专利权,从而导致主题均为"植物细胞"的权利要求因说明书记载内容的不同而有不同的结局是不合理的,也是不能被申请人理解和接受的。

最后,针对植物细胞的放弃式修改,现有审查实践过于拘泥于字面记载,将放弃式修改即植物繁殖材料的用途明确地排除在权利要求保护范围之外的权利要求认为其修改超范围的做法同样也是不尽合理的。

五、结束语

综上,我国转基因生物技术的创新和植物新品种的培育需要合理完善的知识产权制度加以保护和促进。与其他国家转基因植物知识产权保护的立法相比,我国目前的知识产权保护模式不尽合理,保护水平较低。笔者认为,从法律层面、行业发展的政策层面,专利政策不宜过于严格地限制,应当采用专利制度对转基因植物进行全方位的法律保护,不仅符合转基因技术自身的发展特点和保护需求,顺应转基因植物知识产权保护的国际发展趋势,而且与我国的技术研发实力和农业产业贸易政策相适应。

浅谈现有技术证据在实质审查条款中的扩展应用

岳瑞娟* 高晓薇*

【摘 要】

本文结合实际案例,探讨了现有技术证据在三个实质审查条款——《专利法》第26条第3款"公开不充分"、第26条第4款的"权利要求得不到说明书的支持"以及第33条"修改超范围"中的扩展应用,分析了现有技术的作用和效力,并建议审查员和申请人在能举证时尽量举证,以证据优先,用事实说话。

【关键词】

公开不充分 不支持 超范围 现有技术 证据

专利审查是一项行政审批工作,其实际操作带有浓厚的准司法性质[1]。在专利申请的实质审查、复审以及无效宣告请求的审理中,证据的运用非常重要,其是依法行政的具体表现形式之一,也是判断专利申请能否授权以及维持专利权稳定的基础。

审查实践中,审查员所使用的证据多为现有技术证据。传统意义上来讲,"现有技术"这一字样更多的是出现在新颖性、创造性法条相关的文字中,审查员在作出专利申请不具备《专利法》第22条第2款、第3款规定的新颖性、创造性的审查意见时,需要以现有技术作为证据(一般为以出版物形式公开的资料,新颖性还包括抵触申请文件)来支持其相应的主张。但是,对于其他实质性审查条款,比如《专利法》第26条第3款"公开不充分"、第26条第4款中的"权利要求得不到说明书的支持"以及第33条"修改超范围",

---

* 作者单位:国家知识产权局专利局专利审查协作北京中心。
[1] 周元. 专利审查中举证责任问题研究 [D]. 北京:中国政法大学, 2010.

其法律条文中并未出现"现有技术"一词,即法律并未明确规定这些条款的审查必须使用现有技术证据。目前常见的做法是,审查员在作出此类审查意见时,往往仅通过说理的方式提出质疑,并不提供支持该质疑的现有技术证据。而申请人也多是针对审查意见通过意见陈述来进行反驳。对于案情简单的专利申请,这种方式通常是有效可行的,但是对于案情较为复杂的专利申请,这样你来我往的说理分析通常会显得苍白无力,无法令对方信服。

此外,《专利审查指南 2010》中对这三个条款的举证责任也没有给出明确、详细的规定和清楚、完整的教导。对于《专利法》第 26 条第 3 款,《专利审查指南 2010》❶中仅规定"审查员如果有合理的理由质疑发明或者实用新型没有达到充分公开的要求,则应当要求申请人予以澄清"。但是何谓"合理的理由"、谁来决定该理由是否"合理"❷,都很难界定。对于《专利法》第 26 条第 4 款的"不支持",《专利审查指南 2010》中指出"如果权利要求的概括使所述技术领域的技术人员有理由怀疑该上位概括或者并列概括所包含的一种或多种下位概念或者选择方式不能解决发明或者实用新型所要解决的技术问题,并达到相同的技术效果,则应当认为该权利要求没有得到说明书的支持"。这里的"有理由怀疑"同样是一个笼统的概念,并没有明确"理由"是否必须有"证据"支撑。对于《专利法》第 33 条规定的超范围,《专利审查指南 2010》中仅教导"原说明书和权利要求书记载的范围包括原说明书和权利要求书文字记载的内容和根据原说明书和权利要求书文字记载的内容以及说明书附图能直接地、毫无疑义地确定的内容"。但什么情况下属于"直接地、毫无疑义地确定"经常是申请人和审查员争论的焦点。另一方面,审查员受限于自己的专业技术知识、检索能力和专利行政机关的资源等,能够找到相关现有技术证据支持其质疑的机会也是有限的,在举证中处于弱势地位。如果严格规定让审查员举证,将会使审查过程进入寻找证据的死循环中,浪费行政资源,不利于申请人和公众。

但是,这并不意味着上述条款的审查中必然不使用现有技术证据。对于说明书公开不充分,《专利法》第 26 条第 3 款规定"以所属技术领域的技术人员能够实现为准";对于权利要求应当得到说明书的支持和修改是否超范围的判断,《专利审查指南 2010》中分别规定"权利要求所要求保护的技术方案应

---

❶ 中华人民共和国国家知识产权局. 专利审查指南 2010 [M]. 北京:知识产权出版社,2010.

❷ 张旭,朱莹,胡晓珊,翟燕燕.《专利法》第 26 条第 3 款审查中举证责任分配的探究 [G]//中华全国专利代理人协会. 加强专利代理行业建设 有效服务国家发展大局——2013 年中华全国专利代理人协会年会第四届知识产权论坛优秀论文集. 北京:知识产权出版社,2013.

当是所述技术领域的技术人员能够从说明书充分公开的内容中得到或概括得出的技术方案"、"如果申请的内容通过增加、改变和/或删除其中的一部分,致使所属技术领域的技术人员看到的信息与原申请记载的信息不同,而且又不能从原申请记载的信息中直接地、毫无疑义地确定,那么,这种修改就是不允许的"。由此可见,在审查说明书是否充分公开、权利要求是否得到说明书的支持以及申请文件的修改是否超范围时,都应该基于"所属技术领域技术人员"的水平进行判断。由于"所属技术领域技术人员"是个虚拟的人,因此在实际审查中,审查员需要通过阅读申请文件、检索现有技术等手段使之尽量接近"所属技术领域的技术人员"的标准,才能对专利申请作出客观、准确的审查意见。可见,"所属技术领域的技术人员"所掌握的"现有技术"在判断申请文件是否"充分公开"、"支持"以及"修改超范围"的过程中起着至关重要的作用。只有掌握了足够充分的现有技术,正确运用现有技术证据,才更能使此类条款的审查有理有据,客观公正。

下面结合几个具体案例谈谈现有技术证据在上述三个条款中的扩展应用,以抛砖引玉,与大家进行交流。

一、在《专利法》第 26 条第 3 款的审查中使用现有技术证据

【案例1】
1. 案情简介
权利要求:局部施用的组合物,特别是用于婴儿或幼儿,其中所述组合物包含亲水性液体,至少一种抗炎活性物质以及至少一种用于活性物质的载体介质且所述载体介质与亲水性液体形成页片状、层叠状排列的双膜,其特征在于,所述抗炎活性物质均匀分散在页片状双膜中。

本申请的发明点是选自氢化磷脂等的载体介质与亲水性液体形成片状、层叠状排列的双膜,抗炎活性物质在页片状双膜内的亲脂基之间均匀分散,从而使组合物能够有效地促进在儿童、幼儿和婴儿的皮肤中建立和完善物理-化学屏障。

驳回决定认为:虽然在说明书实施例中记载了组合物的制备方法,但由于磷脂双分子层脂膜受表面张力等的影响,其在匀化后一般会形成球形或类球形的囊泡,而无法形成页片状、层叠状排列的双膜,同时,本申请也未提供任何数据证明其制备的局部施用组合物中载体介质与亲水性液体形成了片状、层叠状排列的双膜。因此,本领域技术人员根据本申请说明书记载的内容无法制备

出载体介质与亲水性液体形成了片状、层叠状排列的双膜的局部施用组合物，即本申请的说明书公开不充分。

申请人就上述驳回决定提出了复审请求，但没有提供相关证据，仅陈述了说明书公开充分的理由。复审通知书的审查意见同驳回理由类似，通过分析说理，坚持认为说明书不符合《专利法》第 26 条第 3 款的规定。

随后复审请求人在答复复审通知书时提交了参考文件，包括网页文件（附件 1）、书证（附件 2）和内部实验报告（附件 3、附件 4），用以证明相比脂质体囊泡和胶束，"页片状排列"的双层磷脂结构是磷脂在溶液中更为基础的存在形式，因此获得"页片状排列"属于本领域现有技术，无须实验数据证明本发明的局部施用组合物能够产生页片状、层叠状排列的双膜结构。但是，专利复审委员会对该参考文件不予认可，认为附件 1 的网页文件，没有证据能够证明其属于本申请的申请日之前的现有技术，也无证据能够证明其记载内容本身的真实性；附件 2 记载的是有关脂质体形成的理论机理，其机理本身不足以直接证实本申请的组合物必然能够产生所述双膜结构，且理论机理是人们根据脂质体形成的有关实验现象所进行的理论分析和解释，脂质体形成过程是否确如理论机理所描述并不确定，需要实验证据来证明。附件 3 和附件 4 属于内部实验数据，而非公开出版物，且在本申请原始申请文件中并未有对应记载。

在复审决定中，专利复审委员会通过引入现有技术"《药物新剂型与新技术》，陆彬主编，人民卫生出版社"来对公知常识进行佐证，指出根据本领域技术人员的常识，作为本申请中所述载体介质的氢化磷脂在水性载体中匀化自然形成的是具有双层封闭结构的囊泡结构，而不是形成页片状、层叠状排列的双膜，因此维持驳回决定。

2. 案例分析

本案中实审审查员通过分析，认定"磷脂匀化后一般形成球形或类球形的囊泡，而无法形成页片状、层叠状排列的双膜"。申请人在答复实审通知书以及提交复审请求时只是针对审查员的质疑进行了陈述，没有提供现有技术证据。复审通知书中也仅是继续合理质疑，没有进一步通过证据进行说理。申请人在答复复审通知书时提交了参考文件，但是，所提交的参考文件由于其公开时间和真实性存疑，属于非正规出版物，或者是不足以证明实际形成过程的理论机理，导致其均不能证明复审请求人的主张。而在复审决定中，专利复审委员会通过现有技术的书证，证明了"磷脂匀化后形成囊泡"是本领域的公知常识，维持了驳回决定。可见，由于缺少证据支持，驳回决定和复审通知书都难以令申请人信服，从而导致整个审查周期的延长和审查资源的浪费；复审决定中引入的现有技术证据才使得结论更具有说服力;而申请人也由于提交证据不及时而浪费了时间和钱财,且所提交的证据不符合现有技术的定义,错失了证明发明充分公开的机会。如果申请人能及早把握提供证据进行抗辩的时机,本案的走向可能会发生变化。

因此,在判断发明专利申请的说明书是否公开充分的问题上,如果能检索到相关的现有技术,审查员应该尽可能地使用现有技术的"白纸黑字"作为证据❶,不要让申请人误认为审查员是简单地根据主观臆断去质疑,从而使审查意见更为公正和更有说服力。而对于申请人,也应该针对审查员的质疑,及时提供证据进行反驳,并且应该核实证据的有效性,包括公开时间、真实性以及其具体技术内容是否与要证明的结论相一致等。

二、在《专利法》第 26 条第 4 款的审查中使用现有技术证据

【案例2】
1. 案 情 简 介

权利要求要求保护一种催化不饱和脂环族化合物合成脂环族环氧树脂的方法,以具有氧化作用的金属化合物为催化剂(Ⅰ),以过氧化氢或烷基过氧化氢为氧源,在有机溶剂中,不饱和脂环族化合物选择性地催化环氧化合成脂环族环氧树脂;反应温度在 $0 \sim 90 \, ℃$;反应 20 分钟以上;并限定了物料和催化剂的相对用量以及催化剂的种类。

申请人声称的主要创新点在于使用了特定的催化剂实现了环氧化反应。但是,审查员通过仔细对比申请人的在先相似申请发现,该相似申请的实施例 5 中公开了使用相同的催化体系,且所使用的工艺步骤和原料也均落入权利要求 1 的限定范围,但是最终却制备得到了酮类物质正庚酸 - 6 - 酮而不是脂环族的环氧树脂。因此,审查员以该篇现有技术作为反例,质疑权利要求 1 的方法能否将所有的不饱和脂环族化合物均转化成为脂环族环氧树脂,解决发明所声称要解决的技术问题。由于证据确凿、说理充分,申请人答复该审查意见时,认可了审查员的观点,通过缩小权利要求 1 中的反应时间的范围,排除了在先申请的技术方案。

---

❶ 涂赤枫,胡晓珊,刘扬威,徐靖. 涉及《专利法》第 26 条第 3 款 "公开不充分" 的检索思路[G]//中华全国专利代理人协会. 加强专利代理行业建设 有效服务国家发展大局——2013 年中华全国专利代理人协会年会第四届知识产权论坛优秀论文集. 北京:知识产权出版社,2013.

2. 案例分析

本案中，说明书中给出了具体的实施例及实验数据，即在实施例特定的配比和工艺参数下是能够将不饱和脂环族化合物转化成脂族环氧树脂的。因此，本申请根本的缺陷是权利要求在概括时将不能解决发明技术问题的方案也包含进去，因此在审查意见中质疑"权利要求得不到说明书的支持"是准确的。

上述案例说明，通过现有技术反例的使用，审查员作出的权利要求得不到说明书支持的审查意见有理有据，使申请人更能明白其申请文件存在的缺陷和审查员的倾向性意见，从而通过修改来确定一个合理的保护范围，排除不能解决发明技术问题的技术方案。可见，在可能存在现有技术证据的情况下，审查员应努力检索，通过现有技术证据来支撑相关的观点，这样说理更能扣准缺陷的实质，容易让申请人信服，从而提高审查效率和授权质量。

三、在《专利法》第 33 条的审查中使用现有技术证据

【案例3】
1. 案情简介

权利要求 1 要求保护一种聚丙烯的复合 β 晶型成核剂，其包括 β 晶型成核剂和具有如下结构式的协效剂芴-噁二唑化合物 A，式中，$n=1\sim4$。

实审审查员在通知书中指出权利要求 1 因没有对该结构式中的 m 进行限定而不清楚。申请人答复通知书时将结构式中的 m 修改为 n。审查员接着指出：由于 m 既可能是结构式中本身就存在的，只是申请人没有对其进行限定，也可能是申请人将 n 误写为 m，即该结构式的修改方向并不唯一，因此该修改

超出了原说明书和权利要求书记载的范围，不符合《专利法》第33条的规定。申请人在答复上述审查意见时陈述"由于原说明书和权利要求书中只有对n的定义，而没有对m的定义，所以不存在m，m只是n的误写而已，且芴－噁二唑化合物A是一种对称结构的化合物，不可能同时存在不相同的m和n"。但是，审查员认为"本申请中并没有提及所述的芴－噁二唑化合物A是对称结构，芴－噁二唑化合物表示的是含有芴和噁结构的化合物，该名称并不能说明化合物A就是对称结构，因此不能直接推断出m＝n"，并以权利要求1的修改不符合《专利法》第33条的规定而驳回本申请。

申请人就驳回决定提出复审请求，但没有对权利要求作出修改。复审通知书的审查意见同驳回理由类似，坚持该修改不符合《专利法》第33条的规定。

复审请求人在答复复审通知书时，提交了一篇公开日在本申请申请日之前的期刊文献，属于本申请的现有技术，用以证明芴－噁二唑化合物是对称结构的化合物。合议组分析认为：根据该文献中的合成路线，其最终合成产物也是芴－噁二唑类化合物，与本申请的芴－噁二唑化合物A是同一类化合物，两者结构类似，反应位点相同，而且，这种合成路线是本领域技术人员所知的合成芴－噁二唑化合物的唯一方法。因此，基于对现有技术的了解，本领域技术人员知道本申请中的芴－噁二唑化合物A也应当是采用上述合成路线合成的。由于中间体化合物5的两侧具有相同的化学活性，因此，由其出发合成的芴－噁二唑化合物必然具有对称结构，即本申请的芴－噁二唑化合物A也应当具有对称结构，即本申请结构式中只可能存在"n"，而不会同时存在"m"和"n"。因此合议组认为：将本申请结构式中的"m"改为"n"符合《专利法》第33条的规定，故作出撤驳决定。

2. 案例分析

本案中，实审审查员虽然通过检索掌握了一些现有技术，但没能达到理论上的"所属领域技术人员"的知识水平。因此，其根据原权利要求书和说明书的记载，并不能确定本申请的芴－噁二唑化合物A具有对称的结构。相反，作为本领域技术专家的申请人，其掌握本领域中芴－噁二唑化合物的相关技术知识，熟知其合成方法，明确其具有对称结构。因此结合申请人提供的证据，专利复审委员会对申请文件记载的内容有了更深刻和更准确的理解，对"直接地、毫无疑义地确定"的判断更加客观和准确。需要指出的是，本案虽然最终在证据的支持下，得出了准确的结论，但是由于申请人在答复实审审查意见通知书和提出复审请求时，都只是通过意见陈述的方式陈述"芴－噁二唑化合物A是一种具有对称结构的化合物"，而没有提供现有技术证据，导致实审员和复审合议组均不能认可其观点，从而延长了审查周期。应该说，本案由于申请人未积极主动地承担举证责任，导致审查程序延长，不但浪费了审查资源，更重要的是申请人的精力和财力也被无谓地消耗，颇为可惜。因此，申请人和代理人应该以此为鉴，在有证据的时候尽量举证。

四、小　结

从法律层面上讲，专利实质审查是行政许可行为的一个重要环节，在作出审查决定之前正确运用证据，可以避免执法不公、减少行政诉讼中败诉的可能性。从操作层面上讲，专利审查是审查员与申请人/代理人相互交流的过程，其目的是判断申请文件是否符合授权的条件，并使得到授权的专利具有合理的保护范围和良好的稳定性。

因此，对于审查员来说，为了提高审查质量和审查效率，在《专利法》第 26 条第 3 款、《专利法》第 26 条第 4 款以及《专利法》第 33 条等实质性条款的审查过程中，也应该充分检索，尽可能地多了解申请日或优先权日之前的现有技术，以"所属技术领域的技术人员"的标准去审查，并且如果能够检索到支持其质疑的现有技术证据，应该尽量在审查意见中进行举证。在现有技术的事实依据上进行实质性审查，以证据优先，让事实说话，这样作出的审查意见会更加清晰、更具有说服力，申请人也更能理解审查员的意图。

同样的，对于申请人来说，专利申请人/发明人一般都是对所属技术领域有着深刻研究的人，有的还是资深的专家学者或者学术带头人，他们熟悉本领域的技术知识，可以轻松地找到该专利领域的现有技术，甚至一些知识对于这些领域的专家而言属于"公知常识"，相较于审查员来说，更容易获得相关证据。因此，在答复审查意见通知书时，申请人也应该尽量承担起举证的责任，必要时应当在意见陈述书中通过提供证据来排除审查员的质疑或者反驳审查员的观点，帮助审查员理解发明内容，从而缩短审查周期、节约审查程序。此外，申请人在提交证据时还应当注意提交的时机和证据的有效性，避免因提交不及时或者证据无效而导致权利的丧失和财力的浪费。

总之，本着"证据优先"的原则，不管是审查员还是申请人，都应当主动地运用现有技术证据，避免机械教条的审查，也避免侥幸诡辩的答复。审查员在"道德支撑、法律支撑和技能支撑"三大支撑下进行审查工作，申请人也在诚信、积极的态度下与审查员交流，共同为获得稳定、有效的专利权而努力。

关于植物细胞是否属于植物品种的审查标准探讨

张丽华* 孙永福*

【摘 要】

"植物细胞"是生物领域专利申请中常见的请求保护的主题。鉴于植物细胞的特殊性，审查员对于植物细胞是否属于《专利法》第25条规定的植物品种存在不同理解，导致审查标准的执行存在差异。本文通过对涉及植物细胞的典型案例的分析，总结和借鉴专利复审委对此类专利申请的处理方式，针对如何认定植物细胞是否属于植物品种提出审查标准执行一致的建议。

【关键词】

植物细胞 繁殖材料 植物品种 专利法

一、引 言

在实际工作中，审查员经常会遇到保护主题为植物或植物细胞的权利要求。根据我国《专利法》第25条第1款第（4）项的规定，对于动物和植物品种不授予专利权。对于植物品种的知识产权保护，我国与美、欧等国家和地区存在一定的差异。在美国，有三种途径保护植物品种，一是"实用专利"，即我们常说的发明专利，如果一项涉及植物新品种的发明符合获得实用专利的条件，就可以被授权；二是植物专利法（PPA），用于保护无性繁殖的植物；三是植物品种保护法（PVPA），用于保护有性繁殖的植物新品种[1]。在欧洲，

---

* 作者单位：国家知识产权局专利局专利审查协作北京中心。

[1] 刘稚. 转基因动植物及其品种的专利保护问题（上篇）[J]. 审查业务通讯, 2004, 10 (1): 14–22.

《欧洲专利公约》（EPC）第53（b）规定，植物或者动物品种或者生产植物或者动物的基本生物学方法不能被授予专利权，但该条款不适用于微生物学方法或其产品；同时，欧盟颁布的《关于生物技术发明的法律保护指令》第4条第2款规定，如果一项涉及植物或者动物的发明的技术可行性不限于特定的植物或者动物品种，则该发明应具有可专利性，明确了植物可专利性的条件；此外，欧洲专利局认为，现代生物技术可将植物细胞像细菌和酵母那样培养，因此植物细胞不属于植物或植物品种❶。

在我国，《专利审查指南2010》第二部分第一章第4.4节规定，"专利法所称的植物，是指可以借助光合作用，以水、二氧化碳和无机盐等无机物合成碳水化合物、蛋白质来维系生存，并通常不发生移动的生物"❷。即《专利审查指南2010》中明确给出了植物的定义。那么，植物是否等同于植物品种呢？两者的范畴是否相同呢？《专利审查指南2010》在第二部分第十章第9.1.2.3节对植物品种的范畴作了进一步阐述："可以借助光合作用，以水、二氧化碳和无机盐等无机物合成碳水化合物、蛋白质来维系生存的植物的单个植株及其繁殖材料（如种子等），属于本部分第一章第4.4节所述的'植物品种'的范畴，根据专利法第二十五条第一款第（四）项规定，不能被授予专利权。"❸可见，植物并不等同于植物品种，两者的范畴不同，植物品种不仅包括植物（即植物的单个植株），还包括植物的繁殖材料。

那么，植物细胞是否属于植物品种呢？对此，《专利审查指南2010》作出了如下规定："植物的细胞、组织和器官如果不具有上述特性，则其不能被认为是'植物品种'，因此不属于专利法第二十五条第一款第（四）项规定的范畴。"❹但是，《专利审查指南2010》没有明确指出"上述特性"是指什么特性。根据笔者的了解，有些审查员认为"上述特性"是指"可以借助光合作用，以水、二氧化碳和无机盐等无机物合成碳水化合物、蛋白质来维系生存"的特性，亦即"植物"的特性，有些审查员认为其是指"植物的单个植株及其繁殖材料（如种子等）"的特性。同时，植物细胞具有很大的特殊性：一方面，其本身缺乏借助光合作用及水、二氧化碳、无机盐等无机物维系生存的能力，并不具备"植物"的特性，但是本领域技术人员公知，植物细胞具备全能性，理论上讲可以通过组织培养方法使任何一个植物细胞发育成一个新个

---

❶刘稚. 转基因动植物及其品种的专利保护问题（中篇）[J]. 审查业务通讯, 2004, 10 (2): 11-20.

❷❸❹中华人民共和国国家知识产权局. 专利审查指南2010 [M]. 北京：知识产权出版社, 2010: 128, 293.

体,即任何植物细胞都可以作为"植物的繁殖材料";另一方面,植物细胞再生成植株的过程通常需要激素、维生素等有机物质,是在人为特定条件下才具备"植物的繁殖材料"的特性。《专利审查指南2010》对"上述特性"的指代不明确加之植物细胞的特殊性使得审查员对于植物细胞是否属于植物品种这一问题存在不同的理解,导致审查标准的执行出现不一致的情况。对于主题为植物细胞的专利申请,在具体的审查实践中有些被授权,有些被驳回。那么"上述特性"究竟是指何种特性呢?植物细胞究竟是否属于植物品种呢?对于主题为植物细胞的专利申请,如何处理较为恰当呢?下文以一件保护主题为植物细胞的专利申请为例,归纳总结了不同的观点并进行了详细的分析,并对专利复审委对此类专利申请的处理方式加以总结和借鉴,针对如何认定植物细胞是否属于植物品种提出了审查标准执行一致的建议。

二、实际案例分析

(一)案情简介

本申请的权利要求1请求保护具有至少每克鲜重2μmol的N-乙酰化的葡糖胺衍生物含量的植物细胞。审查员在第一次审查意见通知书中指出:根据说明书的记载,权利要求1请求保护的植物细胞具备发育成一个新个体的再生能力,属于植物的繁殖材料,因此属于"植物品种",不能被授权。针对该审查意见,申请人根据说明书中相应的记载,将权利要求1修改为:具有至少每克鲜重2μmol的N-乙酰化的葡糖胺衍生物含量的双子叶植物或单子叶植物的植物细胞。审查员在第二次审查意见通知书中指出:根据说明书的记载,可以从权利要求1的双子叶植物或单子叶植物的植物细胞再生植株,因而其属于植物的繁殖材料,属于"植物品种",不能被授权。针对该审查意见,申请人未对权利要求1进行修改,仅陈述意见。审查员最终以权利要求1的植物细胞属于《专利法》第25条第1款第(4)项的"植物品种"不能被授权为由将该申请驳回。

(二)各方观点

上述权利要求请求保护的植物细胞是否属于"植物品种"呢?根据笔者的了解,审查员存在以下三种不同的观点。

1. 植物细胞不属于植物品种

观点1:植物细胞不属于植物品种。有两种不同的理由支持该观点。

(1)"上述特性"指的是"可以借助光合作用,以水、二氧化碳和无机盐等无机物合成碳水化合物、蛋白质来维系生存"的特性。亦即,属于"植物品种"的生物应当具备能够借助光合作用和无机物维系其生存的能力。如果植物细胞需要有机物质,如激素、维生素等用于生长,则不落入"植物品种"的范畴。就该典型案例而言,双子叶和单子叶植物的植物细胞并不能仅在光照和无机物存在下维系其生存,而是至少还需要植物激素、氨基酸、维生素等有机物才能存活。因此,其虽然具备在人为提供的特定条件下再生植株的能力,但是缺乏借助光合作用和无机物维系其生存的能力,所以不属于"植物品种"。作为植物繁殖材料的"种子"虽不能进行光合作用,但是从"种子"形成植株的过程无须依赖任何外来有机营养物质,仅需依赖自养能力,其本质是植物的一个自然发育阶段,是在植物的自养能力下的延续,故其完全符合上述特性,因此属于"植物品种"。

(2)现代生物技术可将植物细胞像细菌和酵母那样培养,也就是可以将植物细胞看做微生物,因此植物细胞不属于"植物品种"。

2. 应当根据说明书的记载来确定植物细胞是否属于植物品种

观点2:应当根据说明书的记载来确定植物细胞是否属于植物品种。持该观点的人认为:"上述特性"指的是"植物的单个植株及其繁殖材料(如种子等)"的特性,而不是"可以借助光合作用,以水、二氧化碳和无机盐等无机物合成碳水化合物、蛋白质来维系生存"的特性,后者是植物的特性,植物品种的特性不限于后者,并非只有具备植物的特性的生物材料才落入"植物品种"的范畴。种子属于植物的繁殖材料,其本身并不能借助光合作用和无机物来维系生存,而是依赖于自身贮存的营养而生存,《专利审查指南2010》仍将其列入"植物品种"的范畴,可见,"上述特性"不仅包括植物的特性,还包括植物的繁殖材料的特性。《专利审查指南2010》中规定"植物品种"不仅包括植物的单个植株,还包括植物的繁殖材料,其强调的是由植物、植物的细胞、组织和器官等再生植株的能力。对于该典型案例,其植物细胞是否具有"植物的繁殖材料"的特性应当根据说明书的记载来确定。由于说明书中明确记载了可以通过从该发明的植物细胞再生植株,因此其属于植物的繁殖材料,属于"植物品种"。

3. 所有的植物细胞都属于植物品种

观点3为:所有的植物细胞都属于植物品种。持该观点的人认为:本领域技术人员公知植物细胞具有全能性,可以通过组织培养方法使任何一个植物细胞发育成一个新个体,即任何植物细胞都能够成为植物的繁殖材料,因而任何植物细胞都属于"植物品种"。对于主题为"植物细胞"的权利要求,如果某些专利申请因说明书中记载了可以由所述细胞再生植株而不能被授权,而另一些申请因没有此类记载而被授权,从而导致主题均为"植物细胞"的权利要求因说明书记载内容的不同而有不同的结局显然是不合理的。持该观点的人建议对于保护主题为"植物细胞"的专利申请,无论所述植物细胞本身是否具有繁殖特性,也无论说明书中是否记载了"由所述植物细胞生成完整植物"等类似描述,均认定所述植物细胞为植物的繁殖材料,属于"植物品种"。

(三) 分 析

上述三种观点是否合理呢?

第一,笔者认为将"上述特性"理解为"植物的单个植株及其繁殖材料"的特性更为合理,因为《专利审查指南2010》规定了植物品种包括"植物的单个植株及其繁殖材料",其之所以将植物的繁殖材料纳入"植物品种"的范畴,是因为由植物的繁殖材料可以获得植物的单个植株,为了将可能成为"漏网之鱼"的生物材料全部纳入"植物品种"的范畴,《专利审查指南2010》特地明确了植物的繁殖材料也属于"植物品种"。因此,"上述特性"不仅应当包括植物的"单个植株"的特性,还应当包括其"繁殖材料"的特性,这样才能将所有能够获得植物的单个植株的生物材料(例如很多具有繁殖能力的植物细胞)纳入"植物品种"的范畴,从而符合《专利审查指南2010》作出上述规定的本意。因此,观点1中的第1条理由似乎欠妥,观点2更为合理。笔者建议《专利审查指南2010》对"上述特性"予以明确,以免产生不同的理解,影响审查标准执行一致。

第二,植物组织培养技术领域的技术人员均知晓,能够培养植物细胞使其能够继代不代表能够由所培养的植物细胞再生出完整的植株,后者的技术难度远大于前者,虽然已有多种植物的细胞既能够被培养,又能够再生出植株,但是仍有很多种植物的细胞,现阶段只能被培养,还难以再生出植株。由此可见,能否对植物细胞进行培养与能否由植物细胞再生出植株之间没有必然的联系,能否将植物细胞像细菌和酵母那样培养不能作为植物细胞是否应当看做微生物、被视为"植物品种"的依据。因此对于观点1中的第2条理由,即"现代生物技术可将植物细胞像细菌和酵母那样培养,也就是可以将植物细胞看做微生物,因此植物细胞不属于'植物品种'",笔者难以认同。

第三,虽然植物细胞具有全能性,即理论上所有的植物细胞都能发育成完整的植株、都可以作为植物的繁殖材料,但是由植物细胞再生植株的过程受到多种因素的影响，现有技术还未达到可以通过所有植物的细胞再生出植株的水平，因此植物细胞是否必然能发育成为完整植株以及在何种条件下才能发育成为完整植株存在不可预期性。到目前为止，仍然有很多种植物难以通过植物细胞再生出植株。由于《专利法》要求以申请日前的现有技术状况对请求保护的技术方案加以评判，而观点 3 将理论上推测能够实现但实际上在申请日前尚未证实的内容作为依据，认定所有的植物细胞都能够发育成完整的植株、都应被认定为植物品种的做法，似乎略欠妥当。

综上所述，笔者认为观点 2 更合理，赞同该观点。

三、专利复审委员会的处理方式

审查标准执行一致不应局限于国家知识产权局的某一特定部门，而应当是在全局的范围内，因此无论是各审查部门之间，还是各审查部门与复审委之间，相同领域的审查标准执行均应保持一致。鉴于此，并考虑到复审委的复审决定对于实审部门具有指导意义，笔者对经复审的类似专利申请进行了搜集整理，以便参考和借鉴。

在已作出复审决定的复审案件中，笔者检索到 6 件保护主题涉及植物细胞的案件。上述复审决定对于植物细胞是否属于植物品种的审查标准执行基本一致，均认为植物品种包括能够作为植物繁殖材料的植物细胞、组织或器官等，而特定植物的某种细胞、组织或器官是否属于繁殖材料，应当依据该植物的自然特性以及说明书的具体描述进行判断。具体而言，第 29502 号[1]和第 35968 号[2]复审决定中指出：根据说明书的记载，所述发明的目的是提供具有耐受草甘膦或产油的特定性状的植物及细胞或组织，该细胞或组织如果不具备发育为完整植株的能力，则无法用于耐受草甘膦或产油，也就无法实现发明目的，即所述细胞或组织必须具备再生为植株的能力，而说明书及现有技术的记载也均表明所述细胞和组织具备再生植株的能力，因此，上述发明中的植物细胞属于

---

[1] 葛永奇，张秀丽，刘红霞. 中华人民共和国国家知识产权局专利复审委员会复审请求审查决定第 29502 号 [EB/OL]. (2012 - 11 - 2). http://10.81.1.20：9090/reexam_in/searchdoc/decidedetail.jsp?jdh=F29502&lx=FS.

[2] 邹凯，尹昕，闫珠君. 中华人民共和国国家知识产权局专利复审委员会复审请求审查决定第 35968 号 [EB/OL]. (2012 - 11 - 2). http://10.81.1.20：9090/reexam_in/searchdoc/decidedetail.jsp?jdh=FS35968&lx=FS.

植物的繁殖材料。第 35183 号❶、第 41497 号❷、第 29367 号❸和第 31234 号❹复审决定也均表明：说明书中记载了由所述植物细胞能够再生出完整植株，其再生为完整植株的条件无论是人工的还是自然的，其只要具备繁殖特性，能够再生为完整植株，则就应当属于植物的繁殖材料，属于"植物品种"的范畴。

由此可见，对于植物细胞是否属于植物品种这一问题，复审委采取了一致的处理方式，即要判断特定植物的细胞是否属于繁殖材料，不能脱离发明的内容，应当依据该植物的自然特性以及说明书中对该细胞的具体描述进行分析。复审委的处理方式与上述观点 2 非常接近，也是笔者较为赞同的观点。

四、结　论

在以上分析和借鉴的基础上，笔者认为：现阶段，不宜将所有的植物细胞均认定为植物品种，植物细胞是否属于植物品种可以依据所述植物的自然特性、说明书中对所述植物及其细胞的具体描述、现有技术的状况综合进行判断。具体来说，可分为以下几种情况进行处理。

（1）根据所述植物的自然特性可以明确得知所述植物细胞可以作为繁殖材料再生植株，则可以直接认定所述植物细胞为植物的繁殖材料，属于植物品种。

（2）说明书记载了可以由所述植物细胞再生植株，并详细描述了分化培养获得完整植株的具体方法，本领域技术人员根据说明书的记载，通过所述方法的实施，能够将所述细胞培育成植株，则可以认定所述植物细胞为植物的繁殖材料，属于植物品种。

（3）说明书仅述及可以由所述植物细胞再生植株，但并未记载分化培养

---

❶叶娟，魏聪，邹凯. 中华人民共和国国家知识产权局专利复审委员会复审请求审查决定第 35183 号［EB/OL］.（2012 - 11 - 2）. http：//10. 81. 1. 20：9090/reexam_ in/searchdoc/decidedetail. jsp? jdh = FS35183&lx = FS.

❷王冬，魏聪，张颖. 中华人民共和国国家知识产权局专利复审委员会复审请求审查决定第 41497 号［EB/OL］.（2012 - 11 - 2）. http：//10. 81. 1. 20：9090/reexam_ in/searchdoc/decidedetail. jsp? jdh = FS41497&lx = FS.

❸叶娟，陈龙飞，潘骏. 中华人民共和国国家知识产权局专利复审委员会复审请求审查决定第 29367 号［EB/OL］.（2012 - 11 - 2）. http：//10. 81. 1. 20：9090/reexam_ in/searchdoc/decidedetail. jsp? jdh = FS29367&lx = FS.

❹吴文英，孙俊荣，吴江明. 中华人民共和国国家知识产权局专利复审委员会复审请求审查决定第 31234 号［EB/OL］.（2012 - 11 - 2）. http：//10. 81. 1. 20：9090/reexam_ in/searchdoc/decidedetail. jsp? jdh = FS31234&lx = FS.

获得完整植株的具体方法，此时需要本领域技术人员结合现有技术的状况作出判断，如果在综合考虑现有技术的基础上可以确定能够实现所述植株再生，则可以认定所述植物细胞为植物的繁殖材料，属于植物品种；反之，则不宜将其认定为植物品种。

（4）说明书没有给出任何有关所述植物细胞能够再生植株的描述，则需要结合现有技术的状况来判断。当说明书记载了具体的植物品种时，如果本领域技术人员通过检索可以确定能够由这些植物的细胞再生出植株，则可以认定其植物细胞为植物的繁殖材料，属于植物品种；反之，则不宜将其认定为植物品种。当说明书没有记载具体的植物品种时，通常不宜将所述植物细胞认定为植物品种。

值得注意的是，当需要结合现有技术的状况判断所述植物细胞是否能够再生植株时，尤其是当发明涉及多种植物时，检索和掌握现有技术的状况将花费审查员较多的时间和精力，因此实际操作起来仍有一定的难度。建立可供查询的相关数据库能在一定程度上减少审查员的工作量，但现有技术证据的公开日和真实性的确认、数据的收集、数据库的维护与更新都是需要解决的问题。

保藏号限定的微生物的创造性判断辨析

欧阳石文* 徐 莉* 唐华东**

【摘 要】
  保藏号限定的微生物的创造性是实践中难于把握难题之一，其中存在许多困惑。本文从理论上对这些困惑进行释疑，并对不同情形下的创造性的判断思路给出建议，以期使其创造性判断尺度更为合理，并达到标准执行一致的目的。

【关键词】
  保藏 微生物 创造性

  从1993年起，微生物开始在我国成为专利授权的主题，此后以保藏号限定的微生物为主题的专利申请逐渐开始增加，最近几年来，申请量呈井喷态势，从2010起年申请量突破1000件。本文针对这类申请的创造性判断中存在的困惑进行理论分析，并通过具体案例阐析不同情形下的创造性的判断思路，以期解决保藏号限定的微生物判断中的难点，进而有利于使这类专利申请的创造性尺度更为合理并更易于执行一致，并期望能正确引导申请人提出专利申请。但本文观点具有研究特性，并非代表国家知识产权局实际的审查标准。

一、前 言

  《专利审查指南2010》第二部分第十章第9.4.2.2节规定："与已知种的分类学特征明显不同的微生物（即新的种）具有创造性。如果发明涉及的微生物的分类学特征与已知种的分类学特征没有实质区别，但是该微生物产生了本领域技术人员预料不到的技术效果，那么该微生物的发明具有创造性。"但是该

---

  * 作者单位：国家知识产权局专利局专利审查协作北京中心。
  ** 作者单位：中国专利代理（香港）有限公司。

规定相对简略，实际审查中的指导性不够强，容易导致标准执行不一致。目前对于保藏号限定的微生物，由于其特殊性导致创造性判断上存在诸多难点，基本上很难按常规的"三步法"进行判断，对微生物的创造性评述通常难以令人信服。近年来也有人撰写相关的探讨文章，但总体来说，研究比较欠缺且不全面。

二、创造性判断中的困惑及其理论分析

为解决以保藏号限定的微生物为主题的创造性难点，首先需要从理论上分析其创造性判断中的困惑，并从理论上进行分析，解除其中的推理和分析困难。下面假设专利申请的主题保藏号限定的微生物（以下简称"本申请微生物"），所提到的对比文件在时间等方面符合现有技术的要求。

（1）关于现有技术中的微生物可获得性的问题。实践中，经常遇到的问题是，如果对比文件（常常是非专利文献）公开了未经保藏的菌株（也没有商购途径等可以获得的方式）。一种观点自然会提出，即对比文件的菌株不能为公众所获得而不能评价本申请微生物的创造性，最终导致不得不认可该申请的新颖性和创造性。

对于上述困惑，笔者认为需要根据具体情况具体分析，并非是对比文件所提到的菌株不能为公众所获得而必然导致不能影响本申请微生物的创造性。实际上，创造性的评价中不必要求获得对比文件所公开的那一株菌株，而应当判断通过对比文件给出的信息是否可以获得同种同属的具有类似性质（即不具有实质性区别）的菌株，例如对比文件给出了菌株的筛选分离方法，则很可能可以获得相关的菌株。据此对专利申请提出创造性质疑时，申请人如果能够提供足够的证据表明根据对比文件不可能获得类似性质的菌株，或者表明本申请的菌株获得了预料不到的技术效果，则能够认可其创造性，否则应当坚持认为专利申请不具备创造性。当然，如果对比文件仅仅提及菌株名称，而无任何相关的信息的披露，则认为该对比文件不能用来评价创造性。

（2）通过筛选或诱变获得的菌株，其筛选或诱变方法不具有实用性与创造性判断之间的矛盾。实践中通常会遇到此类情形，即现有技术对比文件（常常是非专利文献）公开了未经保藏的菌株，其中也公开了分离筛选所述菌株的方法。有一种观点认为对比文件的所述方法不具备实用性，不能再现获得所述菌株，因而不能影响本申请微生物的创造性。

虽然通过所述方法获得的产品（即筛选获得的菌株）具有一定的偶然性，也可以说重复同样的方法不太可能获得完全相同的菌株（形象地说，世界上不可能存在两片完全相同的树叶），但是根据《专利法》中所规定的实用性，

筛选或诱变方法的不具备实用性的前提是要求通过筛选或诱变获得与所要求保护的菌株相同的菌株，但从评价创造性的角度，使用条件完全相同或者近似的筛选或诱变方法获得与所要求保护的菌株高度类似的菌株是完全可能的。基于这种思路，上述情形中，所述对比文件仍然有可能影响本申请的创造性。

（3）申请涉及的微生物属于已知种通常不具备创造性的审查标准有时难以落实。《专利审查指南2010》第二部分第十章第9.4.2.2节规定："与已知种的分类学特征明显不同的微生物（即新的种）具有创造性。如果发明涉及的微生物的分类学特征与已知种的分类学特征没有实质区别，但是该微生物产生了本领域技术人员预料不到的技术效果，那么该微生物的发明具有创造性。"由上述规定可知，发明涉及的微生物属于已知种，则通常不具备创造性，但在实际审查中并没有得到完全有效的执行。因为许多情况下，申请中对菌株的相关分类特征交代并不完全（但也不至于公开不充分）或采取与现有技术文献中不同的分类特征，因而导致审查员无法寻找到或采用合适的对比文件，通常难以采用公开了属于同一个种的菌来评述其创造性。

《专利审查指南2010》的规定考虑到了菌种和菌株的固有特点，微生物分类的基本单元是种（species）。微生物种是显示高度相似性、亲缘关系极其接近、与其他种有明显差异的一群菌株的总称。菌株（strain）则表示任何由一个独立分离的单细胞克隆繁殖而成的可以连续传代的纯培养的微生物群体。因此，某一种微生物的不同来源的纯培养物均可称为该菌种的一个菌株。菌种是微生物分类的基本单位，而菌株是微生物实际应用的基本单位。同一种微生物的不同菌株在作为分类鉴定的一些主要性状上是相同的，仅在次要性状（如生化性状、代谢产物和产量性状）上可以有或大或小的差异。对于本领域技术人员来说，获得一个新的菌种是很困难的，而从一个已知菌种中获得一个新的菌株则相对比较容易。因此，上述规定有其合理性，应当在审查实践中落实执行，因而问题的重点应当转移到下一个难点。需要说明的是，选择的对比文件应满足一定的要求，应当记载相关的信息（包括分类名称，分类特征，特性或功能或用途等），若仅有菌株的名称而没有进一步信息，则通常不宜作为评述创造性的对比文件。

（4）如何判断本申请微生物获得了预料不到的技术效果。根据《专利审查指南》的上述规定，如果发明涉及的微生物的分类学特征与已知种的分类学特征没有实质区别，意味着发明涉及的微生物与已知种在分类学上属于同一菌种的不同菌株；还规定如果该微生物产生了本领域技术人员预料不到的技术效果，那么该微生物的发明具有创造性。

因此，申请涉及与现有技术中同一种的微生物的创造性，其是否成立主要应当依赖于是否获得了预料不到的技术效果。关键问题在于预料不到的技术效果如何判断，这也是一大困惑。一方面，现有技术可能属于同种的菌非常多，本申请的菌株的效果需要跟哪个或哪些进行比较才能构成预料不到的技术效果；另一方面，本申请所提供的技术效果，大多情况下并不是采用对比文件中的方法获得的，基于申请中的描述也难以描述而无法判断是否有预料不到的技术效果，即使申请人想进行比较实验，也可能不易于获得对比文件的菌株。这种情况下往往容易被直接认定申请的微生物具备创造性。

笔者认为，在依赖预料不到的技术效果才能认可创造性的情况下，对于本申请与现有技术中哪个菌相比来说，实际审查中应当选择与本申请最接近的现有技术，一旦确定最接近的现有技术，那么比较对象就是该现有技术中的菌株。对于技术效果获得方法不相同时，应当要求申请人提供对比试验证明其菌株效果优于对比文件的菌株。但如果对比文件公开的菌株申请人无法获得，应当要求申请人按照对比文件中的方法提供本申请菌株的效果，或者能够通过有说服力的方式来表明获得预料不到的技术效果，而如果认为只要有效果即认可其创造性是不太合适的。

（5）创造性判断的"三步法"中，很重要的一个方面是确定发明的区别技术特征。由于菌株是一个活的生命体，保藏菌株的生理生化指标，其细胞结构、遗传物质 DNA 序列与另一种菌株无法完全相同，本领域技术人员几乎无法确定现有技术的菌株和保藏微生物菌株之间的区别技术特征。即使确定了区别技术特征，其技术启示的确定也是非常困难的。事实上，完全相同的菌株是无法重复获得的，菌株不同于机械结构，对于筛选获得和突变获得菌株，其基本结构都是天然形成无法轻易修改，因此本领域技术人员也就无法改进该最接近的现有技术并获得与要求保护的发明完全相同的技术方案。

常规"三步法"难以应用的困难是微生物本身特性所造成的。笔者认为在微生物的创造性审查中不应当教条地适用"三步法"，但判断的整体思路还是要参照"三步法"进行，尤其对于是否存在技术启示方面。总体来说，应当严格执行属于同种的微生物通常不具备创造性的出发点，此时只要判断申请的微生物是否获得了预料不到的技术效果，若是则认可创造性，否则不能认可其创造性。

三、不同情形下创造性判断

为进一步研究更具指导性的判断思路，有必要区分不同情形加以分析和研究。本文主要通过搜集相关案例进行研究分析，根据不同情形给出创造性判断思路。下面从筛选获得和突变获得菌株❶两大类进行分类研究（对于通过基因工程获得的菌株，通常可以用常规的"三步法"进行判断，不作为本文讨论的对象）。

1. 分离筛选到的微生物新种

根据《专利审查指南 2010》第二部分第十章第 9.4.2.2 节的规定：与已知种的分类学特征明显不同的微生物（即新的种）具有创造性。根据该规定，如果申请提供的是一种分离的微生物新的种，则应当认定其具备创造性。但需要明确以下两点：（1）此处所述的新的种，应当是指微生物分类的基本单元即种（species）；（2）此处所述新的种并不需要通过微生物分类委员会的认定才予以认可，而是根据申请中对所述菌的特征描述，结合已知的分类知识进行判断。

实践中，对这种情形的争议并不是特别大，但目前分离筛选得到全新的种也比较少见。下面通过一个案例予以说明。

（1）案例 1 案情❷

权利要求 1：克雷伯氏菌（Klebsiella sp.） Strain S1 CGMCC No. 3085。

说明书记载了本发明提供的克雷伯氏菌（Klebsiella sp.），分离自中国人的人体肠道内容物，并且对其进行菌种鉴定，包括形态鉴定，生化鉴定，16S rRNA 测序分析，以及与克雷伯氏菌属 11 株已知菌种的比较。通过鉴定结果，确认 Strain S1 为来自克雷伯氏菌属（Klebsiella sp.）的新菌种。

（2）案例分析

由现有技术（包括相关教科书）公开的信息可以得出，现有技术克雷伯氏菌（Klebsiella）的种都不具有本申请菌株所描述的特性。因而，本申请发现了一种克雷伯氏菌属的新的菌种，其技术效果在相近菌种或菌株中未见公开，因此应当认定具有创造性。

2. 现有技术公开了相同或相似的分离筛选方法

根据《专利审查指南 2010》第二部分第十章第 9.4.2.2 节的规定，应当可以得出，如果发明涉及的微生物的分类学特征与已知的分类学特征没有实质区别，则该微生物的发明不具有创造性。结合前述的理论分析，通过案例给出创造性判断思路和说理方式。

---

❶本文主要针对微生物中的真菌和细菌。至于病毒等其他微生物的申请相对较少，而且可能更具有特殊性，其创造性判断思路某些方面也可参照本文结论。

❷原始案例 200910008971.4，注意本文引用时对案例进行了加工，因而案例的实际情况也许不完全相同，其结论并不必然适用于原始案例，后面引用的案例同样如此。同时，本文具有探索研究性质，其提出的思路也是本文作者认为合理的处理方式，实际案例的审查仍然需要根据实际情况判断。

(1) 案例2案情[1]

权利要求1：一种氢氧化细菌WMQ-7，其特征在于该细菌为恶臭假单胞菌（Pseudomonas putida）WMQ-7，保藏登记号为CCTCC M 2011060。

说明书记载了土壤微生物WMQ-7的分离，并详细公开了分离筛选步骤。

(2) 案例分析

对比文件1是发明人本人公开的一篇文献，除本申请采用保藏号限定了菌株这一区别外，其内容与本申请实施例的内容完全相同，即提供详细的并且完全相同的分离方法，获得的菌株也命名为恶臭假单胞菌（Pseudomonas putida）WMQ-7。从各方面来看，其正是本申请所要请求保护的菌株。也公开了该菌株的生理特性和用途，与本申请完全相同。笔者认为，从发明创造本身的创新性要求，应当对创造性有所要求。从权利要求1所要求保护的菌株分离方法、特性以及菌株代码等来看，完全可以确定与对比文件公开的菌株属于同一菌株。但由于对比文件1并没有进行保藏，而且根据业务论文发表规则，虽然公开了该菌株代码，但并没有义务向公众提供。在没有证据的情况下，不能认为其可以为公众能够获得。因此，对比文件1不宜用于评价本申请权利要求1的新颖性。但是，由于提供了充分详细的分离地点和分离筛选的方法，本领域技术人员能够根据相同的方法，获得与其性能相近的菌株是容易的，虽然不可能获得相同的菌株。因此，对比文件1能够影响权利要求的创造性。但如果申请人能够证明此前虽然公开了分离筛选方法，由于特定的原因导致不可能再分离得到类似的菌株并且所述菌株与已知菌株有实质性区别或者获得了预料不到的技术效果，则也可以认可本申请的创造性。但此时，需要申请人提供充分的证据或理由才能得出不可能再分离到的结论。

现实中还存在下述情况，现有技术公开了与分离筛选本申请菌株类似但不完全相同的分离筛选方法，两者的菌株性质相似或能推导出是相似的，但本申请的菌株是否具备创造性？对此，笔者认为，如果通过对比文件给出的分离筛选方法，能够获得与对比文件中已得到的菌株相类似的菌株，同时与申请中的菌株属于同属同种，并具有类似的性质，则对比文件能够影响申请的创造性。但如果申请文件能够表明获得了预料不到的技术效果，则申请具备创造性。

3. 现有技术公开了同种且性能相似菌株

根据《专利审查指南2010》的规定可知得出，现有技术公开了与本发明菌株性质非常相似的菌株，则本发明菌株通常不具备创造性，除非申请文件中能够表明获得了预料不到的技术效果。下面以一个案例来说明可以评述申请的

---

[1] 原始案例201110191379.5。

创造性的情形或评述思路。

(1) 案例3 案情❶

权利要求1：一株具有防治植物病害的细菌，其特征在于：该细菌是一株多粘类芽孢杆菌，保藏于中国微生物菌种保藏管理委员会普通微生物中心，保藏编号：CGMCC No. 2377。

说明书记载了菌株从小麦的叶面上分离筛选出来，分类鉴定为多粘类芽孢杆菌，由本发明技术方案生产的多粘类芽孢杆菌生防剂能够高效防治多种真菌类植物病害，对病原真菌灰葡萄孢霉（Botrytis cinerea）、黄瓜黑星病的病原菌（Cladosporium sp.）和木霉（Trichoderma sp.）等都具有显著的拮抗作用，实施例记载了对黄瓜黑星病的防治效果。

(2) 现有技术

对比文件1（CN1687399A）记载了从棉花组织中分离的多粘类芽孢杆菌菌株CGMCC No. 1325，并且公开了该菌株对多种病原真菌的拮抗作用，包括棉花黄萎病菌、茄子黄萎病菌、棉花枯萎病菌、黄瓜枯萎病菌、冬瓜枯萎病菌、小麦赤霉病菌等。

(3) 案例分析

对比文件1公开的多粘类芽孢杆菌与本申请公开的多粘类芽孢杆菌属于同属同种的不同菌株，两者来源不同，但都具有防治多种植物真菌病害的能力，本申请公开了对黄瓜黑星病防治的效果。但是根据本领域技术人员的判断，多粘类芽孢杆菌抗植物病害的机理在于其分泌多种抗生素、蛋白酶、激素、酚类物质等，这些物质具有广谱的抗真菌能力。因此本领域技术人员可以合理推测对比文件公开的多粘类芽孢杆菌也能够抑制黄瓜黑星病害，即抑制黄瓜黑星病的技术效果并非本申请的菌株特有的技术效果，而是利用了多粘类芽孢杆菌菌种共有的性质。因此，本领域技术人员有理由质疑本申请菌株的创造性。此时，申请人若要证明本申请具备创造性，应当证明获得了预料不到的技术效果，例如可以通过对比实验来证明对比文件的菌株对于黄瓜黑星病没有抑制作用，或者提供对于其他病菌的抑制作用比对比文件的菌株要好得多等。

4. 现有技术能够推知申请菌株的特性或用途

现有技术公开了同属同种的菌株，虽然没有公开与本申请菌株完全相同的特性，但若能够从现有技术菌株推知该特性或用途，应当认为本申请菌株不具备创造性。

---

❶原始案例201010281506.6。

(1) 案例4 案情[1]

权利要求1：植物乳杆菌 CJLP243（KCTC 11045P）。

说明书中记载了从泡菜中分离并确定的新型植物乳杆菌菌株，并公开了该菌株对肠道上皮细胞的附着力、耐酸性和耐胆汁酸性很好，对免疫系统具有调节作用，例如调节B细胞和T细胞等。

(2) 现有技术

对比文件1（TWI277651B）公开了乳酸杆菌及其在治疗过敏上的新用途，其中具体公开了一株植物乳杆菌（Lactobacillu plantarum），保藏号为CCRC12944。对比文件1进一步通过ELISA方法和PBMC实验证明该菌可以刺激INF-γ分泌。

(3) 案例分析

对比文件1公开的菌株与本申请公开的菌株分离来源不同，具体实施例验证的技术效果不完全相同，但由对比文件1的背景技术可知INF-γ会抑制Th2淋巴细胞中细胞激素的过度表现（特别是IL-4的分泌），进而降低B细胞增生。除此之外还可刺激Th1的免疫反应，抑制IgE的合成。其作用机理与本申请所述的植物乳杆菌CJLP243对免疫系统的调节作用完全相同。本申请的菌株CJLP243与对比文件1所公开的菌株同属于 *Lactobacillu plantarum*，即属于同属同种的不同菌株。通过相同的机理调节Th2和Th1反应平衡，都可以起到治疗过敏炎症和其相关疾病的作用，植物乳杆菌作为常见的肠道益生菌，已经发现的许多植物乳杆菌都被证明对肠道上皮细胞的附着力、耐酸性和耐胆汁酸性很好。可见本申请的植物乳杆菌CJLP243相对于对比文件1的植物乳杆菌CCRC12944虽然没有公开相同的技术效果，但是本领域技术人员根据对比文件公开的菌株性质可以知道，本申请的菌株产生的技术效果并非利用了菌株本身特有的性质，而是与同菌种其他菌株具有相同的作用机理，因此可以认为其公开的技术效果是本领域技术人员可以预料的，进而创造性难以被认可。

5. 突变菌株

本文此处提到的突变获得的菌株，是指对出发菌株进行诱变处理获得的突变菌株。申请请求保护的是用保藏号限定的突变菌株。由于对菌株进行突变以获得改变特性或用途的思路是本领域的常规思路，因此判断突变菌株的创造性，关键在于是否获得了预料不到的技术效果。但问题是预料不到的技术效果把握往往不一致。有观点认为本申请菌株的特性或用途与现有技术的菌株不完全相同，或者本申请采用不同的突变方法，即认可创造性。笔者认为，对突变

---

[1] 原始案例 201080048950.1。

菌株的创造性，申请人应当充分证明获得了预料不到的技术效果，通常应当提交与原始菌株的对比实验来证明，此外采用何种突变对于获得的突变菌株的创造性并不重要，对于突变菌株的创造性应看其本身的特性或效果。反之，如果突变菌株并没有比原始菌株获得更好的效果或效果更差，则认定不具备创造性。此外，如果难以找到最原始的菌株，可以采用性质类似的同属同种的菌株作为对比文件进行比较和评述。

下面以案例 5 进行具体阐析。

(1) 案例 5 申请案情❶

权利要求 1：一种植物乳杆菌菌株，其特征在于：命名为植物乳杆菌 (Lactobacillus plantarum) lp15-2-1，保藏号为 CGMCC No. 3782。

说明书记载了本申请请求保护的菌株 CGMCC No. 3782 从泡菜中分离，并经硫酸二乙酯诱变、紫外诱变后筛选获得，通过菌落形态观察、生化鉴定、16SrRNA 测序等，表明 CGMCC No. 3782 为乳酸菌属的植物乳杆菌。该菌株能将游离亚油酸转化为共扼亚油酸，CLA 最大转化率为 21.32%。

(2) 现有技术

对比文件 1 公开了一株菌株 CCTCC No. M206033，从生牛乳、泡菜汁液、新疆牧民自制酸奶中分离得到的，经鉴定确认为植物乳杆菌。该菌株并未经诱变育种，其也可以将游离亚油酸转化为共扼亚油酸（与申请的功能相同），CLA 最大转化率为 28.7%。

(3) 案例分析

对比文件 1 公开的菌株虽然与本申请菌株来源不同，但是分类学特征相同，将游离亚油酸转化为共扼亚油酸的功能相同，属于同属同种不同菌株，本申请要求保护的植物乳杆菌菌株与对比文件 1 中的植物乳杆菌在分类学特征没有实质性区别。本申请的菌株在转化 LA 为 CLA 的效果上，比对比文件要低，并没有产生预料不到的技术效果。因此，该菌株不具备创造性。

(4) 案例提示

对菌株进行突变以获得性能改变的菌株是常规的思路。因此，经过突变的菌株，所获得的性能相比于现有技术并没有获得更好的效果，则不具备创造性。上述案例不仅没有获得更好的技术效果，效果反而变得更差了，不应当以突变是不容易想到的来认可其具备创造性。

下面以案例 6 进行具体分析。

---

❶ 原始案例 201010251108.X。

(1) 案例6 申请案情[1]

权利要求1：一种枯草芽孢杆菌，其保藏编号为CGMCC No.4018。

说明书记载了以保藏编号为CGMCC No.4018的枯草芽孢杆菌BS-1为出发菌株，通过紫外诱变的方法，经初筛、复筛和小罐发酵验证后获得的一株新型枯草芽孢杆菌。实施例记载了本发明枯草芽孢杆菌发酵后，维生素B_2发酵单位平均为14133.3mg/L，耗糖量有明显下降。

对比文件1公开了一种枯草芽孢杆菌，并具体公开了该枯草芽孢杆菌具有增强的核黄素（即维生素B_2）生产力，以及利用该菌株生产核黄素的方法。对比文件1公开的菌株生产核黄素的发酵水平可达26.8g/L（26800mg/L）。

(2) 案例分析

对比文件公开的枯草芽孢杆菌与本申请公开的枯草芽孢杆菌属于同属同种的不同微生物菌株，因而申请是否具备创造性依赖于是否获得了预料不到的技术效果。对比文件1与本申请解决相同的技术问题，同样用于维生素B_2的生产，但是在技术效果上有程度的不同，即维生素B_2产量不同。对比文件1所公开的菌株生产核黄素的发酵水平高于本申请所公开的产量。如果单从维生素B_2产量来看，虽然二者发酵菌株不同，发酵方法也不同，仍然可以认为本申请的菌株与对比文件1公开的菌株相比，没有产生预料不到的技术效果，不具备创造性。但是由于申请人以本申请说明书记载的发酵条件下对本申请菌株和对比文件1的菌株进行了平行发酵，并比较二者的产量和耗糖量，发现虽然本申请菌株的维生素B_2产量低于对比文件1，但是经过折算之后，单位产量下，本申请的菌株耗糖量明显低于对比文件1，从而明显降低了维生素B_2的生产成本，适合于维生素B_2大规模工业化生产，此时可以认可获得了预料不到的技术效果，进而应当承认其具备创造性。

四、总结及建议

根据对微生物菌株的创造性分析研究，本文对保藏号限定的微生物的创造性判断标准提出如下操作层面建议，以期使创造性尺度更为合理，同时使相关标准得以落实，实现标准执行的一致。

(1) 如果申请提供的是一种分离的微生物新的种，则应当认定其具备创造性。但需要注意：①此处所述的新的种，应当指的是微生物分类的基本单元即种（species）；②此处所述新的种并不需要通过微生物分类委员会的认定才

---

[1] 原始案例20101025207.1。

予以认可,而是根据申请中对所获得的菌的特征描述,结合已知的分类知识进行判断即可,当然能够提供分类委员会的认定更妥(并且不必要求在申请日前完成认定)。

(2) 现有技术公开了同属同种的微生物,则本申请不具备创造性,除非获得了预料不到的技术效果。该规定从《专利审查指南 2010》的规定基本能够得出,但实际审查中没有很好地执行到位,因此针对实际审查中的难点提出以下相对具有操作性强的判断思路:

关于合适的对比文件的选择和评述思路方面,通常可以考虑对比文件是否涉及与本申请具有相同或相似的菌株分离筛选方法,通常不应当选择仅提及相关菌种名称,而未披露详细的相关信息的对比文件。

① 如申请对所述菌株并未提供详细的分离筛选方法和分类学特征,则应当推定其具有所属种属共同的特征,而认定申请不具备创造性。只有申请人提供了充分的证据或理由表明获得了预料不到的技术效果才能认定具备创造性。

② 如果本申请对所述菌株提供了较为详细的分离筛选方法和分类学特征,若现有技术公开了完全相同或类似的菌株分离方法,获得了特性相同或类似的菌株,则认为申请的微生物不具备创造性。由申请人提供充分的证据或理由表明获得了预料不到的技术效果才能认定具备创造性,但对于现有技术公开完全相同的分离方法时,则通常申请人难以说明具有预料不到的技术效果。

③ 如果本申请的菌株与现有技术属于同属同种,但其用途可以从已知种的菌推知,则申请的菌株不具备创造性。

④ 经过突变的菌株,所获得的性能相比于现有技术并没有获得更好的效果,则不具备创造性。但如果能够证明获得了预料不到的技术效果,则具备创造性。

通过上述建议,对于菌株的创造性的判断,除获得新种的菌株外,主要依赖于是否获得了预料不到的技术效果(目前实际审查中对此要求比较宽松)。对此,本文认为基本可以考虑以下几点:当本发明菌株与对比文件菌株具有相同类的技术效果时,如果本发明菌株相比对比文件菌株在技术效果上有显著的程度上的提高,例如产量明显增加,则具有创造性;如果本发明菌株相比对比文件菌株在技术效果程度上相当,则不具有创造性。当本发明菌株相比对比文件菌株显示了不同类技术效果时:如果本发明菌株利用的是同一菌种具有的共同性质或相同原理,本领域技术人员可以预料,则不具有创造性;如果本发明菌株利用的是该菌株区别于同菌种其他菌株的特性,本领域技术人员不能预料,则具有创造性。

总之,对于保藏微生物权利要求的创造性进行审查,可以从一定程度上促使申请人真正努力获得比现有技术更优良的菌株和方法，有利于提高发明申请的质量，促进技术的进步。当然，在保藏的微生物的发明申请情况十分复杂，本文试图从上述几个方面提出建议，以改进目前的审查工作，使其创造性判断标准更为合理，为创造性审查标准执行一致提供借鉴。

从《专利法》第33条的立法宗旨探析审查中的若干标准

万闪闪* 陈 超* 汪晓风*

【摘 要】

我国《专利法》第33条是审查质量标准化和规范化的体现,其中规定的修改文件是否超出范围一直以来都是实质审查中较难把握的条款,在实践中,就如何适用《专利法》第33条往往会在审查者与申请人之间产生矛盾。审查者倾向于采取严格的审查以限制申请人主动修改的范围,而申请人往往尽可能宽范围地使用该条款,以尽可能地扩大自己的权利。本文将结合专利审查过程中的实际案例进行剖析,综合考虑了利益平衡原则、先申请原则、禁止反悔原则,从两种不同的观点出发,讨论申请人/代理人和审查员在实际申请和审查过程遇到的上述问题,以提供一些参考。

【关键词】

修改超范围 禁止反悔原则 先申请原则

一、从立法宗旨解读《专利法》第33条的适用

对于《专利法》第33条的法律适用,应当从其立法本意出发,而非从"直接地、毫无疑义地确定"的简单的字面含义出发,也就是说,应当从立法的角度,探究《专利法》第33条的立法本意,而非仅从解释论的角度分析。《专利法》第33条规定,申请人可以对其专利申请文件进行修改,但是,对发明和实用新型专利申请文件的修改不得超出原说明书和权利要求书记载的范围。

---

* 作者单位:国家知识产权局专利局专利审查协作北京中心。

从立法宗旨来看，《专利法》第33条的适用将先申请原则和禁止反悔原则作为《专利法》第33条的立法宗旨，其判断规则如下：以修正的新颖性判定方法为判断基准，结合禁止反悔原则加以修正。以修正的新颖性判定方法为基准，将修改文本与原始文本相比，找出修改文本增加内容的地方及所增加的内容，判断修改的文本相对于原文本是否具有新颖性。如果具有新颖性，则修改超出原始记载的范围，不能被允许；如果不具备新颖性，则可以认为修改没有超出原始记载的范围，修改可以被允许。由此可以归纳成步骤：首先，将修改后的申请与原始申请比较，找出所有增加的内容；其次，研究每一项增加的内容，并与其替换的段落相比，找出新特征或者新信息；最后，核对原始申请，看其中是否直接或者隐含公开了这些新特征或者新信息。如果是，则修改是允许的；如果不是，则修改是不被允许的。针对扩大权利要求保护范围的修改，则需要将申请被改变的内容分离出来，然后判断该改变的内容相对于原申请文件是否具备新颖性。以原始申请文本为基准判断是否存在专利法意义上的反悔。首先区分专利申请文件修改的情形，然后分别判断禁止反悔原则的法律适用❶。

二、从立法宗旨探析审查中的若干标准

专利申请文件修改的情形，根据修改时机可以区分主动修改与被动修改，根据修改内容区分澄清性修改与调整性修改。也就是说，在主动修改时机内并非针对审查意见通知书的要求所进行的修改为主动修改，针对审查意见通知书的要求进行的修改为被动修改；只是针对审查意见对原始申请文件的内容进一步澄清而进行的修改为澄清性修改，为了获得授权而针对审查意见调整专利权保护范围而进行的修改为调整性修改。

（1）澄清性修改的修改超范围审查结合修改时机和修改内容的判断，针对澄清性修改的情形，需要在《专利法》第33条的法律适用中慎重考虑。一方面，无效程序中针对澄清性修改的修改超范围审查。专利申请人针对审查意见对原始申请文件的内容进一步澄清而进行的修改，尤其是专利申请人在意见陈述书中明确表明其修改系为了进一步澄清并且没有改变保护范围的情形，在无效程序中应当慎重适用《专利法》第33条。另一方面，实质审查程序中针对澄清性修改的修改超范围审查。在实质审查程序中《专利法》第33条的法律适用中，不应当过于苛刻以至于对澄清性修改一概不予接受。尤其是不应当

---

❶国家知识产权局条法司. 新专利法详解［M］. 北京：知识产权出版社，2001：228－229.

既认为权利要求不清楚,又不接受任何澄清性修改,使得专利申请人的权利无法得到保障。《专利法》第 33 条的立法本意,在于保障先申请原则和禁止反悔原则的实现。《专利法》第 33 条的法律适用,应当以修正的新颖性判定方法为判断基准,对于修改的内容区分澄清性修改与调整性修改,并结合修改时机等因素对调整性修改内容进行禁止反悔判断。

【案例 1】

关键词:关于单位"um"修改是否超范围的判断

问题表述:权利要求 1 中记载了下述特征"所述的石灰粉料是石灰石经过高温煅烧、破碎、分选、粉碎、轮碾、分筛后制成细度为 125um 的粉料";权利要求中存在"um",尤其是在独立权利要求中出现,该"um"的表述会造成权利要求不清楚,此时申请人将该单位直接修改为"μm",是否修改超范围。

观点一:"um"的修改方向并不唯一,可以修改为"mm",也可修改为"μm",石灰粉的细度范围也可以很广泛,因此,本领域技术人员不能直接、毫无疑义地确定其中的单位"um"应该是"μm"。

观点二:"um"不是细度单位,因此,其属于本领域技术人员可立即发现的明显错误;而且,在本领域中石灰粉的细度如果为 125mm 的话,石灰粉颗粒太大了,其合理的细度范围应该是 125μm,因此,本领域技术人员可以直接、毫无疑义地确定其中的单位"um"应该是"μm"。

倾向性做法及理由:同意观点二,本领域技术人员可以直接、毫无疑义地确定其中的单位"um"应该是"μm"。

案情思考:"um"不是粒度单位,因此,其属于本领域技术人员可立即发现的明显错误,审查员需在本领域技术人员的角度判断是否可以直接、毫无疑义地确定其中的单位"um"应该是"μm"。

【案例 2】

关键词:修改超范围,笔误

问题表述:原始权利要求 1 涉及"CeO:0.1~0.5 份",审查员在一通中认为权利要求 1 不清楚,理由如下:权利要求 1 中的"CeO"不清楚。本领域技术人员公知的是,稀土氧化铈为 CeO_2 或 Ce_2O_3,本领域技术人员不清楚"CeO"为何种物质。申请人在答复一通时将权利要求 1 修改成 CeO_2,意见陈述为"申请人一时笔误而错写成 CeO,对于上述笔误,所属技术领域的普通技术人员都可以发现并做唯一解释为 CeO_2"。是否可以接受申请人的陈述,认为上述修改不超范围?

观点一:Ce 的氧化物为"CeO_2"或"Ce_2O_3",对于明显的错误"CeO",

本领域技术人员一看到即可知其合理的正确内容应该是最明显的更正形式，显然，对于这两种氧化物来说，其最明显的正确内容即为"CeO_2"，因此，该修改不超范围。

观点二：权利要求 1 中修改后的"CeO_2"并未记载在原说明书和权利要求书中，原申请文件仅记载了"CeO"，对于"CeO"的笔误，其正确的形式可能是"CeO_2"或"Ce_2O_3"。因此，该修改不能从原始申请文件中直接地、毫无疑义地确定，因此，该修改超范围。

倾向性做法及理由：对于"明显笔误"的应理解如下：一旦所属技术领域的技术人员看到，就能立即发现其错误并能立即知道如何改正的错误。"立即知道如何改正"，要求该修改是所属技术领域技术人员从原申请文件中可以直接、毫无疑义地确定的内容。就本案而言，"CeO_2"或"Ce_2O_3"均为 Ce 的常见氧化物，本领域技术人员无法判断错误的"CeO"究竟指哪一个，即修改方向不唯一，因此，这种修改是不被允许的。

案情思考：申请人笔误造成的不清楚，如果修改方式不唯一，则会导致修改超范围。仅对明显笔误的情况可以允许修改。

（2）调整性修改的修改超范围审查结合修改时机和修改内容的判断，针对调整性修改，需要结合原始申请文件所体现的专利申请人的意思表示以及专利申请人在意见陈述书等方面体现出的意思表示，以此确定修改内容是否构成专利法意义上的反悔。如果构成专利法意义上的反悔，那么不符合《专利法》第 33 条的规定，反之亦然。

【案例 3】

关键词：磁力线，磁化，修改超范围，超范围

问题表述：申请人在主动补正期内对申请文件进行修改，修改了说明书附图 2 的磁力线分布，将磁力线方向删除，且其在说明书部分做了相应的修改，其意见陈述中修改的依据为："依据具体实施方式中的磁化方式：'用螺线管缠绕于所述外管 1 表面，通入直流电'则只可能产生补正后的附图 2 所示的磁力线分布。"具体涉及《专利法》第 33 条修改是否超范围的判断。

观点一：认为不超范围。理由为同意申请人的意见陈述，说明书具体实施方式部分（第 18 段）记载："然后用螺线管缠绕于所述外管 1 表面，通入直流电。"因为通入直流电的电流方向不确定，这样产生的磁力线方向是不确定的，申请人将附图 2 中磁力线方向删除是没有问题的。

观点二：认为超范围。原说明书具体实施方式部分记载的内容为其文字部分结合原附图 1~2 所记载的内容，而原附图 2 标示出了磁化水管的磁力线方向，修改后的附图 2 删除了磁力线方向，其与原说明书和权利要求书的记载不

同,也不能由原说明书和权利要求书直接地、毫无疑义地确定,修改超范围。

倾向性做法及理由:对于本案来说,由于本案中的磁化水管是左右完全对称的,从水管的反方向来看,磁力线方向也就相应地反向了,即磁力线的方向并没有给技术方案带来实际的限定作用。因此,如果仅仅删除磁力线方向的示意箭头,不会使本申请的技术方案发生变化。但是,修改后的说明书附图2在磁力线的画法上不同于现有技术,审查员需就该问题进行质疑。

案情思考:判断修改是否超范围时,应结合说明书和权利要求书文字记载的内容及说明书附图进行判断。特别是对于说明书"具体实施方式"和"实施例"中所记载的方案,一般来说,说明书附图是对该部分文字记载方案的对应解释,不宜割裂开来理解。

【案例4】

关键词:说明书附图,修改超范围,对比文件附图公开内容

问题表述:申请人为了克服不具有创造性的缺陷,对保护范围进行缩小,添加了以说明书附图为依据的技术特征"以进水管为参照物,每个三角形刀架的左边的挖刀向左倾斜,右边挖刀向右倾斜"。问题在于,判断"从附图中可以直接地、毫无疑义地确定的技术特征如何定界,及现有技术的附图公开的技术内容的程度如何定界"的保护范围是否清楚。

观点一:该修改超范围。因为技术特征"以进水管为参照物,每个三角形刀架的左边的挖刀向左倾斜,右边挖刀向右倾斜"未明确地记载在原说明书和权利要求书中,原说明书中的相应记载为"挖刀为一定倾斜度的斜形",其并未限定挖刀的具体倾斜方向,从原说明书附图中也不能确定挖刀的具体倾斜方向,也就是说,该技术特征不能由原说明书和权利要求书以及说明书附图直接地、毫无疑义地确定。因此,该修改超出了原申请文件记载的范围,不符合《专利法》第33条的规定。

观点二:该修改不超范围。因为根据原说明书附图中挖刀的位置以及原说明书中的记载"挖刀为一定倾斜度的斜形",结合挖刀在本申请发明中的用途可以确定技术特征"以进水管为参照物,每个三角形刀架的左边的挖刀向左倾斜,右边挖刀向右倾斜",因此,该修改未超出原申请文件记载的范围,符合《专利法》第33条的规定。

倾向性做法及理由:从说明书附图中提取技术特征,只要符合以下两个条件,即可认为所提取的技术特征未超出原申请文件记载的范围:

① 该技术特征与附图描述相符合;

② 该技术特征在技术方案中所起的作用与申请人在原说明书中声称要解决的技术问题一致,没有带来更多的效果,没有解决更多的技术问题。

进一步，在新颖性判断时，作为现有技术的对比文件中附图所公开的技术方案，其技术特征也应该符合上述两点要求，否则，不能认为该对比文件公开了相应的特征而得出发明申请没有新颖性的结论。当说明书给出的内容结合常规的实验或者分析方法不足以把说明书记载的针对特定领域的方法扩展到权利要求所保护的方法时，应当要求申请人作出解释，说明所属技术领域的技术人员在说明书给出的信息的基础上，能够容易地将本申请扩展到权利要求的范围。否则，应当要求申请人限制权利要求。

案情思考：从说明书附图中提取技术特征，只要符合以下两个条件，即可认为所提取的技术特征未超出原申请文件记载的范围：①该技术特征与附图描述相符合；②该技术特征在技术方案中所起的作用与申请人在原说明书中声称要解决的技术问题一致，没有带来新的效果，没有解决新的技术问题。进一步，在新颖性判断时，作为现有技术的对比文件中附图所公开的技术方案，其技术特征也应该符合上述两点要求，否则，不能认为该对比文件公开了相应的特征而得出发明申请没有新颖性的结论。

【案例5】

关键词：《专利法》第33条

问题表述：原权利要求1为：一种铁心，用于卷铁心变压器，该铁心利用铁心材料卷制而成，且沿其厚度延伸的方向具有拼接缝，其特征在于，所述拼接缝为弯曲形缝。申请人依据背景技术中记载的"先沿其轴线方向切开一条直线形缝隙，然后将绕制好的导线包从该缝套在铁心"在权利要求1中新增加了技术特征"拼接缝由于需要套线圈而切开所述铁心形成"，而该增加的技术特征在本申请的发明内容及实施方式部分都没有记载。问题在于：修改后的权利要求是否超范围。

观点一：新增加的技术特征在发明内容及实施方式部分没有记载，而背景技术部分与本申请是不同的技术方案，因此修改后的权利要求的技术方案超出了原说明书和权利要求书记载的范围。

观点二：上述新增加的技术特征记载在背景技术中，从申请人的意见陈述中可以看出，对背景技术的方法进行改进，都要用到该步骤，只是发明内容和实施方式部分没有提及而已。因此，上述修改不超范围。

倾向性做法及理由：虽然在背景技术部分记载有类似的技术特征，但是背景技术部分和发明内容及实施方式部分描述的是不同的技术方案，从原申请文件中并不能直接地、毫无疑义地得出两者可以相结合，即使背景技术部分的方法也可以直接应用于本申请，但是，发明内容和实施方式部分并未给出这一指引，而现有技术中又不止这一种方法，因此，不能根据原申请文件记载的内容直接地、毫无疑义地得到修改后的技术方案，属于修改超范围，不符合《专利法》第 33 条的规定。

案情思考：申请人依据背景技术部分的记载，在权利要求中增加相应的方法/步骤，如果发明内容和实施方式部分并未给出权利要求记载的技术方案，可以增加上述方法/步骤的指引，而现有技术中又不止这一种方法/步骤，则修改超范围，不符合《专利法》第 33 条的规定。

三、小　结

《专利法》第 33 条的立法本意，在于保障先申请原则和禁止反悔原则的实现。从先申请原则的角度解读关于《专利法》第 33 条的立法本意，之所以规定修改不得超出原说明书和权利要求书记载的范围，是因为我国专利制度采用的是先申请原则。如果允许申请人对申请文件修改超出原始提交的说明书和权利要求书记载的范围，就会违背先申请原则，造成对其他申请人来说不公平的后果。进一步而言，设立《专利法》第 33 条有两方面的目的：第一是防止申请人以未完成的发明创造申请专利，并在申请日以后通过修改专利申请文件来完成发明创造，从而获得不正当的利益；第二是防止申请人不重视申请文件的撰写，使得公众不能清楚准确地理解发明。众所周知，申请专利的发明创造应当为在申请日之前已经完成的发明创造；一项发明尚未完成就申请专利，以求较早地获得专利保护，是对公共利益的侵犯，不利于鼓励真正的发明创造。❶

从禁止反悔原则的角度解读在进行修改超范围判断时，理应主动查明是否构成专利法意义上的反悔。也就是说，以原始申请文本为基础，结合专利申请人的意见陈述以及修改情况，判断是否存在专利法意义上的反悔，是《专利法》第 33 条的立法宗旨之一。如果构成专利法意义上的反悔，那么不符合《专利法》第 33 条的规定。一方面，从解释选择的角度而言，正如本文第三部分所述，禁止反悔原则理应包括授权程序中的禁止反悔、确权程序中的禁止反悔和授权与确权程序之间的禁止反悔，从而授权确权程序中的禁止反悔亦应当规范上述程序中对于专利申请文件作出的修改。并且，上述禁止反悔属于裁判者查明的范畴，也就是说，裁判者在判断专利申请文件的修改是否符合《专利法》第 33 条的规定时，需要主动查明上述修改是否构成专利法意义上的反悔。另一方面，从价值判断的角度衡量，禁止反悔原则所体现的禁止两头

---

❶ 金泽俭. 专利申请文件修改的限制 [J]. 知识产权（增刊），2002：203 – 205.

获利的价值判断规则，显然在《专利法》第 33 条的适用中亦应当予以考虑。也就是说，在判断专利申请文件的修改是否符合《专利法》第 33 条的规定时，需要判断上述修改是否使得专利申请人两头获利，是否使得专利申请人既通过调整解释获得授权又加以反悔将保护范围扩大，或者既通过调整解释获得较大的保护范围又加以反悔使专利权得以维持。综上所述，禁止反悔原则亦构成《专利法》第 33 条的逻辑支点之一。在《专利法》第 33 条的法律适用中，应当主动查明并加以适用。

通过上述实际案例的讨论，笔者认为，申请人/代理人在撰写过程中和审查员在审查过程中，都需要准确把握《专利法》第 33 条的立法宗旨以及审查标准，这样才能获得一个较佳的申请和审查结果。

从合理行政角度看修改超范围的审查

刘佳斐[*]

【摘　要】
　　本文从笔者答复外国申请人问题的一句习惯用语引出对于目前专利局有关修改超范围审查的思考，并尝试从行政法合理行政的角度在立法目的、判断主体、审查手段和相关因素方面，结合具体案例讨论专利局根据《专利法》第33条对于修改超范围审查的现状和笔者的观点，最后提出了建议和期望。

【关键词】
　　合理行政　《专利法》第33条　修改超范围

　　在日常专利代理工作中，外国申请人经常会咨询一些有关专利申请的具体问题。在这些问题中，笔者认为最难回答的莫过于外国申请人询问其建议的修改被国家知识产权局接受的可能性。这样的问题需要专利代理人认真阅读原始提交的申请文件，判断所建议的修改是否超出原始申请记载的范围。笔者常常会在给出具体的分析修改意见后，再加上一句话："The examiner will make decisions at his/her own discretion"。

一、问题的引出

　　在作出如上所述的答复后，外国申请人通常不会再有其他问题。最后一句话常常会使外国申请人满意，但也正是这最后一句话常常让笔者感到有些不安。那么究竟是什么让外国申请人满意，而让笔者感到有些不安呢？
　　是因为这个词"discretion"。
　　那么"discretion"是什么？为什么这个词会让外国申请人满意呢？

---

[*] 作者单位：永新专利商标代理有限公司。

"discretion"在法律英语中的含义是"自由裁量"。《布莱克法律词典》对"自由裁量"一词的解释是：通常具有公务或代表的身份的公共事务管理者在某种情形下根据个人的判断或意识行使的权力或权利。而国家知识产权局作为国务院直属机构之一，其专利审查员进行的自由裁量显然是"行政自由裁量"。

行政自由裁量是行政法上合理行政的重要内容。合理行政主要是指行政官员作出的行政行为不仅要符合形式上的法律，更要彰显实质上的理性公平与正义。由此可见，合理行政是合理化、科学化、精细化的行政，实际上对于国家知识产权局审查员的素质提出了很高的要求。这才是外国申请人对"discretion"一词感到满意的真正原因。

但是，为什么笔者会对这个词"discretion"感到不安呢？是因为目前国家知识产权局有关修改超范围的规定过于严格，审查员在进行修改超范围审查时并不拥有合理的行政自由裁量权，因此即使审查员主观上希望，客观上也很难达到上述合理行政的要求。

在此，联系专利审查的具体实际，笔者尝试从合理行政的角度在以下几个方面讨论目前对于修改超范围的审查。

二、符合立法目的

要达到合理行政的目标，首先要求行政机关作出具体行政行为时要符合立法目的。作为立法机关的执行机构，行政机关在作出具体行政行为时要准确地反映立法机关的授权意图。合理行政意味着多种行政行为的选择，但是，行政机关也只能根据立法目的来选择对于具体个案如何决定，从而保证立法目的和个案正义的最终实现。

目前国家知识产权局审查修改超范围的法律依据是《专利法》第33条。根据《专利法》第33条规定："申请人可以对其专利申请文件进行修改，但是，对发明和实用新型专利申请文件的修改不得超出原说明书和权利要求书记载的范围，对外观设计专利申请文件的修改不得超出原图片或者照片表示的范围。"

按照国家知识产权局的官方解释，"之所以规定修改不得超出原说明书和权利要求书记载的范围，是因为我国专利制度采用的是先申请原则。如果允许申请人对申请文件的修改超出原始提交的说明书和权利要求书记载的范围，就会违背先申请原则，造成对其他申请人来说不公平的后果"❶

---

❶国家知识产权局条法司. 新专利法详解［M］. 北京：知识产权出版社，2001.

可见《专利法》第33条的立法目的在于，保证在先申请原则的实现，实现专利申请人与社会公众利益之间的平衡。因此，判断修改是否超范围的关键在于，申请人是否通过修改将提交原始申请时未完成的内容加入到申请文件中从而获得不正当的利益？这种加入是否对公众利益造成损害？

因此，笔者认为，无论国家知识产权局在判断修改是否超范围的问题上采取何种具体途径或手段，都应该不折不扣地、准确地反映上述立法目的。

三、判断主体合格

对于修改超范围的审查，首先必须要明确谁是判断主体。

《专利审查指南2010》并没有直接规定谁是修改超范围的判断主体。但是从《专利审查指南2010》第二部分第八章第5.2.3节不允许的修改的规定中，可以推断出修改超范围的判断主体应是本领域技术人员。

根据《专利审查指南2010》的解释："所属技术领域的技术人员，也称为本领域技术人员，是指一种假设的'人'，假定他知晓申请日或者优先权日之前发明所属技术领域所有的普通技术知识，能够获知该领域中所有的现有技术，并且具有应用该日期之前常规实验手段的能力……"

具体到《专利法》第33条的审查，业界一种观点认为，判断修改超范围的"本领域技术人员"的能力被严格局限在"根据文字记载的内容以及附图能直接地、毫无疑义地确定的内容，并且在审查实践中以唯一性作为判断基准"。换句话说，在进行修改超范围的判断时，"本领域技术人员"是不具备所属技术领域的普通技术知识和不具有常规实验手段的能力的。

笔者不同意这种观点。笔者认为，这种观点有悖于合理行政的要求，是导致目前根据《专利法》第33条的审查僵化的重要原因之一。这种观点完全忽视了行政机关在作出具体行政行为时所必需的理性。

专利审查作为行政活动的一种，审查员都必须具有一定程度的行政自由裁量权。在行政法上，行政自由裁量是由具有行政经验的行政技术官员以行政机关的名义作出的。这些行政技术官员不是没有任何理性及技术常识的人，他们是长期执法、深谙行政管理及相关技术知识并且具有丰富经验的人。❶可以理解，只有那些具有丰富经验的行政官员才能在作出具体行政行为时达到合理化、科学化、精细化行政的要求。

在此，笔者同意另一种观点，即在根据《专利法》第33条判断修改是否

---

❶郑雅方. 行政裁量基准研究［M］. 北京：中国政法大学出版社，2013.

超范围时,"本领域技术人员"有能力参照申请时的公知常识或惯用技术等,将原申请文件明确记载的内容与公知常识或惯用技术进行合理的结合,在此基础上去判断是否可以直接地、毫无疑义地确定修改的内容。

从另一个角度,如果"本领域技术人员"在根据《专利法》第22条进行新颖性/创造性判断时具备相关现有技术、普通技术知识和常规实验手段的能力,而在根据《专利法》第33条进行修改超范围判断时,又"突然"完全丧失了上述能力,这样的"本领域技术人员"的"选择性执法"不仅不符合合理行政的要求,而且会使申请人难以信服审查员所作的决定。长此以往,将会严重销蚀国家知识产权局作为国家行政机关所作行政决定的权威和公信力。

事实上,根据最高人民法院在精工爱普生墨盒案裁定书❶中给出的解释,在根据《专利法》第33条进行修改超范围判断时,"本领域技术人员"显然具有一定的、将原申请文件明确记载的内容与公知常识或惯用技术进行合理的结合的能力。

四、实现立法目的的手段适当

在行政法上,立法目的是由法律设定的,行政机关可以通过立法目的的取向来采取具体的实现手段。所采取的手段应与立法目的相符,如果所采取的手段追求的目的超出了法定的目的,则该手段是不适当的,是不符合合理行政的要求的。

按照笔者的理解,为了实现《专利法》第33条的立法目的,专利局所采取的具体审查手段是,在《专利审查指南2010》第二部分第八章第5.2.1.1节中规定:"原说明书和权利要求书记载的范围包括原说明书和权利要求书文字记载的内容和根据原说明书和权利要求书文字记载的内容以及说明书附图能直接地、毫无疑义地确定的内容。"

而在目前的审查实践中,专利局将《专利法》第33条严格解释为字面的含义,对于是否修改超出"原说明书和权利要求书记载的范围"的判断严格限制于字面表述上的一致性和唯一性。

笔者认为,目前国家知识产权局对于修改超范围的审查所采取的手段过于严厉,超出了《专利法》第33条的立法目的,是不适当的。

强调修改字面表述上的一致性和唯一性的确很好地避免了申请人通过修改将提交原始申请时未完成的内容加入到申请文件中从而获得不正当的利益。但

---

❶最高人民法院行政裁定书(2011)知行字第53号。

是，在审查实践中，强调修改字面表述上的一致性和唯一性同时却阻碍了更大量的，虽然形式上不符合要求，但是在实质内容上并未将新的内容增加到原始申请中的修改，从而损害了申请人的合法权益。

举例来说，当申请人为了体现其发明与对比文件的差异时，按照目前的审查实践，其只能将具体实施例中书面记载的技术特征增加到权利要求书中，而无法进行合理的概括。因为任何概括的技术特征几乎都会被认为是无法"直接地、毫无疑义地确定的内容"，更不会符合字面表述上的一致性和唯一性的要求。显然，事实上，并不是所有的概括都会将提交原始申请时未完成的内容加入到申请文件中，因此这种"一刀切"的做法是不合适的，其追求的目的已偏离《专利法》第33条的立法目的。

从另一角度，目前国家知识产权局的审查手段过度强调了对社会公众利益的保护，而对申请人的权利行使进行了严格限制，从而造成了专利申请人向社会公众公开了其全部的发明创造，但却由于目前专利局的审查手段无法得到对等的回报和保护，这也并不符合合理行政所要求的公平和公正。

同时这种做法也严格限制了审查员在进行修改超范围判断时根据自己的主观判断、经验和个案的具体情况运用自由裁量权的空间。

因此，笔者认为，专利局在进行修改超范围审查时所采取的手段不应仅仅是对于修改的"字面上的形式审查"，而更应该是对于修改的"内容上的实质审查"，从而使审查手段与立法目的相符，使审查员有条件来合理地运用行政自由裁量权，使申请人对社会作出的贡献与其获得的权益相平衡，最终实现法律意义上的公平与正义。

五、应考虑相关因素

合理行政要求行政机关在作出具体行政行为时应考虑与实现立法目的相关的因素。具体到专利审查领域，笔者将该相关因素理解为国际惯例和我国国情的因素。

众所周知，30多年来我国专利事业取得的重大成就之一是建立了具有中国特色的知识产权制度。具有中国特色的知识产权制度本身就包含了两方面的含义：首先，我国的知识产权制度来源于西方，应符合主流的国际惯例；其次，我国的知识产权制度扎根于中国，是本土化的知识产权制度，应符合我国国情。

1. 国际惯例因素

介绍各国关于修改申请的具体规定并非是本文的内容，在此不再赘述。笔者分别参考了《欧洲专利公约》第 123 条（2）的规定、具体的判断原则以及判例，日本特许法第 17 条之 2 第 3 项的规定以及具体的判断原则，以及《专利合作条约国际检索和初步审查指南》后认为，虽然上面所述的欧洲的、日本的和专利合作条约的有关修改的相关规定本身在结构和内容上有较大的差异，但它们都有以下共通之处：

首先，原始申请的范围不拘泥于字面意义，即原始申请的范围不仅包括文字直接记载的内容，<u>而且不同程度地包括根据原始申请的文字记载能够导出/自明/推出的内容</u>，而这与国家知识产权局专利局所要求的"直接地、毫无疑义地确定"是有较大差异的；

其次，进行修改超范围判断的主体，也即"本领域技术人员"都具有一定程度的利用公知常识和惯用技术手段的能力。

由上述分析可知，与国家知识产权局专利局的有关规定相比，在根据欧洲、日本和《专利合作条约》的有关规定进行修改超范围判断时，审查员拥有<u>更大的行政自由裁量权</u>，不仅能够依法，更能合理地针对个案的具体情况作出更加理性、科学的判断，从而<u>实现统一法律规定下的个案正义</u>。

2. 我国国情因素

与西方发达国家的申请人相比，我国专利申请人无论在专利保护意识上还是在专利申请撰写水平上都有较大差距，更何况按照美国最高法院的解释，**"专利说明书和权利要求书是很难精确表达的法律文件之一"**。

作为国家行政机关，国家知识产权局专利局要求申请人在提交原始申请时就写出表述准确无误、技术方案清楚，以及权利要求保护范围精当的申请文件，在目前情况下是对我国申请人的苛求，是不符合合理行政的要求的。

六、一个具体案例

为了更好地体现目前国家知识产权局根据《专利法》第 33 条审查的现状，笔者选取了一件自己代理过的案例，在此仅讨论本案例中涉及修改超范围的部分。本案已授权。

本案关于一种窗帘，其权利要求 1 为：

一种窗帘，其特征在于，包括：一上轨，其设有用以调节至少一开启构件竖直位置的控制机构；……多片居中帘板（222a～222e），分别具有上方纵向区及下方纵向区，其中每一帘板的该上方纵向区沿着竖直方向与该固定构件连接，而每一帘板的该下方纵向区自由悬吊而下；位于该些居中帘板（222a～222e）上方的顶帘板（244）；及位于该些居中帘板（222a～222e）下方的底帘板（222f）……

本案审查过程中主要涉及的附图如图1所示。

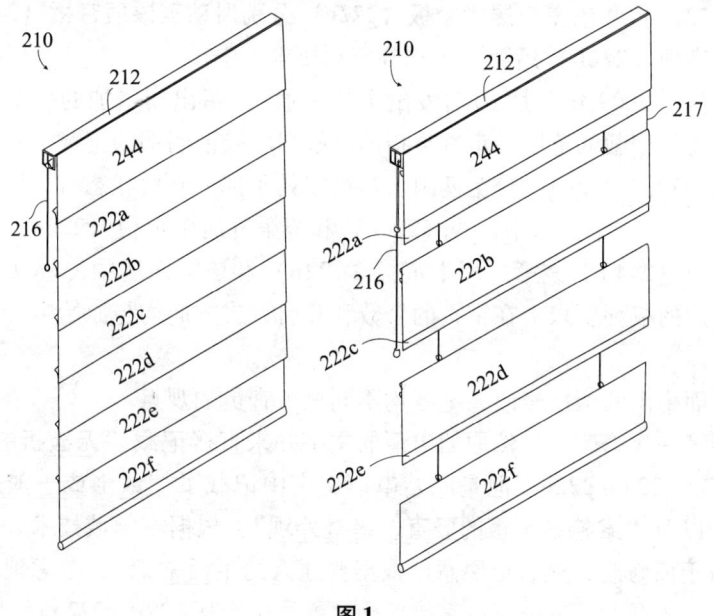

图1

审查员于2008年2月1日发出了第一次审查意见通知书（以下简称"一通"），在一篇对比文件的基础上，指出了本案全部权利要求都不具备新颖性/创造性。

<u>第一次修改</u>：在答复"一通"时，申请人将技术特征"**各居中帘板（222a～222e）为无皱折的扁平状**"增加到权利要求1中，并在该修改的基础上陈述了修改后的权利要求1与对比文件相比具有创造性的理由。

审查员于2008年9月19日发出了"二通"，指出新增加的技术特征超出了原申请文件记载的范围。审查员指出，在原始说明书中仅记载了"……但于某些情况下，可能会需要线形或一般外观平坦的窗帘，无论在开启、遮蔽或部分开启时，皆可维持其一般外型，本发明提供了这种合适的窗帘"，以及"当窗帘开启时，仍维持各帘板的<u>竖直、笔直外观</u>"。

在答复"二通"时，申请人按照审查员的要求，将新增加的技术特征"各居中帘板（222a～222e）为<u>无皱折的扁平状</u>"修改为"各居中帘板（222a～222e）为<u>竖直、平坦状</u>"。但是，这种妥协的结果，显然缩小了与对比文件的差异，不利于体现本案权利要求1的创造性。

<u>第二次修改</u>：因此，申请人在答复"二通"时转而寻求其他差异，将技

术特征"该些居中帘板**至少包括**第一居中帘板（222a）、第二居中帘板（222b）和第三居中帘板（222c），当该窗帘处于部分开启状态时，该第一居中帘板（222a）和该第三居中帘板（222c）分别滑动至该顶帘板（244）和该第二居中帘板（222b）后面"增加到权利要求1中。

审查员于2009年7月10日发出了"三通"，指出新增加的技术特征超出了原申请文件记载的范围。审查员指出，根据原始说明书的记载，共有<u>六片帘片（244、222a~222e）</u>，分为两组，当窗帘处于部分开启状态时，该第一居中帘板（222a）、该第三居中帘板（222c）和该第五居中帘板（222e）分别滑动至该顶帘板（244）、该第二居中帘板（222b）和该第四居中帘板（222d）后面。修改后的权利要求1在帘板的个数和开启方式方面均与原始申请记载的内容不同。

就上面指出的两次修改，笔者均不同意审查员的观点。

关于第一次修改，虽然原始申请的文字并未直接记载"**无皱折的扁平状**"的居中帘板222a~222e，但是原始申请文字中记载了"<u>线形或一般外观平坦的窗帘</u>"以及"维持各帘板的**竖直、笔直外观**"，根据本领域技术人员的公知常识（对于该修改，笔者更愿意用<u>根据普通人的生活常识</u>），考虑到日常生活中窗帘的一般形态，完全可以直接地确定各居中帘板222a~222e的"**无皱折**"和"**扁平状**"的技术特征。

更值得一提的是，审查员在进行修改超范围判断时，<u>完全未考虑附图的作用</u>。笔者认为，仅仅根据本案图1，本领域技术人员就可以确定各居中帘板222a~222e的"**无皱折**"和"**扁平状**"的技术特征。由于附图也是原始申请的一部分，严格地说，审查员根据《专利法》第33条对于该第一次修改的审查不仅<u>未达到合理行政的要求</u>，甚至<u>未达到合法行政的要求</u>。

关于第二次修改，笔者认为，原始申请中的确仅记载了分为两组的<u>六片帘片（244、222a~222e）</u>的技术方案，而修改后的权利要求1为顶帘板244和<u>至少包括第一</u>、第二和第三居中帘板222a~222e，但是从本文所讨论的合理行政的观点来分析：

首先，是否符合《专利法》第33条的立法目的：（1）本案申请人在提交申请时已经清楚地公开了本案的全部技术方案，至于具体有多少帘板和帘板的具体分组方式完全是申请人根据描述的需要来决定，换句话说，申请人在提交申请时完全可以选择其他数目帘板，但技术方案本身是相同的，因此<u>该第二次修改并未将提交申请时未完成的内容加入到申请文件中</u>；（2）由于技术方案本身并无改变，<u>该第二次修改并未对公众利益造成损害</u>；（3）如果按照审查员的要求，把帘片数量严格限制于所公开的具体实施例，将会<u>大大缩小权利</u>

要求 1 的保护范围，严重损害申请人的利益。

其次，从本领域技术人员作为判断主体的角度，由于申请人在提交申请时已经清楚地公开了本案的全部技术方案，本领域技术人员仅需要简单地凭借公知常识即可改变帘板的数量，而且该公知常识仅仅是凭借并非是引入。

基于上述分析，该第二次修改也未超出原始申请记载的范围。

七、结束语

合法行政与合理行政是我国《行政法》的两个基本内容。合理行政是精细行政，是合法行政的延伸与升华，其要求行政机关行使行政权力时不仅要符合"形式"上的法律，更重要的是要符合"实质"上的法律。❶

显然，目前国家知识产权局根据《专利法》第 33 条的审查实践离合理行政的要求还有差距。近几年来，根据《专利法》第 33 条的审查已成为业界热点话题。

笔者认为，造成目前根据《专利法》第 33 条的审查过于僵化的主要原因并非在审查员，而在于专利局所使用的审查手段过于严格。严格的审查手段固然有确定、统一、利于执行的优点，但也常常会带来审查实践偏离立法目的，使申请人正当利益受到损害的后果。

从另一角度，过于严格的审查手段对于国家知识产权局自身未尝不是一种伤害：

首先，严格的审查手段会降低专利局对于个案所作决定的合理性。长此以往，将会使申请人和社会公众怀疑国家知识产权局作为国家机关的行政能力。实践证明，过于严厉的政策并不会长久。相反，往往是"宽严相济、恩威并举"的政策能在实践中得到社会公众的认可，从而树立国家机关的权威和公信力。

其次，严格的审查手段可能会使目前的审查程序更加复杂，不符合合理行政对于便民高效的要求。

最后，严格的审查手段伤害了审查员的主观能动性。目前的审查手段并未给审查员充分地行使自由裁量权的余地。专利局采取从严标准的目的应是避免问题专利的产生，维护公众的利益。但是，笔者认为，这个目的主要应通过提高审查员的审查能力和业务素质来达到，而并非通过严格、僵化的审查手段。

在笔者看来，既然专利局在最重要的、根据《专利法》第 22 条进行新颖

---

❶仇澄. 依法行政贵在合理行政 [N]. 光明日报，2011 – 11 – 06.

性和创造性判断时给予了审查员充分的自由裁量权，那么为什么不能在根据《专利法》第33条进行修改超范围判断时也给予审查员充分的自由裁量权呢？

基于该观点，笔者的建议如下：

（1）在部门规章方面，在《专利审查指南2010》第二部分第八章第5.2.1.1节中明确规定，根据《专利法》第33条审查的判断主体是具有本领域公知常识和惯用技术手段的本领域技术人员；

（2）在审查实践方面，不再将《专利法》第33条中的"原说明书和权利要求书记载的范围"缩小解释为字面的含义。

以上仅是笔者的一家之言，不免有偏颇之处。因此，笔者希望，也相信国家知识产权局专利局能够在充分征求各方意见的基础上，参考国际惯例和我国国情，找到一个合理的解决方案。

把握技术方案核心，提高通知书说服力

郑 明[*] 朱 宁[*] 宋庆华[**]

【摘 要】

本文以焊接领域的方法权利要求为例，通过两个案例的分析来说明如何通过把握技术核心的方法提高检索效率，进而提高通知书的说服力，并对这种从技术核心出发的创造性审查方法给出的启示和其中可能存在的争议提出了自己的见解，以期寻求审查包含零散技术特征的权利要求的一种方法。

【关键词】

技术核心　发明点　公知常识　三步法

一、引 言

在创造性的审查过程中，通常采用"三步法"进行审查，并且通常要求对特征进行一一比对，进而得到发明是否具备创造性的结论。然而，在实际的审查过程中会发现，存在许多权利要求是由多个零散技术特征构成的申请，并且，这些零散的技术特征大部分并不是技术核心。所谓零散技术特征，就是各技术特征之间的技术相关性并不大，甚至相互独立，而且具体到每个小特征，在其领域都能普适使用。前述这种情况在方法权利要求中出现的频率较高，尽管方法整体上需要由多个步骤构成，然而各步骤本身通常又可是彼此独立的技术。此时，如果采用依次一一比对的方法进行审查，将使得审查通知书冗长而难以理出头绪来，这显然不利于提高行政效率，也增加了申请人阅读和理解通知书的时间；而对于审查员而言，堆砌这些零散技术特征的证据本意是增强通知书的说服力，实际上却往往事倍功半，当技术特征对应的证据过于零散时，

---

[*] 作者单位：国家知识产权局专利局审查协作湖北中心。
[**] 作者单位：国家知识产权局专利局机械发明审查部。

反而会使得通知书描述的内容过于发散，导致无法架构成整体而降低说服力。

那么，在面对这样的权利要求的时候，如何能达到事半功倍的效果呢？笔者试图通过自己的两个实际审查案例找到一些审查此类案件的小技巧，同时对此类案件的审查中存在的争议之处谈一些自己的见解。

二、案例分析

【案例1】

该案权利要求为："一种版辊双面全自动同步焊接方法，其特征在于该方法包括以下步骤：第一步，版堵安装在版辊两端：版堵由内径部分和外径部分组成，其中版堵内径部分通过过盈配合安装在版辊的内孔中，版堵中心设有内孔，内孔用于设置顶尖，版堵外径部分直径与版辊的外圆周表面直径相同，版堵与版辊在沿版辊的外圆周面上形成焊缝；第二步，将版辊安装在机床上：机床顶尖分别伸入版辊两端的版堵的内孔中，使版辊位置固定，顶尖旋转带动版辊和版堵旋转；第三步，焊接：调节双头同步自动焊接机的位置，使焊枪位于两端焊缝的正上方，顶尖带动版辊和版堵旋转的同时，通过双头同步自动焊接机对两端焊缝同时焊接。"

审查员在第一次审查意见通知书中的意见为："权利要求1所要求保护的技术方案不具备《专利法》第22条第3款规定的创造性。权利要求1请求保护的技术方案的核心在于将版辊固定在机床上，对辊子的两端焊缝通过双头同步自动焊接机同时焊接，而对比文件1（CN2294808A，公开日1998年10月21日，参见说明书第1页第2~4行，第12行至第2页最后一行，附图1）公开了一种气体保护双头自动焊接机床，在将工件通过尾座主轴15和主轴16的夹紧装置固定在机床上后，可以按照焊接规范的要求对回转工件的两端例如托辊等的焊缝同时实施焊接，可见对比文件1完全公开了权利要求1的发明核心，而且明确了对于回转工件都可以使用该气体保护双头自动焊接机床。

而权利要求1相对对比文件1而言，仅仅是具体地将这样一种使用双头同步自动焊接机对辊子两端焊缝同时实施焊接的方法用在了版辊的焊接上。具体来说，权利要求1还限定了版辊和版堵的具体结构（其实质在于说明具体到版辊上的焊缝是什么样子的）以及机床上具有顶尖。然而，版辊和版堵的焊缝确定为所属领域技术人员的公知常识，机床上用顶尖的固定方式取代夹紧的固定方式对于所属领域技术人员来说也是常规技术手段，而且这些具体的常规结构用在双头焊接方法中，也没有对双头焊接的方法产生意料不到的技术效果。

综上所述，在对比文件1将权利要求1的发明核心已经公开的基础上，结合公知常识得到权利要求 1 请求保护的技术方案对所属技术领域的技术人员来说是显而易见的，因此该权利要求 1 所要求保护的技术方案不具备突出的实质性特点和显著的进步，因而不具备创造性。"

可以看到，在本案中，申请人将焊接方法写得十分细致，具体到了对被焊接对象的微小结构进行了一一说明的地步。审查员此时并没有盲目开始检索，而是细致阅读了说明书，特别是说明书发明内容的开头部分，申请人有如下记载："本发明的目的在于克服现有的版辊与版堵的焊接方法存在的焊接效率低、焊接质量差的缺陷，提出了一种版辊双面全自动同步焊接方法，该方法实现了版辊两端与版堵的同步焊接，焊接效率高，实现了连续焊接，焊接均匀，焊接质量好。"从这里可以看到，在本发明中，申请人的技术核心（发明核心和核心技术特征是一个新提法，通篇均有描述，如果是引用具体文献，给出标引，没有的话，应给出定义，以便读者能够判断出一个申请的发明核心和核心技术特征）就在于实现了版辊这样一种"辊子两端的同步焊接"；这样回过头去看权利要求，审查员发现，权利要求中的方法的前两个步骤都是在为两端被同步焊接做准备的，即形成焊缝—工件固定—焊接，其中形成焊缝和工件固定的步骤都是在焊接领域常用的步骤，权利要求对这两者进行了细致描述，但这些细致描述之间的技术关联性并不强，属于零散技术特征。因此，此时把检索的重点放在第三步，如此，在检索时，审查员实质将较长的权利要求简化到只有原权利要求约 1/3 的长度，此刻再进行检索，审查员就提取了"辊""两端""同时"这三个关键词，结合分类号 B23K9/+，很快从 19 篇文献中检索到了合适的对比文件 1。在本案的第一次审查意见通知书中，审查员首先对权利要求 1 的发明核心进行了说明，进而对对比文件 1 公开的内容进行了说明。通过比较，指出对比文件 1 完全公开了权利要求 1 的发明核心，在攻克了发明核心后，审查员对剩余的技术特征仅仅进行了简单的总结，并没有按照传统的"三步法"详细说明它们实际解决了何种技术问题，一概指出这些剩余的技术特征是本领域技术人员公知的，从而得出权利要求 1 不具备创造性的结论。本案在第一次审查意见通知书后视为撤回。

【案例 2】

该案权利要求为："1. 一种扫石器承载焊缝的焊接方法，其特征在于，包括如下步骤：确定起弧位置；所述起弧位置处于塞焊缝的边缘；从所述起弧位置开始，在焊接参数集合的条件下，将焊枪沿着所述塞焊缝的边缘进行焊接，直到所述焊枪回到所述起弧位置，完成第一道焊接；保持所述焊接参数集合的条件，继续从所述起弧位置开始进行第二道焊接，直到填平所述塞焊缝，焊接结束。"

审查员在第一次审查意见通知书中的意见为："1. 权利要求1所要求保护的技术方案不具备《专利法》第22条第3款规定的创造性。权利要求1请求保护的技术方案的实质是扫石器上的孔的塞焊，对比文件1（JP昭53-102850A，公开日为1978年9月7日，参见说明书第2页右下栏第1行至第3页右上栏第4行，图6）公开了一种塞焊的焊接方法，其目的是克服塞焊中的熔合不良的现象，得到熔合良好的塞焊缝，采用的方法是使用焊枪从孔（即塞焊缝）的内边缘的位置起弧，在各种焊接参数条件下，将焊枪从下至上以螺旋状沿着内边缘上升直至孔的中心位置，也即直至塞焊缝被填平，对比文件1公开了本发明的核心即起弧位置在塞焊缝的边缘而不是中心，起到了相同的作用是使得塞焊缝的熔合良好，权利要求1相对于对比文件1的区别技术特征在于：

权利要求1指出焊枪回到起弧位置后再从起弧位置开始进行第二道焊缝，且其焊缝具体为扫石器承载焊缝。

基于该区别技术特征，虽然对比文件1中没有指出焊接具体分为多少道，然而实际上焊枪每次回到相同的径向时即为实质完成一道焊缝，且对于尺寸不大且深度也不大的孔而言，焊枪每次回到相同的径向时即相当于回到了起弧位置，也即对比文件1中的螺旋式焊枪移动方式和权利要求1所指出的这种焊枪移动的方式在本质上是相通的。所属领域技术人员将对比文件1中的塞焊方法运用于孔径较小且深度较小的扫石器上时，将螺旋式焊枪移动方法演变为焊枪回到起弧位置后再从起弧位置开始进行第二道焊缝属于常规技术手段。而扫石器承载焊缝则属于一种具体类型的塞焊缝，将用于塞焊缝的焊接方法具体运用于扫石器承载焊缝属于常规技术手段，无须付出创造性劳动。

可见，在对比文件1的基础上结合常规技术手段以获得该权利要求所要求保护的技术方案，对所属技术领域的技术人员来说是显而易见的，因此该权利要求所要求保护的技术方案不具备突出的实质性特点和显著的进步，因而不具备创造性。"

本案的权利要求实际并不算很长，但不难看出，所涉及的技术特征都是涉及细节的，而且毫不夸张地说，权利要求每一个技术要素都可能出现在任何一篇和焊接有关的申请中，此时，如果审查员不能恰当地寻求最能命中目标的关键词的话，就可能导致检索的时候噪声大，效率低；而此时审查员注意到，在本案的说明书的发明内容部分中有如下记载，"本发明的扫石器承载焊缝的焊接方法，通过选取塞焊缝的边缘位置作为起弧位置，可以保证塞焊缝的根部焊缝连接处法兰的母材与管体的母材能够充分融合，减小了应力集中而导致产生裂纹的概率，保证了焊缝的强度"。很显然，申请人认为本申请最具有贡献的部分就是"选取塞焊缝的边缘位置作为起弧位置",也就是说这是本发明的技术核心,而权利要求 1 中所描述的确定起弧位置之后的步骤则相对零散,其中任意一个小的技术特征都可能出现在任何一种具体焊接方法中,可以认为这些细小特征之间的关联性并不大,也即属于零散技术特征。依照以上分析,审查员提取了最关键的信息,即"塞焊""弧",其对应的英文表达为"plug +"和"arc",进而结合本案较准确的分类号 B23K9/02,在检索到的仅 29 篇文献中很轻松地找到了对比文件: JP53102850A。在随后进行通知书撰写时,审查员首先对对比文件 1 公开的内容进行了说明,指出,对比文件 1 公开了本发明的核心所在,进而在没有说明区别技术特征实际解决的技术问题的基础上对区别技术特征进行了简单说理,指出其为公知常识。在这些工作的基础上,达到了说服申请人的目的,本案也在第一次审查意见通知书后视为撤回。

三、启示和争议

1. 启 示

这两个案例具有一定的启发性。审查员在对案件进行审查时,要特别注意说明书中申请人提及的类似"本案通过 A 技术手段解决了 B 技术问题"这种格式的句子,进而在对权利要求进行检索的时候提取关键的技术核心点,即 A 技术,特别是针对这种特征较为零散,即每个特征在本领域内都具有一定普适性,但实际操作的时候关联性也并不强的情形,抓住了技术核心就相当于简化了检索时审查员要检索的技术方案,此时如果能准备定位检索关键词,集中攻克技术核心就大大提高了检索的效率。类似地,在撰写通知书说理时,一旦抓住了技术核心,对技术方案的评价也就重点更突出,思路更清楚,更能说服申请人。不难注意到,这类句子往往出现在发明内容的开头部分,或者是发明内容的结束部分,尽管不排除背景技术和实施方式中也会出现这些关键句,但首先注意一些发明内容的前后部分在某些时候能达到意料不到的效果。

需要注意的是,笔者并不赞成在审查中,盲目认定权利要求中除了技术核心就是零散技术特征的做法,需要分析非技术核心的技术特征与技术核心之间的关联度,以及非技术核心技术特征之间的关联度,并且,对于非技术核心的技术特征,如果不是可被所属领域技术人员轻易认定的公知常识,也切不可一笔带过,而要加以分析和详细说理。

2. 存在的争议

在肯定案例带来了一定的启示的同时,也应当承认,这两个案例也是存在争议之处的。其一在于它们并没有使用标准"三步法"进行创造性的评述。

首先，从评述过程来看，审查员选取对比文件1时，在各文献技术领域相同的情况下，并不是选择公开了最多的技术特征的文献，而是选择了公开了发明技术核心的文献；其次，其省略了基于区别技术特征实际解决的技术问题这一步。其二在于，对于大量区别技术特征审查员使用简单说理将其认定为公知常识，而公知常识的使用无疑是现在的热点之一，从某种程度上来说，专利代理人和申请人对用公知常识评述创造性是比较反感的，总让人感觉审查员大有给我一篇对比文件，我能想到整个世界的感觉。

对于这两个争议之处，笔者作了如下思考：

笔者认为，本文所提及的两个案例，实际并没有跳出"三步法"的框架。对于最接近的现有技术即对比文件1的选取，《专利审查指南2010》只是给出了一个通常的做法，而且可以注意到《专利审查指南2010》使用的是"最接近的现有技术，例如可以是"这种举例的表达方式，基于此，笔者认为《专利审查指南2010》做此规定的初衷是，在通常情况下，选择技术领域相同、公开技术特征最多的文献作为对比文件有利于说理的展开。也就是说使得说理脉络清楚是选取最接近现有技术的一项基本原则。那么，当审查员认为，选取公开了发明技术核心的文献作为最接近的现有技术时更有利于说理，即可以使得说理更有说服力，更有针对性，思路更清楚的情况下，选择公开了发明技术核心的文献作为对比文件1也就是无可厚非的了。而且，实际上，申请人最关心的也应当是其发明点是否被现有技术公开。在发明的技术特征之间的关系相对零散的情况下，在通知书中罗列非发明核心的内容被何种文献公开，并不是申请人首先关注的问题，而采用公开了技术核心的文献作为最接近的现有技术，给申请人开门见山、直截了当的感觉，就可以节省不必要的阅读和理解时间。

对于省略了区别技术特征实际所要解决的技术问题这一步骤的做法，笔者的出发点是，由于在这两个案件中，存在大量的非技术核心区别技术特征，而申请人并没有在申请文件对这些非技术核心的特征解决了何种问题中进行细致说明，此时，审查员虽然能够明确这些技术特征能够解决某种技术问题，但由于技术特征繁多，所要解决的技术问题也会多样化，很可能会和申请人所想到的能解决的技术问题存在分歧，在这种情况下，申请人就会产生对于申请中的某些特征还能有争辩的余地的错觉。这样一来，又会延长审查周期，浪费行政资源，而且会使得申请人对服务程序不满，这显然是我们不期望的。因此在审查员可以轻易认定这些大量的区别技术特征是公知常识的前提下，不如略去对区别技术特征所要解决技术问题的主观理解，直截了当地将对区别技术特征的认定告知申请人，把所解决技术问题的思考余地留出来，等待申请人回应。

至于"公知常识的使用",这一直以来都是存在争议的地方。笔者认为,公知常识的使用是一把双刃剑,在运用公知常识正确评判了申请不具备创造性的情况下,尽管对于申请人而言可能得不到授权,对于公众而言却拥有了运用申请人原要保护的技术方案的自由;而错误评判申请不具备创造性则损坏了申请人的利益,使得申请人的创造性劳动付诸东流。

在实际审查过程中,对于区别技术特征就是发明点,而确实需要进一步检索的情况,审查员盲目地在不详细说理或不举证的情况下使用公知常识,会打击申请人的创造热情,在这种情况下,当申请人提出质疑,审查员在整个审查过程中仍然坚持区别技术特征是公知常识且不详细说理也不举证,就会产生不恰当的驳回,进而损坏申请人的利益,使得申请人的竞争者获利。然而,另一种情况下,申请人出于急于得到授权的心理,在权利要求中罗列很多零散而细微的和发明点相关度不高的非技术核心技术特征,或者说申请人由于撰写水平的限制而使得权利要求中包含了大量非技术核心的技术特征,此时,如果在第一次审查意见通知书中就对这些区别技术特征进行十分详尽的说理,甚至进行十分细致的检索,就降低了审查效率,甚至还会由于零散的说理太多使得通知书不容易形成整体的架构而降低说服力,进而在后续程序中不得已使得一些原本不应该被授权的申请得到授权,这同样会损坏公众的利益,对于同行业竞争者而言也是十分不公平的。

因此,要客观看待公知常识的使用,对于区别技术特征就是发明点的情况,应尽量避免在没有举证的情况下,就妄言是公知常识。而在区别技术特征是非发明点、非技术核心的情况下,如果区别技术特征特别多,且相对来说彼此之间技术关联小,则应该从程序节约、行政资源节约的角度出发,大胆质疑,这样反而可能达到清楚、简明、提高说服力以及提高审查效率的目的。即使审查员不慎判定错误,也还可以在后续程序中和申请人进行进一步沟通,通过后续程序来验证审查员对公知常识认定的正确性,这有利于将更多的审查智慧聚焦在其他案件上。在此,一定要特别重视后续程序中和申请人的进一步沟通这一步,不可先入为主而在一开始认定区别技术特征为公知常识后就坚持到底,不理会申请人的解释和质疑,而应认真分析申请人的意见陈述,尽量达成审查员和申请人之间对公知常识判断的共识。

四、结 论

以上,通过对两个案例的剖析,提出了技术核心优先的创造性审查方法,并对这种审查方法中可能存疑的"是否符合'三步法'"以及"如何恰当使用公知常识"提出了一些自己的见解，如果我们能做到对由零散技术特征构成的权利要求的准确审查，就能避免很多错误的驳回或错误的授权，最大程度地平衡申请人和公众的利益，也就真正达到了提升知识产权服务能力，促进创新驱动发展的目的；同时，还应当承认，其中对于是否为公知常识的判断，由于审查员不可能达到绝对的"本领域技术人员"的程度，审查员对公知常识的判断难免有偏颇，这就要求审查员要提高自己对现有技术的理解和把握的能力，从而使得审查意见更客观，更准确，更好地落实保护专利权人的合法权益，鼓励发明创造以及促进科学技术进步和经济社会发展的立法宗旨。

参考文献

［1］中华人民共和国国家知识产权局. 专利审查指南 2010 ［M］. 北京：知识产权出版社，2010.

［2］申丽娟，蔡广宁. 浅谈公知常识在审查中的应用［J］. 中国发明与专利，2013（5）.

图形用户界面的可专利性探讨

亓 云[*]

【摘 要】

图形用户界面（GUI）已成为电子产品生产厂商间竞争激烈的焦点之一，不同产品间的 GUI 恶意抄袭所引发的纠纷、诉讼使得 GUI 走进了知识产权法规范的视野内，对 GUI 的知识产权保护亦逐渐成为企业、立法者与学术界关注的热点。本文从国内外对 GUI 的立法现状以及法律实践等诸多方面讨论了对 GUI 进行外观设计专利保护的必要性和紧迫性。

【关键词】

图形用户界面　外观设计　部分外观设计

一、引　言

图形用户界面（Graphical User Interface，GUI），又称为图形用户接口，是指采用图形方式显示的计算机操作环境用户接口，即指供使用者在使用计算机设备、软件时与计算机系统进行信息数据交换的各种媒介。相对于早期计算机使用的命令行界面，图形界面更为简便易用。GUI 的广泛应用是当今计算机发展的重大成就之一，它极大地方便了非专业用户的使用人群从此不再需要死记硬背大量的命令，取而代之的是可通过窗口、菜单、按键等来方便地进行操作。

GUI 是用户与计算机之间就软件使用进行交流的平台，具有以下特征：（1）实用性：①用户界面体现的是人与计算机之间的信息交流，是用户使用软件的操作方法；②软件是根据用户的具体需求而设计，用户界面也体现了用户的具体需求；③用户对软件的使用具有一定的习惯，而某些要素是各个软件

---

[*] 作者单位：上海专利商标事务所有限公司。

都具备的（例如一般软件均采用类似 Windows 的 GUI），因此，用户界面在设计时会尽可能借鉴已有用户界面的共同要素，以符合用户的使用习惯以便为用户所接受；④设计用户界面，需要在有限的界面中体现用户的具体需求。因此，在设计时需要追求最优化的效果。（2）双重性：相对于实现用户界面的程序而言，用户界面属于程序的构思。同时，用户界面在计算机屏幕上体现为程序运行结果的一种表达。

当今，GUI 广泛用于大量的智能手机、平板电脑、智能电视等消费电子产品。笔者基于此类电子产品的普及，对 GUI 的保护现状进行了相关研究。

二、我国现行立法现状

现行《专利法》并未涉及任何有关 GUI 保护问题的规定。《专利审查指南 2010》❶ 也仅在第一部分第三章第 7.4 节明确规定，"产品通电后显示的图案，例如，电子表盘显示的图案、手机显示屏上显示的图案、软件界面等"明确属于不授予外观设计专利权的情形，并要求"产品的图案应当是固定、可见的，而不应是时有时无的或者需要在特定条件下才能看见的"。因此，现行专利相关法律明确将包括 GUI 的产品外观设计排除在专利保护之外。

然而，根据《与贸易有关的知识产权协议》（TRIPS）第 25 条规定：独立创作的工业品外观设计，只要是新的或者原创的，全体成员均应提供保护。GUI 显然凝聚了个人或团队的人力物力财力，是原创的，其不但提高了产品操作性，还提高了使用时的舒适度和美好的体验，因此，这种劳动成果理应得到法律保护。

在现行环境下，GUI 的设计者主要通过以下方式对其 GUI 进行保护。

1.《商标法》

如上所述，GUI 是多个界面要素的组合，例如图标、菜单、界面等，其中尤其是图标（ICON）通常能够区分不同的设计者，具有显著性，因此可以在相关类别上注册使其成为商标。另外，设计者在将具有显著性的界面要素注册为商标后，还可以在具体的使用中加强宣示，以助于其后进行商标维权，比如在产品的 GUI 上设置其商标或商业标识等。

然而，GUI 往往是多种要素的组合，设计者不可能一一将其注册。并且，即便设计者有足够的经济实力，其 GUI 的各个要素也未必是都具有显著性的。因此，企图以《商标法》来保护 GUI，效果微乎其微。

---

❶中华人民共和国国家知识产权局. 专利审查指南 2010 [M]. 北京：知识产权出版社，2010.

2. 《著作权法》

根据我国《著作权法》的规定，"作品，是指文学、艺术和科学领域内，具有独创性并能以某种有形形式复制的智力创作成果"。如果设计者选择采用《著作权法》来保护其 GUI，那问题的关键在于该 GUI 是否可被认定为《著作权法》中规定的作品以及该作品是否具有独创性。

让我们来看一个案例。2006 年，原告北京久其软件股份有限公司对被告上海天臣计算机软件有限公司的 GUI 侵权行为向上海市二中院提起了相关诉讼。二中院的一审判决认为，原告久其公司的 GUI 因不符合作品独创性的要求，不受我国《著作权法》的保护。原告不服再次提起上诉，但上海市高级人民法院维持了一审判决。

尽管在我国司法实践中，对用户界面是否构成作品，基本的态度是具体的用户界面具体分析，但对于用户界面中的若干部分基本采取不予保护的态度：一是用户界面中的功能菜单与按钮，均表明了相应的功能，是用户操作设备程序的方法，不予著作权保护；二是组成 GUI 的菜单栏、对话框、窗口、滚动条等要素是 GUI 通用的要素，不具有独创性，不受《著作权法》保护；三是有关按钮功能的文字说明是对按钮功能的简单解释，表达方式有限，不受《著作权法》保护。至于其他部分是否受保护，就取决于这些部分是否具有独创性。如上所述，鉴于 GUI 的各构成要素，诸如按钮名称、菜单命令名称等往往是对操作方法的简单描述而 GUI 本身往往是这些构成要素的简单排列组合。因此，如果以《著作权法》来保护 GUI，在现实中存在极大的困难，因为设计者难以证明其"独创性"。

究其本质而言，GUI 的基本特征本身就与《著作权法》对作品保护的基本原则之间存在很大的冲突。具体来说，GUI 体现了用户需求并且其目的是方便用户操作，那后续软件自然会尽可能借鉴现有界面的共同要素以方便传播使用，在此基础上，设计人想要证明其"独创性"自然是相当困难的。

3. 《反不正当竞争法》

我国《反不正当竞争法》第 5 条第（2）项规定："擅自使用知名商品特有的名称、包装、装潢，或者使用与知名商品近似的名称、包装、装潢，造成和他人的知名商品相混淆，使购买者误认为是该知名商品，构成不正当竞争行为。"也就是说，产品的界面设计只有在被视为"知名商品"的"商品特有的包装装潢"并构成相关公众认知上的混淆时才可能得到保护。

当今，这似乎已经成为最常见的保护方法，并且在司法实践中，特别是在电子产品行业，当事人也通常都以构成不正当竞争为由提起诉讼。根据《民事诉讼法》"谁主张，谁举证"的基本观点，如果设计者选择采用《反不正当竞争法》来保护其 GUI，那问题的关键就在于设计者如何举证该 GUI 是"商品特有的包装和装潢"。

根据最高人民法院于 2006 年 12 月 30 日发布的《最高人民法院关于审理不正当竞争民事案件应用法律若干问题的解释》，产品的外观设计只有具有很高的独特性才可能被视为"商品特有的包装装潢"；此外有关"知名商品"和"混淆"的举证责任也在于原告。由此可见，GUI 通过《反不正当竞争法》保护的可能性在实践中问题重重。

4. 利用审查实践中的漏洞进行保护

当然，在现有的实践中，也有企业利用外观设计专利申请不进行实质审查的这一漏洞，对其 GUI 申请外观设计专利，并且在实践中也有部分获得授权的案例（例如，科乐美游戏公司的两项专利，即 200830249339.0 号的游戏机屏幕专利和 200830249338.6 号的游戏机屏幕专利）。但一旦 GUI 专利权人要求行使其专利权时，必将引起专利局对其专利进行进一步审查，导致即使获得授权在实际中也无法得到有效保护。

因此，在我国当今法律状况下，对 GUI 并无任何切实有效的法律保护。

三、比较法研究

在信息技术发达的国家和地区，如美国、欧盟（《欧共体外观设计保护指令 1998》、《欧盟外观设计保护条例 2001》）、日本、韩国等先后建立了产品界面外观设计保护制度。

美国无疑是 GUI 专利保护的先行国家。施乐早于 20 世纪 70 年代就提出了 GUI 的理念，并在 80 年代中期申请了多项计算机软件图片外观设计并获授权之后，GUI 是否应获得外观设计专利保护在知识产权业界引起了关注和争论。最终美国专利商标局（USPTO）在 1996 年修改的《专利审查规程手册》（MPEP）中包含了"computer-Generated Icons"（计算机成像）的审查标准，确定 ICON（图标）、GUI 以及计算机字型都是外观设计专利的法定标的，设计者或发明人可将使用者接口（UI）、GUI 或是计算机字型申请外观设计专利，或是将 GUI 中的任何一个 ICON（图标）单独申请外观设计专利。

而在司法实践中，美国也远远走在了前面。在苹果与三星在 2011 年以及 2012 年在加州的专利大战中，就涉及至少三项 GUI 设计专利（D604305、D617334 以及 D627790），其每只手机设计外观设计的权利金是技术专利的近 10 倍，苹果还借此获得逾 10 亿美元判赔的有利裁决。

在此之后，欧盟、日本、韩国等也相继引入 GUI 及 ICON 的外观设计专利保护。我国台湾地区在最新修订的"专利法"中也将 GUI 及 ICON 列入外观设计专利保护制度之中，并于 2013 年 1 月 1 日起正式施行。

此外，加拿大、巴西、澳大利亚等国分别于 2004 年、2005 年和 2010 年开始将电子屏幕上显示的 GUI 和 ICON 纳入外观设计专利的保护范围，甚至印度尼西亚、墨西哥和俄罗斯等新兴发展中国家也对某些特定形式的电子屏幕 GUI 以本国自有的方式提供了保护，当然其本身也进行了一定的限制，例如要求设计须与其设备载体（产品）在一起才能获得保护等。

尽管在保护的范围上有所差别，但 GUI 至少在境外很多国家或地区具有了真正法律上的保障。

四、GUI 在我国进行专利法保护的现实选择

如果深究为何我国不对 GUI 进行专门立法保护，笔者认为原因不外乎以下几点。

第一，根据中国《专利法》第 2 条，"外观设计，是指对产品的形状、图案或者其结合以及色彩与形状、图案的结合所作出的富有美感并适于工业应用的新设计"。因此，外观设计保护在中国一直被解释为仅涉及物理产品，因此排除需要在特定条件下才能看到的设计。GUI 显然是只有在"通电情况下"才能看到的设计，因此不能予以外观设计保护。

然而，司法实践中对外观设计仅涉及"物理产品"的解读是否正确，却是值得探究的。

首先，这一解读与世界上大多数国家的立法实践背道而驰。例如，欧盟在《欧共体外观设计保护指令 1998》和《欧盟外观设计条例 2001》中均明确了"产品"的定义，其明确了图表符号（graphical symbol）是可受保护的产品范围（这是对 GUI 可以获得外观设计保护的立法支持），并具体指出了不予保护的产品类型（电脑程序），但并没有将对外观设计的保护扩张至对产品的保护。

其次，根据上文描述的 GUI 的诸多特性，无一不与《专利法》对外观设计的定义契合。一方面，GUI 体现了人与计算机或其他电子产品之间的交互，属于附着于产品的设计，GUI 的实用性也决定了它必然适于工业应用；另一方面，GUI 是各个要素界面的组合，凝聚了设计者创新思维，不但提高了产品操作性，还提高了使用时的舒适度和美好的体验。这显然属于富有美感的对产品的形状、图案或者其结合以及色彩与形状、图案的结合的新设计。

最后，外观设计专利的根本目的是保护"设计"而非"产品"本身。也

就是说,审查部门在审查申请人提交的外观设计申请时,关注的重点应该放在设计本身是否是"新颖的"、"独特的",而不是纠结在该设计用于哪种特定的产品。

因此,将外观设计概念中的产品仅理解为"物理产品",显然是不适宜的。

第二,《审查指南2006》和《专利审查指南2010》之所以直接排除GUI还在于,GUI先前主要集中于IT产业,而IT产业最早起源于发达国家。过早保护,显然不利于民族工业的发展。然而,在移动互联网及智能终端飞速发展的今天,GUI早已从传统的计算机设备扩展到智能手机、平板电脑、智能电视等设备中。智能终端厂商不仅越来越重视产品的外观设计,而且对产品的系统界面也在不断优化和美化,并相继打造自有特色的GUI系统,比如华为的EmotionUI、小米的MIUI系统、魅族的Flyme系统等。国内具有一定规模的品牌企业都非常重视GUI的设计,建有专门的GUI设计团队,并且人员规模较大,联想、百度和腾讯三家公司的人员规模甚至达到100人以上。GUI越来越成为竞争的核心要素,加上苹果公司与三星公司的专利大战的警示,国内企业越来越注重GUI的法律保护,申请GUI需求增多,立法时机已经成熟。

2013年10月22日,国家知识产权局出台了《专利审查指南修改草案(征求意见稿)》,就GUI设计的专利保护公开征求社会各界意见。

上述修改草案中主要涉及以下几个方面:

1. 关于第一部分第三章的修改

(1) 删除不授予专利权的原有规定,消除其对包括图形用户界面的产品外观设计保护的障碍;将不授予专利权的情形调整为"与人机交互无关或与实现产品功能无关的产品显示装置所显示的图案"。这是因为,并非所有产品显示装置显示的图案均应给予外观设计专利保护。例如,开关机过程中与人机交互和实现产品功能无关的电子屏幕壁纸、画面;与实现产品功能无关的网站网页的图文排版、游戏界面。(第7.4节)

(2) 删除关于产品图案的规定,"产品的图案应当是固定、可见的,而不应是时有时无的或者需要在特定的条件下才能看见的"。但是随着技术的发展,表面上的图案可以动态变化的工业产品越来越多,为人们所乐见和熟悉。因此原来的规定已经不适应技术和设计发展的现实状况,反而阻碍了新颖设计获得外观设计保护,因此予以删除。(第7.2节)

(3) 增加关于外观设计图片或者照片的规定外观设计专利权的保护范围以表示在图片或者照片中的该产品的外观设计为准。(第4.2节)

(4) 增加关于简要说明的规定。(第4.3节)

2. 关于第四部分第五章的修改

增加关于判断外观设计与现有设计是否具有明显区别的考虑因素的规定（第 6.1 节）。

五、关于 GUI 专利立法的远景展望

综观此次《专利审查指南修改草案（征求意见稿）》的上述修改，无疑在 GUI 的外观设计专利保护上迈出了一大步，这是值得肯定的。作为申请人、专利代理人以及相关从业人员更是应该尽早着手研究这个课题，为日后的 GUI 设计专利保护的运用、实践做好准备。国内整个工业设计界也应该有足够的危机感，尽早做好各种防范措施。

但笔者认为，仅仅依靠《审查指南》这一行政规定来对 GUI 进行立法保护，其力度还是有待商榷的。从长远考虑，将 GUI 纳入真正的《专利法》保护，才是最终目的。从中国的《专利法》的修改规律来看，前两次都是每 8 年一修，上一次修改是 2008 年，根据该规律，本次修改《专利审查指南 2010》极有可能是 2016 年修改专利法的一个前奏。而如果再次修改《专利法》，除将 GUI 外观设计纳入《专利法》保护外，很有可能会进一步引入"部分外观设计"专利制度。

所谓"部分外观设计"是指对产品上的某一部分的形状、图案及位置关系进行的新设计，不是指对组成该产品的零、部件进行的外观设计，如冰箱的显示控制部分的设计、移动电话显示屏的设计、运动鞋帮上装饰皮的设计、杯把的设计、灯口的设计等均属于部分外观设计。到目前为止，世界上的一些主要国家对外观设计保护均包括对部分外观设计的保护，如大多数欧盟国家、美国、日本和韩国等。

然而，由于中国的整个工业设计水平的落后，我国在 2008 年第三次《专利法》修订时并未将部分外观设计纳入保护范围。但在实践中，这种只对产品整体的外观设计给予保护的制度对外观设计专利权的获取和确认、权力范围的确定以及相关的侵权判断都产生了一些不利影响。因为随着科技进步，工业化产品生产的标准化、程序化，很多产品的基本功能相对固定，产品外观设计日趋成熟，外观设计可变化的空间越来越小。并且，笔者认为，外观设计保护的客体应该是新颖且独特的设计，因此其能否授权的关键与其载体无关。因此，外观设计赋予权利人的权利应该并不局限于申请时所附着的产品。因此，部分外观设计保护制度已是必然趋势。

如果假定第四次修改的中国《专利法》引入部分外观设计制度，不仅仅

GUI可以单独申请专利，其他的非IT领域也会面临很大的变化，在工业设计上相互借鉴的空间会越来越小，对原创性的要求会越来越高。例如，你不能将冰箱的智能显示面板的设计用于洗衣机，你也不能将微信中的图标按钮用于自己设计的其他软件等。这对于国内的制造业而言，无疑是极大的挑战。当然，也会给国内企业的创新发展带来新的动力，使我国的企业真正走向自主创新之路。

一种互助检索模型的设计

王宗文[*] 彭 亮[*] 赵 奇[*]

【摘 要】
 优质的检索是促进专利审查质量持续提升的有力保证,互助检索的工作方式可有效解决检索过程中的漏检问题。在互助检索过程中,为了能够提高检索效率,避免重复性检索劳动,需要有经验的审查员根据案情,根据灵活的检索策略,选择相适应的检索手段,对技术方案进行有目标的检索。本文提出了一种互助检索模型——触发式检索,通过定义触发事件,匹配相应的检索方式,帮助互助检索员采取合理的检索手段高效完成互助检索工作。

【关键词】
 互助检索 触发检索 效率 模型

一、引 言

2013 年,我国发明专利申请受理量 82.5 万件,同比增长 26.3%,占 3 种专利申请受理量的 34.7%;PCT 申请受理量 22924 件,同比增长 15%;截至 2013 年年底,我国每万人口发明专利拥有量达 4.02 件,提前完成"十二五"规划的目标。

在我国发明专利申请量高速增长的同时,对专利质量也提出了更高的要求。《关于进一步提升专利申请质量的若干意见》指出,提升专利质量,最为重要的工作之一就是严控专利审查质量,包括专利检索水平的提高。检索是发明专利申请实质审查的关键步骤,是审查员获取现有技术知识,接近本领域技术人员水平的主要途径,也是审查员进行"三性"评判的重要基石,优质的检索更是促进专利审查质量持续提升的有力保证。

---

[*] 作者单位:国家知识产权局专利局专利审查协作北京中心。

由于审查员对技术方案的理解有偏差或不够全面，且思维方式有一定局限性，在独立完成检索时，可能会在检索过程中产生漏检。解决这一问题的最好方法，就是引入多人同时进行检索，这些人之间通过互相协助，来保证检索质量，互助检索工作由此展开。但是互助检索不是替人检索，更不是替人浏览文献找对比文件，因此并不提倡在互助检索中进行全面的检索，这样会浪费大量的检索资源和工作时间。随着专利文献量的海量增长，检索中需要浏览的文献量也逐渐变大，同时，现有的检索数据库种类不断繁多，用于检索和浏览的时间却十分有限，如何提高互助检索过程中的检索效率是我们需要研究的一项重要课题。

要提高检索效率，一方面需要通过不断培训来掌握更多的检索技能，另一方面需要在检索中灵活地发挥各种检索手段的特点。本文尝试提出一种互助检索模型，针对在检索时面对的不同情况，及时转换不同的检索手段，合理应用检索技巧以提高检索效率。

二、互助检索模型设计——触发式检索

为了检索流程中保持高的效率，一般需要注意以下三点：第一点，掌握足够多的检索技能和检索资源；第二点，有准确的检索方向，能够充分发挥各个检索资源的特点；第三点，在检索中要及时调整检索思路。对于互助检索，我们首先假定审查员已经进行了比较充分的全面检索，互助检索员在此基础上进行更有针对性的深入检索，也就是说，互助检索员在第一点的基础上，尤其是要做到第二点和第三点，即必须做到定位准确，转换及时。针对这个问题，我们尝试提出互助检索模型——触发式检索。

（一）基本原理

所谓触发式检索，即是通过触发事件触发运用相应的检索方式进行检索，其模型如图1所示。触发事件实际包含了某些案例的共性特征和检索方式之间必然的联系。在开始检索时，根据案例特征对应的触发事件确定最合适的检索方式，在检索过程中，随着新的特征被发现，又有新的触发事件，继续转换到相应的检索方式。触发事件包含案例的共性特征，触发事件发生后进入对应检索方式，在特定的数据库中执行相应的检索功能，最终得到输出结果则可能是对比文件或者是其他触发事件。

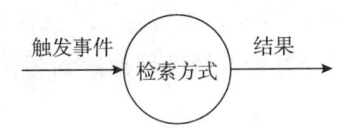

图 1　触发式检索模型

（二）建模方式

构建触发式检索模型关键是要定义触发事件。下面将以分类号、协议/标准、全文、追踪这四种检索方式为例，结合多个典型案例，示例性地说明如何根据某些案例的共性特征定义触发事件。

1. 分类号检索

分类号检索是专利检索的一种有效手段，而在某些领域，如通信领域，IPC 分类相对于 EC、UC、FI/FT 分类，其涵盖范围往往比较宽泛，对于这些领域的专利检索，恰当地运用 EC、UC、FI/FT 分类可以高效准确地检索得到对比文件。下面将示例性地说明如何针对分类号检索定义触发事件。

- 触发事件 A：通信领域具有欧、美、日同族的专利申请

特征：

由于通信领域专利在欧、美、日的申请数量巨大，技术方向覆盖较广，相对 IPC 分类，EC、UC、FI/FT 分类体系划分细致准确，且实时更新，对于通信领域具有欧、美、日同族的专利申请，可以考虑结合 EC、UC、FI/FT 详细准确的领域划分，聚焦领域去除噪声。

案例说明：

本申请请求保护一种源代码作成支援方法，对基于面向对象的源代码的作成进行支援，IPC 分类号为 G06F 9/44（用于执行应用存入的程序的装置）。独立权利要求：一种源代码作成支援方法，对基于面向对象的源代码的作成进行支援，其特征在于，包括：树形结构生成工序……检索工序……取得工序，从上述存储装置中取得与上述相符合的树形结构数据对应的源代码。

在检索过程中，通过关键词在中外文专利库进行检索未发现合适的对比文件；根据本申请的同族文献及相似的 US 申请中发现 UC 分类号 717/106，其含义是 "Code generation"，所属的领域 717 为 "DATA PROCESSING：SOFTWARE DEVELOPMENT, INSTALLATION, AND MANAGEMENT"，该分类号与本发明相关程度极高，结合关键词进行检索，迅速获得对比文件 US6070007A。

- 触发事件 B：技术方案涉及欧、美、日领先的技术领域

特征：

欧、美、日在某些领域的技术较为领先，考虑到领域的地域性，可以侧重考虑借助 EC、UC、FI/FT 分类号，精确地聚焦到相关度很大的对比文件，提高检索效率。

案例说明：

日本佳能株式会社提出的涉及一种信息处理装置的发明专利申请，其用于定制控制外围设备的设备驱动程序。该信息处理装置包括：形成装置，其形成定制的设备驱动程序；以及写入装置，其写入用于识别由该形成装置形成的该定制的设备驱动程序的识别信息，作为当安装该设备驱动程序时使用的安装信息。

在检索过程中，通过关键词进行检索，结果多，且噪声大；本申请涉及打印机驱动程序的定制，考虑到日本式在该领域有大量关于打印方法及打印机结构的申请，因此，引入 FI/FT 进行领域限定，找到与打印机有关的 FT 分类号：

5B021/AA01：digital output to typewriters and the like, computer terminals

5B021/CC00：digital output to typewriters and the like, printer control

结合关键词在 EPODOC 中检索，在 16 篇结果中得到 X 文献。

2. 协议/标准检索

以通信领域 3GPP 协议为例，在通信领域的发明专利申请中，有一部分申请是针对 3GPP 协议进行改进和优化的申请，由于其技术方案通常较新，技术内容涉及现有通信协议通信流程/规范的具体改进和优化，在中外文专利库检索得到可用对比文件的难度较大，当面对此类申请时，可以将检索重心转移至 3GPP 协议的检索。下面将示例性地说明如何针对协议/标准检索定义触发事件。

• 触发事件 C：通信领域知名设备商的涉及第三/四代通信技术的申请

特征：

通信领域知名设备商通常都是 3GPP 组织成员，在参与有关 3G、4G 技术标准化的同时，往往就相关技术方案提出专利申请。

案例说明：

由中兴通讯股份有限公司提出的涉及一种在切换中解决导频伪随机编码混淆的方法的发明专利申请，其特征在于，在接入网络间切换进行消息交互时，如果所述消息中携带目标小区的导频伪随机编码，则该消息中还携带所述目标小区的小区标识信息。

在检索过程中，利用关键词进行检索得到相关论文，在论文的引用文献部分标注的大量文献都与 3GPP 协议有关。结合关键词，针对 3GPP 协议进行检索，很快得到协议类对比文件。

- 触发事件 D：技术方案较新，涉及方法流程或消息参数的改进，说明书中出现多英文参数表格且说明书附图为英文标注的多节点间多步骤交互
- 触发事件 E：背景技术中涉及 3GPP 协议或提案介绍，或检索到的论文或书籍的参考文献涉及 3GPP 协议和/或提案

特征：

在对申请技术方案的阅读或检索过程中，发现该申请技术方案指向 3GPP 协议，可针对 3GPP 协议进行检索。

案例说明：

由华为技术有限公司提出的涉及一种无线网络中的切换方法的发明专利申请，其特征在于，包括：接收服务无线网络控制器 SRNC 发送的增加高速下行分组接入 HSDPA 链路或重置 HSDPA 链路的请求消息；对应该增加或重置 HSDPA 链路的请求消息建立 HSDPA 链路，并生成响应消息，该响应消息包括指示信息用于指示漂移无线网络控制器 DRNC 的无线链路是否支持 64QAM；发送所述响应消息到 SRNC，以进行切换操作。

检索过程中，在利用关键词在专利库检索未果的情况下，留意到说明书中出现了大量的英文词组，如：无线链路增加 RADIO LINK ADDITION，下行支持指示 DL Support Indicator 等，从而侧重检索非专利文献中的 3GPP，利用发明点"DL Support Indicator"追踪 3GPP 相关工作组及组内的协议和提案，得到协议对比文件。

3. 全文检索

相对于摘要检索，对全文进行检索所获得的文献信息更加全面，当检索的技术方案的发明点比较简单或涉及具体的技术细节时，在摘要中往往难以体现，可选择在全文库中进行针对性更强的检索。下面通过具体案例，说明如何针对全文检索定义触发事件。

- 触发事件 F：发明点较低
- 触发事件 G：涉及具体技术细节

特征：

有些发明的发明点比较低或者涉及具体的技术细节，可能在其他申请中并非作为发明点或者仅作为发明的一部分提出，这样，很难通过对摘要进行检索获得对比文件，而对于这些发明点比较低或者涉及具体技术细节的技术方案却有可能在其他申请说明书中的具体实施方式中披露，因此可针对性地在专利检索全文库中对说明书进行检索。

案例说明：

本申请权利要求为："一种移动通讯网络中采用 USSD 获取网络时间的方

法，包括以下步骤：步骤a，网络将包含特定标识符的时间信息以USSD方式发送给终端设备；步骤b，终端设备回复一个确认消息给网络。"

在检索过程中，选取最能体现发明点的关键词，同时运用合理的算符，提炼出检索式：'USSD' and（'获取' pre/10 '时间'）。上述检索式只限定了发明点：USSD，以及发明的效果：获取时间信息。检索结果仅有十多篇，且发现一篇能够评述本申请新颖性和创造性的对比文件1。另外，在浏览对比文件1时，发现其背景技术部分提到了另一篇专利文献JP特开2000-287273A，因此触发再追踪检索事件，审查员查看后发现对比文件1结合该文献能够评述本申请的部分从属权利要求的创造性。

4. 追踪检索

追踪检索主要包括参考检索，以发明人/申请人为入口检索和再追踪检索。前两种属于根据案例特征可直接触发的检索方式，第三种则是在检索过程中实时触发的检索方式。

● 触发事件H：存在同族申请或系列申请的检索过程/结果

特征：

对于某些案例，存在具有同族申请或属于系列申请的情况，此时追踪其同族或系列申请的审查情况（即参考检索），借鉴已有的检索成果可有效地提高检索效率，大致分为五种情况：第一种是本申请为PCT进入中国国家阶段的申请，可以参考国际检索报告；第二种是本申请存在外国同族，可以参考同族申请的检索情况；第三种是本申请的申请人提出多个技术相关联的系列申请，即可参考系列申请的检索情况；第四种是分案申请的审查员对其母案申请的检索结果进行参考；第五种是对台湾地区准同族的追踪和参考。

由于这种触发检索方式比较简单，在此不再通过案例进行说明。

● 触发事件I：申请人/发明人具有高校和科研院所背景

特征：

高校和科研院所的申请具有以下特征：（1）通信领域偏重于理论研究，例如算法的改进，系统仿真等；（2）大学申请大多由几位导师负责的课题组下的多个学生进行相关学术研究，每个学生负责不同模块，因此每个学生会根据自己研究的领域发表相关的论文；（3）学术研究具有延续性，一篇论文的研究内容是建立在前人的研究成果之上，一般作者都会将前人的研究成果以参考文献的方式列举出来；（4）如果存在英文论文，作者姓名的英文拼写方式会有多种样式；（5）我国的大专院校多有进行合并的情况，一些作者前后发表的论文可能单位不同；（6）此类专利申请大多要求提前公开。当申请人/发明人涉及高校或科研院所时，或者虽然申请人/发明人不是高校或科研院所，但明显看出该专利申请是理论研究或课题研究时，立刻触发该事件，跳过结构化检索直接触发相应的追踪检索。

案例说明：

由于此类触发事件情况比较复杂，可在今后研究中进一步细化，因此，仅针对该类触发检索进行概括性说明：第一，需要确定一下作者身份，找出对发明作出主要贡献的人，此时进行追踪检索时能够减小噪声干扰；第二，有些课题前后会持续多年，并有很多学生参与，因此很多从事了该项研究工作的论文作者并未列在该专利申请的发明人当中，以发明人为入口检索就无法获得他们的论文，此时需要注意浏览与研究人员有关的信息，包括该课题的历年参与人员以及致谢人员；第三，在检索到相关的论文后针对参考文献进行再追踪检索；第四，由于中文姓名的外文拼写方式有多种形式，在检索时应注意技巧，尽可能将英文的拼写形式表达全面；第五，发明人在原单位发表了相关论文后，又在新单位申请了专利，因此，如果在检索时使用新单位名称作为单位类型的关键词进行限制，就无法得到该发明人在原单位发表的论文；第六，由于高校申请都倾向于提前公开，导致审查员的首次检索时间通常距申请日不满18个月，因此在回案/授权时，仍需要补充检索非专利数据库。

- 触发事件 J：检索结果"似是而非"

案例特征：

在检索过程中，有时可能会获得一些"似是而非"的检索结果，此时可以此为线索，进行再追踪检索，以期获得更好的检索结果概括如下：（1）已找到对比文件技术非常相关，但处于申请日以后时间不可用，或者是仅能作为 E 类文献评述部分权利要求，此时需要对该对比文件进行追踪检索；（2）已找到的对比文件时间较早，认为其后可能存在更相关的对比文件；（3）从已获得的对比文件中寻找到线索认为可以再追踪到更相关对比文件的其他情况。

案例说明：

该触发事件属于实时突发的检索方式，条件是在检索过程中已经获得 1~2 篇较相关的对比文件。该类触发事件可中断现有检索方式，因此再追踪检索结束后，如果未发现更加相关的对比文件，应当退回到中断处，继续完成中断前的现有检索方式。

在申请号为 03153403.1 的检索过程中，审查员首先使用关键词进行检索，获得相关的对比文件 US6144399，但不能用于评述本申请独立权利要求的新颖性。此时审查员启动首先启动参考检索，未能检索到更相关的文件。由于对比文件 US6144399 的公开日期为 2000 年 11 月 7 日，其很可能在在后的申请的审查中被审查员引用作为对比文件，因此启动再追踪检索，将 US6144399 及其同族通过 todb 命令转入 EPODOC 数据库，通过/ct 字段查询引用过该文件族的文件，——浏览发现能够评述独立权利要求 1 新颖性的对比文件 WO02093758。同时，审查员还将 US6144399 利用 ..cttracing 检索被引用文献，同样发现了 WO02093758。随后基于上述文件的同族 US2002/0174423A1 评述了权利要求的新颖性和创造性。

（三）运行机制

在上一节，主要针对如何建立触发式检索模型进行了示例性的说明，下面将针对触发式检索模型的运行机制进行说明，所述触发式检索模型的运行机制如图 2 所示。

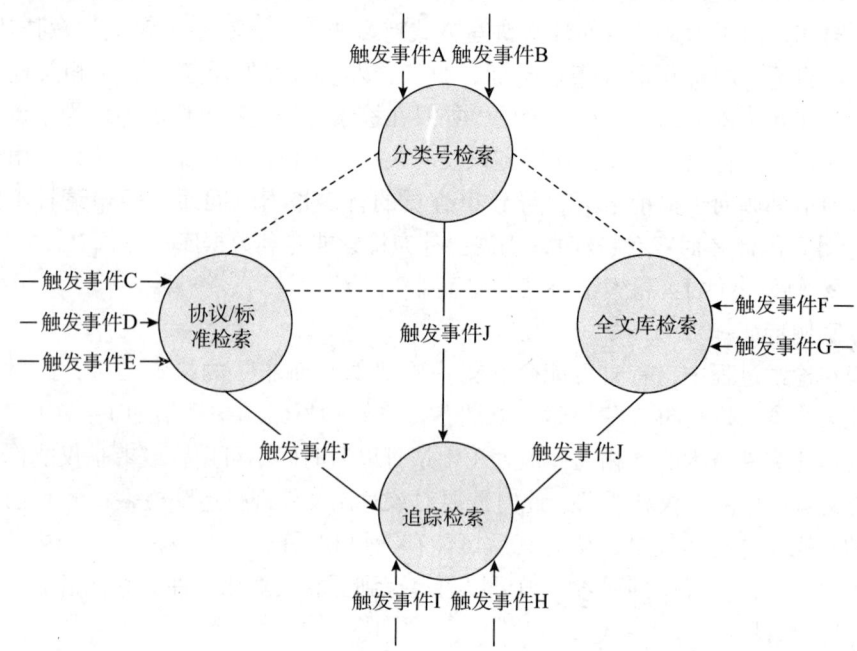

图 2　触发式检索模式的运行机制

根据图 2 所示运行机制，在检索的不同阶段，确定相应的触发事件发生后即立刻转入相对应的检索方式进行检索。以触发事件 C 为例，当检索案例申请人为通信领域知名设备商，且技术方案有关第三代/第四代通信技术时，可触发协议/标准检索，当检索到"似是而非"的检索结果时，即触发事件 J，可进一步触发追踪检索。通过这种触发式检索方式，尤其是对于互助检索员，需要在短时间内用最少的检索工作获得比较好的检索效果，可达到事半功倍的效果。

需要说明的是，图 2 所示仅仅是示意图，仅就触发事件与检索方式间的关系进行简单说明，每种检索方式还包括检索到合适对比文件或未检索到合适对比文件的最终结果，在图中并未示出。

三、总　结

通过确立上述互助检索模型，不仅能够使互助检索员在检索过程中及时采用恰当的检索方式，完成互助检索查漏补缺之目的，大大提高互助检索的效率，对于正常的检索工作来说，也具有一定的参考价值。然而，专利申请技术方案千差万别，检索过程也十分复杂，本文所列举的触发事件以及检索方式仅作示例，并不全面，本触发式检索模型还有待完善。如图 2 所示的模型运行机制虚线部分所表示的关系，例如分类号检索与标准/协议检索之间是否存在触发事件，还有待探讨；对各种触发事件的优先级关系，例如触发事件 A（通信领域具有欧、美、日同族的专利申请）与触发事件 H（存在同族申请或系列申请的检索过程/结果），哪个触发事件的优先级更高，也需要进一步进行研究。

参考文献

[1] 何永春. 对通信领域检索方式的一些思考. 专利审查协作中心 2009 年检索经验交流研讨会，2009：53 - 65.

[2] 龚锦玲. 反思电学领域检索策略的构建. 专利审查协作中心 2010 年电学领域检索经验交流研讨会，2010：256 - 258.

第三部分

国内外法律研究与实践

知识产权法律解释规则研究

魏 嘉[*]

【摘 要】

与其他民事法律或者刑事法律相比较，知识产权法律条文的真正含义是相当难以准确把握和阐释的。知识产权法官在寻找和适用法律的过程中首先遇到的难题并不是法律依据浩繁而无所适从，而是某条法律其含义的具体内涵和外延究竟如何。知识产权法与其他民商事法律法规相比在法律解释的理论和方法上存在一定的差异，用传统的民法理论来阐释知识产权法律文本的具体含义往往会产生谬误。因此有必要对知识产权法律解释的具体规则，包括概念、对象、目标、方法等进行系统性研究，以总结归纳出知识产权法律解释的一般规律和途径。知识产权法律解释的方法包括法律解释的一般方法、具有知识产权特点的法律解释方法，以及知识产权法律独有的解释方法。

【关键词】

知识产权 法律 解释规则

一、问题的提出：知识产权审判的前提性问题

我国在知识产权保护方面虽然起步较晚，但是在短短几十年间取得了长足的进步，知识产权保护体系从无到有并不断趋于完善。特别是 2001 年加入世界贸易组织以来，我国在知识产权立法、司法与行政执法方面都取得了突飞猛进的发展与进步，走过了一些发达国家通常需要上百年才能完成的立法路程，取得了举世瞩目的成就。

然而对于我国知识产权法律的学习者和实践者而言，与其他民事法律或者刑事法律相比较，知识产权法律条文的真正含义是相当难以准确把握和阐释

---

[*] 作者单位：北京市东城区人民法院知识产权庭。

的。知识产权法官在寻找和适用法律的过程中首先遇到的难题并不是法律依据浩繁而无所适从,而是某条法律其含义的具体内涵和外延究竟如何,本案的事实是否适用该条法律条文规定的情形和条件。

造成这种问题的原因主要包括以下方面:

第一,对国内知识产权法律进行的大范围修订和立法,虽然短时间内满足了加入世界贸易组织的需要,但却与中国经济社会的发展水平不完全协调,缺乏历史文化土壤作为依托。❶

第二,我国知识产权法律基本上属于"舶来品",在立法技术上存在一定缺陷。我国知识产权法律大量翻译自外文条约,而但凡翻译难免产生信息遗漏、冗余和错位。具体表现为:有的法律术语在中文语言体系中无法找到完全对应的词汇用以表达,只能新造词语,如"起源国"、"机械表演"等;有的法律术语翻译时使用了中文语言中意思相近的词语进行表达,而该中文词语有多种含义,又或该中文词语在法律条文中的含义与日常生活中的含义南辕北辙。如"演绎",其原本含义是指一种推理方法,由一般原理推出特殊情况下的结论,或者指铺陈和发挥。❷ 而著作权法中的"演绎",则是指改编、翻译、注释、整理已有作品而产生新作品的行为。

第三,知识产权法虽然在广义上属于民商事法律部门,但是其诞生时间较晚,与其他民商事法律法规相比具有独特的价值追求和属性,在法律解释的理论和方法上存在差异。传统民法在古罗马时期便已具有相当规模,一些民法理论中专有法律术语的含义在古罗马时期便相对固定和传承了下来。而知识产权法发展历史相对于民法来讲过于短暂,理论不够完备和成熟,同时知识产权法受国际关系、科技发展影响较大,变动频繁。知识产权法包含了大量的行政方面的公法性规范,与民法的私法自治理念不相协调。因此,完全采用传统民法的理论和概念来阐释知识产权法律文本的具体含义往往会产生谬误和背离。

综上,有必要对知识产权法律解释的具体规则,包括概念、对象、目标、方法等进行系统性研究,以总结归纳出知识产权法律解释的一般规律和途径。

---

❶《与贸易有关的知识产权协议》(TRIPS)是世界贸易组织一揽子协议中的一部分。申请加入世界贸易组织必须根据 TRIPS 的规定对申请国的国内法进行相应的修订,申请国的国内法不能与 TRIPS 的条款相冲突。根据加入世界贸易组织谈判的需要,我国在短时间内分别对《专利法》(2000 年 8 月)、《专利法实施细则》(2001 年 6 月)、《商标法》(2001 年 10 月)、《著作权法》(2001 年 10 月)以及《计算机软件保护条例》(2001 年 12 月)进行了较大幅度的修订,并制定了《集成电路布图设计保护条例》等一系列配套法律法规。

❷中国社会科学院语言研究所词典编辑室. 现代汉语词典 [M]. 5 版. 北京:商务印书馆,2005:1571.

但是法律解释是把双刃剑,解释技巧越是高超,人们被法律包裹得越是严实,创造性越是难以发挥。然而创造性发挥过度,社会秩序就难以形成,❶ 法律的稳定性会受到影响,人们也难以依据法律去选择自己的行为模式。知识产权法律解释更是如此,立法者在制定法律时无法完全预见到科学技术的发展方向,并预先考虑其对于经济和社会产生的影响并加以规制。法官只能借助法律解释来弥补其固有不足,从而使现有社会关系能够得到法律的有效调整。

二、知识产权法律解释的概念

从广义上讲,知识产权法律解释与其他法律解释一样,包括立法解释、最高人民法院的司法解释,以及法官在审判案件过程中对法律进行解释。从最广义上讲,还包括学理解释及一般民众对法律的解释。传统观点只承认立法解释和最高人民法院的司法解释,认为只有这两种解释才是有权解释和权威解释,而忽视了司法过程中法官对于法律进行解释的研究。然而在知识产权法律解释中,法官对法律进行解释是极为重要的一个部分,其地位和作用相比较于立法解释和最高人民法院的司法解释毫不逊色,且立法解释和最高人民法院的司法解释往往来自知识产权法官在司法实践中对法律进行解释的归纳和总结。

什么是法律解释呢?有学者认为,法律解释是指针对成文法所作的解释,是解释主体对法律文本进行理解和说明的活动。法律解释是沟通立法者意思和人们对法律理解的媒介,是法律从纸面走向生活的工具。❷ 简单地说,法律解释就是解释者将自己对法律文本意思的理解通过某种方式展现出来。此种观点强调法律解释即对法律文本的理解和说明。❸ 而有的学者认为,法律解释活动是指有法律解释权的主体根据法定的解释权限和程序对国家制定和认可的法律按照一定的逻辑规则所作的通俗化、延伸化或限缩化的说明活动。因此法律解释是在规范层次贯彻立法者的法律。法律解释的主体以官方为主,法律解释的方法具有明显的职业或专业特征,强调在关于法律的结论上的相对统一性。❹ 此种观点强调法律解释应由官方作出,且应贯彻立法者的立法原意。还有学者认为,法律解释是探究法律是什么,不在于对法律进行抽象的表述,而是在抽象理论的指导下,回答司法实践中的法律是什么的问题。法律解释是对具体场

---

❶ 陈金钊. 法律解释学——权利(权力)的张扬与方法的制约 [M]. 北京:中国人民大学出版社,2011:3.

❷ 王利明. 法律解释学 [M]. 北京:中国人民大学出版社,2011:11.

❸ 张志铭. 法律解释操作分析 [M]. 北京:中国政法大学出版社,1998:16.

❹ 谢晖. 解释法律与法律解释 [J]. 法学研究,2000 (5):20 - 25.

景下法律是什么的个别化理解、确认与论证的说明。❶ 法律解释的核心并不是对法律文本的理解，而是把法律应用于具体案件，对当事人之间的利益纷争作出决定。❷ 显然该定义所指的法律解释更侧重于法官在审判案件的过程中对法律进行的解释。

不同的学者从不同的角度对法律解释的概念进行了归纳，但法律解释最根本的还是对法律具体含义的理解和说明。法律解释的主体应为法官，这是因为法律解释主要是在法律适用中发挥其现实作用。立法解释和最高人民法院的司法解释是针对具有普遍性和抽象性的法律问题作出，其主要目的是弥补法律的疏漏而并不是针对个案的解决，所以具有立法或者准立法的性质。而学理解释和一般民众对法律的解释则不具有拘束力和强制力。因此，本文所研究的对象是指狭义的法律解释，即知识产权法官在知识产权司法审判实践过程中对知识产权法律进行的具有拘束力的阐释和说明。

三、知识产权法律解释的对象

知识产权法律解释的对象，是指知识产权法律解释活动所指向的客体，即知识产权法律文本。知识产权法律文本，是指各种作为知识产权案件裁判依据的制定法的具体条文的集合，主要包括全国人大常委会制定的知识产权法律、最高人民法院制定的知识产权司法解释、国务院制定的知识产权行政法规、地方人大及其常委会制定的知识产权地方性法规，以及国际条约。

在知识产权国际保护中，国际条约的作用是协调各国的知识产权国内法，促成各缔约国按照国际条约的要求，依照本国的法律承认和保护外国人的知识产权。一国缔结或者加入国际条约，只是承诺对成员国国民的知识产权予以保护，但保护的具体根据不是国际条约，而主要是本国法。但在本国法的保护水平低于国际条约的要求时，则可依据国际条约。在审理涉外知识产权民事案件时，《巴黎公约》、《伯尔尼公约》等国际条约具有直接适用的效力，属于知识产权法律解释的对象。而对 TRIPS，我国只是承诺以制定或者修改国内法律的方式予以履行，并未赋予其在国内的直接适用效力。因此，TRIPS 不属于我国法官在审判实践过程中对知识产权法律进行解释的对象。

---

❶陈金钊. 法律解释学——权利（权力）的张扬与方法的制约 [M]. 北京：中国人民大学出版社，2011：61.

❷梁治平. 解释学法学与法律解释的方法论——当代中国法治图景中的法解释学 [M]//梁治平. 法律解释问题. 北京：法律出版社，1998：93.

四、知识产权法律解释的目标

法律解释的目标传统上分为两种观点，即主观说与客观说。

主观说，又称为意志说。根据该学说，法律解释的目标以探究历史上立法者的意旨为解释目标。客观说认为，法律颁布后就随着经济、社会的发展而不断发展，而不是一成不变的。法律解释的目标不在于探求立法者制定法律时的意图，而应该探求法律本身的客观含义。

主观说与客观说都具有一定的理论依据，但均存在固有的缺陷。根据马克思主义学说，经济基础的需要决定上层建筑的产生，经济基础的发展变化决定上层建筑的发展变化及其方向。作为上层建筑的法律不能脱离社会而存在，法律的生命力就在于它会随着政治、社会、经济、文化的发展而不断发展，并适应其需要。主观说拘泥于立法者立法时的原本意图，忽略了法律的本质属性，同时也限制了法官司法能动性的发挥。法律发展和演进的历史已经证明，任何国家的立法机关都不可能制定一部"完美"的法律以完全适应制定法律当时以及未来社会发展的需要。立法者从来就不是某一个或某几个人，立法程序是繁琐而复杂的，一部法律的诞生需要经过反复论证与修改，体现的是立法机关全体成员的意志。通过有限的文字材料去探寻一个成员庞大的群体的集体意志，往往是徒劳的。知识产权立法更是如此，知识产权法律除了受到政治、社会、经济、文化的影响之外，与科学技术的发展更是密不可分。即使最有预见性的知识产权法律制定者，也不可能准确预计到法律颁布施行后科学技术发展的方向和未来取得的成果，从而预先作出规制。

客观说强调发挥法官在司法过程中的能动性，注重通过法律解释保持法律的适应性和生命力。客观说意在通过法官探求法律本身的意旨来满足新的社会需要，从而起到弥补立法者不足的目的。❶ 然而"新的社会需要"这一概念是宽泛而模糊的，不同社会阶层有着不同的社会需要，即使是社会整体的需要也是内涵丰富的，有时甚至是自相矛盾的。❷ 另外，片面强调法官探求法律文本本身的意志，则可能使法官在进行法律解释时缺乏必要的约束和制约，同时法官也难以寻找到进行解释的准确路经和方向。

法律解释的目标应该回归进行法律解释所要达到的客观直接目的，而非法律解释能够达到的主观理想程度。对于法官来说，在进行法律解释时所要达到

---

❶王利明. 法律解释学 [M]. 北京：中国人民大学出版社，2011：30.
❷如社会对于刺激经济快速发展的需要和抑制通货膨胀控制物价上涨的需要之间的矛盾。

的目标为寻找到适用于个案的实质上的裁判依据，该裁判依据并非是指具体的法律条文，而是指裁判所依据的法律规范的实质内容。

法官对法律进行解释是诉讼中法官作出裁判的必经程序之一，因此法律解释的目标应当服从于诉讼所要达到的目标。那么诉讼所要达到的目标究竟是什么呢？

具体到知识产权诉讼来说，知识产权法律解释的目标为法官寻找到适用于知识产权案件的实质裁判依据。知识产权法律解释的目标应服从于知识产权诉讼的目标❶，而知识产权诉讼的目标则应服从于国家知识产权战略发展的目标。❷

五、知识产权法律解释的主要方法

知识产权法律解释的方法包括法律解释的一般方法、具有知识产权特点的法律解释方法，以及知识产权法律独有的解释方法三类。

（一）法律解释的一般方法

知识产权法律解释属于法律解释的一个特殊门类，法律解释的一般方法在对知识产权法律进行解释时均可适用。法律解释的一般方法主要包括：

1. 文义解释法

文义解释，即依据法律文义而解释❸，是指根据法律条文文字的字面含义所进行的解释，包括词义解释及句法解释。文义解释是最基本的法律解释方法，也是法律解释应首先适用的方法。

词义解释，即依据法律文本中词语的含义进行解释的方法。如"复制"，其原本字面含义为"依照原件制作成同样的"❹，根据这一词义，可以将《著作权法》第10条第1款第（5）项中的"复制"解释为"依照作品原件，通过印刷、复印、拓印、录音、录像、翻拍、翻录等方式制作与作品原件同样的

---

❶ 参见《最高人民法院关于进一步加强知识产权司法保护工作的通知》、《最高人民法院关于全面加强知识产权审判工作为建设创新型国家提供司法保障的意见》、《最高人民法院关于贯彻实施国家知识产权战略若干问题的意见》、《最高人民法院关于当前经济形势下知识产权审判服务大局若干问题的意见》。

❷ 参见《国家知识产权战略纲要》（国发［2008］18号）。

❸ 王泽鉴. 民法学说与判例研究［M］. 北京：中国政法大学出版社，2003：20.

❹ 中国社会科学院语言研究所词典编辑室. 现代汉语词典［M］. 5版. 北京：商务印书馆，2005：430.

复制件的行为"。

句法是指语法学中句子的内部组织结构的关系。句子的成分一般包括主语、谓语、宾语、定语、状语、同位语。句子的句法结构主要包括主谓结构、动宾结构、偏正结构、联合结构、同位结构、量词结构、介词结构、比况结构等。句法解释即通过研究句子的成分及句子的结构对句子的含义进行解释的方法。如《著作权法》第 16 条第 2 款规定："有下列情形之一的职务作品，作者享有署名权，著作权的其他权利由法人或者其他组织享有。"该句中"职务作品"，"职务"即为"作品"的定语，起到限定和说明的作用。句中"法人或者其他组织"即为联合结构，表示选择关系。

2. 法律原则解释法

法律原则是指根据法律规则抽象出的一般法律准则，在民法中如自愿原则、公平原则、诚实信用原则、善意原则、等价有偿原则等。法律原则解释，即在进行法律解释时，如文义有多种解释的方向时，应选择最符合法律原则的解释方向。

3. 逻辑关系解释法

逻辑关系是指元素之间的辩证关系，包括转折关系、顺承关系、递进关系、并列关系、因果关系、解释关系、选择关系、条件关系、假设关系、目的关系。逻辑关系解释，即在进行法律解释时要考虑在同一法律条文内上下句、前后句之间的逻辑关系，以及不同法律条文之间的逻辑关系。

（二）具有知识产权特点的法律解释方法

下列解释方法，对其他法律进行解释时也可采用，但根据知识产权法律的特点，解释方法略有差异。

1. 体系解释法

体系解释，是指以法律的整体外在体系为依据进行解释。法律是一个合理的、符合逻辑的完整体系，法律和法律之间存在特定的逻辑关系，如一般法和特别法之间的关系，新法和旧法之间的关系、宪法作为根本大法和其他法律之间的关系，法律和法规之间的关系，国内法和国外法之间的关系，法律和国际条约之间的关系等。在对知识产权法律进行解释时，要考虑知识产权法律的整体逻辑体系。如对《信息网络传播权保护条例》的法律文本进行解释时，应考虑《著作权法》与《信息网络传播权保护条例》之间一般法和特别法的关系，以及法律和法规之间的关系。此外，在知识产权法律体系中，国际条约具有重要的地位，一国的国内法不得与其加入的国际条约相冲突。因此，如我国的知识产权国内法某一具体法律文本有两种以上的解释方向，则应选择最符合国际条约的解释方向。

2. 规范目的解释法

规范目的解释，是指依据制定法律的目的来对法律文本进行解释。制定知识产权法律的目的是什么？对知识产品垄断权的授予与知识、信息的自由流通是冲突的，因为知识产权的基本特性就是禁止他人未经许可擅自利用其知识产品。知识产权法律需要处理与调和知识产权人的合法垄断与公众的合理需求这一永恒的矛盾。❶ 制定知识产权法律的目的，即在知识产权的权利人和需要利用知识产品的社会公众之间进行利益平衡，既要保护知识产权权利人的合法权益，又不能阻碍科学技术的发展和社会的进步。所以在对知识产权法律进行解释时，应与上述目的不相违背。

3. 司法政策解释法

法律不可能远离政治，德沃金认为法律中的解释从本质上讲是政治的❷，法院也不可能不受到司法政策的影响。对于知识产权审判，最高人民法院分别制定了一系列文件，系统总结和阐述了中国法院在知识产权审判当中应当遵循的司法政策，如《最高人民法院关于进一步加强知识产权司法保护工作的通知》、《最高人民法院关于全面加强知识产权审判工作为建设创新型国家提供司法保障的意见》、《最高人民法院关于贯彻实施国家知识产权战略若干问题的意见》、《最高人民法院关于当前经济形势下知识产权审判服务大局若干问题的意见》。这一系列政策文件均是根据当时以及今后一段时期内的政治、经济、文化、社会的发展状况而制定的，对于法院进行知识产权审判具有重要的指导作用，因此法官在进行知识产权法律解释时必须遵循上述司法政策的要求。

4. 理论解释法

理论解释，是指依据法学原理对法律进行解释。法学原理是法律解释中所要遵循的思维前见，法学本身就是一门实用性科学，它的基本原理就是为司法实践服务。❸ 但是法学理论解释并不是一种权威解释，法学理论往往存在争论和相互矛盾之处，因此理论解释只具有参考价值。需要注意的是，知识产权法学在分类上属于民法学的一个组成部分❹，但是知识产权法学与民法学相比在

---

❶冯晓青. 知识产权法利益平衡理论 [M]. 北京：中国政法大学出版社，2006：2.
❷德沃金. 原则问题 [M]. 张国清，译. 南京：江苏人民出版社，2005：9.
❸陈金钊. 法律解释学——权利（权力）的张扬与方法的制约 [M]. 北京：中国人民大学出版社，2011：210.
❹郑成思. 知识产权法学与民法学 [J]. 安徽师范大学学报：人文社会科学版，2006，34（4）：388.

很多理论方面都存在较大的差别，如权利的客体、权利的产生、当事人的法律地位、权利的保护方式等。因此在进行知识产权法律解释时，对于民法学传统理论的采用应当采取审慎的态度。

（三）知识产权法律独有的解释方法——科学技术解释法

科学技术解释法是知识产权法律独有的一种解释方法，这是由知识产权法律的特点决定的。知识产权在我国台湾地区也翻译为"智慧财产权"，是关于工业、科技、文学和艺术领域以及其他来自智力活动的一种财产属性的权利。知识产权法的诞生、发展以及变革都伴随着科学技术的不断发展变化。当1709年英国议会通过了世界上第一部版权法——《安娜法》时，其规制的内容只包括对书籍的非授权翻印，而如今著作权法中"复制"的含义则包括复印、录音、录像、翻拍等多种形式。随着计算机、多媒体、互联网等科学技术的发展，著作权法中作者的权利又陆续增添了放映权、广播权、信息网络传播权等多项权利。随着二维码技术应用的日渐普及，将文字作品以二维码的形式进行转换并呈现也可能被认定为复制的形式之一，届时"复制"的含义将又一次被刷新。另外，知识产权法律的某些文本本身就是来源于科学技术词汇，如计算机软件、信息网络、感光材料、光盘、磁带、原子核变换等。因此对知识产权法律进行解释必要时可以依据某项特定的科学技术知识。

如信息网络传播权的直接侵权行为，最初的定义是将数字化的作品上传至服务器供网络用户在线欣赏或者下载的行为。然而点对点（Peer to Peer，或P2P）网络传播技术的出现改变了这一定义，点对点网络传播技术背景下的直接侵权行为可以扩大解释为将文件置于计算机终端共享文件目录内供其他网络终端用户下载的行为。

六、知识产权法律解释的难题

虽然对知识产权法律进行解释有前述各种方法，但是在解释的过程中仍然存在难题需要法官发挥能动性加以解决。

第一，法律解释的各种方法是否存在适用顺序？在司法实践中，对某一知识产权法律文本进行解释时，一种解释方法往往是不够的，需要运用多种解释方法进行全方位、立体的阐释和说明才能将该文本的准确含义进行定位。然而在若干种解释方法中排列出一个先后的适用顺序是极为困难的。法律文本本身是通过语言文字表述出来的，构成法律条文的最基本元素就是词语和句子，因此进行法律解释的出发点应为文义解释。而理论解释是一种非权威解释，只具有参考价值，因此理论解释方法应最后适用，以弥补其他解释方法的不足。去掉这一头一尾，其他律解释方法均有其各自独特的特点和价值，脱离具体案件恐怕无法举出充分的理由说明哪一种应该先适用而哪一种应该后适用。法官适用解释方法的先后顺序，取决于个案的具体情况，同时法官还必须对这种先后适用顺序作出有力的论证并说明采用该种顺序的理由。

第二，不同法律解释方法的解释方向存在冲突时如何解决？多种解释方法相互配合和补充共同对法律文本进行解释，并不断限缩或扩张法律文本的内涵和外延直至精确，这是法律解释的理想状态。法律解释方法本身并不存在矛盾，但是在具体的案件中，不同的法律解释方法其解释方向可能会存在冲突。如文义解释与规范目的解释的方向之间存在冲突，即运用规范目的解释法则会超出该法律文本本身的文字含义范围。此时应当选择适用哪种解释方法呢？尽管各种法律解释的方法都有某些不错的道理，但人们也无法据之获得一种众口称是的关于法律文本的解释，也无法构建成为一种"客观的"、统一有效的、程序化的并因此大致可以重复的、可以传授的作为方法的解释学。❶ 当不同法律解释方法的解释方向存在冲突时，法官如何进行取舍并无特定的、放之四海而皆准的规则，而是取决于法官运用他们的智慧根据个案的具体情况进行选择和综合判断。

第三，法官进行法律解释应严格服从法律还是应该创造性地解释法律？即法律解释的结果是根据法律的本意已经注定的必然结果，还是并不存在这样的结果而法官通过发挥创造性选择出的一个最优结果？根据法官为社会所履行的职责，法官一般来讲不应当被视为是一种新的和更好的制度的缔造者，但与此同时，我们也绝不希望贬低少数被历史承认为社会进步的革命者与开拓者的法官所做的工作和取得的成就。尽管法律改革的重大任务应该留待那些享有立法权的人或机构去完成，但是如果不同时给予司法机关权利在司法审判中开创一种同人们所可领悟的、最高层面的知识和最真实的洞见相一致的新正义观念，那么这种观点恐怕是狭隘的。❷ 法律解释本就属于法官行使自由裁量权进行裁判的一部分，但是任何的自由裁量权都是有边界的，这一边界就是法律的可预见性、人们的理性以及社会的正义观念。相较于其他法官而言，知识产权法官发挥创造性和行使自由裁量权的机会更频繁。传统民事法律是相当稳定的，如

---

❶ 苏力. 解释的难题：对几种法律文本解释方法的追问 [M] // 梁治平. 法律解释问题. 北京：法律出版社，1998：32.

❷ E. 博登海默. 法理学——法律哲学与法律方法 [M]. 邓正来，译. 北京：中国政法大学出版社，1999：559.

《法国民法典》和《德国民法典》历经上百年而没有进行过大的变动。而随着科技的发展进步以及新的知识传播方式的诞生，新的知识产权权利不断涌现，侵权方式不断变化，可以说知识产权法律从颁布的那一天起就落后了。面对更加隐蔽、更加复杂、更加狡猾的侵权行为，知识产权法官们进行法律解释时如果仍僵化、机械地理解和阐释法律，忽视社会对于法官发挥能动性提供及时、高效司法救济的迫切需求，那么这样的法官无疑是失职的。

新《民事诉讼法》框架下行为保全制度问题研究
——以侵害商业秘密纠纷案件为样本

姚建军[*]

【摘 要】

本文以我国新《民事诉讼法》有关"财产保全"修改为"保全"内容为切入点，采用比较研究和实证分析的方法，通过比较英美国家的司法审查制度，结合审判实践，探析了诉前禁令与诉中禁令的适用条件、效力及审查标准与程序；诉前禁令是否应适用禁令前听证制度；48小时作出裁定期限的起算点；新《民事诉讼法》对于禁令制度规定的有待商榷之处；论述了商业秘密侵权案件中禁令申请人的证明责任与需提供的担保。作者认为，禁令制度可以适用于商业秘密案件；商业秘密侵权案件中诉前禁令的作出不应在事先通知被申请人；48小时应从申请人的申请符合法律规定开始计算；《民事诉讼法》修改后尽管采取了诉中禁令和诉前禁令分别规定的做法，但仍有不完善之处，如紧急情况下颁布的禁令事后必须由法院组织听证程序、诉中禁令当事人可以上诉等相关问题在未来的司法解释中应加以完善。

【关键词】

商业秘密　行为保全　禁令制度

一、现状和引言：问题的提出

侵害商业秘密纠纷案件中能否适用禁令制度一直是近年来知识产权领域学

---

[*] 作者单位：陕西省西安市中级人民法院知识产权庭。

术界和实务界关注的话题。因三大知识产权部门法——《专利法》、《商标法》、《著作权法》中都根据《与贸易有关的知识产权协定》(TRIPS) 的要求增加了诉前禁令的制度,即权利人或者利害关系人有证据证明他人正在实施或者即将实施侵权行为,如不及时制止,将会使其合法权益受到难以弥补的损害的,可以在起诉前向人民法院申请采取责令停止有关行为的措施。而对于商业秘密案件,能否适用诉前禁令制度,却一直意见不一,存有争议。一种观点认为,根据 TRIPS 的精神,临时禁令应适用于所有的知识产权案件,而商业秘密案件作为知识产权案件的一类,理应适用。该种观点的主要理由是虽然《反不正当竞争法》本身并没有这样的规定,但是知识产权法的原理是相通的,所以,在侵害商业秘密案件的处理中,完全不必过多地担忧《反不正当竞争法》没有规定所带来的尴尬,而应以知识产权法理论为基础,以《民事诉讼法》的规定为法律依据加以适用。❶ 而主张侵害商业秘密案件不适用诉前禁令制度的主要理由有:第一,无法律依据。知识产权诉前禁令是一种很严格的制度,对于当事人权益的影响巨大,自应严格依法进行,当前法律及相关的司法解释并没有规定侵害商业秘密案件可以适用临时措施,所以法院审理时不应适用临时禁令。例如,江苏省高级人民法院在《侵犯商业秘密纠纷案件审理指南(2010)》第 6.4 条中就规定:"侵犯商业秘密纠纷案件中,当事人提出临时禁令申请,应当以其申请无法律依据为由不予准许。"第二,商业秘密案件中,权利人的权利界线模糊,不经审判很难判断,不经充分的举证、质证甚至专家对相关要件的鉴定,往往难以判断其是否构成商业秘密,而禁令初步审查判断的特点,容易造成误判,而一旦误判,对于当事人将可能造成巨大损害。

  从其他国家的相关法律制度来看,在英美等国家,商业秘密保护法诞生之初,禁令制度就成为保护商业秘密不被侵权的强有力的手段之一。早在 1820 年,英国衡平法院审理了第二起有关商业秘密的案件,法院就给被告发出禁令,禁止其泄露相关商业秘密。❷ 同样,在美国,1886 年新泽西州法院在审理萨勒蒙诉哈兹案时指出:如果不适用禁令救济,任由被告自由使用和泄露原告的商业秘密,原告的胜诉将变得毫无意义。此后,禁令救济在大量商业秘密侵权案中得以适用。美国侵权行为法第一次重述及其述评就规定,商业秘密权利人可以"取得禁令以预防因未来披露或者不当使用造成的损害"。美国统一商

---

 ❶ 沈杨. 审理商业秘密侵权案件可否发布临时禁令 [EB/OL]. [2013-07-26]. http://www.chinacourt.org/article/detail/2004/04/id/113076.shtml.
 ❷ 约华特诉温亚特案:该案被告曾是原告诊所的雇员,在受雇期间偷偷抄袭了原告的药方,法院即以被告破坏保密关系为由发出了禁令,禁止被告使用或者泄露该药方。

业秘密法则明确规定:"对商业秘密实际的或者潜在的侵占都可以采用禁令禁止。"1995 年,美国反不正当竞争法第三次重述第 44 节"对侵占商业秘密的禁令"规定:"为防止对他人商业秘密的连续侵占或者侵占威胁……可以下达禁令。"

笔者认为,与其他知识产权相比,基于商业秘密"一旦丧失永久丧失"的特性,由此决定了对于商业秘密事先的保护比事后的赔偿更为重要。而这种特性对于禁令制度事实上有着更为迫切的需要。在非法获取者尚未使用或泄露时、正在使用或泄露时,要求侵权人立即停止侵权行为,防止损害后果进一步扩大和导致无法弥补的损失产生是至关重要的。懈怠的保护将会扩大权利人的损失,甚至可能影响企业的发展乃至生存。对于正在或即将侵犯商业秘密行为的禁止,其迫切性并不亚于其他知识产权案件,因此,禁令制度应该作为商业秘密保护的救济措施之一。

《民事诉讼法》于 2012 年的修正可以说是在程序法上解决了商业秘密侵权案件中禁令适用的问题。新《民事诉讼法》将第九章的章名、第 96 条、第 99 条、第 140 条、第 256 条中的"财产保全"修改为"保全",从而建立起行为保全与财产保全并立的民事保全制度体系。笔者认为,从禁令制度程序救济手段的本质特性来说,其也更应该在程序法中得到体现,《民事诉讼法》的此处修改有助于还原禁令制度的程序法性质。

据报道,2013 年 8 月,上海市第一中级人民法院根据修改后的《民事诉讼法》发出了国内首个商业秘密侵权案件行为禁令。在原告美国礼来公司(Eli Lilly and Company)、礼来(中国)研发有限公司诉被告黄某侵害技术秘密纠纷案中,上海市第一中级人民法院作出行为保全裁定,禁止黄某披露、使用或允许他人使用原告主张作为商业秘密保护的 21 个文件内容。❶ 由此,行为禁令在商业秘密侵权案件中的适用得到了司法实务界的确认。

二、辨析与争鸣:诉前禁令制度与诉中禁令制度的探析

新《民事诉讼法》在建立行为禁令制度的同时,亦完善了禁令制度的种类,即除诉前禁令外,还新增了诉中禁令的制度。此前《专利法》、《著作权法》、《商标法》中关于临时禁令的规定,均只是针对诉前禁令的规定,虽然《最高人民法院关于对诉前停止侵犯专利权行为适用法律问题的若干规定》第

---

❶法制日报 - 法制网. 上海一中院发出国内首个商业秘密行为禁令 [EB/OL]. [2013 - 08 - 03]. http://www.legaldaily.com.cn/index_ article/content/2013 - 08/02/content_ 4721843.htm? node = 5954.

17条将"诉前"扩展到"提起专利诉讼时",《最高人民法院关于诉前停止侵犯注册商标专用权行为和保全证据适用法律问题的解释》第16条将"诉前"扩展到"提起商标侵权诉讼时或者诉讼中",但司法解释的这种规定实际上并不合理,其最大的问题在于并未对诉前禁令与诉中禁令两种制度的适用条件进行区分。事实上,诉前禁令和诉中禁令在针对情况的紧急程度、是否应当先行通知被申请人、禁令的审查期限、禁令的有效期限及范围等方面,有着诸多差异,这样不加区分地在同一个司法解释中加以统一规定,自然会造成实践中的困惑和适用的混乱。

由于我国知识产权法禁令制度的引入源于TRIPS,而TRIPS又几乎是美国法的复刻,所以下文中笔者会以美国的禁令制度作为准绳,对比中国禁令进行阐述说明。美国联邦民事诉讼规则第65条将禁令分为临时限制令(Temporary Restraining Order,TRO)和初步禁令(Preliminary Injunction)。临时限制令的特点在于其可以不经通知对方而作出;临时限制令的期限有规定,即对于未通知对方而作出的临时限制令设置的期限最长只能延续10天,除非在此之前法院认为有必要,或者对方当事人同意再延长10天。❶ 对于未经通知而发出的临时限制令,法院必须尽早安排初步禁令申请的听审,获得临时限制令的当事人必须继续申请初步禁令,否则法院将解除临时限制令。❷ 对于临时限制令不能上诉,但是,未经通知而得到限制令的当事人可在2日内请求解除或者修改该命令。❸ 如果临时限制令超出上述法定期限,其立即失去临时限制令的性质而被视为初步禁令,从而可以提出上诉。❹ 初步禁令则是程序启动后至判决之前发布的,发布初步禁令必须通知对方当事人,对于初步禁令可以提出上诉。

从上述美国的禁令制度可知,如果以我国目前三大知识产权部门法中规定的诉前禁令分别与美国法下的临时限制令与初步禁令相类比的话,我国诉前禁令的提出申请时间、可以不经通知对方当事人等规定确实与临时限制令相同,但在效力上却相当于美国法下初步禁令的效力。换言之,我国法律对诉前禁令可以不经通知对方而作出,不必进行听审,仅规定复议而没有上诉程序却可以

---

❶ 该条对于通知对方当事人而作出的临时限制令没有规定期限,但大多数法院也采取同样的期限。参见 Thomas J. Speiss, & Stephen M. Levine, An Analysis of the Factors That Determine When and How to Resolve a Trademark Dispute, Richmond Journal of Law & Technology, Fall, 2004, n102—103 and accompanying text.

❷ Fed. R. Civ. P. 65 (b) (2) (3).

❸ Fed. R. Civ. P. 65 (b) (4).

❹ Fed. R. Civ. P. 65 (b) (2) (3).

在整个诉讼程序中继续有效的规定显然在程序设计上有所失衡。❶ 考虑到当时我国为履行加入 WTO 的承诺，满足 TRIPS 要求而修改三大知识产权部门法的情况，现在借《民事诉讼法》修改的契机，应该调整这种不合理的做法，严格区分诉前禁令和诉中禁令，赋予其不同的适用条件与效力，进而在作出禁令裁定时使用不同的审查标准和审查程序。

（一）诉前禁令与诉中禁令的适用条件、效力及审查标准与程序

诉前禁令制度设计的原因在于情况紧急，由于时间和条件上的限制，法院必须在极短的期间内作出命令，因此考虑的标准也只能相对比较简单，难以通过听证和辩论程序听取双方当事人的意见，所以其效力不应预设为长期有效，而应该严格限制期限。并且在美国法下，"临时限制令"主要的审查因素是"紧迫性"，不立即颁布禁令将会造成难以弥补的损害。"胜诉可能性"是对"初步禁令"是否颁布的裁量标准。而对于诉中禁令，则应该规定更为严格的程序，引入听证和辩论制度，充分听取双方当事人的意见，并且应该赋予当事人上诉的权利。

因此，笔者认为较为合理的禁令制度应该是：诉前禁令的适用标准是"情况紧急"和"难以弥补的损害"。由于情况紧急，因此可以只根据一方申请即作出，无须听取对方当事人的意见。但是，诉前禁令的有效期应当较短，期限届满，诉前禁令解除，申请人需申请诉中禁令，而诉中禁令的颁布则需要经过听证程序方可作出，并且申请人提交的材料要达到"胜诉可能性"的标准。当事人对诉中禁令具有上诉的权利。而诉中禁令的效力则一般可以延续到解决当事人之间争议的判决生效为止，法院也可以根据案件情况规定诉中禁令的效力期限。

如此设计，将会解决我国在禁令制度适用过程中产生的诸多争议。例如此前争议较大并且各地司法实践都不统一的诉前禁令听证制度，以及 48 小时裁定起始时间的争论。笔者认为，之所以出现这种争议，就在于此前诉前禁令规定的不合理性，审查程序简单，却对当事人的影响甚剧。法院如果为了保护申请人的利益而在诉前禁令颁布前通知被申请人听证或辩论，则丧失了禁令制度的及时性和有效性；但是如果为了保证禁令具有突击效力而只根据申请人申请即作出裁定，由于此种裁定效力的长期性，则会将被申请人的利益置于巨大的危险之下。这种使法官进退两难的情形完全可以通过借鉴美国经验，给予具有突击性效力的禁令短暂的有效期，而有效期长的禁令则制定更严格的审查程

---

❶ 董晓敏. 论知识产权诉讼中的临时禁令［J］. 法律适用，2008（7）.

序，给予被申请人多种救济的权利。

（二）诉前禁令是否应适用禁令前听证制度的争议

目前，关于诉前禁令听证制度存在较大争议。有人认为知识产权侵权案件技术性强（如专利案件中是否等同、商标案件中商标是否近似、版权案件中作品是否雷同等），侵权与否的判断难度大，在没有经过质证、辩论的情况下依据申请人单方面证据作出的临时禁令极有可能与最终的司法裁判相冲突。[1]所以颁布诉前禁令前应该进行听证，听取被申请人的意见。重庆市第一中级人民法院即采取禁令前听证制度："由于禁令后果的严重性，对于每一个禁令申请，我们都给予审慎的考量。首先，出于平等保障各方当事人程序权利，我们要求合议庭平等地听取各方的意见陈述。为了判断申请人胜诉可能性的大小，我们通常以听证方式听取双方当事人就涉案的相关事实，比如涉案专利技术方案的保护范围以及被申请人的行为是否落入涉案专利保护范围等陈述意见。其次，为了不让当事人感到突然，我们通常要给予一定的准备时间，让其做必要的准备。再次，听证通常由案件承办人组织，必要时由合议庭全体成员参加。必要的听证程序保证了法庭在充分听取双方的证据，全面掌握案件事实的前提下所作出的禁令准确无误，不仅减少与终局判决不一致的情况，也把握了权利人与公共利益的衡平关系。"[2] 但另一种意见则认为禁令是一种单方行为，法院在实施禁令后再及时通知侵权人，出其不意，使侵权人措手不及，避免侵权人可能的转移、隐匿、销毁等行为给禁令实施带来妨碍，从而大大增强保护力度。因此，实践中有些法院不赞同适用禁令前听证程序，如深圳市中级人民法院，主要理由是对于诉前禁令案件，如果组织听证，无疑会通知被控侵权人，可能发生转移或隐匿证据和财产的情况，会影响证据保全、财产保全等措施的执行。[3]

笔者认为，在严格区分诉前禁令与诉中禁令适用条件及效力的前提下，商业秘密侵权案件中诉前禁令的作出不应该在事先通知被申请人。例如，当商业秘密处于即将被公开的情况下，如果在发出禁令前告知被申请人并给予其时间准备听证，被申请人有可能立即将权利人的商业秘密公开。当听证结束，商业

---

[1] 马海生. 知识产权诉讼的临时救济 [EB/OL]. [2013－07－25]. http：//www.sipo.gov.cn/mtjj/2006/200804/t20080401_362370.html.

[2] 冯海波，谭颖. 关于知识产权案件诉前禁令措施的做法与思考 [EB/OL]. [2013－07－25]. http：//www.cqyzfy.gov.cn/view.php?id=1035250520103725052010472505201057250520.

[3] 广东省高级人民法院民三庭调研课题组. 广东法院知识产权诉讼禁令制度执行情况分析 [J]. 法治论坛, 21：281.

秘密因不再具备秘密性而使得禁令对权利人不再具有实质性的意义。

(三) 48 小时作出裁定期限的争议

我国相关司法解释规定，对于符合规定的诉前禁令申请，法院应当在 48 小时内作出书面裁定。在实践中对这 48 小时何时起算始终存在争议：一种意见认为，48 小时以接受当事人申请时间或立案庭移交案件作为起算点；另一种意见认为应从申请人的申请符合法律规定开始计算。虽然后者明显有规避司法解释原意之嫌，但要求法院在 48 小时内作出一个效力持续至终审判决生效之日的裁定显然难度和风险都很大，有很多法院不得已采取了这种解释。如果将诉前禁令的效力严格限制在诉前，那么实践中严格执行自收到权利人申请时 48 小时内作出裁定这一规定就可以成为现实。

(四) 诉中禁令的裁量因素及适用条件

根据新《民事诉讼法》第 100 条的规定，诉中禁令适用的条件是因当事人一方的行为使判决难以执行或者造成当事人其他损害的案件。诉中禁令一旦颁布，对被申请人的利益影响甚剧，如何平衡保护申请人和被申请人双方利益，既保证禁令的及时性和有效性，又防止权力滥用造成被申请人甚至公共利益的损失，是诉中禁令制度设计者需要解决的一个重要问题。在这一点上，可以借鉴美国法院通常使用的"四要素检验法"。根据这一方法，法院依法裁量行为保全申请是否适格时，通常需要考量如下因素：(1) 不采取行为保全措施，是否可能使将来的判决不能执行或者难以执行，或者将会使申请人的合法权益受到难以弥补的损害；(2) 申请人在与被申请人的诉讼中胜诉的可能性；(3) 申请人与被申请人之间的利益衡平，即采取行为保全措施对被申请人造成的损害是否会明显超过不采取行为保全措施给申请人带来的损害；(4) 采取行为保全措施是否会损害社会公共利益❶。事实上，三大知识产权部门法及相关司法解释在对诉前禁令的审查方面就已经借鉴了此种做法。例如我国《专利法》规定，诉前禁令的申请存在两个根本前提：一是申请人有证据证明他人正在实施或即将实施侵犯其知识产权的行为；二是如不及时制止会给申请人的合法权益造成难以弥补的损害。❷《最高人民法院关于对诉前停止侵犯专利权行为适用法律问题的若干规定》第 11 条进一步规定："人民法院对当事

---

❶ 奚晓明. 中华人民共和国民事诉讼法修改条文理解与适用 [M]. 北京：人民法院出版社，2012：225.

❷《中华人民共和国专利法》第 66 条。

人提出的复议申请应当从以下方面进行审查：（一）被申请人正在实施或即将实施的行为是否构成侵犯专利权；（二）不采取有关措施，是否会给申请人合法权益造成难以弥补的损害；（三）申请人提供担保的情况；（四）责令被申请人停止有关行为是否损害社会公共利益。"该规定实际上完全参考了"四要素检验法"（其中申请人提供担保事实上可以视为当事人利益平衡的一种方式）。对此，笔者持肯定态度。

（五）新《民事诉讼法》对于禁令制度规定的有待商榷之处

《民事诉讼法》的此次修改尽管采取了诉中禁令和诉前禁令分别规定的做法，但是笔者认为，仍然有以下几点值得商榷，或者在未来的司法解释中加以弥补：

第一，新《民事诉讼法》将诉前禁令的期限延长到了 30 日，与美国的 10 天和之前司法解释中的 15 天相比，时间过长。这种延长的规定在修法时是出于统一一般民事诉讼程序和涉外民事诉讼程序的诉前保全制度。❶ 但是，单独从诉前禁令的角度来说，这种延长似有不妥。

第二，新《民事诉讼法》仅规定"申请人在人民法院采取保全措施后三十日内不依法提起诉讼或者申请仲裁的，人民法院应当解除保全"，如果 30 日内申请人提起诉讼，是否诉前禁令将自动延续？笔者认为，不应该如此规定，如果当事人提起诉讼，应该重新申请诉中保全，按照诉中禁令的裁量标准和审查程序重新颁布，而非诉前保全自动切换为诉中保全。

第三，新《民事诉讼法》第 100 条对于诉中禁令区分了紧急情况和非紧急情况两种状态。紧急情况下，应该在 48 小时内颁发禁令。❷ 笔者认为，紧急情况下颁布的禁令，在事后必须由法院组织听证程序，从而保证诉中禁令程序上的一致性。事后组织听证与当事人单方提出复议申请有很大不同，前者是由法院启动，而后者是由当事人启动。对于非紧急情况的禁令，则应该在颁布前安排听证，使得法官在尽可能充分听取双方证据、全面掌握事实的基础上对

---

❶ 奚晓明. 中华人民共和国民事诉讼法修改条文理解与适用 [M]. 北京：人民法院出版社，2012：231.

❷《中华人民共和国民事诉讼法》第 100 条：人民法院对于可能因当事人一方的行为或者其他原因，使判决难以执行或者造成当事人其他损害的案件，根据对方当事人的申请，可以裁定对其财产进行保全、责令其作出一定行为或者禁止其作出一定行为；当事人没有提出申请的，人民法院在必要时也可以裁定采取保全措施。人民法院采取保全措施，可以责令申请人提供担保，申请人不提供担保的，裁定驳回申请。人民法院接受申请后，对情况紧急的，必须在 48 小时内作出裁定；裁定采取保全措施的，应当立即开始执行。

是否颁发禁令裁定作出正确的判断。

第四，在此次修改中没有规定诉中禁令当事人的上诉权，笔者认为，这样的规定有待商榷。《民事诉讼法》对管辖异议裁定都规定了上诉权，而诉中禁令裁定对当事人的影响远远超过管辖裁定，更应该赋予当事人上诉的权利，而不仅仅是复议的权利。

三、举证与审查：商业秘密侵权案件中禁令申请人的证明责任

三大知识产权法在诉前禁令规定引入之初，实践和理论界的争议焦点是审查标准应采取形式审查还是实质审查。经过近些年来审判经验的积累，可以说达成了相对一致的观点，即需要作相对实质性审查，即除了审查申请人是否符合权利主体资格以及被申请人是否正在实施或即将实施被控侵权行为之外，还需要审查判断侵权行为存在的合理可能性，也即申请人是否有胜诉的可能性。例如，在专利侵权案件中，申请人首先应该提供有效的专利权属证明，其次应该提供被控侵权产品及其合法来源，还需证明被控侵权产品或方法的技术特征，并应提供对申请人专利与被控侵权产品或方法之间的技术特征的相同或相似的对比说明。在对专利侵权与否进行判定时，需要解释申请人的权利要求书，以及被控侵权产品或方法是否落入专利独立权利要求的保护范围。❶

（一）"正在侵权或即发侵权"的证明

在商业秘密侵权案件中，证明"正在侵权或即发侵权"是禁令申请人重要的证明责任。因为商业秘密并不具有专利的公开性，也不如商标权那样能够直观地判断，并且商业秘密侵权案件中，当事人的取证手段和范围更加有限，所以申请人很难像专利侵权案件中提供被申请人的产品或方法的技术特征，并进行技术特征是否相同或近似的对比说明。即使进入到正式的司法审理程序，也一般是采用"接触+实质相似"的推定规则，"接触"意味着被控侵权人获得有关信息资料的高度盖然性。"实质相似"的技术或经营信息既包括完全相同的秘密信息，也包括"等同"的秘密信息，即以基本相同的手段，实现基本相同的功能，达到基本相同的效果的秘密信息。那么，要求申请人在诉前禁令申请时就证明"正在侵权或即发侵权"似乎对申请人太过苛刻，极少有申

---

❶韩天岚. 论知识产品诉讼中诉前禁令的适用［EB/OL］.［2013-07-28］. http://www. hshfy. sh. cn/shfy/gweb/xxnr. jsp? pa = aaWQ9MTUyMjcmeGg9MQPdcssPdcssz.

请人能够达到此种证明标准而实质上导致商业秘密案件中禁令制度的架空。

笔者认为，正因为商业秘密侵权案件的这种特殊性，在当事人申请诉前禁令时，也应该采用"接触+实质相似"的推定原则，并且这种推定的标准应该低于正式审理时的标准。例如，若申请人能够提供证据证明根据其商业秘密生产出来的产品具有特殊性，在某一地域范围内不可能有第二家厂商有能力生产，那么，申请人在申请禁令时只要证明被申请人有"接触+产品实质相似"，即完成了侵权行为的推定证明，在禁令其他要件满足的情况下，法院应该发布禁令。除此之外，"情况紧急"也应被纳入考虑范围，即是否存在商业秘密即将被公开、了解商业秘密的雇员是否即将到竞争对手处工作、技术诀窍是否就要被用于生产、侵权商品是否马上要进入商业销售渠道等紧急时刻。

（二）"造成不可挽回的损失"的证明

关于难以弥补的损失，无论是在TRIPS第50条第2款，还是在我国《著作权法》、《商标法》、《专利法》等法律相关规定中，申请临时禁令的条件都具有如不采取临时措施则"可能对权利人造成不可挽回的损失"这一条件。从司法实践来看，商业秘密侵权案件中不可挽回的损失通常可以考虑以下几个因素：

（1）申请人将要受到难以估计的经济损害。涉及难以估计的损害的情形多种多样，比如市场竞争地位的变化、市场份额的急剧减少等，申请人需要提交相关材料证明商业秘密重大的经济利益。

（2）申请人难以得到足够的经济赔偿。如果原告在案件审理终结时就其损失能够获得充分的赔偿，就不应该对被告颁布禁令。但实际上由于被申请人没有足够的偿付能力等原因，申请人的经济损失也许根本得不到物质上的足额赔偿。例如，携带商业秘密跳槽的员工，其可能根本无法偿付商业秘密被公开而带给申请人的损失。如果放任被告的行为继续下去，将使本可避免的损害成为必然。所以，被告执行判决的能力越差，越有可能受到临时禁令的限制。

当然，除了经济方面的赔偿外，商业秘密侵权与其他知识产权侵权案件的一个最大不同同样来源于商业秘密"一旦公开永久丧失"的特性。笔者认为，尽管严格而言商业秘密的价值同样可以以经济价值来衡量，但在商业秘密侵权案件中，对于"造成不可挽回的损失"仍可以适当地降低标准。

四、禁令与担保：商业秘密侵权案件中禁令不因反担保而解除

新《民事诉讼法》第 104 条规定："财产纠纷案件，被申请人提供担保的，人民法院应当裁定解除保全。"《最高人民法院关于对诉前停止侵犯专利权行为适用法律问题的若干规定》第 8 条规定："停止侵犯专利权行为裁定所采取的措施，不因被申请人提出反担保而解除。"那么在商业秘密侵权案件中，如果被申请人提供了担保，是否可以解除禁令？笔者认为不可以。新《民事诉讼法》的此种规定，是因为其采取了行为保全和财产保全统一规定的立法体系，但是行为保全和财产保全两种临时措施所要达到的目的不同：前者是为了阻止被申请人实施侵权行为，避免造成申请人的损失或进一步扩大损失；而后者则是为了防止被申请人转移、隐匿财产或因其他原因丧失清偿能力。如果被申请人提供了与被保全财产相当的担保，财产保全措施的目的就已经达到，包括商业秘密侵权案件在内的知识产权侵权案件中，禁令如果因为被申请人提供了担保而解除，则申请人的知识产权将受到损害（还是基于商业秘密一旦公开就永久丧失的特点），此种做法实际上认为被申请人的侵害行为给申请人造成的损害是可以弥补的。而事实上，在法院对案件进行全面审理并对侵权行为造成的损失作出认定之前，无法确认被申请人的担保是否足以弥补申请人的损失。这明显有悖于商业秘密案件中禁令制度设计的初衷。因此，笔者认为，在商业秘密侵权案件中，为禁止权利人商业秘密被侵犯所采取的保全措施，不应当因被申请人提供担保而解除。当然，为避免司法实践中出现不统一的情况，司法解释中应该对此进行进一步的释义和说明。

五、结　语

新《民事诉讼法》首次将行为禁令制度在理论上适用到了所有的民事诉讼案件，但对这项制度的适用，司法实践仍在探讨之中。而商业秘密侵权案件本身又有其举证难、查证难的特点，因此如何在商业秘密侵权案件中适用行为禁令制度确实是一个值得探讨的问题。本文只是作最初浅的探讨，笔者愿意随着新《民事诉讼法》的逐步实施及实践中商业秘密侵权案件禁令制度的更多适用，对商业秘密侵权案件中临时禁令制度进行进一步讨论。

如何利用反垄断制度应对标准必要专利权的滥用

付圆媛* 牛 爽* 郝政宇*

【摘 要】

在高新技术产业中,取得市场支配地位的企业往往也拥有大量的标准必要专利权,可以对相关市场的其他企业收取高额的授权费用等。本文通过对国内外利用反垄断法规制知识产权滥用的现状以及标准必要专利的分析和研究,采用实际案例介绍了中国企业如何利用反垄断制度应对标准必要专利权滥用的新思路。

【关键词】

反垄断 标准必要专利 专利权滥用 华为 IDC

早在中国《反垄断法》颁布实施之前,国内不少专家学者就意识到反垄断对于应对知识产权侵权诉讼的重要意义。中国社会科学院研究生院的聂孝红在其《知识产权与跨国垄断——思科诉华为案的法理思考》[1] 文章中曾就2003年1月14日思科诉华为侵权案提出过,"思科正是凭借其'私有协议'中的知识产权而确立并维持了其在世界网络业中的霸主地位。笔者认为,对网络业'私有协议'中的知识产品授以知识产权,实乃是对知识产权的滥用";而北京天则经济研究所、中国社会科学院经济研究所的张曙光也在其《从不构成侵权的侵权到中国第一反垄断案——对思科诉华为一案的评论》[2] 文章中表达过,华为应当在国内反诉思科的垄断与倾销的观点。随着《反垄断法》的颁

---

* 作者单位:国家知识产权局专利局专利审查协作北京中心。

[1] 聂孝红. 知识产权与跨国垄断——思科诉华为案的法理思考 [J]. 北京市经济管理干部学院学报, 2004, 19 (4): 104-107.

[2] 张曙光. 从不构成侵权的侵权到中国第一反垄断案——对思科诉华为一案的评论 [J]. 制度经济学研究, 2003 (2): 9-15.

布与实施,通过《反垄断法》监管专利权的使用行为,越来越成为中国企业在专利应急机制方面应当关注的关键点之一。

一、国内外利用反垄断法规制知识产权滥用的现状

知识产权法的存在是法律允许权利人在一定时间、一定范围、一定领域内获得被保护的垄断状态,知识产权的本质就表现为合法的垄断。当知识产权人利用知识产权的自然垄断力和法定垄断属性,图谋取得市场垄断或者支配地位,从而使得知识产权发展成为垄断手段,限制了正当竞争而损害社会利益时,知识产权即从法定的垄断权转化为《反垄断法》所规制的不合法的垄断行为。[1]

关于适用《反垄断法》规制专利权滥用行为的可行性,世界众多国家都作出了实际探索,在知识产权滥用反垄断领域,欧美已经有了200多年的历程和经验,在该领域法律法规设立方面一直走在世界的前列。

美国在这方面的立法解释作得最详细,也分析得最细致。美国司法部和联邦贸易委员会于1995年4月6日联合发布的《知识产权许可的反托拉斯指南》,该指南是知识产权滥用反垄断领域的里程碑,确立了很多以往极具争议的规定和对知识产权滥用反垄断的态度。这个文件将专利权滥用行为纳入到反垄断的规制范畴内,尤其是"合理原则"的分析框架,为近些年来的知识产权反垄断案件提供了详细的指导。同时,在大规模听证、参考学术文献及实践的基础上,执法机构还于2007年4月17日联合发布了《反托拉斯执法与知识产权:促进创新和竞争》报告,该报告反映了参与听证的代表以及学术界对于知识产权领域中各种排除限制行为的评论意见,并表明了执法机构对于这些行为的基本立场。2004年4月27日,欧盟委员会公布了新的TTBER——《772/2004号条例》,也被称为《欧共体技术许可协议集体豁免条例》。同时,出台了《技术转让协议适用欧盟条约第81条指南》,为了指导《772/2004号条例》和《欧共体条约》第81条第(1)款的使用,以及对落在该条例之外适用于第81条第(1)款和第81条第(3)款的整批豁免的情况的指导。日本也在借鉴欧美经验的基础上于2007年9月28日出台本国的《知识产权利用的反垄断法指南》,该指南从是否构成私人垄断的角度对拒绝许可行为、限定技术使用范围的行为及对技术使用施加条件的行为进行了分析。[2]

---

[1] 陈翠翠. 知识产权滥用的反垄断规制研究 [D]. 复旦大学硕士学位论文, 2012: 5-36.
[2] 国际标准化组织(ISO)和国际电工委员会(IEC), ISO/IEC第2号指南, 1996年。

近几年，欧盟对三星、谷歌、高通等行业领头企业均发起过基于"滥用专利权"行为的反垄断调查，其目的，正是利用反垄断法对知识产权尤其是专利权的垄断状态给予限制。

我国在反垄断立法方面属于起步阶段，在知识产权反垄断领域的立法更是有限，尚未形成较为完整的体系，有关规定只是散见于各相关的法律法规。我国知识产权滥用反垄断领域涉及的规定主要散见于《中外合资经营企业实施条例》、《技术引进合同管理条例》、《反不正当竞争法》、《合同法》以及《反垄断法》等条文之中。《反垄断法》是我国于2008年发布的，这在我国反垄断领域具有里程碑的意义。❶ 我国《反垄断法》中涉及知识产权反垄断问题的条款是在第55条，其规定"经营者依照有关知识产权的法律、行政法规规定行使知识产权的行为，不适用本法；但是，经营者滥用知识产权，排除、限制竞争的行为，适用本法。"此项规定确立了对知识产权行使行为进行反垄断法规制的基本原则，具有非常重要的意义。该条准确地说明了知识产权保护与反垄断法之间的关系。前半句"经营者依照有关知识产权的法律、行政法规规定行使知识产权的行为，不适用本法"说明合法的知识产权行为，国家法律给予保护；后半句"但是，经营者滥用知识产权，排除、限制竞争的行为，适用本法"说明在保护知识产权的同时，对于知识产权的滥用行为要给予反垄断法层面的规制。但它只是一个原则性的规定，它对何种行为是合法地行使知识产权，何种行为是滥用了知识产权等并没有作详细规定，仍然不能给执法者和企业行使权利提供帮助。

二、标准必要专利的衍生

标准在市场经济中扮演着重要角色，尤其在近几年崛起的通信行业更是如此。标准由标准化组织制定，在世界范围内大约有百余个通信行业的标准化组织，包括3GPP、IETF、ITU、OMA、NGMN、ETSI、IEEE和3GPP2等。按照国际标准化组织（ISO）和国际电工委员会（IEC）的定义，标准（standard）是指：为在一定的范围内获得最佳秩序，经协商一致制定并由公认机构批准共同使用的和重复使用的一种规范性文件。❷

技术标准是对标准化领域中需要统一协调的技术事项所制定的标准。专利与标准的结合导致标准必要专利（Standards Essential Patents，SEP）的出现。

---

❶ 陈翠翠. 知识产权滥用的反垄断规制研究［D］. 复旦大学硕士学位论文，2012：5-36.
❷ 国际标准化组织（ISO）和国际电工委员会（IEC），ISO/IEC 第2号指南，1996年。

国际电信联盟（ITU）将标准必要专利界定为"任何可能完全或部分覆盖标准草案的专利或专利申请"。❶ 可以认为，标准必要专利是标准体系所必不可少的一项技术，而该技术又作为一项专利被专利权人所独占。中国的 AVS 标准认定"必要专利"必须满足三个条件：①有效性，必须是有效专利，当专利因有效期、地域性等原因而失效时，许可无效专利是滥用知识产权的欺诈行为；②必要性，被许可人实现标准，开发产品的相应技术时必然用到该专利，而不能用其他技术或专利代替；③时间性，当出现新的技术或专利能够替代时，相应的"必要专利"资格应当消失。

在制定专利授权政策时，很多国际电信组织都采用了 FRAND 许可原则。FRAND 是 Fair（公平）、Reasonable（合理）、and Non–Discriminatory（非歧视）的首字母缩写。目前，包括 3GPP 在内的很多电信组织在把专利纳入电信标准时，都要求专利拥有者签署关于 FRAND 的声明，以便规制标准制定中的知识产权许可授权行为。FRAND 中的公平，是要求占有主导地位的公司不能在相关市场上利用知识产权许可限制竞争；合理是指对使用者收取相同的费用；无歧视是指无论被许可人是谁，基本的许可条件应该相同。❷

目前，通信行业的众多领头企业作为标准的制定者，均拥有数目可观的标准必要专利，例如高通公司在通信芯片领域的基础专利、IDS 公司在 3G 和 4G 领域的基础专利、诺基亚在手机产品方面的基础专利等。由于标准在通信行业的特殊地位，使得专利进入标准后，必然存在标准公益性和专利排他性之间的矛盾。举例来说，在国际组织为行业建立相关标准和规范协议之前，某些率先进入市场的企业自己可能已经形成自己的一套标准，这些标准以私有协议的形式存在。如果一家企业的"私有协议"事实上成为某一行业的标准，那么这家企业便会据此垄断该行业。"私有协议"往往包含专利等知识产权，后进入的企业稍有模仿，便会构成侵权，产生专利纠纷。如何积极应对标准必要专利权的滥用，成为通信企业需要思考的问题。

三、华为公司与美国 IDC 公司的诉讼与反诉讼"战争"

2013 年伊始，深圳中院一审结了华为公司诉美国 IDC 公司标准必要专利反垄断案，该案被称为"中国标准必要专利反垄断纠纷第一案"，对《反垄

---

❶Guidelines for Implementation of ITU–T Patent Policy (3.1) [EB/OL]. (2005–03–12) [2013–03–28]. http://www.itu.int/ITU–T/dbase/patent/files/glp20051102.pdf.

❷[EB/OL]. http://www.cnipr.com/news/sdbd/201105/t20110509_133613.html.

断法》该如何调整标准必要专利条件下的垄断纠纷案件,给出了重要启示。相关案情回顾如下:❶❷❸❹❺

2011年7月26日,美国IDC公司向美国国际贸易委员会(ITC)提交"337调查"的诉状,同时将华为公司等起诉至美国特拉华州法院,称华为公司涉嫌侵犯其在美国享有的7项标准必要专利,请求责令华为公司停止被控侵权行为,并要求对华为公司启动"337调查"并发布全面禁止进口令、暂停及停止销售令。

2011年12月6日,华为公司向深圳市中级人民法院起诉,以IDC滥用市场支配地位为由提起反垄断诉讼,请求法院判令其停止垄断行为,并索赔人民币2000万元。

2012年10月,华为公司遭遇美国国会众议院情报委员会以"国家安全"名义发布的调查报告。

2012年,启动"337调查"前,IDC向华为公司发出最后要约:从2009年到2016年按照销售额确定支付许可费率为2%;这一许可费率与苹果、三星等公司相比,虽然许可方式不尽相同,但费率却是它们的数十倍。

2013年1月24日,华为公司在美国对IDC提出反诉,要求法院确定FRAND原则下的合理使用费。

2013年1月31日,IDC宣布对华为等公司的3G、4G无线设备发起"337调查"。

2013年6月28日,美国国际贸易委员会主审法官对无线3G设备337调查案作出初裁,裁定IDC所诉的7项专利中1项无效,另外6项,被告公司中兴、华为不侵权。

2013年10月28日,广东省高级人民法院对华为公司诉美国IDC公司垄断一案作出终审判决,判定美国IDC公司构成垄断,赔偿华为公司2000万元。一审判决后,双方当事人均提起上诉。

2013年10月29日,广东高院最终判定维持了深圳市中院的一审判决,判

---

❶ 章宁旦. 美国IDC构成垄断赔偿2000万元 [N]. 法制日报, 2013-10-29 (8).

❷ 叶若思, 等. 标准必要专利权人滥用市场支配地位构成垄断的认定——评华为公司诉美国IDC公司垄断纠纷 [J]. 电子知识产权, 2003 (3): 46-52.

❸ 华为胜诉美国IDC垄断案获赔两千万 [EB/OL]. [2013-10-29]. http://www.infzm.com/content/95494.

❹ 林秀芹. FRAND原则助华为赢得"中国标准专利第一案" [N]. 中国知识产权报, 2013-11-13 (10).

❺ 叶若思, 等. 标准必要专利使用费纠纷中FRAND原则的司法适用 [J]. 电子知识产权, 2013 (4): 54-61.

定 IDC 公司因实施了垄断行为，赔偿华为公司损失人民币 2000 万元。

在华为公司诉 IDC 公司垄断一案的审理过程中，其涉及的关键点主要在于：(1) IDC 公司标准必要专利（SEP）许可市场垄断地位的确定；(2) IDC 公司标准必要市场支配地位/专利权滥用的认定。

首先，"相关市场"是《反垄断法》中的重要概念，对垄断行为的分析须置于特定情境，该特定情境便是"相关市场"。我国《反垄断法》第 12 条第 2 款对"相关市场"作了规定："本法所称相关市场，是指经营者在一定时期内就特定商品或者服务（以下简称"商品"）进行竞争的商品范围和地域范围"。在 IDC 公司标准必要专利许可市场垄断地位的确定的问题上，IDC 公司主张将 2G、3G、4G 视为同一商品市场，将地域市场界定为全球，而华为公司则主张相关地域市场是中国市场和美国市场，相关商品市场是被告方在 3G 无线通信技术中的 WCDMA、CDMA2000、TD-SCDMA 标准下的每一个必要专利许可市场构成的集合束，换句话说，被告方在中国和美国的 3G 无线通信技术标准（WCDMA、CDMA2000、TD-SCDMA）中的每一个必要专利许可市场，均构成一个独立的相关市场，本案的相关市场是该一个个独立相关市场的集合束。法院在进行裁判时，支持了华为公司对相关市场范围的界定。笔者认为，这一认定是合情合理合法的。专利权的重要属性之一就在于其具有排他性，作为标准的制定者之一，标准一旦确定下来，就具有了封锁效应，它与专利自身具有的法定垄断属性相结合，使得该专利成为唯一且必须使用的技术。目前，在中国的 3G 网络运营中，移动采用 TD-SCDMA，联通采用 WCDMA，电信采用 CDMA2000，也就是说，作为设备/产品提供商的华为公司来说，无论如何都绕不开相应的标准必要专利的使用，在欧美市场更是如此。IDC 公司无论是在中国还是美国的 3G 标准中的每一个必要专利许可市场都具有"仅此一家，别无他选"的 100% 份额，同时，IDC 公司不进行实质性生产，仅以专利许可作为其经营模式，因此，其完全具备控制华为公司使用其标准必要专利的价格、数量及其他交易条件的能力，根据我国《反垄断法》第 17 条第 2 款的规定，其具有市场支配地位，也就毫无疑义地具备了垄断地位。

其次，根据国际惯例，标准必要专利许可费实行应兼顾 FRAND 原则，即欧洲电信联盟（ETSI）规定的加入成员应承担的公平、合理、无歧视的义务。在华为公司和 IDC 公司的冲突发生前，从 2008 年 11 月开始，华为公司与 IDC 公司就涉案专利许可使用费问题进行了多次谈判，IDC 公司多次向华为公司发出要约，拟给予华为公司包括 2G、3G 和 4G 标准必要专利在内的其所有专利之全球性的、非排他性的、应支付许可费的许可，而代价是要求华为公司将其所有专利给予 IDC 公司免费许可。这明显是一场收益流向一边倒的交易。法庭在审理的过程中，基于华为公司和 IDC 公司的谈判过程以及结果进行了这样的裁决：将 IDC 公司授权给苹果、三星等公司的专利许可条件，与其向华为公司发出的要约条件进行比较，无论是按照一次性支付专利许可使用费为标准，还是按照专利许可使用费率的标准，被告拟授权给原告的专利许可费远远高于苹果、三星等公司；IDC 公司还强迫华为公司给予其所有专利的免费许可，使之可以获得额外的利益，这表明被告方存在过高定价和歧视性定价的行为；由于华为公司在与 IDC 公司的谈判中一直处于善意状态，IDC 公司在美国提起诉讼的目的，在于逼迫华为公司接受过高专利许可交易条件，这在性质上不属于拒绝交易行为，而属于逼迫华为公司接受过高专利许可交易条件之手段的行为；IDC 公司利用其必要专利授权许可市场条件下的支配地位，将必要专利与非必要专利搭售，属于《反垄断法》第 17 条所列的滥用市场支配地位的行为。该判决是首次在中国通过司法判决的方式认可和适用 FRAND 原则，体现了加强保护、坚持利益平衡的司法政策，同时也为标准必要专利权的合理使用作出了指引。

在华为公司和美国 IDC 公司长达两年多的诉讼与反诉讼的"战争"中，围绕的核心实质上正是标准必要专利权的合理使用问题。事实上，近年来，虽然诸如华为、中兴等国内的领先企业相继参与 3G、4G 标准的制定，但由于我国通信领域自主研发起步较晚，在标准制定中仍然缺乏话语权，无法与诸如美国的 IDC、高通等公司相匹敌，这就决定了在标准必要专利的使用方面，中国的企业仍然要受制于人。在开拓新产品及其市场时，中国的企业往往很大程度上面临着核心技术专利应用的阻滞，而这绕不开的独家专利，却成了专利权拥有者发起专利战——诸如专利侵权诉讼、美国的"337 调查"等最有力的武器，以及攫取更高经济利益的筹码。这无疑违背了授予发明创造专利权的初衷，同时对市场运行也会带来无法预期的冲击和破坏。

四、结束语

在 2013 年 11 月 12 日的 W3C 年会暨知识产权国际峰会上，来自大成律师事务所的邓志松律师谈到：中国《反垄断法》不反对标准必要专利赋予专利持有人的垄断地位，但如果权利人把这种优势加以滥用，则《反垄断法》需要对其进行管制。由此可见，《反垄断法》恰恰从侧面对专利权的使用进行了限制，在给予专利权人独享专利的同时，也规避了专利权人对权利的滥用。

据《证券日报》报道，在中国"4G 牌照"发放前夕，发改委已启动了对在 3G、4G 领域拥有 1400 多项核心专利的高通公司的反垄断调查❶❷，而高通公司与 IDC 公司类似，同样是通信领域的标准制定者之一作为提供 2G/3G/4G 手机芯片解决方案并拥有众多核心专利的企业，如果不加监管，很有可能重演如华为与 IDC 的诉讼"战争"。虽然依靠技术取得一定市场垄断地位是应该受到保护的，但倘若高通存在歧视性定价，则其为《反垄断法》所不能容忍。从这一点上看，反垄断法的监管弥补了标准必要专利独享带来的潜在风险，也为专利侵权诉讼等的应对提供了新的思路和方向。

另外，我们也应当看到，作为发展中国家，我国在实践中的创新能力仍然远远比不上发达国家，跨国企业常常滥用知识产权在相关市场领域形成的垄断地位，获取垄断利益，而我国对这些滥用知识产权的行为采取制裁措施却很少，这严重损害了我国国内企业的利益及其创新积极性。尽管华为在诉 IDC 公司垄断的案例中的胜出，让我们看到中国在利用反垄断制度规制专利权滥用方面的重要起步，但不可否认的是，我国目前的立法对于判断专利权的行使是否违法，行政执法和司法中如何执行具体操作以及知识产权反垄断审查标准中的具体问题，仍然存在缺失，而相关制度的不健全会给我国经济发展带来不利的后果。因此，我们有必要吸取发达国家在这一领域的经验，尽快出台类似欧美日等具有指南意义的法律制度构建和完善我国相关的法律法规，以指导《反垄断法》对知识产权滥用的调整和规制。

---

❶赵南. 高通被发改委反垄断调查［N］. 第一财经日报，2011－11－27（B01）.
❷于南. 4G 到来"前夜"芯片霸主高通遭反垄断调查［N］. 证券日报，2013－12－6（C01）.

美国对华"337调查"分析及应对措施

曹斌宏[*] 霍廖然[*] 张 毅[*] 唐 宇[*] 仇 颖[*]

【摘 要】

随着中美双边贸易的快速增长以及美国对华贸易逆差的持续攀升,美国对中国企业频繁发起"337调查"。据中国贸易救济信息网统计,2013年美国共发起调查42起,其中涉华"337调查"18起,连续12年居美国"337调查"涉案国之首,中国已成为美国"337调查"的主要目标国和主要受害国。鉴于此,本文从"337调查"的基本概念入手,对近年来美国对华"337调查"的趋势、原因进行了分析,提出了应对之策,以期对中国出口企业起到借鉴作用。

【关键词】

"337调查" 知识产权 贸易摩擦 应对措施

随着我国进出口贸易的持续攀升和产品竞争力的提升,中美经济贸易关系不断深化,贸易摩擦也不断升级,呈愈演愈烈之势。由此引发越来越多的企业频繁地引用美国"337调查"对中国出口到美国市场的产品发起攻击,企图达到限制、封杀中国产品进入美国市场,维护其经济利益的目的。而许多中国企业对美国"337调查"知之甚少,对产品的规避设计和知识产权保护力度不足,在受到调查后消极被动,不但主动出击且胜诉的案例比较少,而且又明显带有避诉倾向,因此遭受了巨大的损失。为改变我国在面对美国"337调查"时的不利态势,本文对近年来美国对华"337调查"进行了分析,并提出了相应的应对措施。

---

[*] 作者单位:国家知识产权局专利局专利审查协作北京中心。

一、"337 调查"概述

(一)"337 调查"概念

"337 调查"是指美国国际贸易委员会(以下简称"ITC")根据美国 1930 年关税法第 337 节(以下简称"337 条款"),对那些对美输出产品且对美国行业造成损害的行为进行相关调查,并同时被授权采取处罚的做法。❶

"337 调查"的雏形源自美国 1922 年关税法的第 316 节,其后在 1930 年司莫特-郝利关税法第 337 节中被进一步明确。此后,历经 1974 年贸易法、1979 年贸易协定法、1988 年综合贸易与竞争法以及 1994 年乌拉圭回合协议法案等多次修改和完善,最终被编入《美国法典》第 19 篇第 1337 节。经修订后的条款从实体到程序、内容与目标更加丰富、明确,成为美国调查外国产品进口的法律制度的重要组成部分。一般将 ITC 根据"337 条款"所进行的一整套行政调查、审理、制裁活动,统称为"337 调查"。

(二)"337 调查"的实体内容

"337 调查"的主要对象为进口产品中侵犯知识产权的行为以及进口贸易中的其他不公平竞争。具体是指:(1)将货物进口到美国或在美国销售时使用不公平竞争方法和不公平行为,威胁效果足以摧毁或严重损害美国国内产业,或阻碍该产业的建立,或限制或垄断了美国的贸易和商业;(2)将货物进口到美国,或为进口到美国而销售,或进口到美国后销售,而该种货物侵犯了美国已经登记的有效且可执行的专利权、商标权、版权或半导体芯片模板权,并且与这 4 项权利有关的产品有已经存在或在建立过程中的国内产业。从实践来看,绝大多数案件都涉及知识产权而非进口贸易中的其他不公平竞争,这就使得这一调查在实现保护国内产业目的的同时,凸显了其知识产权保护的功能。

(三)"337 调查"采取的救济措施

如果 ITC 经过调查认定进口产品的确侵犯了美国的知识产权,ITC 便可以依据"337 条款"采取以下几种救济措施:

(1)排除令,又可分为普遍排除令和有限排除令。其中普遍排除令禁止

---

❶ 李勇. 从捷康成功案例谈应对美国 337 调查法律对策 [J]. 中国商贸, 2011 (5): 217-218.

某一种类的所有进口产品进入美国市场,而不区别原产地或生产商,同时还包括今后和目前尚未掌握的生产商和进口商。有限排除令只禁止被调查企业生产的侵权产品进入美国,但它可以适用于被调查企业现在和今后生产的、存在侵权行为的所有类型的产品,而不仅仅是诉讼中裁定的产品类型,有限排除令的效力可以扩大到包含侵权物品的下游或下级产品,以及上游的零件产品。

(2)停止令,即要求侵权企业立即停止侵权的行为。这一行为不仅限于生产和销售,更包括侵权产品在美国的宣传等诸项行为,而违反此令的企业将会被处以极其严厉的经济惩罚。

(3)没收令。如果ITC曾就某一产品发布过排除令,而有关企业试图再次将其出口到美国市场,则美国海关可以根据ITC发布的扣押和没收令,扣押并没收所有试图出口到美国市场的侵权产品。

上述的三种救济措施都没有明确的有效期,除非ITC认为侵权情形已不存在,否则排除令和停止令可一直执行,可以说这对出口企业的伤害力度是相当大的。

二、对华"337调查"情况

(一)对华"337调查"涉案数量

自1986年12月29日美国启动第一起对中国羽绒服与皮衣加工制造工序专利侵权案件"337调查"以来,截至2013年年底,美国对华共发起"337调查"179件,占同期美国对全球发起"337调查"总数(667件)的26.8%。从图1中可以看出,1986~2001年的16年间,美国对华发起"337调查"的数量总共只有15件,平均下来每年不到1件。但随着2002年中国加入WTO,中国已取代中国台湾地区和日本,成为美国"337调查"在亚洲的主要对象。2002~2013年期间,美国对华共发起"337调查"164件,占同期美国对全球"337调查"总数(437件)的37.5%,远高于"入世"前的调查量。而且除2009年受金融危机影响涉华调查量为8件外,近十年涉案数量都处在两位数。据中国贸易救济信息网统计,2013年美国共发起"337调查"42件,其中涉华"337调查"18件,与上年持平,连续12年居美国"337调查"涉案国之首,中国已成为美国"337调查"的主要目标国(见图1)。

(二)对华"337调查"涉及行业

1998年以前,美国"337调查"涉及的中国产品主要是轻工产品,这些

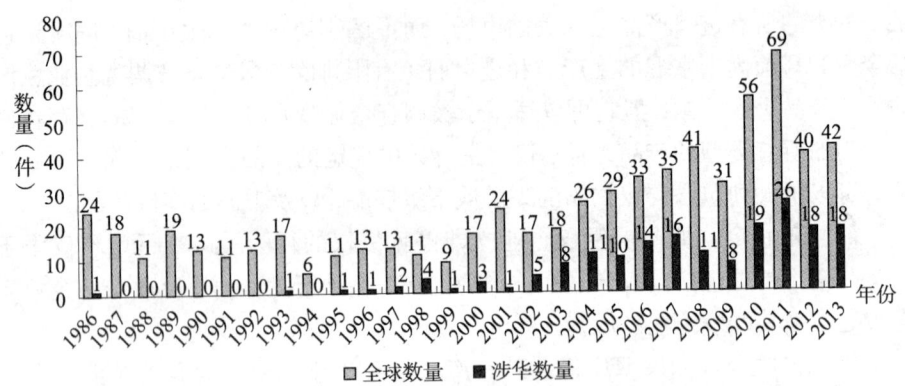

图1 全球"337调查"数量及对华"337调查"数量

产品的技术含量较低。随着我国制造业生产技术水平的不断提高和出口产品技术含量的不断增加,国外企业限制中国产品进入的手段也随之转向了高端。1998年之后,受调查的产品涉及电子、轻工、机械、化工、汽车、冶金、建材、医药等,且结构不断升级,计算机软件、半导体集成电路等产品成为美国涉华"337调查"的主打产品。❶ 这表明,随着我国制造业生产技术水平的不断提高和出口产品技术含量的不断增加,国外企业限制中国产品进入的手段也随之转向了高端。

三、对华"337调查"原因分析

(一)外部原因

1. 新贸易保护主义下构建新型贸易壁垒

长期以来,美国政府为保护国内市场,采取了反倾销、反补贴等手段限制中国商品的进口。但随着1986年乌拉圭回合谈判的举行,中国市场化改革步伐的加快以及正式加入世界贸易组织,美国对中国进行反倾销、反补贴等限制手段所获得的收益逐渐递减,传统的贸易保护手段已越来越显得不合时宜。在这种背景下,具有发起门槛低和极大隐蔽性的"337调查"应运而生,且很快成为继反倾销、反补贴后又一保护本国产业和市场的杀手锏。

2. 中美贸易顺差加剧

中美自20世纪70年代建立正常经贸关系以来,双边经贸往来有了长足的

---

❶ 赵艳玲. 美国337调查分析与应对措施[J]. 中州大学学报,2012(2):29-32.

发展。中国凭借自身较为优异的投资环境、相对廉价的劳动力等诸多因素，自20世纪90年代以来，迅速扩大着与美国的贸易顺差，并在2000年取代日本成为美国最大的贸易逆差国。此后贸易顺差继续攀升，到2013年中国对美贸易顺差已达到2597.5亿美元。面对如此庞大的贸易逆差，美国不断对中国进口产品采取各种贸易保护措施。而"337调查"的构成门槛要比反倾销、反补贴等救济措施要低，因此近几年被美国频繁使用，且有不断增加的趋势。

（二）内部原因

1. 对外贸易中企业自主研发不足，缺乏自主知识产权

经过多年的快速发展，中国已经形成了较为完整的技术体系，但具有自主知识产权的技术依然缺乏，有不少企业在自主知识产权研发方面投入的资金较少，许多产品依靠进口核心部件再行出口。整个引进进口部件的过程中缺乏创新意识和知识产权意识，引进技术成了简单模仿。从发明专利来看，中国产业技术领域的发明专利不但数量明显偏少，而且质量也明显不高。很多企业不重视对产品开发和结构调整，没有意识到今后对外贸易领域的竞争，实质上是企业创新能力的竞争。

2. 遭受"337调查"企业应诉不积极

在遭受"337调查"的最初几年，由于缺乏应对"337调查"的经验，加之高昂的应诉费用，我国企业普遍应诉不积极。在1986～2006年的45件结案的案件中，涉华企业的有33件，其中有13件我方企业未应诉，也就是说每2.5件中就有1件未应诉。❶ 这就让美国企业感到中国企业大部分都是不敢应诉的，通过"337调查"可以很容易地打击中国出口商，从而助长了美国企业对中国企业发起"337调查"的趋势。

四、应对"337调查"的措施

（一）企业层面

1. 加强技术研发，提高知识产权意识

"337调查"主要是针对知识产权侵权尤其是专利侵权发起，因此企业若想从根本上避免"337调查"，应该变被动为主动，首先加强研发投入，加大

---

❶彭红斌，石磊. 美国对华人美产品的"337调查"：特点、原因与对策分析［J］. 求实，2012（6）：48－51.

在美国的专利申请力度，通过常规培训、理论研讨等方式，深入了解"337调查"的程序和规则，建立动态的情报收集和竞争对手跟踪制度。另外，企业应该制定合理的知识产权战略，从产品研发、专利申请、专利管理、专利布局、市场分布等各个方面出发，全面构建企业自身的知识产权管理体系，从根本上提高企业防范和应对"337调查"的能力。

2. 积极应诉

对于"337调查"案件，如果采取不应诉的策略，很可能意味着被调查的产品将长期甚至永久失去美国市场，这对企业的长远发展是非常不利的。因此，企业在面对"337调查"时，应当积极应诉，主动维护自身权利，力求最大限度地减少损失。应诉"337调查"，最重要的是在知识产权的内容上做文章，可选聘委托在商标和专利权方面有特长的律师事务所，积极搜集证据参加应诉，积极抗辩。此外，可以利用美国现有的司法程序，反诉原告专利权无效、侵权或提起反垄断诉述，给对方制造各种各样的压力，向原告施压，这有可能讨回因为"337调查"造成的损失，也有利于和解协议的达成。

（二）行业协会层面

"337调查"所针对的进口产品往往不是单一的某一企业的产品，而是针对来自某一地区的不同企业的同类产品，因此在应对"337调查"时，由行业协会牵头，多家企业联手进行应诉是赢得胜诉的有效方式。这样不但可以降低每个企业的应诉成本，分散风险，以免被对手各个击破，而且也会产生规模效应，增大胜诉的可能性。如在应诉美国"无汞碱性电池337调查案件"过程中，中国电池工业协会就成功地探索了一条"企业为主、协会牵头、商会配合、政府支持、选好律师"的应诉工作模式。因此，行业协会应在应诉"337调查"中充分发挥协调、组织的作用，积极搭建政府、企业、律师各方的联合机制，争取调动全行业的力量来支持被诉企业联合应诉"337调查"。

（三）政府层面

1. 完善知识产权保护制度，推行知识产权战略

长久以来，我国企业知识产权战略缺失，知识产权保护意识薄弱，这就需要我们在知识产权立法、执法等方面不断完善与修正，建立知识产权保护长效机制，形成"尊重知识、崇尚创新、诚信守法"为核心的知识产权文化理念。同时，还要加快培养相关方面的专业性知识产权人才，鼓励企业进行自主创新。

2. 充分利用 WTO 争端解决机制或双边对话磋商机制

"337 调查"自出台以来，就不断受到国际社会的质疑。加拿大、欧共体、欧盟先后在 GATT 和 WTO 发起针对"337 调查"的挑战，并成功迫使美国修改了部分"337 条款"。❶ 我国作为"337 调查"的最大受害国，完全可以利用 WTO 争端解决机制或双边对话磋商机制，要求美国修改"337 条款"中的不合理因素，解决中国企业进入美国市场的知识产权壁垒问题，避免我国企业频频遭受"337 调查"。

3. 建立跨部门的应对协作机制

目前，我国应对"337 调查"的机构是以商务部进出口公平贸易局为主导，地方商务主管部门的政策法规处、公平贸易处等相配合的组织架构。由于"337 调查"面临的知识产权问题（以专利为主）非常突出，在未把国家知识产权局、商标局、版权局等相关部门纳入"337 调查"的前提下，我国企业很难获得知识产权方面的强有力支持。这就需要建立以商务部公平贸易调查局为主导，国家知识产权局、商标局、版权局等以及地方政府相关机构共同参与的"337 调查"应对协作机制。❷

---

❶张平，黄贤涛. 我国应对美国 337 调查现状和对策分析 [J]. 中国高新区，2010（10）：21 - 23.
❷彭红斌，石磊. 美国对华入美产品的"337 调查"：特点、原因与对策分析 [J]. 求实，2012（6）：48 - 51.

专利产品平行进口的美中法律制度探究

邵珏茹*

【摘　要】

　　虽然美国自"二战"以来倡导自由贸易，但在《与贸易有关的知识产权协定》（TRIPS）的谈判过程中却极力反对平行进口，针对专利产品进口采用"国内穷竭原则"。这真实反映了美国的心态：一方面要保护其跨国公司自由进入各国市场，另一方面希望给予美国知识产权人尽可能高的保护。我国现行《专利法》对平行进口问题只作了一项条款规定，采用的是"国际穷竭原则"。当前，美国政府和跨国企业对我国市场知识产权执法的要求提升，中国（上海）自由贸易试验区亦成为货物自由流动的示范区。本文旨在对相关国际法和美中法律制度进行研究及梳理，为我国制定、完善相关法律制度及规定提供借鉴，在商品国际自由流通与专利产品保护之间找到平衡点，以应对可能大量出现的平行进口现象。

【关键词】

　　平行进口　专利　国际法　穷竭原则

　　根据美国国会研究机构最新统计表明，我国已成为美国第二大贸易伙伴，第一大进口国，第三大出口国。同时，2013年美国继续是中国第二大贸易伙伴，第一大出口市场和第五大进口来源地。美国出口产品时对知识产权的依赖度已超过65%❶，知识产权成为美国经济发展的战略资源。

一、专利产品平行进口概述及国际条约规定

　　在国际贸易中，各国对于专利产品平行进口的规制不一。关键问题是有关

---

* 作者单位：上海专利商标事务所有限公司。
❶ 驻美国经商参处．2013年1—10月中美贸易投资简况．[2013-12-12]．http://us.mofcom.gov.cn/article/zxhz/tjsj/201312/20131200416092.shtml．

平行进口的国内专利法如何规定专利权人的权利穷竭。国际公约对此没有统一规定,美中有关法律制度和价值导向也不一致。

(一)专利产品平行进口概述

1. 专利产品平行进口的定义

"平行进口"一词译自英语,英语中使用的相关词汇包括: parallel import, parallel importation, parallel importing, parallel trade, grey market 等。

国外学者定义专利产品平行进口,主要采用两种方法。

一种方法是抽象概括的方法。如:

专利产品平行进口是指未经进口国相关专利权人(或其代理人)同意,进口合法生产的产品。它不是盗版、假冒专利产品的贸易。❶

另一种方法受判例法影响,对专利产品平行进口的界定,采取就事论事的方法。如:

专利产品平行进口是指受美国专利法保护的产品最初经授权在国外销售,然后未经美国知识产权人的同意回到美国市场的再次销售。❷ 该定义只涵盖了首次投放外国市场产品的专利产品平行进口,而未包括首次投放国内市场产品的平行进口。

2. 我国学者的相关定义

一般而言,进口的专利产品与权利人具有"关联性",是指专利产品是由权利人自己投放市场,或者是指产品由被许可人、母子公司或分支机构、联营企业等与权利人具有经济上联系的企业投放市场,或者进口产品所含专利权与权利人的权利"同出一源"。这包括权利人自己投放、权利人同意投放以及同出一源型三类平行进口情况❸:

(1)权利人自己投放型平行进口。①进口的专利产品是由权利人自己在国内生产,投放国外市场(可能是权利人直接出口,也可能是由出口商出口)又返销回国;②进口产品是由权利人自己在国内生产并投放国内市场,被他人出口国外,最终又返回国内销售;③进口的专利产品是由权利人自己在国外生产并投放市场,后被进口至国内。其中,前两种情形属于返销型平行进口,第三种情形属于直接进口型平行进口。

---

❶ Matthew Burgess & Lewis Evans. Parallel Importation and Service Quality: An Empirical Investigation of Competition between DVDs and Cinemas in New Zealand. 1 J. Competition L. & Econ. 747, 2005: 25.

❷ Daniel Erlikhman. Jazz Photo and the Doctrine of Patent Exhaustion Implications to TRIPS and International Harmonization of Patent Protection. 25 Hastings Comm. & Ent. L. J. 308, 2003: 45.

❸ 严桂珍. 平行进口法律规制研究 [M]. 北京: 北京大学出版社, 2009: 8 - 19.

(2) 权利人同意投放型平行进口。①发生在权利人与国外被许可人之间，及不同国家的被许可人相互之间的平行进口，即许可型平行进口；②发生在权利人与国外母子公司、联营企业之间，不同国家的母子公司、联营企业等相互之间的平行进口，即关联型平行进口。在美国，前者被称为"许可型平行进口"，后者被称为"关联型平行进口"。

(3) 同出一源型平行进口。专利产品由国外权利人投放市场，但国外权利人的权利与国内权利人的权利同出一源，比如通过权利转让、企业分立等使专利权发生转移。

综上，笔者认为，专利产品平行进口是指在国际贸易中，未经国内专利权人授权，进口由权利人或者经权利人同意投放市场的产品，或者进口与权利人的权利具有同源性的专利产品的行为或者现象。

(二) TRIPS 第 6 条关于权利穷竭的规定及分析

1. TRIPS 第 6 条关于权利穷竭规定的分析

TRIPS 第 6 条规定，本协议任何条款不适用于处理知识产权穷竭（exhaustion）的问题。

乌拉圭回合谈判的布鲁塞尔文本对"权利穷竭"作了界定，"一旦由权利持有人或经其同意已将产品投入市场，在该产品的利用、销售、进口或其他批发方面所涉及的任何知识产权穷竭"，并强调在权利穷竭方面，"本协议任何条款对各缔约方不设置任何义务，或者说不限制其自由"。[1] 具体而言，是国内穷竭还是国际穷竭，则留由各国自己决定，TRIPS 不作一致的规定。

《维也纳条约法公约》第 27 条明文规定，一当事国不得援引其国内法作为不履行其国际义务的理由。TRIPS 第 6 条的制定是针对权利穷竭的弹性化创设，正是因为在谈判过程中，各国分歧很大，特别是美国的干预，最终没有达成一致意见所导致。因此，在 TRIPS 的国际法框架下，关于知识产权穷竭问题，不存在作为主体的 WTO 成员应履行的国际义务。

2. TRIPS 相关规定的分析

TRIPS 第 28 条（a）款虽然规定了专利权人享有进口权，但在该条款的"进口"一词后面又加了一个注释："此权利与根据本协定授予的使用、销售、进口或者其他分销产品的权利一样，应当遵守第 6 条的规定。"[2] 如上文对 TRIPS 第 6 条的分析表明，WTO 成员赋予权利人专利进口权是义务，但是否同

---

[1] 张乃根. TRIPS 协定：理论与实践 [M]. 上海：上海人民出版社，2005：65.
[2] 参阅与《贸易有关的知识产权协议》（TRIPS）（1994）第 28（a）条及脚注。

时作出权利穷竭的限制,是国内穷竭还是国际穷竭,则留由 WTO 各成员自己决定,TRIPS 不作一致的规定。显然,TRIPS 是将权利穷竭问题作为与进口权不同的问题作出规定的,因而也就把进口权与平行进口的问题分开了。一国可以基于知识产权保护政策的需要,规定进口权不受权利穷竭原则的制约,至少在没有明确规定的情况下,不能自然得出进口权可以阻止平行进口的结论。

二、美国专利产品平行进口的法律制度与司法实践

美国是知识产权强国,同时也是知识产权的输出国,通过跨国公司在多国拥有诸多知识产权,借此形成一定范围的市场分割,往往反对平行进口的合法化。

(一)美国专利产品平行进口的法律依据

1. 美国专利法有关规定

根据美国现行专利法第 271 条 (g) 款的规定❶,任何人未经授权,向美国进口或在美国许诺销售、销售或使用由美国专利方法所制造的产品,而且该进口、许诺销售、销售或使用产品发生于该方法专利的保护期内,则作为侵权者承担责任。

在平行进口问题上,美国一直态度比较严厉,专利权人有权阻止平行进口人在美国的销售行为,其原因在于专利权人在国外的销售并未赋予购买者将其产品或其方法制造的产品带入美国的权利,美国的专利权人可依其美国专利阻止进口商的平行进口行为。

2. 美国禁止专利产品平行进口的"337 条款"及其实施制度

作为美国准司法调查程序的美国"337 调查",其依据是《美国法典》第十九编"海关关税"的"337 条款"。美国政府授权国际贸易委员会(ITC)在进口贸易方面依据"337 条款"直接对私人侵犯其国内知识产权的行为进行调查并采取单边措施。美国 ITC 在进行"337 调查"和签发救济措施的过程中拥有相当大的自由裁量权。

美国"337 条款"规定:美国国际贸易委员会如发现产品所有者、进口商或承销商及其代理人将产品进口到美国或为进口到美国而销售,或进口到美国后销售,而该种产品侵犯了美国有效且可执行的专利权、外观设计、商标权、版权或半导体芯片模板权,并且与这五项权利有关的产品有已经存在或在建立

---

❶ 参阅美国专利法 United States Code Title 35 – Patents 英文版第 271 (g) 条。

过程中的国内产业，则这些不公平竞争方法将被视为非法，美国应予以处理。其中，专利专有权还包括有效且可执行的专利方法，由此制造、生产、加工得到的产品。❶

在权利人救济途径中，若遇进口贸易中当事人权利受侵犯时，其可以不诉诸"337调查"，而直接诉诸联邦地区法院请求保护。但"337调查"在管辖权方面优于联邦地区法院诉讼，主要是指"337调查"享有的对物（In Rem）管辖权，即针对进口产品的管辖权，而非针对制造商、进口商的对人管辖权。而且美国ITC应权利请求人的请求可以签发暂时的排除令或永久的禁止令，这相比较于法院的初始或者永久禁止令将给予权利人更大范围的保护。

美国ITC与联邦政府其他机构（如海关）有着密切的合作关系。在实务中，美国海关与边境保护局在各方面信息确认无误之后便在全国300多个通关口岸统一自动执行排除令，无须对ITC的排除令再进行审核，这无疑使得337条款实施机制在最后一个环节上的运作更为流畅和高效。2012年，美国共发起"337调查"案件40起，我国企业遭受13起，占32.5%。其中，有12起是以专利侵权为诉由而发起的，占比超过90%。而2013年上半年美国"337调查"的主要诉由仍是专利侵权。❷

然而，美国"337条款"偏离了TRIPS的基本原则。TRIPS第7条规定，知识产权的保护与实施应当有助于促进技术更新和技术转让及传播，有助于技术知识的创造者与使用者之间的互利，并采取有益于社会和经济福利的方式，有助于平衡权利与义务。❸ "337条款"强调对知识产权人的保护，令现代知识产权制度所要实现的社会利益与权利人的私人利益衡平的目标打破了。

（二）美国专利产品平行进口的司法实践

美国作为判例法国家，有先例约束原则，法官在判决时经常引用先前的判例来支持自己的观点。对判例引用的需要，促使美国发展出了成熟的判例汇编制度。

1. 美国联邦地区法院有关禁止专利产品平行进口的判例

宾夕法尼亚州东区联邦地方法院在裁判 Griffin v. Keystone Mushroom Farm 一案❹时明确支持了绝对的国内穷竭原则。在该案中原告 Griffin 对一机器发明

---

❶ 参阅美国关税法 United States Code Title 19 – Customs Duties 英文版第4章。
❷ 轮胎行业须关注美国"轮胎特保案"后"337调查"［N/OL］.［2013 – 12 – 15］. http://www.cqn.com.cn/news/zggmsb/diliu/792797.html.
❸ 张乃根. TRIPS 协定：理论与实践［M］. 上海：上海人民出版社，2005：66.
❹ Griffin v. Keystone Mushroom Farm, Inc. 453 F. Supp. 1283（E. D. Pa. 1974）.

分别在美国和意大利拥有专利，并指定 Longwood 作为其美国专利的独占被许可人，指定 Carminati 作为其在意大利的独占被许可人。被告 Keystone 是美国的一家蘑菇农场所有人，其从意大利的被许可人处购得三套专利机器并进口到美国，其中一套由其农场使用，另外两套销售给他人。原告向法院起诉被告侵权后，被告以两点理由请求法院作出简易判决驳回原告的请求：第一，最高法院在 *Adams v. Burke* 一案❶中所适用的权利穷竭原则，应该同样适用于在美国之外销售的专利产品；第二，如果 Griffin 有权禁止其进口，那么原告与 Carminati 之间的专利许可协议就会使原告不正当地对其发明获得"双重回报"，而这个结果显然不是专利法的意图所在。

联邦地区法院 Brennan 法官首先根据 *Boesch* 案❷否定了被告的第一个抗辩理由，指出根据最高法院的这个判例，进口的专利产品被国外法律视为合法的事实与美国的专利侵权诉讼没有任何联系，权利穷竭原则不能适用于国外销售的专利产品。同时，在否定被告的"双重回报"抗辩时认为，被告的主张是一种对法律的误解，它没有认识到美国专利是一个独立于意大利专利而单独存在的权利，被告在意大利的非侵权行为不能使其在美国的侵权行为合法化。法庭判决禁止平行进口，但法官未判决赔偿，因为专利权人已在意大利获取报酬。可见，美国国内权利穷竭原则自 20 世纪 70 年代起就已经适用。

2. 美国联邦巡回上诉法院（CAFC）有关禁止专利产品平行进口的判例

美国专利国内穷竭原则的适用在 2001 年 Newman 法官裁判的 *Jazz Photo Corp. v. International Trade Commission* 案❸中得到进一步体现。在 *Jazz Photo* 案中，*Fuji Photo Film Co.* 生产的装有专利胶卷包装壳（lens-fitted film packages）的一次性照相机分别在美国国内市场和国外市场销售，一家我国公司将使用过的产品整新后（refurbished or reloaded them for use）出售给被告 Jazz Photo 公司，后者将产品进口到美国销售。Fuji 公司将案件提交美国 ITC，要求委员会禁止进口和销售带"整新"产品的照相机。

Fuji 公司认为，美国专利法规定的权利穷竭原则允许专利产品的合法拥有者对产品进行"修理"（repair），而非"重建"（reconstruct）。在该案中，"整新"属于"重建"，而非"修理"，所以权利穷竭原则不能适用。美国 ITC 作出裁定，支持 Fuji 公司，认定"整新"构成法律不允许的"重建"（reconditioning），而不属于"修理"权的范围。

---

❶Adams v. Burke, 84 U.S.（17 Wall.）453.（1873）.

❷Boesch v. Graff, 133 U.S. 697（1890）.

❸264F. 3d 1094（Fed Cir：2001），cert denied, 122S. Ct2644（2002）.

案件被上诉到 CAFC，法院对 ITC 的裁决作了改判及认定，对专利产品的"整新"构成法律允许的"修理"。至于权利穷竭原则是否适用的问题，法院分为两种情况考虑：对于在美国国内首次销售的专利产品"整新"后进口到美国销售，法院判决：权利人的权利基于在美国的首次销售的事实而穷竭，权利人的权利包括对商品的修理权等发生转移，被告的进口和销售行为不构成侵权；针对首次在国外销售的专利产品"整新"后进口到美国销售，法院判决：权利人的权利没有穷竭，权利人有权阻止随后的进口、销售或者使用行为。被告欲援引权利穷竭原则抗辩，就必须证明首次的合法销售发生在美国。除非最高法院在未来的案件中作出干预，否则美国的权利穷竭原则将只适用于首次销售发生在国内的销售情形。❶

3. 美国最高法院的判例

美国最高法院在 2007 年的 *Microsoft* 案中再次表态支持专利权的地域性原则，并将地域性原则和互惠原则作为专利权国内穷竭原则的基础："我们没有对域外效力提出任何要求；国会的这些立法没有，也无意在美国境外运行；而我们相应地也拒绝其他国家对我国市场施加此种控制的主张。"❷

在 *Quanta Computer v. LG Electronics* 一案中，最高法院没有明确地谈及权利穷竭的空间效力问题。然而本案的判决在美国被一些人理解为表明该院支持国际权利穷竭：在本案判决的脚注 6 中，最高法院称英特尔的产品"即使在美国境外……也仍然在实施（LGE 的）专利，哪怕没有侵犯它"❸。在 2010 年 CAFC 审理的一起案件❹中，被告主张最高法院的这一表述意味着权利穷竭原则中的地域要求被消除了，认为 *Quanta* 案确立了"严格的权利穷竭"原则。但 CAFC 驳回了对最高法院判决的这种解读方式，指出美国最高法院的意见是区分了"实施专利"和"专利侵权"两种情况，前者可以发生在美国境外但后者只能发生在美国境内，美国最高法院坚持专利权的地域性。❺ 因此，时至今日，美国最高法院支持专利权的国内穷竭原则，反对国际穷竭原则的立场并无变化。

---

❶Margreth Barrett. A Fond Farewell to Parallel Imports of Patented Goods: the United States and the Rule of International Exhaustion [J]. European Intellectual Property Review, 2002: 571.

❷Microsoft Corporation v. AT&T Corporation. 127 S. Ct. 1746 (2007).

❸Quanta Computer, Inc., et al. v. LG Electronics, Inc., 553 U. S. 617 (2008).

❹Fuji Film Corp v. Jazz Products LLC, Polytech Enterprises Ltd, and Polytech (Shenzhen) Camera Co. Ltd. 605 F. 3d 1366.

❺Fuji Film Corp v. Jazz Products LLC, Polytech Enterprises Ltd, and Polytech (Shenzhen) Camera Co. Ltd. 05 F. 3d 1371–1372.

三、我国专利平行进口的法律制度及对比研究

面对国际社会在平行进口方面立法和条约的实践,我国作为国际社会的重要一员,应当适度调整我国对于专利产品平行进口的态度,确立和完善我国关于平行进口现象的法律制度。

(一)我国专利产品平行进口的法律依据

1. 我国专利法的有关规定

我国《专利法》在进口方面的规定经历了三次修改。根据1984年颁布的《专利法》第11条的规定,方法专利的效力仅仅限于制止其他人没有经过许可使用专利方法。也就是说,方法专利的保护只限于专利方法本身。其他人在我国境外使用专利方法,并且把制造出来的产品进口到我国市场,这个行为不构成专利侵权。1993年1月1日实施的修改后的《专利法》在第11条里又增加了一款:"专利权被授予后,除法律另有规定的以外,专利权人有权阻止他人未经专利权人许可,为上两款所述用途进口其专利产品或者进口依照其专利方法直接获得的产品。"拥有我国专利的专利权人,无论这个专利是产品专利还是方法专利,他都享有制止其他人进口专利产品或者依照专利方法直接获得的产品的权利。在2009年《专利法》第三次修改生效前,我国法律并不涉及平行进口这一法律对象。修改后的《专利法》对平行进口问题只作了第69条规定,即专利产品或者依照专利方法直接获得的产品,由专利权人或者经其许可的单位、个人售出后,使用、许诺销售、销售、进口该产品的不视为侵犯专利权,即采用的是国际穷竭原则。专利法是国内法,也是涉外法,既要适合我国国情,又要考虑国际上通行的惯例。

2. 对外贸易法的有关规定

我国作为WTO成员,现行的《对外贸易法》第29条规定,"国家依照有关知识产权的法律、行政法规,保护与对外贸易有关的知识产权。进口产品侵犯知识产权,并危害对外贸易秩序的,国务院对外贸易主管部门可以采取在一定期限内禁止侵权人生产、销售的有关产品进口等措施。"从上述条款中,可见其调整对象界定不清晰,进口产品范畴宽泛,进口侵权方式不明确,属于一般限制性条款,非强制禁止性条款。

（二）我国专利产品平行进口的经验教训及法理对比研究

1. 平行进口的经验教训

作为我国传统制造业一个缩影的 DVD 产业曾是我国电子行业的骄傲，也是出口创汇的高新技术产业代表，产量一度占到世界的 85%，然而涉及专利产品平行进口的美国"337 调查"成为压垮中国 DVD 产业的最后一根稻草。

在"337 调查"案件中，与 DVD 有关的有 5 件，其中涉华的有 3 件。由于 DVD 的核心专利和技术标准全部为国外企业所掌握，2002 年起，我国 DVD 企业已先后与 6C 联盟和 3C 联盟达成协议，中国公司每出口 1 台 DVD 播放机，就要分别向 3C 和 6C 支付 5 美元和 4 美元的专利许可费。❶ 部分被 ITC 认定缺席并发布有限排除令的中国企业，失去了美国市场。

对美高科技产品出口与"337 调查"数量之间的相关性集中体现在我国对美机电产品出口上。背后的问题在于很多机电产品的技术水平仍停留在模仿、改进国外产品最新或次新技术的层面上，并不具备自主知识产权。同时，我国 20 世纪 80 年代从欧美进行大量技术引进和设备进口，导致出口产品中所涉及的技术未过引进方的专利权有效周期，因专利产品平行进口问题遭美国海关拦截。

2. 平行进口的法理对比研究

纵观各国立法或者司法实践，主要存有两种不同的法理支持：权利国际穷竭原则和国内穷竭原则。根据国际穷竭原则，只要知识产权产品的最初销售是经权利人授权，无论最初的销售发生在国内抑或国外，权利人不能控制该商品的再销售；而根据国内穷竭原则，只有产品的最初销售发生在国内，权利人的权利才穷竭。如果一国采用国际穷竭理论，知识产权商品的平行进口将被认定为合法；如果一国采用国内穷竭理论，知识产权商品的平行进口将被阻止。以往，美国专利权人可在许可证或者产品销售协议中设立某些为反托拉斯法所允许的条件，即以限制性合同条款约束知识产权的行使。目前，美国一贯适用的是国内权利穷竭原则，对于首次销售行为发生在美国境外的专利产品的平行进口，美国权利人的进口权未穷竭，有权予以阻止。我国第三次修订的《专利法》第 69 条对专利权的进口权进行限制；旧《专利法》仅在第 11 条规定了专利进口权，同时又未对其作出限制。2009 年施行的《专利法》使专利权人能否通过行使进口权禁止平行进口的争论暂告一段落。

如果一个 WTO 成员的专利法规定，权利穷竭原则不适用于进口权，那么

---

❶ 张平. 产业利益的博弈——美国 337 调查 [M]. 北京：法律出版社，2010：237.

无论专利产品的首次销售发生在成员内或是国外，专利权人将总是能行使进口权以阻止平行进口，这意味着该成员事实上只可能承认专利权的国内穷竭原则；而如果该成员一方面承认权利穷竭原则适用于进口权，另一方面又只规定了专利权的国内穷竭原则，那么该国专利权人可以用进口权来阻止首次销售发生在该国境外的产品的平行进口，但是无法以进口权阻止首次销售发生在国内的专利产品被出口至国外以后的返销现象。最后，如果该成员承认权利穷竭原则适用于进口权，而且又规定了专利权的国际穷竭原则，那么该国专利权人将无法使用进口权阻止由它自己或经它同意在世界任何市场上销售的产品的平行进口。

事实上，进口的专利产品与权利人往往具有"关联性"。专利产品是由权利人自己投放市场的，或者是指产品由被许可人、母子公司或分支机构、联营企业等与权利人具有经济上联系的企业投放市场，抑或进口产品所含专利权与权利人的权利"同出一源"，所谓所涉主体多元，利益关系复杂，因此对专利产品平行进口的规制方法应体现出一定的多样性。例如从不同部门、层级找依据《反垄断法》、《技术进出口管理条例》、《特许经营管理条例》等，从而解决立法规定未细化、司法解释空白的问题。有学者认为在适用上仍然要分不同情况，比如不完全适用国际权利穷竭原则，可以借鉴默示许可原则，❶比如适用于药品的平行进口问题；抑或将平行进口引入竞争法范畴，以反垄断规则进行规制。❷

作为发展中国家，我国目前缺乏自主知识产权。在半导体、软件、光电、信息处理等领域美国先进技术已不断植入我国产品的核心部件，在引进消化吸收再创新的同时，很难规避美国有效并可执行的基础专利和技术标准。另外，自 2013 年 10 月起，中国（上海）自由贸易试验区启动运行，实施"境内关外"的监管模式。为实现内外贸一体化发展，在独占许可人的利益上中美贸易纠纷可能面临不少地雷，国际贸易秩序维护上日显挑战。

最后，我们谨慎注意到，国际保护工业产权协会（AIPPI）在 2008 年波士顿代表大会上就产品修复或循环使用的案件中知识产权权利穷竭问题进行商讨并作出决议，确认 1990 年巴塞罗那平行进口决议，即专利权人可行使其专利权对抗专利产品的平行进口；确认 2001 年墨尔本国际权利穷竭决议，即不存在国际范围的知识产权（包括专利）权利穷竭。对此，我国平行进口的法律制度需要及时借鉴并细化。

---

❶严桂珍. 平行进口法律规制研究［M］. 北京：北京大学出版社，2009：231.
❷马乐. 国际知识产权贸易中平行进口法律规制研究［M］. 北京：法律出版社，2011：158.

参考文献

[1] 张乃根. 国际贸易的知识产权法 [M]. 上海：复旦大学出版社，2007.
[2] 张乃根. TRIPS 协定：理论与实践 [M]. 上海：上海人民出版社，2005.
[3] 张乃根. 美国专利法：判例与分析 [M]. 上海：上海交通大学出版社，2010.
[4] 钟山. 美国 337 调查规则、实务与案例 [M]. 北京：知识产权出版社，2012.
[5] 严桂珍. 平行进口法律规制研究 [M]. 北京：北京大学出版社，2009.
[6] 韩立余. 美国对外贸易中的知识产权保护 [M]. 北京：知识产权出版社，2006.
[7] 张平. 产业利益的博弈——美国 337 调查 [M]. 北京：法律出版社，2010.
[8] 李巍. 联合国国际产品销售合同公约解释 [M]. 北京：法律出版社，2002.
[9] 陈福利. 中美知识产权 WTO 争端研究 [M]. 北京：知识产权出版社，2010.
[10] 于洋. 美国 337 条款实施机制研究 [M]. 北京：法律出版社，2012.

著作权默示许可制度研究

路 聪[*]

【摘　要】

　　著作权默示许可属于合同默示条款之一种，其作为一种新颖的作品许可方式，可以在现有的《合同法》和《著作权法》基本框架之内，有效地平衡著作权利益集团和社会公众之间的利益。在世界范围内相关立法缺位的情况下，本文尝试通过梳理著作权默示许可制度发展相对迅速的美国的具有转折意义的经典案例，探求该制度的演进历程，并尝试探讨著作权默示许可的适用情形和范围。同时结合我国的立法实践和司法实践，从保持法律体系的完整性、提高立法和司法可行性的角度对我国著作权默示许可制度的建构提出立法建议。

【关键词】

　　默示许可　著作权　默示条款

一、与默示许可相关的基础理论

（一）明示与默示的基本含义

　　现代民法理论认为，意思表示是法律行为的核心要素[1]。意思表示，得以明示或默示的方式加以表示。"明示或默示同具表示价值"。[2]

　　明示，指行为人通过口头、书面等方式，直接将其效果意思表示于外。[3]

　　默示，指由特定行为间接推知行为人的意思表示。意思表示在特殊情况下，可以默示的方式完成。默示的方式分为两种：一为推定形式，二为沉默的

---

[*] 作者单位：北京市丰台区人民法院知识产权庭。
[1] 王利明. 民法 [M]. 5 版. 北京：中国人民大学出版社，2010：107.
[2][3] 王泽鉴. 民法概要 [M]. 2 版. 北京：北京大学出版社，2011：85.

方式。

所谓推定形式，指的是合同当事人通过一定的积极行为外化其内心意思，从而使合同另一方能够依据商业惯例、常识或者彼此之间长久以来形成的默契，对其内心意思进行推定，从而成立民事行为。

所谓沉默方式，指的是在合同当事人没有语言也没有行为表示，但法律对这样的消极行为有特别之规定，则可以将该沉默视为有法律意义的意思表示。在例外的情形下，意思表示可以基于当事人的约定采用沉默方式❶。

（二）合同法上的默示条款

1. 默示条款的含义

默示条款（implied terms），也译为隐含条款，是指英美法中在形式上与明示条款相对的一种合同条款。董安生教授将默示条款定义为："根据当事人行为，根据合同其他明示条款或根据法律规定，不言自明、理应存在的合同条款。"❷ 杨桢教授将默示条款定义为："除了双方曾明示之条款外，契约之内容亦可能自其已有之内容，衍生出其他条款，或经习惯或经法律或经法院之推论而成，此即所谓默示条款。"❸

在英美法中，默示条款是法官用以弥补合同当事人在意思表示不够完善时的有效且灵活的工具，其作为对合同进行修正的手段，在某种意义上可以认为是对契约自由原则和意思自治原则的限制。

2. 默示条款的类型划分

（1）依当事人之行为而推定的默示条款。依当事人之行为而推定的默示条款分为两种：一是依当事人之积极行为而推定的默示条款，是指当事人通过有目的、有意义的积极行为将其内在的意思表现于外部，使他人可以根据常识、交易习惯或相互间的默契等，推知当事人已作某种意思表示；二是依当事人之消极行为而推定的默示条款，是指既无语言表示又无行为表示的消极行为，在法律有特别规定或其他特殊情形下，以拟制的方式，视为当事人的沉默已构成某种意思表示。

---

❶ 王利明. 民法［M］. 5 版. 北京：中国人民大学出版社，2010：108－109. 又参见《最高人民法院关于贯彻执行〈民法通则〉若干问题的意见》第 66 条："一方当事人向对方当事人提出民事权利的要求，对方未用语言或者文字明确表示意见，但其行为表明已接受的，可以认定为默示。不作为的默示只有在法律有规定或者当事人双方有约定的情况下，才可以视为意思表示。"

❷ 董安生. 新编英国商法［M］. 上海：复旦大学出版社，2009：39.

❸ 郑梁. 合同默示条款三论［EB/OL］. ［2012－12－10］. http://www.law－lib.com/lw/lw_view.asp? no=6858.

(2) 依合同目的而推定的默示条款。合同目的是合同当事人进行交易所期望达到的目标。❶依合同目的而推定的默示条款对于当事人订约目的的实现来讲是必不可少的。只有推定该默示条款存在，才能实现合同目的。若明示的意思表示不充分，或有瑕疵，应通过添加默示条款的方式探求当事人之真意，修正未表达完全的权利义务关系。

(3) 依交易习惯而推定的默示条款。习惯从某种意义上说可以理解为是当事人之间的自治法律，除非合同双方在订立合同时声明不适用某公知的习惯，否则当合同存在漏洞或发生争议时，得以该习惯对合同进行补充或阐释。

(4) 依缔约的前提条件而推定的默示条款。如果合同的明示条款并未明确当事人缔约的前提条件，则该前提条件应作为合同的默示条款，原因在于该缔约的前提本就应当是当事人合意的一部分，当事人之所以对之后的合同条款达成合意，也正是因为有了这些前提性的条件。

(5) 依法律规定而推定的默示条款。法定的合同默示条款实际上是合同双方当事人应当遵守的法定义务。法定默示条款的添加更多的是基于公共利益等考量而强行加入到合同之中，包含着对当事人权利义务的修正——不论该意思是否包含在合同的明示条款之中，亦不论是否与合同的明示条款相违背。

(6) 依当事人之合理期待而推定的默示条款。20 世纪 70 年代，"满足被保险人合理期待"学说在美国保险法上逐渐兴起，是指"当保险合同当事人就合同内容的解释发生争议时，应以投保人或被保险人对于合同缔约目的的合理期待为出发点对保险合同进行解释"❷，即便这些期待与保险合同中明示的条款相违背。事实上，合理期待原则运用的出发点在于平衡处于弱势一方的被保险人或受益人与处于强势一方的保险人之间的利益。

3. 默示条款的效力

默示条款与合同的明示条款具有同样的约束力，并自合同有效成立时即发生效力。但应当注意，默示条款的效力一般并不优于明示条款。若默示条款与明示条款发生冲突时，应以明示条款为准。如果合同双方订立了明确的、并不含糊的明示条款，法院应当充分尊重当事人的意思自治，不得推定在合同明示条款之外添加进入与此相反的默示条款。但在某些特殊情形下，为了维护社会公共利益之需要，某些法定默示条款的效力优先于明示条款，合同双方不能协

---

❶王利明. 合同法研究（第一卷）[M]. 北京：中国人民大学出版社，2002：435.
❷陈百灵. 论保险合同解释中的合理期待原则 [J]. 法律适用，2004 (7). 孙宏涛. 保险合同解释中的合理期待原则探析 [J]. 当代法学，2009 (4).

议排除这些法定的默示条款。❶

(三)著作权默示许可的基本含义及法律性质

默示许可属于许可之一种,只因其采用默示的方式,故而称为"默示"许可。由于许可是一种合同形式❷,因此,著作权默示许可属于合同默示条款之一种,通常用于补充已经存在的合同关系中相关当事人主观或客观的真实意图❸。

根据前文对于默示条款的理解,著作权默示许可的含义可以概括为:著作权人虽未采用明示形式对作品的使用进行许可,但根据某些情况,可以推定其同意他人对其作品进行一定方式的使用。法院可根据多种情况而作出上述推断,例如当事人的行为、合同目的、交易习惯、缔约的前提条件、法律规定、当事人的合理期待、公平正义原则以及知识产权制度的相关政策等。

二、默示许可在美国著作权法领域的确立与发展

在知识产权领域,默示许可制度并不是一个新鲜的事物,其于19世纪引入专利领域,后进入到著作权法领域,逐渐产生了权利穷竭制度,并作为合同条款补充的依据。当前世界范围内,美国的默示许可理论发展最为突出。因而下文将以美国为例,对默示许可制度在著作权法领域的确立和发展进行简要介绍。

(一)权利穷竭制度的产生

默示许可制度在著作权法领域的适用最先表现在权利穷竭制度的产生。权利穷竭,是指权利人一旦行使有关权利,该权利即告用尽,不可再次行使。严格地讲,这一原则"仅仅适用于经济权利中的发行权"❹,因而又称为"发行权一次用尽制度"。权利穷竭原则在美国称为首次销售理论,其背后的理论基础正是默示许可理论。

---

❶ 齐恩平. 合同的默示条款 [J]. 当代法学, 2000 (2): 65.

❷ 陈凤兰. 著作权许可基础 [M]. 北京: 中央编译出版社, 2011: 26.

❸ Orit Fischman Afori, Implied License: An Emerging New Standard In Copyright Law, 25 Santa Clara Computer & High Tech. L. J. 275 2008 – 2009. 当然, 关于默示许可是否可以脱离合同法的制度范畴, 进入著作权法的内在机制, 发展为一个开放性的著作权法原则, 将在下文第三部分进行探讨。

❹ 郑成思. 著作权法 [M]. 北京: 法律出版社, 1998: 272.

(二) 作为合同条款的补充

在著作权法领域，为了保证作品受让人能够对作品享有充分的使用权利，亦基于一种公平正义和利益平衡的理念，在司法实践中，有时需要对明示的合同条款进行某些解释和补充，此时法官会在合同中引入默示许可条款，用以明确作品具体的受让范围及使用方式。

美国著作权法并未明确规定著作权的默示许可，但法官们一直认为，在著作权法条文和合同法基本原理中一直隐含着默示的许可方式。❶ 因为，依据该法第 204 条❷和第 101 条❸的规定，作品的非独占性授权许可可以默示方式为之。美国司法实务中也逐渐形成了对著作权默示许可的适用规则。

1. 美国著作权法中默示许可制度的确立

默示许可制度直到 20 世纪 90 年代才被引入到著作权法领域，首个案例是 *Effects Assocs. , Inc. v. Cohen* 案❹。该案中，被告 Cohen 为一电影制片人，委托原告公司为其创作恐怖电影的特效镜头，后被告在影片中使用了该特效镜头。原告起诉被告侵犯了其对该特效镜头的著作权。法官在判决中引用了《尼莫论著作权》中的论述，指出非独占性许可可通过推定形式达成❺，并认为虽然双方并无明示约定，但原告已经给予了被告使用该特效镜头的默示许可，因为若原告并未许可此项权利，那么电影一旦被投入发行，原告著作权将必然受到侵犯。

这一判决后来经由上诉法院确认，成为美国有关著作权默示许可的最早判例。随后，美国法院在司法实践中逐渐明确了著作权默示许可的适用条件，但适用范围主要局限于委托创作作品的情形。❻

---

❶ 张今，陈倩婷. 论著作权默示许可使用的立法实践 [J]. 法学杂志，2012 (2).

❷ 17 U. S. C § 204 "(a) A transfer of copyright ownership, other than by operation of law, is not valid unless an instrument of conveyance, or a note or memorandum of the transfer, is in writing and signed by the owner of the rights conveyed or such owner's duly authorized agent."

❸ 17 U. S. C § 101 "A 'transfer of copyright ownership' is an assignment, mortgage, exclusive license, or any other conveyance, alienation, or hypothecation of a copyright or of any of the exclusive rights comprised in a copyright, whether or not it is limited in time or place of effect, but not including a nonexclusive license."

❹ Effects Assocs. , Inc. v. Cohen, 908 F. 2d 555, 558 (9th Cir. 1990).

❺ 3 M. Nimmer & D. Nimmer, Nimmer on Copyright 10. 03 [A], at 10 - 36 (1989).

❻ 3 - 10 Nimmer on Copyright ? 10. 03. [EB/OL]. [2013 - 12 - 05]. http://www.Lexis.com/research/retrieve? _ m = 8c1b28a08dc1fa4c4d4e9628c9d251c1&csvc = lt&cform = &_ fmtstr = FULL&docnum = 1&startdoc = 1&wchp = dGLzVtb - zSkAb&_ md5 = 4fc6f5fc11cbe3a0524332145d078774#n135.

2. Field v. Google 案[1]对著作权默示许可原则的发展

Field v. Google 案中，名为 Field 的作家起诉 Google 未经授权复制了 Field 刊载于个人网站的作品，并置于 Google 搜索页面进行显示，因而构成侵权。法院认定 Google 并未侵权，理由之一即为 Google 获得了 Field 的默示许可。实践中，由于要求搜索引擎对互联网上不计其数的网页——进行著作权的确认并获得使用许可在客观上并不现实，故 Google 创造了"舍弃"机制，方法之一为网站可以在每个页面加入"元标记"告知搜索引擎可以如何使用此页。该案中，法庭采纳了 Google 方面的专家证言，认定元标记已经成为互联网业内众所周知的行业标准，Field 明知该标准却仍然选择不在网页中使用元标记，因而构成对 Google 使用其作品的默示许可。这可以认为是法院依据交易习惯而推定的著作权默示许可。

Field v. Google 案一个重大的意义就在于，美国联邦法院将默示许可的适用条件简化为"明知使用"且"保持沉默"，默示许可的适用范围被大大放宽。

3. Google 数字图书馆案对著作权默示许可原则适用的限制

Google 于 2004 年 12 月宣布了数字图书馆计划，决定扫描全球五大图书馆的馆藏图书并对其进行数字化，并于 2005 年 8 月宣布了类似于它在 Field v. Google 案所用的"舍弃"策略。依照 Google 设想的策略，若出版商不想自己的图书被扫描，则可提供给 Google 这些具体图书的列表，Google 将按照列表的要求放弃相应图书的扫描。Google 妄图再次利用默示许可来使得自己行为合法化的抗辩没有获得法院的认可[2]。

Google 数字图书馆计划的失败并不令人意外：首先，该计划必须先对纸质图书进行扫描和数字化，即"复制"，而对作品进行此种复制的权利在现行著作权法中由著作权人严格控制；其次，在图书出版领域，并不存在任何"默示许可"的先例，更勿谈任何的行业惯例，想要使用作品必须首先获得著作权人的明示许可才是著作权领域的基本规则。

通过以上的介绍和分析，美国联邦法院一直在推动著作权默示许可制度的发展，在短短十余年间，著作权默示许可制度从无到有、从严到宽，适用范围愈见扩大。但与此同时，联邦法院对于默示许可适用范围的扩大又表现得十分谨慎。由此可见，著作权默示许可适用的标准和范围，依旧在不断地变化和发展中。

---

[1] Field v. Google, Inc., 412 F. Supp. 2d 1106 (D. Nev. 2006).
[2] Authors Guild v. Google Inc., 98. U. S. P. Q. 2D (BNA) 1229.

三、我国著作权默示许可制度之现状分析

（一）立法实践及评析

我国为成文法国家，在著作权相关立法中，并没有对可以通过默示方式进行著作权许可加以明文规定。依据《著作权法》第 24 条❶、第 27 条❷及《著作权法实施条例》第 23 条❸的规定，使用他人作品应当订立许可使用合同，且著作权人在许可使用合同中未明确许可的权利，在未经著作权人同意的情况下不得行使。据此，我国学界有部分学者认为，我国《著作权法》及《著作权法实施条例》并未正式承认著作权默示许可，法律仅仅认可著作权明示许可❹。笔者也同意这一观点。

但另一方面，著作权默示许可在我国民法理论上及现行民事法律的基本框架下是完全可以成立的。对作品使用的许可本质上属于民事法律行为，依据《民法通则》第 56 条❺、《合同法》第 10 条❻的规定，民事法律行为（包括合同）可以通过书面、口头或"其他形式"作出，当然包括得以默示方式作出。《最高人民法院关于贯彻执行〈民法通则〉若干问题的意见》（以下简称《民通意见》）第 66 条❼更是对默示的意思表示形式作出了明确规定，指出在法律有特别规定或当事人有特别约定的情形下，不作为的默示也可视为意思表示。

在著作权特别立法中，也已经出现了为学界所公认的著作权默示许可制度

---

❶参见我国《著作权法》第 24 条第 1 款："使用他人作品应当同著作权人订立许可使用合同，本法规定可以不经许可的除外。"

❷参见我国《著作权法》第 27 条："许可使用合同和转让合同中著作权人未明确许可、转让的权利，未经著作权人同意，另一方当事人不得行使。"

❸参见我国《著作权法实施条例》第 23 条："使用他人作品应当同著作权人订立许可使用合同，许可使用的权利是专有使用权的，应当采取书面形式，但是报社、期刊社刊登作品除外。"

❹赵莉．网络环境下默示许可与版权之权利限制分析 [J]．信息网络安全，2009（2）．

❺参见我国《民法通则》第 56 条："民事法律行为可以采取书面形式、口头形式或者其他形式。法律规定是特定形式的，应当依照法律规定。"

❻参见我国《合同法》第 10 条："当事人订立合同，有书面形式、口头形式和其他形式。"

❼参见《最高人民法院关于贯彻执行〈民法通则〉若干问题的意见》第 66 条："一方当事人向对方当事人提出民事权利的要求，对方未用语言或者文字明确表示意见，但其行为表明已接受的，可以认定为默示。不作为的默示只有在法律有规定或者当事人双方有约定的情况下，才可以视为意思表示。"

的具体化规定。《信息网络传播权保护条例》第 9 条❶创造了"著作权人无异议即视为同意使用其作品"的默示许可方式。最高院《关于审理著作权民事纠纷案件适用法律若干问题的解释》（以下简称《著作权案件适用法律解释》）第 12 条规定，在委托作品著作权属于受托人的情形下，"双方没有约定使用作品范围的，委托人可以在委托创作的特定目的范围内免费使用该作品"。❷该条规定可以认为是立法对依照合同目的而添加默示许可的确认。

（二）司法实践及评析

虽然我国著作权相关立法中并没有关于默示许可的明确规定，但笔者通过对我国审判实践中案例的检索，发现从 2004 年开始，共有 6 个案例的判决中明确认可著作权许可可以默示的方式为之或明确依据默示许可基本原理来裁判❸。下面对这些案例进行简要介绍：

"北京熙川广告有限责任公司诉北京市海淀区海天培训学校著作权侵权纠纷案"（2004）❹中，原告熙川公司为被告海天学校设计了标徽方案并交给被告，但允许被告使用的前提是被告必须向原告支付 15000 元的价款。然而，在被告对价款明确表示异议之后，原告并未明确表示禁止被告使用该标徽方案，而是将该方案留在被告处后离去。并且，被告曾向原告表示会在一个月内作出是否采用该标徽的决定并通知原告，但一个月后被告并未答复原告，原告亦未过问过此事。法院认为，从原告的上述行为，可以推断出其对被告使用其标徽作品，甚至是先使用后付款的做法，存在默示许可。这属于依当事人之行为而

---

❶ 参见《信息网络传播权保护条例》第 9 条第 1 款："为扶助贫困，通过信息网络向农村地区的公众免费提供中国公民、法人或者其他组织已经发表的种植养殖、防病治病、防灾减灾等与扶助贫困有关的作品和适应基本文化需求的作品，网络服务提供者应当在提供前公告拟提供的作品及其作者、拟支付报酬的标准。自公告之日起 30 日内，著作权人不同意提供的，网络服务提供者不得提供其作品；自公告之日起满 30 日，著作权人没有异议的，网络服务提供者可以提供其作品，并按照公告的标准向著作权人支付报酬。网络服务提供者提供著作权人的作品后，著作权人不同意提供的，网络服务提供者应当立即删除著作权人的作品，并按照公告的标准向著作权人支付提供作品期间的报酬。依照前款规定提供作品的，不得直接或者间接获得经济利益。"

❷ 参见《最高人民法院关于审理著作权民事纠纷案件适用法律若干问题的解释》第 12 条："按照著作权法第十七条规定委托作品著作权属于受托人的情形，委托人在约定的使用范围内享有使用作品的权利；双方没有约定使用作品范围的，委托人可以在委托创作的特定目的范围内免费使用该作品。"

❸ 案例检索网站包括北大法律信息网（http://vip.chinalawinfo.com/Case/）、Lexiscn.com 中国法律实务数据库（https://hk.lexiscn.com/lnc/landing.php）、中国知识产权裁判文书网（http://ipr.court.gov.cn/）、北京法院网（http://bjgy.chinacourt.org/paper.shtml）、上海法院法律文书检索中心（http://www.hshfy.sh.cn:8081/flws/list.jsp?wz=），检索时间截至作者发稿时。

❹ 北京熙川广告有限责任公司诉北京市海淀区海天培训学校著作权侵权纠纷案，参见北京市海淀区人民法院（2004）海民初字第 7082 号民事判决书。

推定的默示许可。

"北京随心影视文化交流有限公司诉苏州市拓特广告传播有限公司播出权转让合同纠纷案"（2004）❶中，原告随身影视公司与被告苏州拓特公司签订《供片合同》，约定原告许可被告播映电视连续剧《少林血禅》，播出期限为自 2001 年 11 月 30 日起两年内。随后该合同由于种种原因终止，但被告在合同终止后并未停止播出行为，且原告在明知被告继续播放电视剧的行为持续进行的情况下并未采取任何制止措施。法院认为，在原合同履行期内，原告对被告使用其作品的行为采取的是默示许可的态度，其结果表明，双方之间对原许可合同进行了变更，这种变更可以理解为是一种新的约定。此属于依据"明知使用"且"保持沉默"的行为而推定的默示许可。

"苏纪海诉北京铁路局北京铁路分局等侵犯著作权纠纷案"（2004）❷中，虽然此案并未涉及使用默示许可来裁判的问题，但法院判决中明确指出"复制、发行他人作品时必须得到权利人明示或默示许可"。即明确认可著作权许可可以默示的方式作出。

"北京菲瑞佳商贸有限公司都市丽缘美容院诉刘金迷侵犯著作权纠纷案"（2005）❸中，被告刘金迷设计了一款新发型后，聘请摄影师朱自力就涉案发型拍摄了一幅图片，后被告为商业宣传等用途使用了该图片。二审法院依据《著作权案件适用法律解释》第 12 条的规定，认为朱自力享有涉案图片的著作权，并默示许可被告为其商业宣传可免费使用该涉案图片。此为依合同目的而推定的默示许可。

"新沂电视台、丁相宇诉徐州市淮海戏剧王音像有限公司、刘汉飞、张银侠侵犯著作权纠纷案"（2009）❹中，法院认为，依据最高院《民通意见》第 66 条❺之规定，对作品使用的许可"可以明示或默示的方式为之"。"所谓默示，

---

❶北京随心影视文化交流有限公司诉苏州市拓特广告传播有限公司播出权转让合同纠纷案，参见北京市海淀区人民法院（2004）海民初字第 389 号民事判决书。

❷苏纪海诉北京铁路局北京铁路分局等侵犯著作权纠纷案，参见北京市海淀区人民法院（2004）二中民初字第 11971 号民事判决书。

❸北京菲瑞佳商贸有限公司都市丽缘美容院与刘金迷侵犯著作权纠纷上诉案，参见一审：北京市海淀区人民法院（2005）海民初字第 8465 号民事判决书；二审：北京市第一中级人民法院（2005）一中民终字第 12299 号民事判决书。

❹新沂电视台、丁相宇与徐州市淮海戏剧王音像有限公司、刘汉飞、张银侠侵犯著作权纠纷案，参见江苏省高级人民法院（2009）苏民三终字第 0250 号民事判决书。

❺参见《最高人民法院关于贯彻执行〈民法通则〉若干问题的意见》第 66 条："一方当事人向对方当事人提出民事权利的要求，对方未用语言或者文字明确表示意见，但其行为表明已接受的，可以认定为默示。不作为的默示只有在法律有规定或者当事人双方有约定的情况下，才可以视为意思表示。"

是指行为人虽未用语言或者文字明确表示意见，但可以从其行为间接推断出其意思表示。"并认为，"丁相宇是以其积极参与电视琴书《十把穿金扇》拍摄的行为表明其同意淮海戏剧王公司拍摄该电视琴书，而非单纯的沉默，故其许可淮海戏剧王公司拍摄电视琴书的意思表示是明确、清楚的。"此亦为依当事人之行为而推定的默示许可。

"北京北大方正电子有限公司诉广州宝洁有限公司等侵犯著作权纠纷上诉案"（2011）❶，是我国司法审判实践中较为详尽地阐述著作权默示许可原理的案例，亦在国内理论界和实务界引起较大争议。该案中原告方正公司，主张被告宝洁公司在未经其许可的情况下，在产品包装上擅自使用方正倩体字库中的单字"宝"和"洁"，侵犯了原告对该两个单字的著作权。二审法院撇开单字是否构成作品的问题不谈，单纯从著作权许可的角度对该案进行了分析。法院认定关于知识产权的许可，"既包括明示许可，亦包括默示许可"，并认为，"如果购买者基于购买行为而对该知识产权客体的特定的权利行使方式产生合理期待，如不实施这一合理期待的行为，将会导致这一购买行为对于购买者不具有任何价值或不具有实质价值，则此种情况下，对该载体的购买行为即可视为购买者同时取得了以合理期待的方式行使该知识产权的默示许可"❷。基于此，法院认定方正公司给予了字库软件购买者使用单字的默示许可。

方正案中，值得注意的是，在方正字库软件的许可使用协议中，已经对使用范围进行了明确限制，其中包括禁止将字库产品的全部或部分用于商业性的再发布用途，并指出若用户的使用需求超出了协议的限定，需另行取得方正公司的授权许可。在有明确的限制性条款的情形下，法官仍然引入意思相反的默示许可的理由有二：第一，光盘中存在的该对用户的许可使用协议并非安装时必须点击；第二，上述限制条款并非合理的限制条款。

笔者认为，在合同中存在意思相反的限制性条款时，唯有该合同条款依据一国法律应认定为无效或可撤销，同时又不影响合同其他条款的效力时，才可以依据公平正义的价值考量，结合案件的具体情形，添加意思相反的默示许可条款；否则，只能认定合同条款有效，尊重双方当事人的合意，不能添加默示许可条款。本案中，在假定购买者已经点击确认了该许可使用协议的前提下，笔者认为方正公司在未将字库软件区分为企业版和个人版两类的情形下，许可使用协议中的限制商业经营者商业性使用单字的条款属于《合同法》第 40 条规定的提供格式条款一方"排除对方主要权利"的情形，应当认定为无效。

---

❶❷北京北大方正电子有限公司诉广州宝洁有限公司等侵犯著作权纠纷上诉案，参见北京市第一中级人民法院（2011）一中民终字第 5969 号民事判决书。

因此，可以依据合同主要目的、当事人合理期待等引入商业性使用单字的默示许可。

上述认可著作权默示许可的 6 个案例中，5 个出自北京地区法院（北京市海淀区人民法院和北京市第一中级人民法院），1 个出自江苏省高级人民法院。由此可见，法院认可著作权默示许可的积极态度与当地知识产权交易活跃程度有很大关系。虽然就全国范围而言，由于立法上著作权默示许可的地位并未明确，司法实践中采用默示许可原理直接进行审判的情形属于凤毛麟角，但不可否认的是，在知识产权交易活跃的地区，法院在著作权许可方式的创新方面已经迈出了突破性的步伐。可以预见，随着信息传播方式的更新及我国著作权交易的日渐活跃，有民法理论支撑和急迫现实需要的著作权默示许可制度，必将会在立法、司法领域出现新的发展。

四、我国著作权默示许可制度之构建

当下，实践中出现了大量以默示许可的方式传播作品的行为，如信息网络环境下在 BBS 等网络共享空间中对发表于其上的作品的转载、期刊网站通过与传统平面媒体合作的方式刊载平面媒体已经获得授权的作品等❶。这些新型的著作权利用方式，亟待立法和司法予以回应。但是，我国现行著作权相关立法并未给予著作权默示许可以存在的空间，而我国又是成文法国家，因此，建构著作权默示许可制度必须首先对著作权相关立法予以完善。笔者建议采取以下思路：

首先，在《著作权法》中明确著作权默示许可的法律地位。可以借鉴美国法的做法，允许非专有使用的许可以默示的方式进行，而专有使用的许可由于对著作权人利益影响较大，因此仅允许以明示的方式为之。

具体而言，将《著作权法》第 27 条❷修改为："许可使用合同和转让合同中著作权人未明确许可、转让的权利，未经著作权人同意，另一方当事人不得行使。法律或行政法规对非专有使用的许可方式另有规定的，依照其规定。"这样，就为非专有使用的默示许可留有余地。同时，法律或行政法规的法律位阶较高，能够较好地保护著作权人的利益，排除了其他规范性文件任意侵蚀著作权人利益的可能性。对于《著作权法》第 24 条及《著作权法实施条例》第

---

❶梅术文. 信息网络传播权默示许可制度的不足与完善［J］. 法学，2009（6）.

❷参见我国《著作权法》第 27 条："许可使用合同和转让合同中著作权人未明确许可、转让的权利，未经著作权人同意，另一方当事人不得行使。"

23条,笔者认为在《著作权法》第27条已经进行相应修改的前提下,就不需要再行修改。因为,依照上文的分析,在我国民事基本立法的环境下,"合同"本身就包括书面或口头的明示形式,以及默示的形式。

其次,在《著作权法》或著作权特别立法中对引入著作权默示许可的典型情形进行具体规定。之所以采取具体规定的封闭式列举形式,一方面是由于我们对于著作权默示许可制度的把握还不够全面和深入,但是实践的迫切需要又催促我们需要在目前已经比较认可的某些领域作出尝试;另一方面也是考虑到我国著作权立法的传统和司法实践的现状,立法中开放性规定一直较少,司法实践中法官素质及对司法专断的戒备也是非常重要的考量因素。

第四部分

企业知识产权管理与维权实务

专利布局设计方法浅析

杨 斌*

【摘 要】

专利布局是最近几年讨论的热点问题之一，但是我国极少对专利布局本身进行研究，尤其是没有对专利布局设计的具体方法进行阐述。本文从竞争力视角，简要阐述了扩展布局法、迁移布局法等多种专利布局方法，并讨论了专利申请类型在专利布局中的应用方法。通过讨论，有助于我国企业对专利布局的重视和运用。

【关键词】

专利布局　布局设计方法　回避设计　专利申请类型　竞争力

专利布局是最近几年讨论的热点问题之一，但是我国现有的相关研究以对行业、区域（含国家）等的专利布局状况或竞争态势分析为主，极少对于专利布局本身进行研究。1999 年，瑞典 Chalmers 大学工业管理与经济学系 Ove Granstrand 教授提出了地毯式专利布局（blanketing and flooding）等 6 种专利布局模式❶并被大家广泛引用，我国台湾地区对此作过一些介绍和研究❷，北京路浩所谢顺星等人也就专利布局模式及其应用进行过探讨❸，上述探讨都局限于 Ove Granstrand 教授的专利布局模式方面。虽然也有文献就专利布局设计进行过讨论❹❺，但仍然没有对专利布局设计的具体方法进行阐述。然而，对于

---

* 作者单位：北京浩天知识产权事务所成都办事处。

❶ Ove Granstrand. The Economics and Management of Intellectual Property：towards intellectual capitalism [M]. UK/Northampton：Edward Elgar Publishing, Inc., 1999：218 - 222.

❷ 再谈专利布局 [EB/OL]. (2008 - 03 - 19) [2013 - 12 - 23]. http：//cdnet. stpi. org. tw/techroom/pclass/2008/pclass_ 08_ A022. htm.

❸ 谢顺星，高荣英，瞿卫军. 专利布局浅析 [J]. 中国发明与专利，2012, (8)：24 - 29.

❹ 杨竞春，方琴. 重大产品专利布局初探 [J]. 东方电机，2013, (1)：13 - 15.

❺ 贾丽臻，张换高，张鹏，等. 基于专利地图的企业专利布局设计研究 [J]. 工程设计学报，2013, 20 (3)：173 - 179.

专利申请人、代理人等实务工作者来说,如何进行有效的专利布局设计并予以实现,更是大家所密切关心的问题,尤其是在我国大部分企业对专利工具的运用都还处于"弱势"的情况下,这更是一个难点。有鉴于此,笔者进行了一些思考和探索,以期与大家一起共同分享和探讨。

一、专利布局——为研发增加价值,为企业增加利益

在现代市场经济运行机制中,专利是企业用来遏制竞争对手、提升企业市场竞争力的武器和谋求市场利益、保障经营自由度的工具,更是企业经营决策的资源和重要依据,其关系到企业当前及预期市场利益和企业的发展机会。企业可以通过有效地运用专利工具来排挤甚至消灭竞争对手,从而避免竞争对手损害自己的市场利益,或保持有利于自身竞争优势的市场格局,借此获得更多的市场利益。❶❷ 不进行有效的专利布局,而依赖于单一或零散的专利申请,上述目的肯定难以实现。

一般认为,专利布局主要包括专利的技术布局和地域布局,限于篇幅,本文仅讨论专利的技术布局。就技术布局而言,其以专利系统中的核心专利为中心,通过系统优化,构建更大的、法律赋予的排他权组合来降低外部专利拥有者可能构筑的障碍,使竞争对手无法利用专利回避进入市场,进而有效阻击竞争对手,占领该技术领域,同时还可以增加交易砝码,以更优惠的条件获得外部技术。❸ 简单来说,专利的技术布局就是为实现经营目的,通过合理设计、规划的一系列专利所构筑的专利组合(多个专利、多项独权),为竞争对手设置障碍,防止竞争对手的回避设计,让自身获得尽可能多的市场机会和利益。

通过合理的专利布局一方面可以提升产品乃至企业的市场竞争力,在保障产品本身市场价值的基础上,扩大利益链,为研发增加附加值。专利不是为产品设置"专利",而是为包括显性市场、潜在市场、隐性市场在内的市场利益构筑专利组合,实现"可能"利益的最大化或最优化。通过专利组合让专利

---

❶ 杨斌,陈定超,李蛟龙,等. 成都市软件企业知识产权状况及发展策略研究 [G] //中华全国专利代理人协会. 发展知识产权服务业,支撑创新型国家建设——2012年中华全国专利代理人协会年会第三届知识产权论坛论文选编. 北京: 知识产权出版社,2012:598.

❷ 杨斌. 从"苹果皮"反思外围创新中的专利运用策略 [G] //中华全国专利代理人协会. 发展知识产权服务业,支撑创新型国家建设——2012年中华全国专利代理人协会年会第三届知识产权论坛论文选编. 北京: 知识产权出版社,2012:477.

❸ 吕一博,康宇航. 基于可视化的专利布局研究及其应用 [J]. 情报学报,2010,29(2):300-304.

更有竞争力，让企业获得竞争优势，最终实现与国外企业的抗衡。专利布局不仅要控制直接市场，还应该谋求间接利益，既是获得利益的一种手段，又是为企业储备后续发展资源、技术力量和新的发展机会之基础。

二、专利布局设计方法——如何成为专利"土豪"

目前，企业对专利申请的认识多数局限于技术方案本身，或者产品本身所应用的技术，或者发明本身在产品上应用，导致获得的专利形成的附加值低，不利于企业市场利益的实现。

1. 扩展布局法——保护"发明思想"才是王道

由于研发工作受实际需要的影响，很多发明仅仅是得到一种发明人认为最理想的实施例，或者找到了一种具体的实现方案，导致在专利申请时，撰写得到的权利要求往往很单一，保护范围狭窄，即使采用上位概念进行概括或并列概念，由于受原始技术方案的局限，也很难获得多样化的权利要求或专利申请，保护范围自然受到制约，对竞争对手的限制必然不足，致使申请人丧失了本应该获得的权益。这样不仅难以有效排挤和限制竞争对手，更不能增加研发的附加值，反而可能会给竞争对手形成技术启示，"引导"竞争对手超越自己。

发明的技术思想贡献往往大于发明本身的价值，基于该发明的技术思想完全可能有很多类似的技术方案，甚至表面上看起来不同，而本质上相近的技术方案。而现有的专利申请模式，无论在专利申请布局还是在权利要求布局方面都没有对此给予足够重视。"权利要求应该积极去保护你的创新点子，而不是消极去保护你所想到的具体做法"，❶ 相应地，好的专利布局能让发明的"思想"统领全局，通过对发明点本质的分析，进行专利布局，积极保护发明的"技术思想"，而不是单一的技术方案，这才是一个行之有效的办法。

扩展布局法❷，是对实现发明技术思想的一系列技术方案所进行的专利布

---

❶ 廖和信. 专利，就是科技竞争力 [M]. 北京：知识产权出版社，2008：101.

❷ 该方法可称为"扩展性布局"或"扩展式布局"。其既可用于专利布局，也可用于专利文件撰写时权利要求架构的设计、技术方案的扩充，从而获得更宽的保护范围，甚至可以找到更好的技术方案。笔者在2011年提出，并制定在专利申请文件撰写指引中，要求对代理的重要申请采用这种模型进行专利申请文件撰写的设计，即"指引"中技术方案分析时所称的"一句话概况发明点"，就是它的一种具体应用。笔者在《从"苹果皮"反思外围创新中的专利运用策略》一文中也应用该模型的思想进行过简要的讨论。关于其具体运用，笔者将在另文中进行讨论。

局,"发明本质化,本质方案化,方案具体化,具体多样化"是其精髓所在。通过对发明本身的技术方案(可能是一个或多个实施例)的分析,对核心发明点进行抽象、概况,得到概念化的发明点本质——发明的技术思想;如果该概念化的发明点能够转换为符合专利法保护要件的抽象技术方案,将其作为独立申请,构成该发明的核心专利,实现以"有限的权利要求"来限定"无限的发明方案";如果概念化的发明点无法构成抽象技术方案,则将其演变为能够实现该发明点本质的一系列技术方案(包含发明本身的技术方案),根据得到的系列技术方案形成多个子专利。在满足单一性的情况下,可以将上述多个技术方案、抽象技术方案合案申请,以减少专利申请和维护的费用;或者形成核心专利+子专利(外围专利)的专利组合。图1给出了扩展布局法的过程模型。

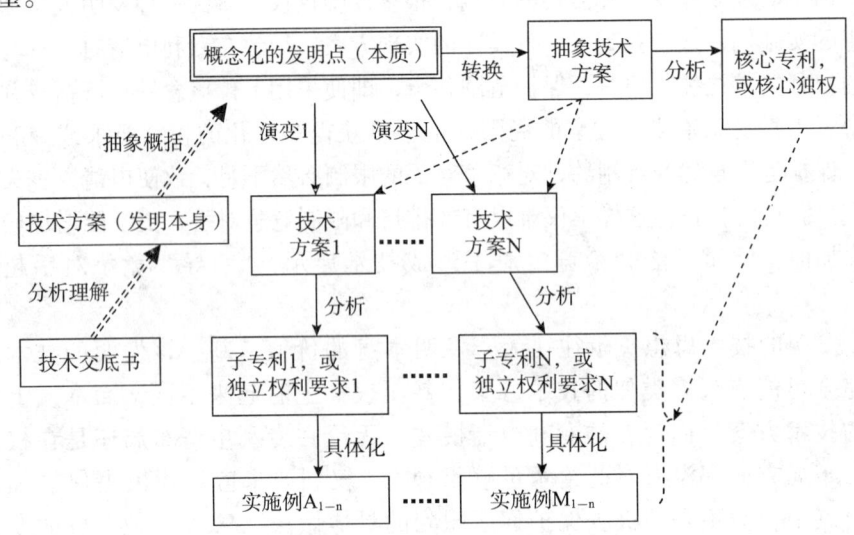

图1 扩展布局法的过程模型

采用该方法能够对实现发明技术思想的一系列上位化或具体化技术方案的保护,构成对发明在纵深方向的专利布局,拓展了发明的深度,有效防止别人的回避设计,并可形成一定的迁移性,为下述"迁移布局法"的实施奠定基础和提供支撑。从布局效果上看,可形成以发明点本质为中心的放射性专利布局。当然,该方法还可以通过分析竞争对手的专利申请,实现基于其发明技术思想的专利布局或回避设计,并超越竞争对手。

该方法适合于比较核心或基础发明的专利布局。同时,还需要注意:

对于无法进行抽象概括的发明,例如发明点很不明确,甚至就是"组合叠加"的发明,不适宜该方法,当技术思想无法得到保护时,就只能保护发明本身了。

使用该方法时，不能脱离现有技术，对于核心技术，原创性越强的效果越好。如果并非原创性发明，或概况后，发现涵盖了现有技术方案，此时应以抽象概念化的技术思想为指引，剔除现有的技术方案后，分别拟定具有创造性的多个独权，或者多件专利申请。

2. 迁移布局法——发明的"72变"

现在很多申请人不注重技术方案的移植应用，使得发明的应用领域受到很大局限，专利布局更没有考虑迁移，导致专利可能形成的附加值不能得以体现。这就如同我国发明了火药，却没有对火药的应用进行移植扩展，反而让西方列强应用火药而提前进入热兵器时代，就是一个反面典型。

迁移布局法，是将发明涉及的内容移植到其他产品、方法、技术甚至其他技术领域的可能应用而进行的布局。由于技术存在通用性和可移植性，发明中的某一技术手段完全可能通过迁移，扩展应用到多个领域，拓展发明的宽度；通过对发明的"由近及远，深挖扩用"，拓展发明的应用路径和领域，实现专利布局的横向扩展、多面性和多样化。在实施时，根据发明的特点，可以从发明的思想迁移、结构迁移、原理迁移、方法迁移、技术手段迁移、技术问题迁移、用途迁移等方面进行分析。图2给出了迁移布局法的过程模型。

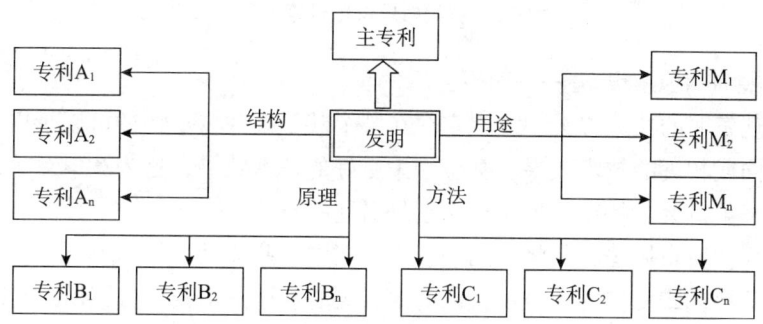

图2　迁移布局法的过程模型

3. 替代布局法——让产品"独霸天下"

俗话说"成功的道路千万条"，能够实现发明目的的技术方案也不止一个，如果仅仅通过专利保护自己所实施的技术方案，其他人完全能够使用其他替代技术方案来分割市场，影响企业的市场利益，只有让别人穷途末路，才能有效提升自己的竞争力而独步天下。

替代布局法❶，基于自身实施的技术方案所解决的问题（发明目的），将实现该发明目的的其他多个可能的技术方案进行专利布局❷。图3提供了相应的过程模型示意图。在使用该布局方法时，除了对实现相同发明目的的替代方案进行专利布局，还应该对达到类似效果的技术方案进行专利布局。

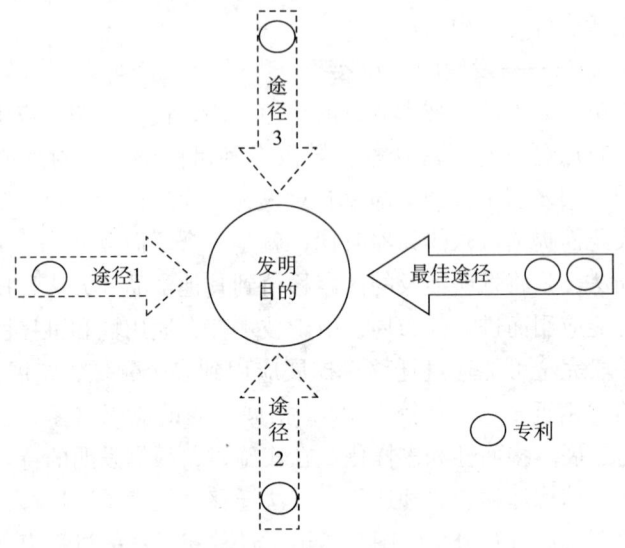

图3 替代布局法出过程模型

4. 特征替换布局法——动而生辉

实现发明的技术方案中，肯定存在某个甚至某些技术特征可以予以替换而实现相同或相近的技术效果，甚至带来更好的技术效果，这为竞争对手的回避设计带来了机会。特征替换布局法正是对此的防范。

特征替换布局法，是将发明的技术方案中某些或某个技术特征、特征组合等进行替换，或变换各个技术特征的组合关心形成的新技术方案所进行的专利布局。所替换的技术特征或特征组合可以是功能、效果或结构等相近的部件、成分、步骤等，或者根据相应技术特征所存在的缺陷进行替换，或采用形态分析（创造技法的一种）得到尽可能穷尽的替换方案，甚至发现打破常规的替换方案。将特征替换后形成的技术方案进行专利布局，防止竞争对手可能的回避设计，还可能通过此布局方法形成意料之外的"新发明"。

---

❶也可称为补偿布局法或填充布局法。

❷当然，对于一些完全没有实施价值的技术方案可以不进行专利布局，但是应该采取适当的方式进行公开，如采取恰当的方式直接记载在某些专利申请说明书中，既可以公开，又很难被竞争对手发现。

5. 阻击布局法

阻击布局法❶：在分析竞争对手技术的基础上，找到其技术方案突破点或者必须经过的环节，对此进行专利布局，阻碍竞争对手所研发技术的实施，拖延其产品上市时间，降低竞争对手的竞争力，保障自身市场利益。

6. 迷惑布局法——专利迷魂阵

迷惑布局法❷，是为迷惑竞争对手，防止竞争对手的技术跟踪和障碍设置而进行的专利布局，是有意释放的"烟雾弹"。专利布局中除了对需要保护的技术方案提交专利申请外，还需要对主专利中的某些特征进行处理，形成新的申请，甚至可能是无法真实实现的技术方案，迷惑竞争对手；以及申请一些完全与研发方向不一致的专利申请来迷惑竞争对手。如果迷惑专利能够让竞争对手认为是重要专利，这才是高水平专利布局的体现。

7. 发明改进布局法

发明改进布局法，通过对自身或竞争对手的发明进行改进、完善，形成新的技术方案所进行的专利布局。其可以是改进、减少某一或某些技术特征，增加新的技术特征，找到其缺陷进行完善等。该方法用于实现外围专利的布局，当然也可为竞争对手制造障碍。

8. 散点布局法

散点布局法，是对一个完整的产品、方法，以及所涉及的产业链中不同的发明点所进行的专利布局。由于这些发明点往往位于产品或方法的不同位置或环节，因此在专利布局关系上形成多点组合。这种方法，在实践中已经得到广泛运用，图4给出了该方法的过程模型。

9. 交错布局法

交错布局法❸，是对一个完整产品或方法，以及所涉及的产业链中各个部分之间的特有关系构成的发明点，采用相互交错、关联的方式进行专利布局，在产品或方法以及整个产业链上形成交叉、网状的专利组合，通过专利布局将各个环节捆绑在一起，形成统一的专利整体。图5给出了该方法的过程模型。

此外，在专利布局过程中还应该注重对研发过程中形成的研发副产品——"意外的发明"进行专利布局，实际上很多重要的发明都是研发中的副产品，例如火药就是炼制仙丹过程中的意外发明。这种布局往往能为实施者带来意想不到的收获。

---

❶即障碍布局法。
❷即干扰布局法。
❸或称关联布局法。

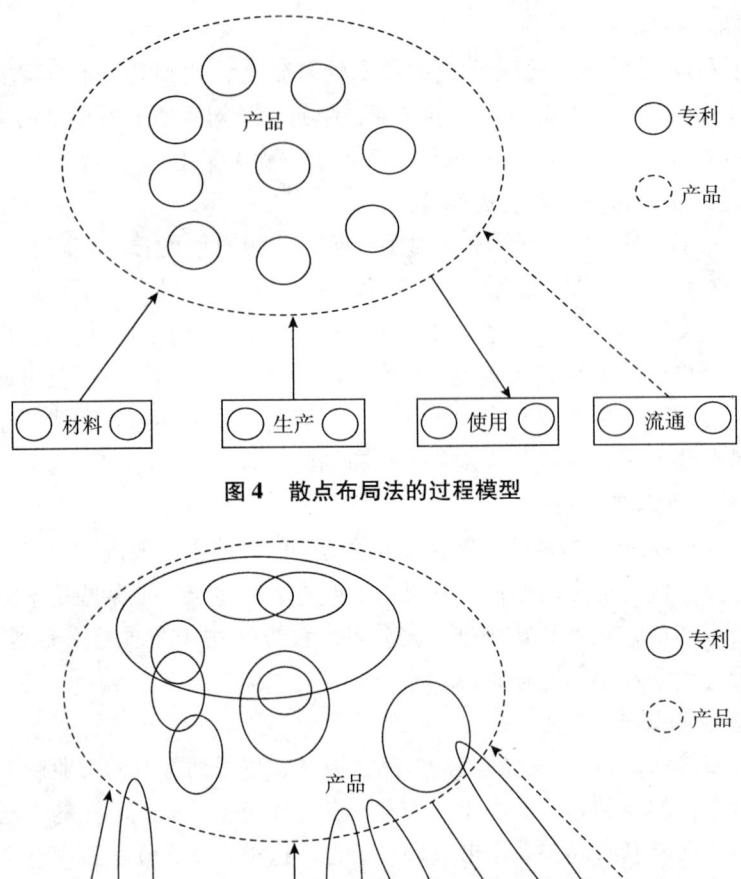

图4 散点布局法的过程模型

图5 交错布局法的过程模型

三、合理利用专利申请类型，有效助推专利布局

我国《专利法》规定，发明专利和实用新型专利均可对技术方案进行专利保护，但二者的创造性水平要求不同，保护的客体也存在差异。在具体专利申请实践中，在符合实用新型和发明专利保护客体的前提下，往往将创造性水平低的"小发明"申请实用新型专利，将创造性水平高的"重要发明"申请发明专利，以及采用"一案两报"方式提交实用新型和发明专利申请。

笔者认为，充分利用实用新型专利的特殊性，其完全可以在"核心专利"

的布局中大显身手，即"实用新型-核心专利"、"实用新型+发明-核心专利"的专利布局方法。由于实用新型专利的创造性水平要求低，因此可把权利范围写得很宽——此时创造性可能低，但是符合实用新型专利的创造性要求——从而获得较宽的保护范围；而将发明专利申请的权利要求范围写得较窄以满足较高的创造性要求，以此形成以实用新型专利为"基础（核心）专利"的专利布局。还可以在发明专利申请的权利要求中写入方法性的技术特征，或采用发明专利申请保护创造性强的技术特征，从而获得保护范围交叉的实用新型专利和发明专利，形成以"实用新型+发明"为"基础（核心）专利"的专利布局。采用上述布局方法撰写的申请文件，由于发明与实用新型专利申请的权利要求不同，不属于相同的发明创造，因此可以同时获得专利权。此外，由于实用新型专利不进行实质审查，还可将多个技术方案采用恰当的撰写技巧同时写到一件实用新型专利申请中，以较小的代价获得多个技术方案的保护。❶

由于实用新型专利申请没有实质审查的品质检验，授权后修改的机会也非常有限，因此为了确保实用新型专利在专利布局中的价值，必须加强实用新型专利申请文件的撰写，尤其对于处于专利布局重要地位的实用新型专利，其申请文件的撰写要求要远远超过发明专利申请，将申请文件的缺陷扼杀在提交申请之前，否则，滥竽充数的实用新型只能成为企业装点"数字门面"的"成本中心"。

为了保证专利布局的有效性，专利申请类型的选择必然要决定专利申请文件的撰写，需要根据专利申请类型的差异，采用与之相适应的申请文件撰写方式。事实上，只要申请策略恰当，高品质的实用新型专利甚至可以起到"以一当十"的效果，其保护范围会大大超越发明专利，甚至构成重要并且稳固的"基础专利"。

此外，外观设计专利申请在专利布局作用也不能忽视。

四、结　语

限于篇幅，本文只对相关方法进行了简要介绍，也没能对上述方法结合案

---

❶由于我国《专利法》规定，专利授权后，单一性不属于无效理由，因此可以获得稳定的专利保护，权利主张时根据需要选择不同的权利要求。当然，现行《专利法》和《专利审查指南2010》中已经明确，要对明显不具备新颖性进行审查，因此，在具体实务中应该谨慎撰写。限于篇幅，关于实用新型专利在专利申请策略中的运用笔者将另文进行讨论。

例进行阐述。此外，为了实现有效的专利布局，首先应该需要确保其具备专利性，往往需要辅助知识产权创造方法实施❶❷，当然，以上的部分方法也可为研发工作提供指导和帮助。

上述布局设计方法应该根据项目情况综合使用，进行立体化、全方位、多角度的布局，实现交叉防护。专利布局是一项系统工程，既是技术问题，又是法律问题，更是经营管理问题。布局设计中不仅受到技术发展的制约，还要考虑时间因素（申请时间、公布时间、申请进度控制、授权时机把握等），更要配合恰当的申请策略（如文件撰写方式、权利要求布局与架构、优先权、分案申请、隐含信息公开、答复技巧及应对措施等）来实现，甚至还受到技术发展趋势、公司财务状况及现金流、宏观经济状况、市场、情报、经营、管理等方面的影响和制约。笔者希望本文的探讨，能为我国企事业单位从知识产权的逆境中崛起，实现专利运用的"逆袭"，尽快成长为专利应用的"土豪"提供有益的帮助。

---

❶杨斌. 知识产权创造方法刍议 [J]. 科技信息，2012，(7)：59-60，90.

❷杨斌，谭隽. 试论专利取得为目的之技术创新可行性 [C] //鲍红. 知识产权与创新发展论坛论文集. 北京：知识产权出版社，2012：471-477.

我国企业"走出去"战略中海外知识产权风险防范机制研究

王 飞* 卢海君**

【摘 要】
　　实施"走出去"战略是我国深入发展国民经济的必由之路。在我国企业"走出去"的过程中，频遭各种知识产权风险，该风险已经成为我国企业"走出去"的瓶颈。而应急和分散的海外知识产权纠纷解决已不能很有效化解风险，维护我国企业的合法权益。应有针对性地建立以企业为核心，以政府为后盾，行业协会和中介机构深入参与的系统化的海外知识产权风险防范长效机制。

【关键词】
　　"走出去"战略　知识产权风险　防范机制

一、引　言

　　党的十七大报告明确指出："坚持对外开放的基本国策，把'引进来'和'走出去'更好地结合起来，扩大开放领域，优化开放结构，提高开放质量，完善内外联动、互利共赢、安全高效的开放型经济体系，形成经济全球化条件下参与国际经济合作和竞争的新优势。""二十一世纪初期，'十五'计划开始，我国启动了'走出去'战略，鼓励和支持有比较优势的企业对外投资，带动商品和劳务出口，打造有实力的跨国企业和著名品牌。"[1]"走出去"包括

---

* 作者单位：北京市西城区人民法院。
** 作者单位：对外经济贸易大学。
[1] [作者名不详] 走出去战略解读［EB/OL］．（2009-11-23）［2013-06-17］. http：//finance.sina.com.cn/hy/20091123/13577002525.shtml.

国内货物、服务、技术、管理、资本的输出以及中国企业本身走向国际市场。❶

知识经济时代，创新是经济发展的动力，是提高生产力和竞争力的战略支撑，对对外贸易、投资有着重要的意义，知识产权作为创新成果在法律上的体现，已成为企业最重要的经济资源，在全球科技日新月异的今天已成为企业参与国际竞争的核心要素。❷ 因此，知识产权实力的高低直接决定了我国企业"走出去"战略实施的成败。也即，中国企业要在国际市场上占有一席之地，必须要具有一定的创新能力，拥有自主知识产权并且妥善化解海外知识产权风险。然而，随着我国企业在国际上地位的改变和"中国制造"技术含量的提高，它们越来越受到国外竞争对手的关注，"知识产权大棒"成为海外对手打压中国企业的利器，我国企业在"走出去"的过程中频遭打击，损失惨重。知识产权打压或盗取案件层出不穷。

例如，21世纪初期的"DVD播放机专利纠纷案"。在我国DVD播放机产业进入高速发展的时候，先是中国生产出口到欧盟的DVD播放机疑因使用未经授权的专利技术而被欧盟海关频繁扣押。随后日立、松下、时代华纳等六家企业组成的"6C"专利联盟向中国DVD播放生产企业提出专利侵权和支付专利使用费的请求。据悉，尽管中国是当时世界上最大的DVD播放机生产国和出口国，但DVD播放机核心技术全部由外国企业组成的专利联盟掌控。向外方向支付不合理的高额专利许可费意味着大部分国内生产厂商将被直接排除出DVD播放机生产领域。在最终达成的协议中，中国企业每出口一台DVD播放机须向专利权人支付21美元，而每台DVD播放机的售价仅为90美元左右。国内相关产业受到巨大打击，DVD播放机出口风光不再，"走出去"步履维艰。❸

又如，近期的"漫谱商标抢注案"。广州漫谱是国内知名婴童用品厂商。2011年，该公司耗费巨资研发了独特的婴儿有声爬行垫，产品一经推出便在国内大获成功，并引起外商关注和寻求合作。但当漫谱公司经过反复研究，决定将该产品出口至日本时，其竟然惊诧地发现，其中英文商标"漫谱"与"Mambary"在日本都已被抢注。据悉，抢注者为先前与公司寻求合作的一家日本企业，在其后与漫谱进行的商标权收回谈判中，该公司一改先前寻求合作

---

❶ 卢进勇. 入世与中国企业的"走出去"战略 [J]. 国际贸易问题，2001 (6)：1 – 5。
❷ 冯雷. 中国"走出去"方式创新研究 [M]. 北京：社会科学文献出版社，2011：312.
❸ 鲁红媛. 对DVD专利纠纷的法律思考 [J]. 安徽警官职业学院学报，2004 (3)：16 – 19.

时的"诚意满满",态度相当强硬。漫谱经多次协商仍未收回该注册商标。❶

这些知识产权纠纷不仅给涉案企业带来了直接的经济损失,阻碍了企业"走出去"的正常进程,还极大地损害了"中国制造"的声誉,给"走出去"战略的长远开展蒙上了一层阴影。然而,我国系统的海外知识产权风险防范机制并没有形成,使得海外知识产权风险已成为悬在我国众多"走出去"企业头上的"达摩克利斯之剑"。

二、海外知识产权风险类型及根源

(一)海外知识产权风险类型

我国企业"走出去"经历不同的发展阶段。改革开放前,仅在政府的直接管理下对少数友好国家存在少量的初级产品出口和对外援建;改革开放后,中国融入全球经济的进程加速,货物贸易快速增长,工业制成品成为出口的主力军,服务贸易渐露头角,对外直接投资受到鼓励,"走出去"方式日益多样化;2001年,中国加入WTO,企业"走出去"进入一个全新的历史时期,出口额跃居世界首位,结构上IT产业为核心的高新技术产品的出口成为中国制造"走出去"的主力,服务贸易和对外直接投资也获得了空前的发展,中国企业"走出去"形态日益多样化和均衡化。❷

然而,在"走出去"日益深化的同时,我国企业所面临的海外知识产权风险也日趋增多和复杂化,从货物贸易中的知识产权风险到服务贸易、对外直接投资、工程承包、劳务合作中的知识产权风险;在品牌塑造、技术研发、产品生产、产品出口、员工管理以及与国外公司的合作投资等各项活动中都有可能存在各种知识产权陷阱。这些风险大体表现在以下几个方面:❸

(1)风险类型一:商标海外运营风险

中国企业"走出去"首先是中国品牌的"走出去",不管是货物出口、服务贸易还是对外投资都与企业的商标等品牌要素息息相关,在世界现行商标权保护制度普遍具有地域性特点的背景下,"产品未动,商标先行"已成为发达国家跨国公司的普遍做法。然而,我国企业在"走出去"之前甚至之后通常

---

❶漫谱有声爬行垫商标遭日企抢注 国内企业走出去需未雨绸缪 [EB/OL]. [2013-01-15]. http://sh.cnr.cn/gdxw/201211/t20121127_511425421.shtml.
❷中国国际贸易促进委员会. 中国企业走出去发展报告2009 [R]. 北京:人民出版社,2009:31.
❸本文对知识产权风险类型的概括只是取典型的风险类型加以归纳,并不一定完备。

未对其商标的先期海外布局予以足够的重视,这导致中国商标在海外遭抢注、花费巨额资金打造的品牌竟已名花有主的惨案屡屡发生。康佳、海信、联想、五粮液等知名品牌都遇到过此种困境,最终这些"走出去"的企业或者要"买回"商标,或者对簿公堂,或者抛弃原有商标重新做起,浪费了大量人力物力,❶阻碍了"走出去"战略的顺利实施。

(2) 风险类型二:出口货物专利侵权风险

随着中国企业"走出去"的增多,企业出口的货物被诉侵犯国外企业在海外的专利权的案件逐渐增多。很长一段时间里,我国以货物贸易为"走出去"的主要方式,专利技术尤其是核心专利技术少,知识产权意识薄弱,致使我国企业在海外屡遭专利钳制。据统计,中国企业已成为近些年美国"337调查"的最大受害者,在2012年美国总共发起的40起"337调查"中,中国企业被诉13起❷,而其中以专利侵权为诉由发起的比例超过90%。

(3) 风险类型三:海外自主专利被侵权风险

中国企业拥有的自主专利也可能被外方侵犯。随着我国科技实力的增强,一些企业凭借其创新精神和研发投入取得了丰硕的科技成就,并取得专利授权,形成了技术优势。然而,国外竞争对手常常利用相关企业海外知识产权管理的漏洞,采取仿制我国企业的专利产品,将我国企业的专利在海外申请专利并以之要挟中国企业等方式侵害中国企业的合法权益。

(4) 风险类型四:商业秘密泄密风险

商业秘密是我国企业赖以"走出去"的法宝之一。但企业"走出去"过程中必然伴随着与国外各方的密切接触,在雇用外国员工、委托开发、合作开发中很容易使商业秘密泄露,对国外法律法规、技术和经营环境的不了解也使得泄露己方商业秘密的概率增加。

(5) 风险类型五:海外投资中知识产权价值评估风险

知识产权是现代企业重要的资产,知识产权数量、质量和权属状况直接决定了一个企业的价值,在海外投资并购中,专利技术、商标经常成为海外投资的目标,其中对知识产权价值的评估客观与否直接决定了投资的成败。❸对国外法律法规、行业技术、知识产权状况的不了解都会带来对目标知识产权价值评估偏差的风险。例如,在北汽收购萨博资产的案例中,北汽花耗费巨额资金

---

❶ 田力普. 中国企业海外知识产权纠纷案例启示录 [M]. 北京:知识产权出版社,2010:98.

❷ 商务部进出口公平贸易局. 2012年美对华337调查情况综述 [EB/OL]. [2013 - 01 - 27]. http://www.cnips.org/xwzx_ list.asp? NewsID = 2719.

❸ 胡康萍. 企业资产运营中的知识产权风险控制 [J]. 中国发明与专利,2008 (1):22 - 24.

收购的技术很大一部分都是快过期的专利,并且很多在中国并不受保护。

(6) 风险类型六:海外知识产权壁垒风险

在传统贸易壁垒日益受国际条约限制的情况下,各国尤其是发达国家常常会以保护知识产权为名或者凭借其知识产权优势给他国涉及知识产权的货物贸易、技术贸易和投资制造不合理障碍。不合理控制核心专利、技术贸易中的不平等条款、歧视性价格等均会给中国企业的国际竞争带来风险。❶

(7) 风险类型七:国内外知识产权法律不一致的风险

国内外知识产权法律制度体系的不一致,使得在国内企业在"抢滩"国外市场的过程中,由于对国外市场的法律规范不了解,往往处于被动。尽管知识产权制度的国际化和一体化趋势日益明显,各国的知识产权法律制度均有其特点,涉外法律人才的相对缺乏使得企业无法全面了解国外的法律法规和有效应对海外知识产权纠纷,稍有不慎便使己方利益受损,这些"法律暗礁"也成为"走出去"企业的障碍。

(8) 风险类型八:海外竞争对手滥诉风险

除此之外,即使在事实和法律上都没有胜诉的可能,国外竞争对手为损害中国企业声誉和排斥中国企业进军其市场,也有可能在国外无端提起针对中国"走出去"企业的知识产权侵权诉讼,加上诸如"337调查"等控诉双方权利义务的极端不平等的申诉程序的存在,更促使了国外竞争对手的滥诉,海外高额的应诉费用和惧诉心理往往使中国企业退避三舍,这样法庭很有可能仅听取原告的一面之词就作出不利于中国一方的判决,国内企业也可能因此放弃自己"走出去"的计划,而这正中滥诉者的下怀。

(二) 海外知识产权风险根源

从客观上讲,科技发展的"后发性"使得我国在全球知识产权版图中占据很小的地盘,许多国内企业没有自主知识产权,但要生存要发展必须"走出去",势必处于技术上受制于人的境地。然而,随着改革开放的深入尤其是知识产权战略的推进,我国企业在科技发展上已经取得长足进步,自主知识产权的拥有量大幅增加。在新的发展形势之下,海外知识产权风险呈现多元化的状态。欲有效克服海外知识产权风险对我国企业"走出去"战略实施的阻滞,有必要对该风险产生的原因进行分析,并在此基础之上寻求有针对性的解决措施。

(1) 原因一:知识产权实力弱,属于知识产权弱势群体

虽然我国"走出去"企业的质量已有较大提高,科技实力增强,出口的

---

❶ 冯涛. 贸易中的知识产权壁垒与应对策略 [J]. 江苏大学学报:社会科学版, 2007 (2): 19-22.

结构也有了改善，但是毕竟知识产权制度发展时间短，科学技术底子薄，资金投入少，研发人员不足，相对于国际上的竞争对手知识产权整体实力仍相对较弱。而发达国家的跨国公司仍掌握着技术和品牌的制高点，在国际竞争中占据较大优势。

（2）原因二：知识产权风险防范意识差，缺少海外知识产权战略布局

很多国内企业缺乏知识产权观念，仅仅短视地将产品销量、营业额等表面指标作为成功与否的标准，忽视知识产权风险，更缺少知识产权布局这个占据主动、控制损失和风险的必备程序，不注意保护自己的商标和专利，不进行专利检索就贸然"走出去"。殊不知，知识产权问题若解决不好，今天产品销量越多只意味着明天的赔偿责任更重，到头来只能是竹篮打水一场空，辛辛苦苦赚得的利润成为他人的囊中之物。

（3）原因三：消极应对知识产权海外诉讼，常常处于被动挨打的地位

由于对国外法律制度的不了解、缺乏处理海外知识产权纠纷的经验以及诉讼费用不足等原因，很多国内企业在遭受海外知识产权侵权时往往隐忍不发、得过且过，在被诉侵犯他方权利时也采取鸵鸟战术，能躲就躲，以致在海外纠纷中处于不利地位。这使企业错过了维护自己的权益的最佳机会，如在美国市场遭遇"337调查"时若不积极应诉，ITC（美国国际贸易委员会）就可能会直接下达临时排除令或者直接以恶意侵权为由判处高额赔偿金和普遍排除令，给行业和上下游产品带来更大的损失。

（4）原因四：缺乏应对海外知识产权风险的长效协同机制，常常是单兵作战

"走出去"过程中知识产权纠纷的解决需要的知识广、技术复杂、资金多，通常超出一个或少数几个涉案企业的能力，单凭这些涉案企业的力量往往难以有效处理好相关纠纷。现阶段，我国应对海外知识产权危机的协作机制不足，不能有效融合政府、行业协会、专家学者以及同业者等各方的力量来应对海外知识产权风险，涉案企业往往陷入单打独斗的困境中。而且，海外知识产权纠纷的解决结果有着很强的"溢出效应"，通常事关整个行业的利益，纠纷中很容易出现案外企业"搭便车"的不公平效果，这不仅使涉案企业势单力薄，而且黯淡了其应对纠纷的积极性，增加了消极诉讼的发生。

综上所述，海外知识产权风险广泛存在，贯穿"走出去"活动的方方面面。值得强调的是，上述风险类型只是对我国企业"走出去"进程中存在的知识产权风险的不完备列举，随着经济社会的发展，知识产权保护范围越来越大，风险形式也更加多样化，新兴的和潜在的风险类型不断凸显，这就给我国

"走出去"企业应对知识产权风险造成了极大的困难。单个企业的力量毕竟是有限的,难以应付如此种类多、范围广、专业性强的海外知识产权风险。亟须海外知识产权风险防范的机制建构。

三、我国"走出去"企业的海外知识产权风险应对、经验及教训

对中国企业来说,海外知识产权风险频发是一个不得不面对的残酷现实。面对海外知识产权风险,也并非所有的中国企业都坐以待毙。随着观念的进步和经济、科技实力的增强,最近几年也产生了电池行业、正泰电器、浙江通领等一些敢于直面海外知识产权风险、"勇气,信心和力量"❶兼具的企业,它们或者在被诉后不卑不亢、合理应对,或者主动在海外提起维护自己知识产权的诉讼,积极应对竞争对手的挑战,取得了难得的胜利,它们的经历颇值得思量和借鉴。❷例如,2004年浙江通领集团自主研发和生产的漏电保护断路器及产品经销商先后遭到美国竞争对手的专利侵权诉讼、和解谈判邀请和"337调查"。事关企业存亡,通领采取了合理和有力的措施,最终取得了诉讼的五连胜,彻底打破了竞争对手的"专利围剿",在"走出去"的道路上不断前进。

通领等企业知识产权海外维权的胜利给我国企业在"走出去"战略实施过程中一些有益启示:

第一,重视技术创新并获得自主知识产权是突破海外知识产权壁垒的最佳武器。通领集团能够取得全部纠纷的胜诉首先取决于其涉案产品拥有制胜的自主核心技术,并取得了其相应的美国专利。第二,凡事预则立,不预则废,相关企业直面纠纷的底气很大程度上来源于"走出去"前的专利检索和非侵权认证,先期的准备使其对行业海外知识产权状况了然于胸,纠纷应对从容不迫。第三,被诉并不意味着绝对的侵权,激烈的市场竞争让竞争对手们有时将知识产权诉讼作为排挤中国企业的一种手段,目的是吓退我国企业或者押宝它们不应诉而使其无理请求得到支持,因此,企业被诉后不能惊慌失措,而应当对己方知识产权是否侵权、市场状况、诉讼态势等情况作出正确分析,并合理决定己方行动。第四,积极地应诉和在海外法律框架下充分利用各种途径维护自己的权利会增加胜诉的概率。如通领介入"莱伏顿诉通领经销商"的案件

---

❶张君. 以夷制夷——中国知识产权海外维权完胜第一案:记浙江通领科技集团海外维权路 [J]. 中国经贸, 2011 (5): 50-53.

❷陈锋, 李立. 中国民企海外维权五连胜 [J]. 中国市场, 2011, (1): 58-60.

彻底挫败了其曲线排挤通领产品的图谋和坚持对 ITC 裁决进行上诉最终取得推翻原判的成果。第五，单凭单个企业的力量很难有效应对海外知识产权纠纷，要学会借助外部的力量为我所用，国内相关部门、社会中介组织、外国律师事务所和政府机关都可以成为"走出去"企业求助的对象。

然而，即便通领集团等"走出去"企业中的佼佼者们的海外知识产权维权被视为尽善尽美，但是它们的成功却是一个个"代价巨大的个案"，我们从中也可以发现一些迫切需要解决的问题：海外知识产权诉讼费用极高，财力有限的企业根本承受不了如此巨额的维权费用，据悉，通领集团已投入律师费一千多万美元；国内对国外知识产权法律制度的了解仍然欠缺，涉案企业猝然面对新类型的诉讼时通常感到手足无措；相关企业一般都是被动地被拉入海外知识产权纠纷中，主动出击维权者寥寥无几；在诉讼进行中，几乎看不到政府和行业协会的身影，整体上通领还是处于单打独斗的境地中，相关各方配合不足，甚至出现通领集团企业银行信用等级被调低、信贷规模减少、外汇管理趋紧等釜底抽薪的现象。❶

可见，仅依靠一个或几个涉案企业，知识产权海外风险并不能够被有效解决。为有效实施我国企业"走出去"战略，应建构完善的国家海外知识产权风险防范机制，从制度上系统性地解决知识产权海外风险。

四、我国知识产权海外知识产权风险防范机制的构建

知识产权海外风险防范机制的构建是一个系统工程，在这个系统工程的打造过程中，我们首先要明确，所要求构建的是一种机制，是国家层面宏观性的举措，而不是兵来将挡、水来土掩的临时性的应对举措。该举措具有全局性和相对稳定性，是我国企业"走出去"战略的有机组成部分。机制原指机器的构造和动作原理，后引申至社会领域，表示"一个工作系统的组织或部分之间相互作用的过程和方式"。要全面地理解海外知识产权风险防范机制这个概念要把握两点：一是该机制中有具体各个部分的存在，这些部分是相对独立的，有着不同的功能；二是其各个部分之间是通过一种具体运作方式而协调运行发挥作用的。❷ 机制的构建是一项复杂的系统工程，海外知识产权风险防范机制各部分之间并非完全独立也不能简单地以"1 + 1 = 2"来解决，而是不同部分、不同层次之间必须相互呼应、相互补充，有机整合在一起。具体而言，

---

❶ 范炜. "走出去"企业海外维权问题 [J]. 浙江经济，2011 (10)：23 - 25.
❷ 方燕，张昕竹. 机制设计理论综述 [J]. 当代财经，2012 (7)：119 - 129.

该机制的构建需要以企业为主体,政府为后盾,社会中介组织协调辅助,各方通力协作,另外也要重视机制运行中人的因素(见图1)。

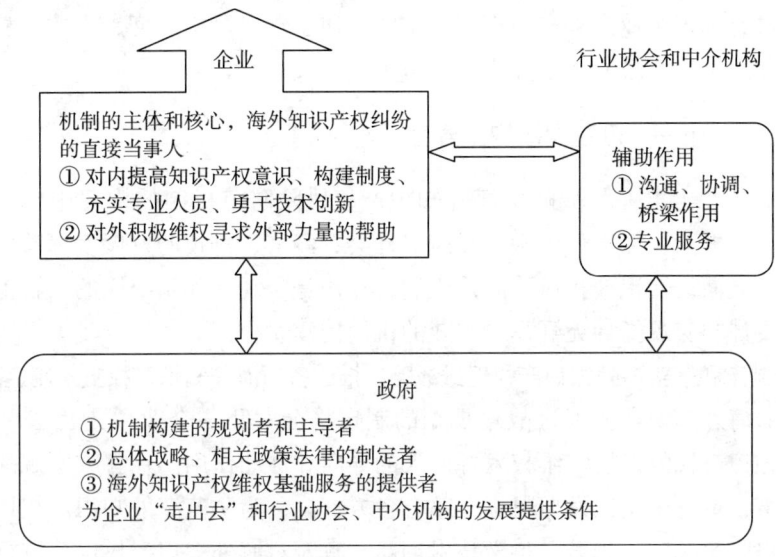

图1 我国海外知识产权风险防范机制模型简图

(一)企业——机制的主体和核心

"走出去"的中国企业是真正的海外知识产权维权和风险防范的当事人,是海外知识产权纠纷的直接参与者和解决结果的最终承担者,是知识产权海外风险防范机制的主体,企业的利益应当成为评价海外知识产权维权和风险对策成功与否的直接标准,而不应过分强调国家利益,最终胜了官司却垮了企业。

从具体策略上讲,除了提高知识产权意识、重视技术创新和品牌经营、完善知识产权布局、理性分析和积极应对知识产权纠纷以及善于寻求外部帮助外,"走出去"的中国企业还应当根据自身情况和所处的知识产权环境制定企业的知识产权战略,明确企业发展方向,建立知识产权风险预警机制,识别海外所存在的知识产权机遇和风险,并据此对可能出现的突发情况作出预案;增强企业知识产权管理能力,设置机构或指定人员专门负责知识产权申请、维护和保护,研究制定和监督实施企业知识产权战略,同时搜集事关行业和企业的知识产权信息;注意对国内外专利的检索和利用,专利的授予是以一定程度的公开为代价的,"走出去"的中国企业应学会利用这些已公开的资料,在此基础上进行技术创新或绕过已有专利研发新技术；❶ 学会主动出击，对侵犯己方知识产权的行为进行严厉打击，化被动为主动，改变在海外被动挨打的地位；积极推进有利于企业海外知识产权保护的法律法规、机构制度、人才培养计划的建立和改革，为政府和中介机构建言献策。

（二）政府——机制构建的主导者

政府在"走出去"战略中海外知识产权风险防范机制的构建中应发挥主导作用。一方面，在当代中国，政府对社会、经济、科技的发展发挥着重要作用；另一方面，知识产权风险防范机制的建构是宏观性和系统性的，自上而下的制度设计和宏观指导无疑是最有效的机制构建途径：

1. 制定和落实海外知识产权促进战略，推进各项海外知识产权支持制度建设

政府海外知识产权促进战略规划的制定将会对我国企业"走出去"战略中海外知识产权的发展、维权发挥巨大的导向和推动作用。在官方宏观战略框架引导下，更易于明确发展目标，整合各方资源，为防范海外知识产权风险的发生奠定坚实基础。为鼓励科学技术创新，政府对海外知识产权申请进行奖励和其他支持；为解决涉诉案件资金不足，减轻企业负担，政府应推动建立海外知识产权保险❷和专门以帮助中小企业为目的的海外知识产权应诉基金❸。另外，海外知识产权研究支持和人才培养等也有重大意义。

2. 建设海外知识产权信息库，为"走出去"的中国企业提供信息服务

完善的海外知识产权信息是我国企业践行"走出去"战略的重要信息资源，是企业进行有效专利检索和资料查询的必要条件，便于企业了解国外的知识产权法律法规和风险状况，有利于其进行风险分析和采取有针对性的措施，在产生纠纷后也能够使其更快地确定应诉策略。而提供他国知识产权制度、法律法规、保护状况、信息预警以及最新案例等应当是政府向"走出去"的企业提供基础服务的一部分，❹ 为政府实现其公共职能、履行公共职责的必要一环，而政府遍布世界各地的使领馆、驻外经商机构、高素质的法律和技术人员也为政府履行该职责提供了条件。

3. 完善国内知识产权法制，以国内法促进"走出去"战略的实施

国内法可以为海外知识产权促进战略构建、实施以及信息库的建设提供法

---

❶ 孙银声. 企业知识产权风险防范与控制［J］. 知识产权，2008（1）：24-27.
❷ 靳晓东. 论我国知识产权保险制度的建立［J］. 生产力研究，2012（1）：126-128.
❸ 胡平. 企业知识产权海外维权援助问题研究［J］. 经管空间，2011（10）：47-48.
❹ 刘钻扩. 韩国知识产权海外维权措施及其启示［J］. 经贸法规，2008（4）：49-53.

律依据。同时，与国际知识产权规则接轨的国内法可以加深我国企业对海外知识产权规范的理解，防止因法律不统一而产生的海外知识产权风险。另外，我们还可以通过国内法建立起自己的如同"337调查"一样的针对国外企业的知识产权保护制度，这样既可以切实维护我国企业的知识产权权益，又可以增加己方谈判筹码，给予国外各方以知识产权威慑。

4. 积极参与国际知识产权法律的制定，加大对外交流与合作力度[1]

知识产权的海外保护很多是通过政府间的协议、条约来实现的，现行国际知识产权制度主要是在发达国家的影响和主导下制定的，专利、商标、著作权等各项制度都对这些在技术、品牌上占有优势的国家有利。我国作为发展中国家应不断推动国际知识产权法律规则朝着有利于己方的方向发展与完善，加大我方占有比较优势的知识产权类型的保护，为"走出去"的中国企业争取最大化的利益。与外方的政府间交流也会增进相互了解，消除偏见，统一认识，通过协商和合作简化跨国知识产权申请流程，共同建设知识产权信息库和分享知识产权信息。

需要注意的是，政府在海外知识产权风险防范机制的构建中起主导作用，是连接企业、行业协会和中介结构在机制作用发挥方面的重要桥梁，是"走出去"战略中我国企业进行海外维权的后盾。然而，在海外知识产权风险防范机制中，企业是主体，政府提供的应是制度建设、基础信息服务、对外交流合作等全局性、基础性和帮助性的事务，至于知识产权纠纷的应对等具体事务仍应当交由"走出去"的中国企业自行予以处理，而不应当越俎代庖，侵犯企业自主经营权。

（三）行业协会和中介机构——机制的重要组成部分

行业协会较之于政府更具有灵活性，其作用是不容忽视的，在海外知识产权纠纷中，经常涉及同行业的多个企业，甚至整个行业都牵涉其中，这时候就迫切需要由行业协会来沟通、引导或组织涉案企业应诉。行业协会对本行业海外知识产权信息的搜集较之于政府发布的笼统信息也更具有针对性，知识产权信息库的建设也离不开行业协会的支持。具体操作上可以从建设以行业协会为依托的专业信息库为起点，最终集合成信息全面、涉及范围广的全行业信息库。行业协会还可以在协同技术创新、形成知识产权保护联盟、提升企业知识产权国际竞争力等方面发挥作用。

海外知识产权风险防范涉及的事务千头万绪，企业在处理相关事务的过程

---

[1] 姜晓燕. 政府在海外知识产权保护中的作用 [J]. 中华商标, 2007 (5): 15-16.

中必然需要求助于各类法律服务、信息咨询、研究开发、知识产权代理等相关中介机构。❶很大一部分海外知识产权风险防范和维权工作都需要各类中介机构的参与和实施。因此，强大完善的中介机构能给予"走出去"的中国企业以大力支持。所以，要注重对社会中介机构的培育和规范，如采取行业与高校人才共建、对海外知识产权服务机构采取税收减免等方式促进中介机构的发展。总之，参与海外知识产权风险防范机制的构建，对于行业协会和社会中介机构既是重大的挑战，更是不可多得的机遇。

需要强调的是，在海外知识产权风险防范机制中，企业、政府、行业协会和中介机构各方主体既是各司其职、互不越权的，又是相互配合、互相支持的。当企业发现自己的合法知识产权在海外受到侵害或者在海外被诉侵权后，不仅要尽快启动内部知识产权处理程序，积极确立应对策略，还要及时向行业协会、政府报告涉诉的具体情况，以取得可能的帮助和借助其平台向同行业者发出预警或者寻求合作以有效应对海外知识产权纠纷涉诉企业还可以借助政府海外知识产权信息库中的信息以及中介机构提供的专业服务，这往往能够取得事半功倍的效果。政府在接到企业的涉诉通知后，要及时向社会发布相关预警，提起利益相关各方的注意，并防止更多企业陷入纠纷泥潭。在我国企业遭受不公平待遇时，政府要通过各种途径对外方政府和相关组织施加压力，纠正其不合理行为，维护我国企业的合法利益。另外，对于涉及面广、影响大、关系到国家重点支持产业和涉诉企业确有困难的案件，政府要通过保险、应诉基金等制度为其提供资金支持，必要时还需要组织相关人员支持涉案企业应诉。行业协会凭借其对行业的了解和业内权威性应当起到涉诉行业内的组织、统筹作用，积极协调案件利益相关方应诉，做好费用、利益公平分配工作，并对案件中涉及整个行业的问题进行研究，提出解决纠纷的建议供企业参考，为诉讼推荐合格的律师、专家等专业人员，并从诉讼中吸取教训完善制度和在以后的工作中消除相应风险。各类社会中介组织要紧跟现时案件的进行，丰富专业知识和提高解决涉案问题的能力，培养符合"走出去"企业解决海外知识产权纠纷的专业人才，以其高素质队伍、专业服务为案件处理出力。最后，海外知识产权申请奖励、保险、应诉基金、研究支持和人才培养等各项制度在案件的进行中要发挥其各自价值，在符合其建立目的的情况下尽量对涉诉企业提供人力和物力的帮助，并将案件反映的现实要求反馈到制度建设和改进中来，不断提升制度的合理性。各项制度紧密结合，共同创造良好的海外知识产权风险防范环境。

---

❶ 王翔. 海外知识产权纠纷中的维权路径 [J]. 法人，2008（6）：66-67.

综上，各主体、各制度之间要重视交流、协同运作、不断反馈、互为依托，共同发挥作用，为"走出去"战略中的海外知识产权问题的解决寻求最佳效果，实现我国企业的利益最大化。

五、结　语

在知识经济时代，知识产权是企业赖以生存和发展的生命线。海外知识产权风险的有效防范和纠纷的妥善处理关系到我国企业"走出去"战略的成败。为推进我国企业更好更快地"走出去"，必须建立符合中国国情的海外知识产权风险防范机制。该机制应是一个由企业、政府、行业协会和中介机构等主体组成和共同发挥作用，各方微观应对与多项宏观制度相互配合，以应对和化解海外知识产权风险、服务企业"走出去"为目的的系统。该系统是个动态系统，并随着我国企业发展状况和其面临的海外知识产权现实而不断进化，通过具体案件中得到的有益反馈而不断提升的。只有该系统得以完善构建并良好运行，各方主体、各种制度以及各个具体参与者的功能和特点得到最佳发挥，才能从根本上降低和化解企业"走出去"过程中的知识产权风险，维护我国企业的合法权益，打造出一批拥有并善于管理自主知识产权、在国际上具有强大竞争力的民族企业，推动我国"走出去"战略的长远实施和促进我国经济快速高效发展。

建立企业知识产权管理体系

李 想[*]

【摘 要】
　　企业知识产权管理体系需要比较全面的制度、比较完善的流程、比较快速的自我检查和纠错的能力。如何设计并落实这样一个体系，不仅是企业知识产权工作者所关心的问题，也是律所知识产权顾问一直关注的焦点之一。

【关键词】
　　知识产权管理　贯标　专利　质检

一、企业知识产权管理及规范 GB/T 29490—2013

1. 知识产权管理

　　企业知识产权管理与企业人员管理、财务管理、研发/生产管理、市场/销售管理等一起构成企业管理，特点在于其管理的对象是企业的无形资产。企业无形资产可以早于有形资产的存在而存在，可以晚于有形资产的消失而消失。现代企业无形资产占企业总资产的比例越来越高，如表1所示。

表1　部分企业的无形资产占总资产的比例

3M	75.6%
强生	87.9%
默克	93.5%
微软	95.2%

　　另外，一项由 Ned Davis 公司主持的独立研究表明，美国的上市公司价值的80%源于无形资产；而在30年前，这一比例只有20%。其中，知识产权无

---

[*] 作者单位：北京中天安泰信息科技有限公司。

疑是无形资产中最大的部分，知识产权管理（IP Management）已经成为现代高科技企业中对其最重要的资产的管理。

近年来，智能手机领域在全球范围爆发的专利战，尤其是苹果公司与HTC公司、三星公司之间的专利战，进一步证实了以专利为代表的知识产权资产对于公司正常经营发展的重要作用。HTC的沉落以及三星手机的崛起也可以总结为：两家公司的知识产权管理水平决定了公司的发展和命运。

国内企业在知识产权管理方面的水平参差不齐，对于企业知识产权管理还没有形成像美、欧、日等工业化国家一样的统一认识，非常不利于国内企业（特别是IT企业）在全球市场范围内的竞争，需要政府、行业协会和企业同仁共同努力尽快改善现状。从2012年下半年开始，国家《企业知识产权管理规范》的贯彻工作在北京等省市逐步落实，是在该方向努力的一个开始。

2. 《企业知识产权管理规范》

贯标，即贯彻国家《企业知识产权管理规范》GB/T 29490—2013（以下简称"规范或标准"）的规定。企业知识产权管理体系作为企业管理体系的一部分，根据规范要求应采用过程方法建立企业知识产权管理模型，分为知识产权管理的策划、实施、检查和改进四个环节。

规范内容主要包括三个方面：

（1）知识产权管理体系作为一个整体过程，其输入是企业经营发展对知识产权管理的需求，一般包括：

① 及时将创新成果形成知识产权；

② 有效防范知识产权市场风险；

③ 有效进行知识产权监控和评估；

④ 有效将知识产权转化为企业收益。

（2）通过持续实施并改进的知识产权管理体系，可以提高企业核心竞争力，防范知识产权风险，体现在：

① 促进技术创新，保护创新成果；

② 提高产品价值，强化服务质量；

③ 改进竞争模式，提升企业品牌。

（3）鼓励采用知识产权管理体系的过程方法：

① 策划：理解企业知识产权管理需求，制定知识产权方针和目标；

② 实施：在企业的业务环节（产品的立项、研究开发、采购、生产、销售和售后）中实现对知识产权的获取、维护、运用和保护；

③ 检查：对知识产权管理效果进行监控和评审；

④ 改进：根据评审结果对知识产权管理体系进行持续改进。

二、贯标

1. 贯标流程

完成贯标工作，是企业知识产权管理工作制度化、规范化的一次飞跃，是设计符合上述需求的管理体系的一条道路。参与贯标评审一般需要经过如下过程：

（1）企业派专门人员参与培训和学习，参加考试并取得"企业贯标内部审核员"资格；

（2）企业贯标内部审核员根据规范的要求制定符合所在企业需求的知识产权管理各个专项制度，例如专利管理制度、商标管理制度、商业秘密管理制度等；

（3）各项制度在企业运行一个季度左右并得到执行记录，在季度末，基于执行记录对这些制度组成的知识产权管理体系（以下简称"IP 管理体系"）进行一次内部审核，对不符合实际情况的制度提出改进措施，对不切实际的目标进行修改，使 IP 管理体系更符合公司当前发展的需要；

（4）参与贯标评审，由评审单位进行制度文件和记录检查；

（5）进行现场答辩，向评审单位的领导汇报规范的落实情况，回答专家提出的问题。

在制定专项制度过程中，应将规范的要求和精神落实并体现在企业的知识产权管理体系中。这需要企业知识产权工作者（以下简称"企业 IP"）注意并牢记：IP 管理体系是以符合公司目前发展阶段要求为目的建立的、具有服务于公司未来发展能力的动态管理体系；贯标是为了实现这个目的的一种手段或途径。

2. 贯标工作内容

企业 IP 的工作包括：

（1）明确企业知识产权管理的方针、目标。

首先，企业 IP 和企业最高管理者（例如总经理、董事长）经过研讨并明确提出知识产权管理方针对于企业的发展和定位至关重要，能够提高各个部门主管（例如研发部、销售部）和员工的知识产权意识或者说对知识产权重要性的认识。例如，笔者所在的企业通过总经理办公室来发布知识产权方针——"以知识产权研究促进企业技术创新、以知识产权和高技术产品抢占国际高科技市场"，这样的知识产权方针将知识产权管理与企业发展紧密结合，明确了企业知识产权部门的定位，体现了知识密集型企业的特色。

基于方针，企业 IP 可以进一步提出知识产权管理的中长期目标，使方针所要实现的愿景能够在 3~5 年逐步地落实。进一步提出年度目标便于企业最高管理者确定相关的预算并组织考核。例如，笔者所在的企业制定的知识产权中长期发展目标（以下简称"IP 管理目标"）为"从专利组合的角度入手，在确保专利质量的前提下，大量布局申请"，这样的中长期目标能够让相关部门的员工了解到企业对于专利质量、专利布局和专利数量的重视程度和相互关系。

（2）明确企业知识产权管理的相关人员和部门的职责。

在企业知识产权管理体系的文件中明确规定企业最高管理者、知识产权管理者代表和知识产权部的工作职责，明确上述中长期或者短期的 IP 管理目标的落实责任人，确保各个阶段的目标能够得到落实。

重点在于，通过落实企业最高管理者的职责，其必将根据职责进一步调配相关的权力和足够的资源协助企业 IP 落实上述目标。

（3）对企业已有的 IP 管理制度进行改进，对企业尚未建立的 IP 管理制度进行补充。

对于规模较小的研发型企业，如果企业一直委托知识产权事务所或律所进行相关的实务操作，之前可能没有内部管理制度，现在需要补充《专利管理制度》、《著作权管理制度》、《商标管理制度》等，并在制度中体现本阶段和下一个阶段的管理方法和流程。

如果企业已经具有相关制度，例如专利管理的相关规定，但是可能还要补充原制度中没有涉及的、规范中明确要求的关于专利权的许可、转让、评估等规定和流程。

通过贯标工作，使规范的相关要求落实为企业知识产权管理体系的关节点，进而通过设置符合规范要求的关节点，促进知识产权管理体系能够具有比较全面的制度、比较完善的流程。

三、建立具有自适应能力的知识产权管理体系

任何已经存在的制度和规定都是按照制定时的企业发展情况、市场竞争格局以及法律规范要求建立的，随着企业发展、行业变革、法律调整，制度和规定需要与时俱进，这种能力就是 IP 管理体系所需要的自适应能力。下面，我们详细讨论一下，如何建立具有自适应能力的知识产权管理体系。

1. 知识产权管理体系的框架

知识产权管理体系的建立需要回答三个主要问题和一个关键问题：

(1) 企业知识产权工作"做什么"——第一个问题,目标;
(2) 企业知识产权工作"谁来做"——第二个问题,部门和人员;
(3) 企业知识产权工作"怎么做"——第三个问题,制度和流程;
(4) 企业知识产权工作"怎么做好"——关键问题。

对上述问题的回答或求解即建立企业知识产权管理体系框架的过程,下面通过对知识产权管理体系的内容和内审制度的理解来尝试回答上述问题。

2. 知识产权管理体系的内容

在作者看来,IP管理体系的内容有两条主线:

第一个方面,知识产权的获取、维护、使用和保护;

第二个方面,知识产权管理与企业研发经营活动的全面结合。

其中,对于第一个方面,知识产权管理体系应该至少包括:专利、商标、著作权获取流程,知识产权检索流程,知识产权维护流程(例如定期盘点规定),知识产权放弃控制程序,知识产权转让、许可流程(包括知识产权价值实现的各种方法),知识产权评估流程,知识产权风险监控规定以及知识产权应急方案等。

对于第二个方面,如图1所示,知识产权体系应该至少包括:在研发立项前的知识产权检索,在研发过程中的知识产权检索、规避设计、专利技术利用、技术方案评估,在销售宣传和销售阶段的知识产权应急方案,等等。

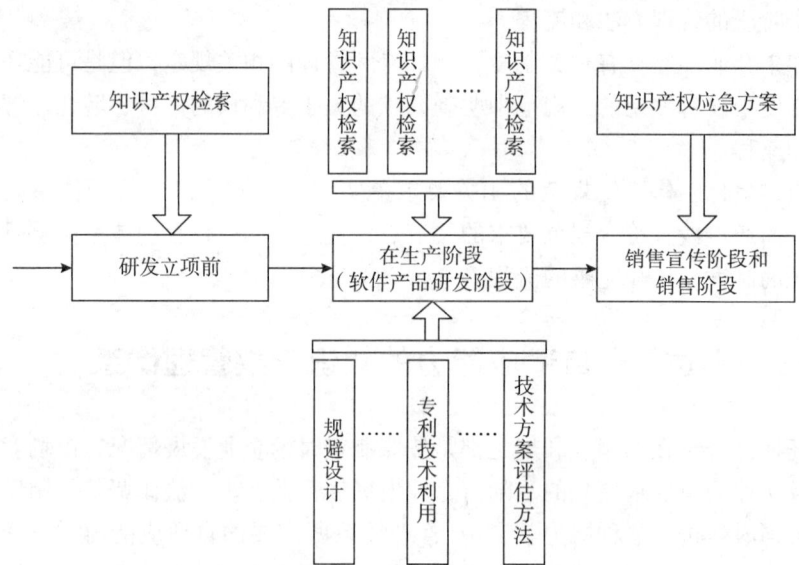

图1 企业知识产权管理工作与企业日常研发及销售工作的结合示意图

通过上述两个方面的尝试实施，能够使知识产权部门和人员逐步地建立企业知识产权管理制度和流程，明晰企业知识产权管理目标，并将目标与管理、将 IP 管理与企业发展融合在一起。

3. 知识产权管理体系的内审制度

对于"怎么做好"这个关键问题，解决的办法就是内审，即类似于 ISO9000 中的 PDCA 模型里面的 Check 阶段——在 ISO9000 中，把质量管理的全过程划为 P（Plan，计划）、D（Do，实施）、C（Check，检查）、A（Action，总结处理）四个阶段。

基于内审，企业知识产权管理体系的任何一个方面（例如制度、流程等）都可以得到阶段性的检查和提升，以知识产权管理体系的两条主线为梳理目标，周期性地进行知识产权管理各项制度的梳理和检查，能够保证体系的适应性和有效性。

在 IP 管理体系运行初期，例如可以以季度为时间单位进行内审。内审会议由最高管理者牵头，由知识产权管理者代表组织，对已经运行的规定和年度知识产权管理目标进行检查，检查目标是否过低或者过高、规定是否不切实际等问题。例如，作者所在企业进行第一次季度内审时，发现如下问题：（1）专利申请目标需要调低；（2）《知识产权奖励制度和损失责任规定》需要补充完善；（3）员工离职机制需要改进。

在 IP 管理体系运行一段时间例如一年之后，内审的频率可以降低为半年或者一年一次。在 IP 管理体系稳定运行几年后，除了年度内审之外，还应该在重大突发知识产权事件（例如发生企业涉诉、并购等）处置之后进行内审。

具有内审并按照内审要求不断改进的知识产权管理体系，能够使 IP 管理体系既符合公司目前发展阶段的要求，又具有服务于公司未来发展的能力。

四、提高专利申请质量的特色制度设计

标准只是规定了一些关节点，在体系建立之后，根据实际需要，企业 IP 工作者应把点连成线、把线展成面，充分补充企业 IP 管理体系的内容，让 IP 管理体系从企业需求出发并最后落脚在满足企业需求、适合企业发展上。

当今 IT 领域企业，尤其是具有出口业务或在国外上市的企业，对专利的重视程度已经非常高，专利申请的布局、申请量、受权量都在呈爆发式增长。但是，对于专利质量的把握能力却比较低。规范化的专利质检不仅可以保证单个专利申请的撰写质量，更有益于确保公司专利布局（即在某些产品和技术方向上的一个或多个专利组合）目的的落实。

1. 专利质检的引入

中国《专利法》第 59 条对发明和实用新型专利权的保护范围的规定如下:"发明或者实用新型专利权的保护范围以其权利要求的内容为准,说明书及附图可以用于解释权利要求的内容"。

如图 2 所示,随着主权利要求、从权利要求的保护范围逐步缩小,顺时针方向观察,权利要求所保护的市场也逐渐减小,而竞争对手的规避方式越来越多;同时,审查员或无效申请人对于权利要求进行攻击的难度也不断增加。

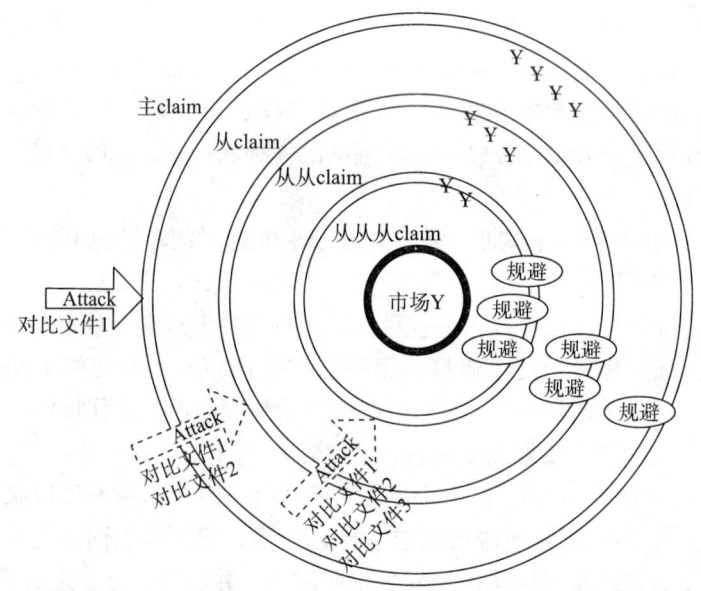

图 2　专利权利要求与市场价值、规避方式、授权难度之间的多维度关系

所以,一般认为权利要求的质量决定了专利申请权或者专利权的质量,为了得到尽可能宽的保护范围,代理人或专利工程师一般采用功能性限定或上位概念来达到抽象的目的,这也是撰写比较高质量的专利申请文件的有效手段。

但是,很多代理人和专利工程师忽视了说明书的撰写质量,而说明书质量往往能够决定专利的保护范围。举一个比较典型的例子,对上述的功能性限定特征的权利要求的解释就需要高质量的说明书的配合。

一方面,《专利审查指南 2010》第二部分第二章第 3.2.2 节中规定:"对于权利要求中所包含的功能性限定的技术特征,应当理解为覆盖了所有能够实现所述功能的实施方式。"所以,审查员在审查专利申请的权利要求是否满足新颖性、创造性的过程中,会采用扩大解释法,将所有的可能的实施方式都作为待审查对象。

另一方面,《最高人民法院关于审理侵犯专利权纠纷案件应用法律若干问题的解释》第 4 条中规定:"对于权利要求中以功能或者效果表述的技术特征,人民法院应当结合说明书和附图描述的该功能或者效果的具体实施方式及其等同的实施方式,确定该技术特征的内容。"所以,法院对于权利要求中的功能性限定特征采取了作狭义解释的立场。

所以,为了应对我国在授予专利权的过程中和专利侵权判断过程中对权利要求中的功能性限定特征采取不同的解释的情况,说明书的质量必须提高,即需要有足够多的对于本发明的不同实施方式的披露。

综上所述,专利申请的权利要求和说明书及其附图都需要进行质量检查。

2. 专利质检的内容

类似于计算机程序开发的测试阶段,专利提交之前也需要进行质检;与计算机程序的测试阶段的区别在于,程序如果有 BUG 可以修改,专利提交后大部分缺陷是无法修改的。所以,作为专利权人——企业需要专利质检,企业专利工程师需要在工作中安排专利质检的内容。

专利质检的内容取决于专利申请权和专利权在未来将要发生的对抗情况,包括审查阶段对抗、无效阶段对抗、侵权阶段对抗等。其中涉及《专利法》的驳回条款、无效条款以及形式审查条款等,还涉及申请文件是否表达了发明构思、实现了保护目的。

为了方便流程化管理,作者根据自己的实际经验,提出了一个质检流程,目的是最大限度地节约发明人的时间,同时保证质检的效果。

如图 3 所示,该质检流程的内容包括:

首先,需要发明人检查:

(1) 为了解决申请文件中所列出的技术问题,说明书公开是否充分,本领域技术人员是否可以基于说明书公开的内容实现本发明的技术方案、解决本发明的技术问题、得到本发明的技术效果(《专利法》第 26 条第 3 款 A26.3)。

通俗的解释就是:对于为了实现某一目的而公开的产品或者方法,同行们能否根据公开的内容作出该产品或有效地利用该方法。

(2) 竞争对手看到本发明的权利要求之后,是否有方法规避权利要求的范围,即没有采用权利要求的方案但解决了申请文件中列出的技术问题。

规避设计是解决专利侵权问题的有效武器,竞争对手将充分利用规避设计来瓜分市场,如果发明人不能够轻易地绕过权利要求的保护,说明权利要求抵御了基本的规避设计风险。如果能够让技术水平更高的专家来把关,可以进一步提高权利要求抗规避设计的能力。

其次,需要专利工程师检查:

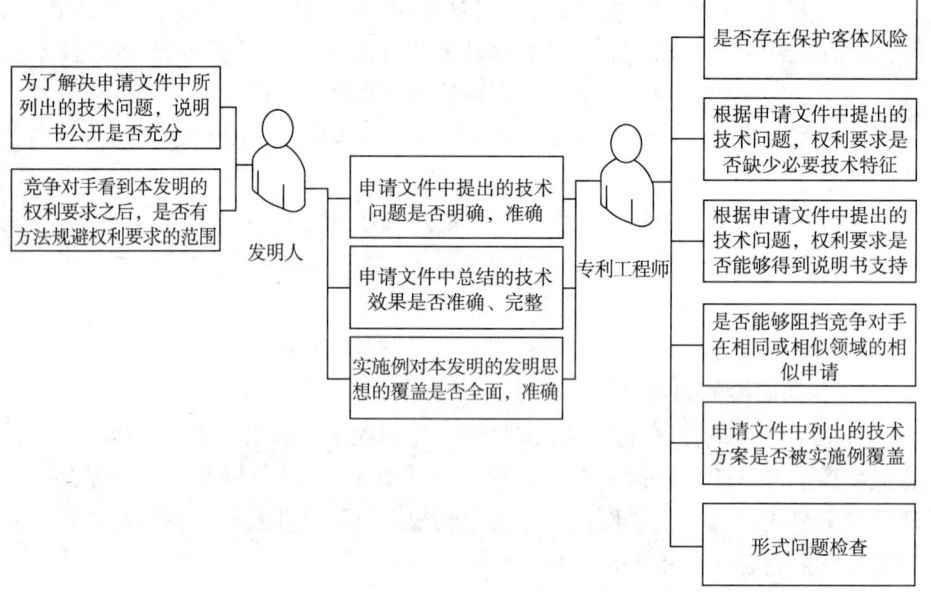

图 3 专利质检的参与人及其工作内容

（1）根据申请文件中提出的技术问题，权利要求是否缺少必要技术特征（《专利法实施细则》第 20 条第 2 款）。

为了避免出现这个方面的问题，在专利撰写过程中，尽量减少多个技术问题首次提出时的耦合度，可以在从权中进行耦合。

（2）根据申请文件中提出的技术问题，权利要求是否能够得到说明书支持（《专利法》第 26 条第 4 款）。

为了避免出现这个方面的问题，在说明书中应该尽量多地陈述或列举实施例，覆盖各种具有有益效果的可能性，争取较大的权利要求保护范围。

（3）是否能够阻挡竞争对手在相同或相似领域的相似申请。

如果公司在某个方向上没有后续的研发投入，或者知识产权布局方面的预算有限制，但又不希望竞争对手在这个方面多布局专利，影响本公司的市场行为，那么在现有的专利申请中，需要添加一些可能的屏障，尽量多地公开一些启示，阻挡竞争对手在相同或相似领域的相似申请。

该工作需要专利工程师权衡利弊，谨慎实施，因为相关的屏障不仅能够挡住对手，也有可能能够挡住自己的后续专利布局。

（4）是否存在保护客体风险，即不属于技术方案（《专利法》第 2 条第 2 款），或属于智力活动规则和方法（《专利法》第 25 条第 1 款第（2）项）。

在 IT 领域的企业，很多会涉及计算机程序相关的或者电子商务相关的专利申请，这时，专利工程师在专利质检工作中要关注保护客体的问题，客体问题如果被审查员指出，大部分发明案例都难以授权。

（5）申请文件中列出的技术方案是否被实施例覆盖。

借鉴 IBM 和 Intel 等公司的成熟经验，对于各个需要保护的技术方案，最好有实施例对其切实地覆盖，以免出现权利要求得不到说明书支持的问题。

（6）形式问题检查，例如错别字等，可以利用现有的工具软件进行。

最后，需要专利工程师和发明人共同参与检查：

（1）申请文件中提出的技术问题是否明确、准确。

（2）申请文件中总结的技术效果是否准确、完整。

（3）申请文件中列出的实施例对本发明的发明思想的覆盖是否全面、精确。

而且，有取舍地利用上述步骤，结合本公司的实际情况可以设计各种规范化专利质检。规范化专利质检就是指专利质检的流程化管理，通过规范化质检过程使质检效果不取决于某个专利工程师，而取决于专利质检流程中各个步骤的效果以及所涉及的所有人员的综合结果，从而最大限度地规避误检、漏检的风险。

3. 从专利质检反思专利申请文件的撰写

笔者通过作为研发工程师、专利代理人和专利工程师的工作经历，经过上述专利质检的实践经验，体会到一份专利申请是否能够经受审查和无效过程的考验、是否能够起到切实的保护效果，需要发明人和代理人共同设计一个策略——每个案子都是不同的，将专利权利要求的保护范围主动地逐级限缩。

如图3所示，如果能够根据市场策略、技术难度结合公司的发展方向作出综合考虑和判断，在撰写过程中就设计好这些限缩层次和修改过程，那么在审查阶段、无效阶段、维权阶段以及判断一个专利权是否值得继续维持的时候，都可以做到胸有成竹，从容应对。在撰写过程中的层次化设计，是获取高质量专利申请权和专利权的有效手段。

另外，专利工程师在实际工作中要明确或建立这样一种观念：专利的目的是保护未来（Patent is to protect the future!）。如何能够保护未来，避免企业在未来市场竞争中处于劣势或确保企业在未来市场竞争中处于优势地位，才是企业专利战略的最终目的，也是每一个专利/专利申请本身的出发点和落脚点。我们在专利申请或专利质检的过程中，要不断地提醒自己这个观念，才能设计出属于自己的或者符合本公司发展需要的专利质检方法。

关于对科技型中小企业实施专利援助工作的思考

金 源[*]

【摘要】 在国家大力实施创新驱动发展的战略的背景下,为社会经济体中最具活动的科技型中小企业留出发展空间,对其创新活动提供支持,成为影响该战略的关键因素。本文通过分析当前科技型中小企业的专利现状及其存在的问题,借鉴了美国、日本和韩国实施的专利援助措施,提出在我国实施专利援助的机构构建方式和专利援助内容。

【关键词】 科技型中小企业 专利援助 服务

一、选择科技型中小企业的原因

2013年7月,"最难毕业季"等标题不断见诸各大媒体,其意味着2013年的就业者将面临巨大的压力,而中小企业,尤其是科技型中小企业,因机制灵活、肩负着创新驱动的原动力的使命,因此,一直在该主题的媒体报道中占据一定位置。总体来看,因大力发展科技型中小企业涵盖着如下两大重要要求,因此,为其提供发展的动力具有极其重要的意义。

(一)吸纳新增就业的要求

目前来看,要解决新增就业的问题,从总体上来讲可以从两条路突破:一

---

[*] 作者单位:国家知识产权局专利局通信发明审查部。

是让大企业吸收更多劳动力，二是让中小企业吸收更多劳动力。

但据相关统计显示，在这两条路中，中小企业在吸纳新增劳动力方面发挥了更为重要的作用：中国商务部部长助理仇鸿在 2010 年举行的第三届 APEC 中小企业对话世界 500 强财富论坛上指出，"目前中国工商注册企业总数为 1030 万户，其中中小企业达到 1023.1 万户，比重超过了 99%。中小企业创造的价值相当于国内生产总值的 60%，纳税额占税收总额的 50%。近年来我国 80% 以上的新增就业机会是由中小企业创造的。❶ 在这些众多的中小企业中，高成长性的科技型中小企业因其体制灵活、创新效率高，成为吸纳众多新增大学毕业生的强大"海绵体"。

（二）实现"创新驱动发展战略"的要求

目前我国 65% 的专利、75% 以上的技术创新、80% 以上的新产品开发都是由中小企业完成的❷，其中，科技型中小企业又在其中占据很大比例，且其创新水平和影响也不逊于大企业，像如今享誉全球的微软公司和苹果公司，其初始创新产品都产生于小企业时期。

技术创新和知识产权既相辅相成、相互促进，又相互约束。技术创新推动知识产权，尤其是专利的产生，并产生了许多新的权利载体和财富源泉，使知识产权的保护范围超出原有的界限向新的领域扩展，由单一性向综合性方向演变。反之，企业的技术创新也离不开知识产权的保护和激励。知识产权，尤其是专利制度也大大激励了技术创新，为技术创新提供了制度保障，激发创新主体再创新的积极性。从而形成技术创新的良性循环。

因此，从如今众多大企业成长的历史来看，在现今的知识经济时代，科技型中小企业的知识产权建设状况（包括专利的创造、使用、保护和管理等方面）是其实现跨越发展的根本动力。因此，我国如何在十八大提出的"创新驱动发展战略"中为科技型中小企业留出一片空间，对其创新活动提供支持，成为影响该创新驱动发展战略的关键因素。

二、科技型中小企业的专利现状及存在的问题

随着现代市场经济的发展，科技型中小企业的分布领域不断拓宽，它们在国民经济中的地位日益突出，发挥了其他企业所不能发挥的独特作用。它们及

---

❶ 方巧云. 中小企业对社会充分就业的贡献研究 [J]. 商场现代化，2008 年 10 月下旬刊.
❷ 姜南，涂明. 我国中小企业知识产权保护状况实证研究 [J]. 情报杂志·党中文苑，2013 (2).

时、灵活地适应了社会多层次、多方面、快速变动的需求，并以高度灵活、适应性强的特点，在应用型与发展型技术创新上大显身手。

（一）科技型中小企业的知识产权现状

国内有学者以《2007 年全国工业企业创新调查统计资料》为数据来源（该资料是我国对中小型企业的创新情况最新调研结果），对我国中小企业知识产权保护的现状展开深入分析，各类企业的总体创新结果表现为：在智力成果型保护中，大中小型企业的保护方式类似，都是分别先选择以技术秘密进行保护，其次再以申请专利、形成技术标准和版权登记的方式进行保护，但与大中型企业略有不同的是，小型企业申请专利的比例为 6.8%，稍低于形成技术标准（其比例是 7.1%）的比例。

国内学者又对科技型中小企业进行了研究，发现科技型中小型企业申请专利的比例达到 25.6%，不仅超过整体情况下的 6.8%，还超过了有创新活动小型企业中的形成技术标准的企业比例（25.4%）。❶

因此，可以看出，科技型中小企业的无形资产中，智力成果所占的比重上升明显，并且，以专利方式进行保护的比例有大幅度升高，这说明科技型中小型企业具有对自己成果进行保护的天然动力。

（二）科技型中小企业的知识产权建设存在的问题

虽经过近些年的发展，我国科技型中小企业相较于其他类型的中小企业，已经从假冒仿制、依赖低价格优势转变到了依靠科技创新、开发自主知识产权上来，但这些科技型中小企业在专利建设中还存在如下问题：

1. 在研发阶段对专利信息的利用不足

根据汤姆森科技信息集团的研究，全世界最新的发明创造信息，90% 以上都是通过专利文献反映出来的，在研究工作中的各个环节充分利用专利文献，大概可以节约 40% 的科研开发经费和 60% 的研究开发时间。❷ 但长期以来，我国的创新主体和发明人有很强"自主创新"情结，认为创新就是从"一针一线、一砖一瓦"这样的基本要素开始，埋头苦干、开拓进取，最后取得实质性突破。正因为如此，大部分科技型中小企业缺乏利用专利信息的意识，从而造成一方面使得专利信息资源遭到浪费，另一方面科研开发工作中存在低水平

---

❶ 姜南，涂明. 我国中小企业知识产权保护状况实证研究 [J]. 情报杂志·党中文苑，2013 (2).
❷ 知识产权信息服务与自主创新论坛在京举行 [EB/OL]. (2006 - 07 - 14). http://www.china.com.cn/chinese/TEC - c/1275646.htm.

重复研究现象，使得有限的科技资源得不到有效配置，造成人力、物力资源的浪费，甚至引起侵权纠纷。科技型中小企业不善于利用专利信息成为影响其专利建设的一个关键性限制因素。

2. 在企业运营中知识产权管理制度不规范

企业知识产权管理制度应体现于知识产权的开发、利用、管理、保护的各个方面。我国大多数中小企业都没有制定完善的知识产权管理制度，即使有的企业制定了部分管理制度，也大多较为笼统，可操作性较弱。此外，由于科技型中小企业的科研项目来源、性质复杂，研究成果的产权归属呈多样性，特别某些科技型中小企业在与高校、科研院所的产学研合作中，不同利益主体之间权属不清，利益分配不均等。同时，科技型中小企业也是人员流动性较大的企业，而人员的流动极易造成作为无形资产的知识产权的流转。因此，这种知识产权管理上的不规范使得知识产权转让、许可等难以实施，甚至妨碍其创新成果的使用。

3. 缺乏专业的知识产权专门人才且不善于与中介机构合作

科技型中小企业的创业者大多是从生产研发或者市场销售一线摸爬滚打出来的，往往只重视技术的研发，忽略对技术成果的管理和运用，目前我国大多数科技型中小企业的知识产权管理工作往往由科研人员"代理"。由于缺乏将企业知识产权管理与企业业务紧密结合的专门人才，往往使企业知识产权管理流于形式。同时，科技型中小企业与中介机构之间的关系是弱耦合的关系，通常在专利申请时才委托中介机构撰写相关专利申请，而在知识产权的使用、保护和管理等问题上，不会想到请相关专业人士介入。因此，这种知识产权专业人才的匮乏妨碍了企业的知识产权经营。

三、国外的中小企业专利援助政策

科技型中小企业目前所存在的状况并非是我国所特有的现象，实际上，因为其规模小、资金紧张的共有特性，其从一诞生就存在上述先天不足，但由于中小企业，尤其是科技型中小企业是大企业存在和发展的基础，是孕育和培养大企业的母体，其活跃程度体现了一国科技创新和后续发展的活力，因此，世界各国都采取了相应措施，对中小企业，尤其是科技型中小企业进行知识产权服务支持活动。世界知识产权组织更是于2000年10月在其网站上开辟中小企业专栏，以鼓励中小企业更有效地使用知识产权体系，并促进知识产权创新，从而使知识产权体系对于中小企业而言更容易获得、更加简化且成本更小。❶

---

❶ http://www.wipo.int/sme/en.

美国、日本和韩国通过自己近几年的创新实践，已经发展出了一批具有行业领军力量的企业，他们认为，由于中小企业是孕育大企业的摇篮，因此，知识产权的援助措施对于形成这些企业起到了一定作用，因此，借鉴这些国家的先进经验对我国颇有现实意义。

（一）美　国

美国支持中小企业科技创新的政策实施主体主要包括美国专利商标局（USPTO）、发明人支持中心（IAC）和中小企业管理局（SBA）。USPTO 是实施知识产权援助政策的机关，IAC 拥有大量的与中小企业相关的出版物，并定期公布市场的最新发展动态，为中小企业技术创新提供市场导向。SBA 向小企业贷款，与联邦政府机构签订采购合同，然后转包给小企业；向联邦政府采购官员证明小企业承担联邦政府某一采购合同的能力与信用；向小企业提供技术与管理援助。这几个主体互相支持，共同保障美国知识产权相关政策的实施，这三个机构对中小企业的知识产权援助关系如图 1 所示。

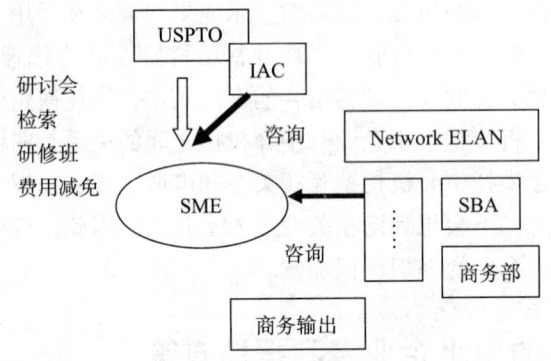

图 1　USPTO、IAC、SBA 对中小企业的知识产权援助关系

在知识产权援助政策实施上，美国的措施包括普及和重点培训相结合的知识产权培训机制，通过召开 IP 保护制度说明会，研讨会和研修班，免费进行面向包括中小企业在内社会公众的信件、邮件、电话等咨询服务等，进行知识产权的普及宣传和知识产权人才的培养工作。

针对中小企业资金紧张的问题，其实施了申请费用减免、PCT 国际申请的国内阶段费用支持、中小企业的加快审查制度等政策。同时，针对中小企业从业者知识产权认知水平参差的现象，USPTO 还设立了专家针对性服务和以仿制品、盗版品为例来论证知识产权保护的重要性等服务，同时还在网页上引入 IP 评估工具，可根据用户回答的 10 个类别的 62 个问题来评价用户的知识产权

水平,并根据用户测评结果给予个性化的知识培训。❶

除此以外,中小企业管理局还免费提供首次以中小企业为对象的包括知识产权的相关咨询在内的法律咨询服务。

(二)日 本

日本中小企业的知识产权援助实施主体包括日本特许厅和国家工业产权信息与培训中心(INPIT)。其中,日本特许厅是专利援助的实施主体,INPIT负责提供各种知识产权信息,包括举办研讨班和相关知识产权人员培训等。

日本特许厅和 INPIT 采取各种措施,向维持着日本工业基础、在推动各地经济发展中发挥重要作用的中小企业和可能建立新行业的创业企业提供全面的支持。日本特许厅对中小企业和科技型创业企业提供的援助情况如图 2 所示。

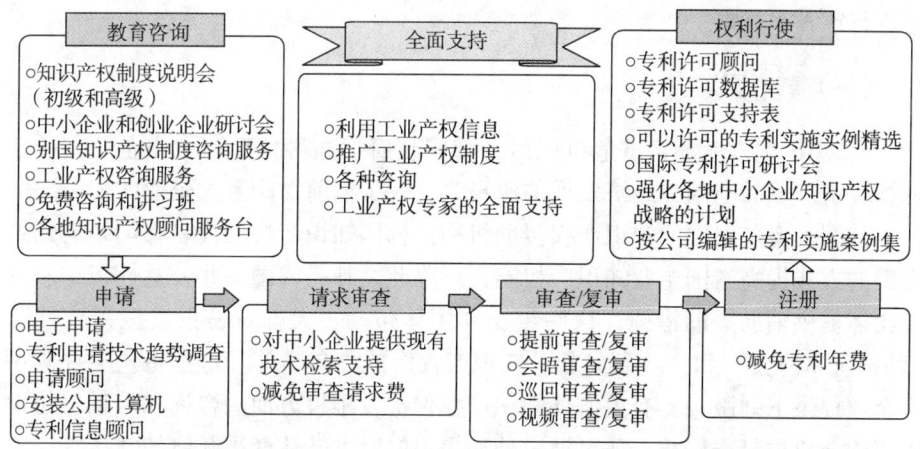

图 2   日本特许厅对中小企业和科技型创业企业提供的援助情况

其中,较为有特色的援助活动包括:

1. 专 家 服 务

(1) 日本特许厅引入了以专家身份为中小企业提供全面支持的知识产权专家。这些专家向各地企业和中小企业宣讲知识产权制度及其各项支持措施,为它们提供咨询服务,并为各地企业和中小企业开展知识产权宣传活动和人力资源发展活动。

(2) 为帮助利用专利信息促进地方工业,INPIT 根据各县政府的请求,向各地派出专利信息顾问,他们是专利信息利用方面的专家(2006 年 4 月有 54

---

❶[EB/OL]. http://www.uspto.gov/inventors/assessment/index.html.

名顾问）。

（3）为了发现大学、公共研究机构和企业拥有的可以用于许可的专利，国家工业产权信息与培训中心（INPIT）向各地派出专利许可顾问，他们是具备丰富知识产权与技术转让知识和经验的专家（2006年4月有106名顾问）。

（4）特许厅在全国提供关于工业产权具体问题的一对一专家咨询服务。

2. 申请服务

（1）为帮助正确评估是否应提出审查请求，特许厅委托私营检索组织根据申请人的申请，为中小企业和个人的专利申请进行免费的审查请求前现有技术检索，并通过邮件寄送检索结果。

（2）专利申请人为中小企业或个人的，或者申请人已经开始实施发明的审查请求，如果申请人提交"关于提前审查（提前复审）的情况说明"，则加快进行审查或复审。

（三）韩 国

自20世纪末亚洲经济危机以后，韩国政府把高科技型和中小企业定位于韩国经济产业的基础和经济发展的源泉，替代了以前财阀系大企业的地位。

韩国具有多层次的知识产权援助机构：韩国知识产权局代表韩国政府通过援助的方式提高本国企业知识产权能力。除此之外，韩国一些公益性组织和社会团体提供辅助援助措施，这些组织和团体包括"大韩贸易投资振兴公社"、"韩国贸易协会"和"与贸易相关知识产权保护协会"等。这些机构主要为中小企业提供下列服务：有关海外知识产权保护及维权方面的咨询和培训，协助雇用中介机构打击侵权，还可通过外交渠道向对方转达韩国政府的立场等。

韩国知识产权局建立的颇具特色的援助措施包括：

1. 海外维权援助

韩国知识产权局于2006年1月26日公布了《关于为了保护海外产业财产权提供审判与诉讼费用补贴的规定》。这一项目的主要援助对象是有出口业务的国内中小企业或者个人及在海外投资的中小企业与个人。当这些企业或者个人的产业财产权在海外遭侵权时，韩国知识产权局为它们提供侵权调查费、审判及诉讼费等费用方面的补贴。

2. 为技术开发和引进提供事前分析

企业在准备投入大笔资金于某个开发项目或引进国外某项先进技术时，由政府出面聘请相关行业领域的专家组成专家团对该技术涉及的知识产权状况进行分析和判定，帮助企业明确研发的方向和领域，避免企业的重复投资和技术侵权的风险。

3. 为中小企业搭建公共服务平台

运营"优秀专利产品电子商业交易系统",帮助企业拓展优秀专利产品市场,定期举办专利产品展会,号召政府部门等公共机构优先考虑购买,补贴80%的技术转让评估手续费,解决企业后顾之忧。

四、对我国专利援助工作的相关建议

为发挥中小企业在国家创新驱动中的原创力,借鉴美、日、韩等国的成功经验,针对我国中小企业较为羸弱、抗风险能力较差的现状,提供专利援助工作,是我国顺应世界经济发展之大势所趋。因此,我国可以在如下几个方面充实和优化我国的专利援助工作。

(一)整合部门资源,构建专利援助体系

虽然目前我国设立有国家知识产权局,主要负责与专利有关的事务,但由于企业的经营行为是一种完全市场行为,涵盖商务活动、金融体系、政府补贴、税收优惠、专利法律体系完善、海关体系等,因此,专利援助体系的建设绝不能单独举一个部门之力来进行,而我国由于特有的行政体系,使得政府在落实到为企业提供专利服务时,政出多门,各从业部门容易仅从自身角度出发,缺乏全局思维,不利于形成统筹兼顾。从上述韩国经验可以看出,具有浓重政府色彩的"大韩贸易投资振兴公社"、"韩国贸易协会"和"与贸易相关知识产权保护协会"等公益性组织因其是从企业的直接需求出发,因此,可以快速为企业提供援助。因此,我国可以借鉴其经验构建一专利援助体系,以贸易促进会和行业协会等为依托,以现有行政机构的相关部门为力量支撑,形成一真正涵盖中小企业运营全过程的专利援助机构。

(二)扩充和调整专利援助内容,支撑科技型中小企业创新活动

一个健康的企业知识产权制度的利用应贯穿技术研究开发前阶段以及后阶段的专利商品化、企业化、维权和保护、出口等过程中。虽然目前我国已在专利申请、审查等专利权获得方面都采取了支持策略(比如费用减免等),但从知识产权运行的全局观点来看,只有将知识产权的运用渗透到企业生产运营的各个环节中,才能有效地支持企业的创新。因此,我国还可进一步扩展和调整专利援助内容,包括:

1. 广泛开展专利现有技术分析和预警服务

我国可着力建立高水平的专利以及标准预警机制服务平台。一方面,从各

主要项目审批部门中获知即将上马的巨大投资项目；另一方面，从个体企业或行业协会接受委托，服务平台从海量的专利和期刊文献中进行查新检索、专利检索、技术跟踪检索、侵权防御检索、专利有效性检索，从而规避在先技术、防范侵权风险、抢占市场份额、节约研发时间和经费，这对于保障企业和行业良性运行，不断提高国际竞争能力和避免相关知识产权纠纷具有极强的支撑和保护作用。

面对我国目前由于中小企业专利信息利用的意识不足，舍不得花钱进行现有技术调查的现状，我国可以由政府出资聘请相关行业领域的专家组成专家团对该技术涉及的专利状况进行分析和判定，以提供专利分析指导作用。

2. 提供中小企业涉诉案件的法律援助

由于中小企业在遇到知识产权诉讼纠纷时特别是涉外诉讼，无论从企业资金实力还是专业人员素质等方面都处于弱势地位，为保障中小企业核心技术在市场竞争中的知识产权权利不被侵犯，同时也为了防止竞争对手恶意地滥用知识产权挑起诉讼争端，因此，在企业遇到涉诉案件时还应提供法律援助，为企业出具有参考价值的侵权或不侵权法律意见，使得中小企业在应诉时能心中有数，合法维权。必要时可由政府补贴委托相关的合作机构帮助中小企业代理诉讼的具体事务。

3. 调整现有资助政策，变现有的申请资助为申请部分资助

自2008年6月，国务院颁布《国家知识产权战略纲要》以来，各部门、各地区、各行各业积极贯彻落实，并出台了相应的专利资助政策。但是，目前我国的专利资助仍是申请资助政策，且国家资助资金还略高于专利申请费用。因市场"趋利"的性质，导致目前出现了一部分为追逐国家资助资金应运而生的非正常申请，造成了专利审批和各种资助资金的巨大浪费。尤其是由于现阶段我国的PCT资助政策在进行PCT国际申请阶段就给予了申请资助，因此，产生了一批故意仅提出PCT国际阶段专利请求，但不进入到PCT国家阶段的申请，造成了我国PCT申请与进入国家阶段申请数量的巨大落差，因此，建议调整现有的资助政策，在申请阶段给予部分资助，或至少使申请阶段的资助与申请费用相当，以通过该手段排除非正常申请。

（三）普及培训和针对性服务相结合，孕育科技型中小企业专利人才

专利体系的有效运行仰赖于良好的全社会知识产权文化，而普及宣传和培训是哺育上述文化的基石。但专利因其专业性，在非从业人员眼里显得枯燥而深奥。因此，我国可搜集企业专利战略的生动案例［如美国伊士曼柯达（Kodak）公司因未利用专利分析进行规避设计，导致其侵犯了美国宝丽来

(Polariod)公司拍立得相机专利权,遭受损失30多亿美元等这种案例向大众普及专利相关知识],以激发公众和媒体对专利的兴趣程度。

此外,由于中小企业规模较小,一般缺乏在知识产权方面既懂理论又懂实践的人才,因此,我国应建立专家队伍,派遣专家访问中小企业进行专利的综合性支援,弥补中小企业在知识产权人才方面的不足。同时,我国可以以优秀企业的知识产权机构设置和考虑作为示范性蓝本,协助科技型中小企业构建自身的体系。

同时,针对我国专利综合化人才缺乏而专利审查人才相对充裕的现状,我国可适当释放出一部分审查人才,在各种贸易促进委员会、各中小企业和司法机关进行交流,一方面可迅速提升其专利实务能力;另一方面也可对中小企业提供有力的专利运用指导,并进一步通过此举发挥专利普及的辐射作用,使中小企业可用、会用专利制度保护自身创新成果。

参考文献

[1] 赵亚静. 典型国家中小企业知识产权建设经验及其对我国的启示[J]. 内蒙古社会科学:汉文版, 2013 (2).

[2] 王珏, 陈建宏. 对中小企业知识产权支持策略的思考[J]. 企业经济, 2010 (1).

[3] 姜南, 徐明. 我国中小企业知识产权保护状况实证研究[J]. 情报杂志, 2013 (2).

[4] 方巧云. 中小企业对社会充分就业的贡献研究[J]. 商场现代化, 2008 (10月下旬刊).

[5] 知识产权信息服务与自主创新论坛在京举行[EB/OL]. (2006-07-14). http://www.china.com.cn/chinese/TEC-c/1275646.htm.

[6] 谭春生, 郑淑荣. 关于我国中小企业知识产权建设的思考[J]. 东北师大学报:哲学社会科学版, 2013 (2).

[7] 夏玮. 科技型中小企业专利行为分析——上海、慕尼黑四家中小企业案例比较研究[J]. 情报杂志, 2013 (4).

[8] 陈晓红, 马鸿烈. 中小企业技术创新对成长性影响科技型企业不同于非科技型企业?[J]. 科学学研究, 2012 (11).

[9] 李明德. 中小企业知识产权海外维权中的几个问题[J]. 知识产权, 2013 (1).

企业专利分析方法及其对企业技术研发策略的影响
——以某品牌冰箱在华专利申请为例

王 帅* 张 雪* 武 姿* 张 宇*

【摘 要】 企业专利分析对企业自身和竞争者而言都是至关重要的技术情报，其为企业自身明确技术优势和市场核心竞争力、提供创新灵感、确定研发方向、节约科研经费，竞争企业也能够从中获得技术启发，适时调整研发策略，规避侵权风险。本文以某品牌冰箱在华专利申请为例说明了企业专利分析的方法，并给出对企业技术研发策略的启示和指导作用。

【关键词】 专利情报 企业专利分析 技术研发策略

一、前 言

专利是记载专利内容的文件资料及有关出版物的总称，是世界上最大的技术信息源，根据世界知识产权组织（WIPO）的统计，专利包含了世界科技技术信息的 90%~95%。[1] 专利文件中完备记载了发明创造有关的技术方案，技术内容相对可靠，并且高度标准化，便于检索阅读，企业能够从中了解到相关的现有技术、知晓行业的核心技术发展趋势、明确行业竞争态势。[2] 对于某一企业在其核心技术领域的专利信息进行加工、整理和分析后，往往更容易获得

---

* 作者单位：国家知识产权局专利局专利审查协作北京中心。
[1] 张建升，张占江，谭南，李海丽，容淦，张华山. 专利分析在技术研发中的应用 [J]. 吉林工程技术师范学院学报，2013，29 (9).
[2] 郭婕婷，肖国华. 专利分析方法研究 [J]. 情报杂志，2008 (1).

该企业在该领域的技术演变、市场态势和发展预期。而上述技术信息，一方面对于该企业而言，能够为其提供创新灵感、确定研发方向、避免专利侵权、节约科研经费；另一方面对于其他企业而言，也能够明确竞争对手在行业内的技术水平和研发热点，适时调整自身技术创新方向，节约科研经费，因而，企业专利分析作为重要的技术情报，对于各方公司的创新技术研发而言都具有较高的商业价值和重要意义。

本文以某品牌冰箱在华专利申请为例说明企业专利分析的方法，并在此基础上分析了其对企业技术研发策略的启示和指导作用。

二、以某品牌冰箱在华专利申请为例说明企业专利分析的方法

（一）数据准备

首先，需要了解企业背景，包括公司成立年份、发展历程、涉及业务、分公司数量、工厂数量、改制和转型等重要事件、产品市场分析、社会关于该公司的评论等。以某集团（韩国品牌）为例，其长达50年的发展历史中在家用冰箱、医用冰箱等多方面制冷领域进行技术研发，在行业内始终处于高端定位，市场表现良好，其在华发明专利申请涉及A、B、C、D四个子、母公司，冰箱这一部件的标识又可能涉及冰箱、冰柜、冷柜、冷库、冷藏、冷冻箱、冰吧、保鲜柜、展示柜等多个关键词。其次，在国家知识产权局CPRS专利数据库进行初步检索，比较分析了分类号和/或关键词与申请人同时限定得到的检索结果。最后，通过进一步的浏览、筛选、修正，选取更为全面准确的关键词与申请人同时限定得到的847篇专利申请作为样本，检索日期截至2013年8月10日。

（二）专利申请总体概况

如图1所示，截至2013年8月10日，该集团冰箱领域在华专利申请为847件，其中发明专利申请为488件，占其在华专利申请总量的58%，外观设计专利申请和实用新型专利申请分别为214件和155件。由于发明申请相较于实用新型申请更具创造性高度，外观设计申请则反映了企业对于产品外形的重视度。因而，该集团冰箱领域在华申请主要关注点在于产品的核心技术创新，同时也对外形美观度有诸多期许，这也很符合韩国品牌的市场策略以及中国消费者的消费偏好。

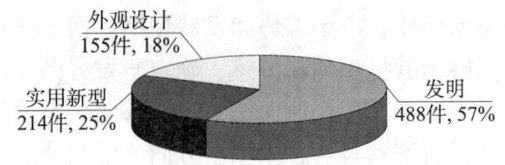

图 1　某集团冰箱领域在华专利申请总体情况

图 2 是某集团各公司冰箱领域在华专利申请分布情况，其中：A 公司在冰箱领域的发明专利申请为 439 件，占总申请量的 75%；外观设计专利申请为 128 件，占总量的 22%；其余约 3% 为实用新型专利申请。可见其作为其本土研发企业在科技立足点较高的情况下，同时也看中消费者对于产品外观的喜好。对于在华子公司 C，由于前期多作为该集团的海外生产基地，较少涉及核心技术，从 2003 年才开始逐渐进行递交冰箱领域的专利申请，其专利申请中 75% 为实用新型专利申请，发明专利申请仅占总量的 15%。可见，该集团还是将主要的研发精力放在本土，作为其最大的海外冰箱生产基地，C 公司对于该集团的核心科技接触得并不算广泛。此外，B 公司作为该集团的韩国子公司也仅仅在华递交了 11 件发明专利申请，而且多作为 A 公司的共同申请人。刚成立不久的在华子公司 D 也仅提交了两件实用新型申请，远远没有进入该集团的创新科技领域。

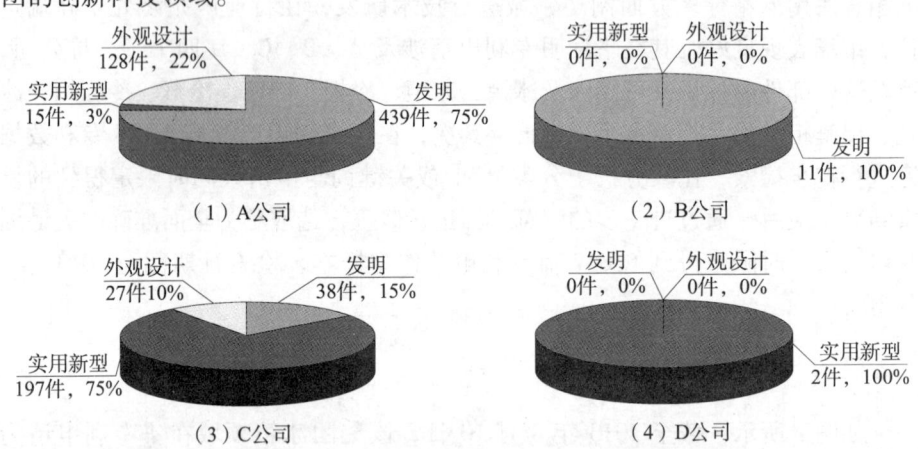

图 2　某集团及其公司冰箱领域在华专利申请分布情况

图 3 是对某集团冰箱领域在华发明专利申请的逐年统计，从其发展分布态势可以看出，该集团从 1989 年开始以 A 公司为申请人向中国国家知识产权局递交专利申请，并自 1992 年中韩正式建交后呈申请量逐年上升趋势，说明该公司对冰箱的在华市场十分重视。之后，申请量于 1997~1998 年度达到高峰，

每年有40~45件发明专利申请,然而随着1998年亚洲金融危机的到来,公司也不可避免地迎来了经营的挑战时期,由于其将集团的业务重点放在了数字产品上作为对市场与经营环境变化的应对,因而,1998年后其冰箱领域的申请量快速跌至谷底,2000年甚至只有2件。但之后,随着亚洲经济的复苏,A公司又渐渐恢复了对中国市场的信心,为了增加该领域在华的市场竞争力,其逐年增加在华发明专利申请量,并于2005~2006年度攀升最高点,可见,集团在逐渐恢复自己的经济实力后,更加重视中国的冰箱市场。由于申请量直接反映了集团公司的科技研发能力,因而我们也不难发现,该集团的核心技术都掌握在集团本土。然而,上述情况直至2006年开始发生改观,C公司逐渐作为独立或者共同申请人参与该集团的在华申请,这也说明了该在华子公司不仅仅作为海外的冰箱生产基地,而逐渐参与到集团的自主创新和技术研发之路。但是C公司的加入并没有增加该集团的发明专利申请量,A公司的在华申请反而逐年减少,2008年遭遇全球经济危机时该集团出现了明显的疲软态势,2009年的"爆炸门"事件更是给该集团冰箱事业部雪上加霜,其在全球召回21万台冰箱的同时,更无暇顾及新的技术研发——2009年发明专利申请量仅为个位数。而后,虽然A公司的发明专利申请量再度复燃至每年20~30件,在华子公司C的发明申请每年却仅有六七件,这与当时中国冰箱市场的竞争力分布态势有关,不仅仅有海尔、海信等本土企业的逐步兴起,还有诸多国外知名冰箱厂商的猛烈夹击,该集团始终很难对中国冰箱市场取得颠覆性的成功,其在华发明专利申请量也很难达到之前的高度。

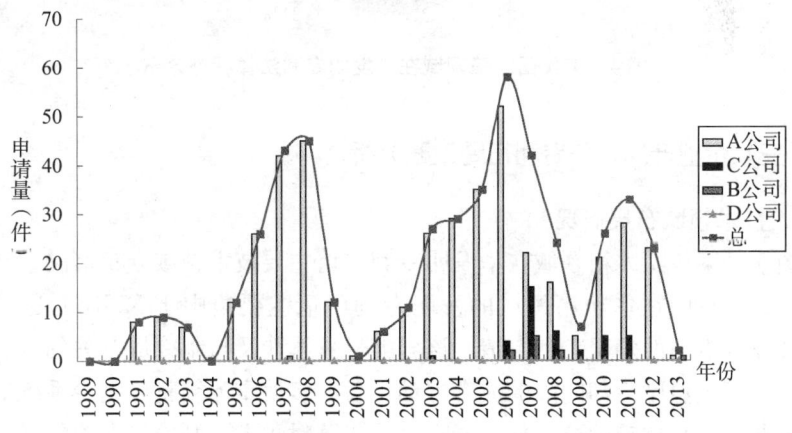

图3　某集团冰箱领域在华发明专利申请的逐年统计

从图4的某集团在华冰箱领域发明专利法律状态分布同样可以看出该集团

在中国冰箱领域的市场占有率和竞争力。在授权、视撤、终止、驳回和放弃等已结案件中（注：此处"授权"量指专利权维持和公告封卷的专利数目，即存活量），终止、视撤、放弃案件占到总量的69%，授权量仅为19%，这充分说明了该集团的发明专利申请的存活率是并不高的，也间接反映出该集团的在华专利申请的质量并不乐观。其中，专利权的终止和放弃均意味着专利权的效力不在，通常终止是因为申请人不缴纳年费导致专利权自然终止，这32%的较高比例也说明了尽管该集团的发明专利的创造性高度还不错，但是由于其在中国冰箱市场面临严峻的竞争压力，而专利权的维持也需要一笔不小的经济支出，在权衡产出比的情况下，其不得不选择终止很多已授权的发明专利申请。对于放弃和视撤的案件，其共占已结案件的38%，这暗示了该集团对于自己递交的发明专利申请，或者很难提出有说服力的创造性依据，或者由于各种原因选择中途放弃，这也说明该集团对于中国冰箱市场并不占有很多技术的核心竞争力，而且确实对于该市场信心不够坚定，在面临强大竞争和各种经济危机时，对于专利技术没有强烈的自我保护的需求和意愿。

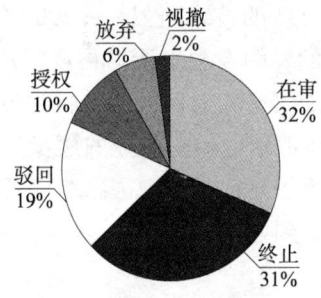

图4　某集团冰箱领域在华发明专利法律状态分布

（三）企业产品在华专利布局策略分析

1. 技术领域布局概况

图5是某集团冰箱领域在华发明专利申请主要技术领域分布情况，从中可以看出，该集团在华冰箱领域的发明专利申请主要集中于F25D11这一大组中，共涉及144件发明专利申请。该分类号具体涉及与制冷机有关的设备，特别是带有不同温度冷却间隔的成套移动设备，多偏重冰箱整体制冷系统的改进而非细节，也是冰箱的核心技术所在，该集团对于上述制冷机有关的整体设备方面寄予了更高的重视度。而排名第二位的技术领域F25D23这一大组主要涉及冰箱一般结构特征，其涉及申请量比F25D 11略少。而熟悉冰箱领域的技术人员都知晓，冰箱一般结构特征历来而且近年更甚作为各商家的竞争利益点，

这些小部件的改进需要投入的研发精力较少，但是对于消费者而言更为直观，也更具市场潜力。该集团作为知名的冰箱制造企业当然也乐于发掘该领域的价值导向，因而将其作为第二大研发重点。从各技术领域的申请量、授权量和存活量的分布比例关系，也可以看出，该集团的主要研发精力和技术优势仍然在冰箱的制冷系统这一核心技术方面，细节改进其次。

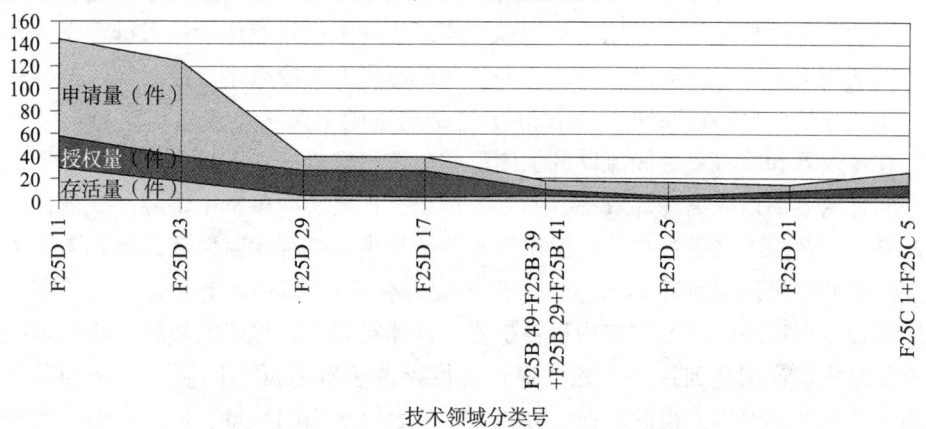

图5　某集团冰箱领域在华发明专利申请主要技术领域分布情况

2. 申请集中领域的专利技术分析

该集团冰箱领域在华发明申请主要集中在 F25D 11 这一分类号大组，具体涉及与制冷机有关的设备，其中最多申请（申请量 144 件）集中在 F25D 11/02——带有不同温度冷却间隔的电冰箱和 F25D 11/00——成套制冷设备电冰箱，这一领域势必具备该集团的研发特点，故针对这一技术领域作进一步分析。

通过检索申请人和分类号获得该集团在华专利申请中，主或副分类号中带有 F25D 11/02 的发明专利申请共 115 件。仔细浏览上述文献，不难发现，作为集团的核心研发技术领域，在冰箱的温度控制方面，集团科技人员下足工夫，并且，在这 22 年的长跨度研发周期内，集团也具有明显的研发特点——这 115 件领域申请中，涉及"风冷冰箱"的专利有 71 件，涉及"直冷冰箱"的专利有 9 件，其中还有 11 件涉及冰箱结构如门、壁的改进属于两种冰箱共通的。可见，该集团冰箱温度控制领域的主要研发精力位于"风冷冰箱"，这也是大中型制冷冰箱的热点技术所在。

通过阅读上述"风冷冰箱"领域的 71 件专利，标引解决的技术问题、采用的主要技术手段和取得的技术效果，能够总结出该集团在"风冷冰箱"温控领域的技术发展历程，如图 6 所示。1991~1994 年，早期集团多通过间室间风道设置将冷冻室冷却空气回流至冷藏室;接着1995年,出现了位于冷藏室后壁设置的螺旋引导件均匀出三维冷风的温控技术,同年,研发出冷冻室、冷藏室分设两个串联蒸发器的技术特点后,将上述出三维冷风的螺旋引导件与串联蒸发器联合使用进一步提高温控效果;1997年,集团继续对上述结构中螺旋引导件的螺旋叶片稳态角度进行控制以期维持温度平衡,同年,进一步提出模糊适应模型理论——以冷却风扇和压缩机的工作状态作为输入推理温度传感器的周边温度,以向冷风排放方向控制器提供有关冷风排放控制叶片的叶片静止角度的信息;1998年,集团在上述结构基础上又进一步增设一种防止空气在蒸发器和冷藏室之间流动的关闭机构以使得螺旋冷气直接进入冷藏室而不在间壁内流动以提高冷却效率,同年,增设挡板实现冷藏室中供应冷气的区域的调节来避免冷藏室过冷,之后增设螺旋叶片出口的百叶窗以使气流均匀,并且实现叶片可调得到冷却流量、方向的智能化控制。1999年开始,随着国内变频技术在压缩机方面的应用日益扩张,该冰箱明显转移研发战略,将保鲜技术从结构设计调整到控制方法,通过温度检测装置依据不同制冷周期和腔室内、外状态调整压缩机的转速,并进一步配合以风扇的风量、风速调节,实现

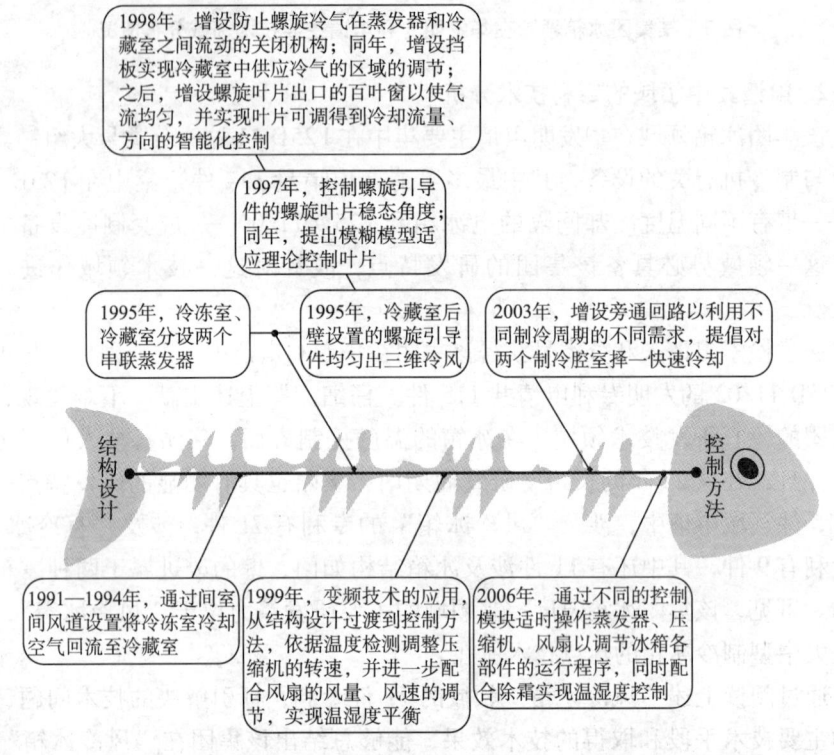

图6 某集团风冷冰箱在华"保鲜"技术研发历程

制冷腔室内的温湿度平衡；2003年，该集团又提出在固有制冷循环中增设旁通回路以利用不同制冷周期的不同需求，提倡对两个制冷腔室择一快速冷却的控制方法；2006年后，集团对于温湿度控制领域主要采取的技术手段都在于，通过不同的控制模块适时操作蒸发器、压缩机、风扇以调节冰箱各部件的运行程序，同时配合除霜功能来实现；2006年至今，该集团27件风冷冰箱相关申请中18件具体涉及上述智能化温湿度控制方法，这也是整个行业基于冰箱市场日益增长的"保鲜"需求而普遍集中的研发重点。

此外，该集团还有一个重要的技术分支在于，最大化冰箱内部冷藏室的容积，如图7所示。

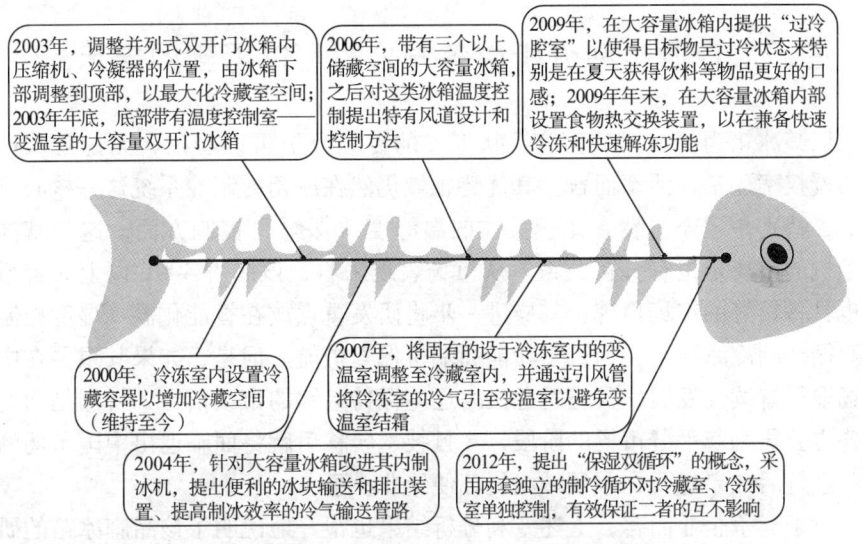

图7　某集团大容量风冷冰箱技术研发热点

在这一领域，其于2000年提出在冷冻室内设置冷藏容器以增加冷藏空间的发明申请后；2003年，又提出调整固有的压缩机、冷凝器的设置位置，将其由冰箱下部调整到顶部，以最大化下部冷藏室的空间的技术方案，而这一方案主要应用在并列式双开门冰箱内，2003年年底，集团提出底部带有温度控制室——变温室的大容量双开门冰箱，以对近期食用的鱼、肉进行保鲜冷藏；2004年，鉴于大容量冰箱普遍具有的标配设备是制冰机，集团在冰箱内部增设了便利的冰块输送和排出装置，提高制冰效率的冷气输送管路；2006年，又提出了带有三个以上储藏空间的大容量冰箱，以及之后对这类冰箱温度控制而提出的风道设计及控制方法；2007年，其对于大容量双开门的变温室设计又研发了新的技术方案，将固有的设于冷冻室内的变温室调整至冷藏室内，并通过引风管将冷冻室的冷气引至变温室以避免变温室结霜影响保鲜效果；2009年，集团提出在大容量冰箱内提供"过冷腔室"以使得目标物呈过冷状态来（特别是在夏天）获得饮料等物品更好的口感，年末，更是提出在大容量冰箱内部设置食物热交换装置，以期在快速冷冻食物的同时还能够解冻冷冻食物；2012年，还提出"保湿双循环"的概念，采用两套独立的制冷循环对冷藏室、冷冻室实现彻底的最佳的单独控制，有效保证二者的互不影响。可见，从2005年至今，该集团在本分类号下的风冷冰箱全部涉及大容量双开门冰箱，而且市场预期并不仅仅在于增大容量，而是获得一种全方位多功能的高端冰箱，这也能够明确该品牌在冰箱领域的技术热点和市场定位。

三、从企业专利分析中各方公司可以得到的启示

以某冰箱为例，对其而言，从上文的专利分析可以看出，无论是从申请量、授权率还是存活率而言，其优势领域仍然在冰箱的制冷系统这一核心竞争力上，特别是现今消费者比较关注的温湿度"保鲜"控制方面，这与其高端大型机的市场定位有直接关系。从市场表现来看，该品牌400L以上大容量冰箱也具备较好的市场口碑，其应进一步将研发重点放在智能化温、湿度控制以及双循环制冷系统上，为其多功能高端机保驾护航。但是，如果其想要在中国市场取得持续性发展，其应对危机时还应保持足够的市场信心，特别是面对现今各方公司崛起平分市场的阶段，一旦技术转移后就将面临退出中国市场的风险，濒危后如果想要在本领域内复苏便绝非易事了。

对于竞争企业而言，上述专利分析结果也很好地说明了该品牌冰箱的研发核心所在，其在进行本企业冰箱领域的技术研发时，可以适时调整研发策略，将重点放在其他改进点，或者同样针对温湿度"保鲜"控制问题，采取与该集团不同的技术手段，当然也可以汲取该品牌的创新技术启发，站在巨人的肩膀上获得更高质量的创新技术研发成果，来增加市场竞争力，并且能够避免浪费科研经费或者可能造成侵权纠纷。

扩展到一般技术领域，由于科技研发都需要借鉴他人的已有成果，在此基础上进行创新或者消化吸收再创新，企业的专利分析结果能够使企业自身明确优势和弱点所在，有助于企业制定有针对性的技术战略[1]，特别是在较长的技术研发周期内整个集团的技术演变历程，避免各子公司甚至各研发人员之间的重复劳动，大大降低创新风险。同时由于专利申请的布局直接关系到核心技术

---

[1] 宋巧技，方曙. 专利信息分析方法在企业战略制定中的应用［J］. 现代情报，2007（10）.

的发展和市场走向的变化，这也能从侧面给出启示，当技术策略转移后再重新投入容易形成科研的断档期，不利于核心技术的持续发展。对于竞争企业而言，了解对手的专利申请情况，这在获取高质量的创新技术研发成果的同时，还可以认清竞争对手的优势、劣势、能力、面临的机会与威胁、技术战略，获知对手的潜在市场甚至其市场合作策略，并且能够根据分析结果适时调整自身的研发策略，规避侵权风险，所谓知己知彼才能百战不殆，专利分析结果对于竞争企业而言也更具商业参考价值。

综上，企业专利分析为企业的战略提供了更广阔的应用前景，从专利数据中挖掘出更多有价值的竞争情报，对企业自身以及竞争对手而言都是至关重要而且行之有效的战略管理途径。

贯彻企业知识产权管理标准
构建知识产权全过程管理体系

孙 朗[*]

【摘 要】

本文通过对我国企业知识产权管理现状和实践经验的研究，结合企业运营发展全过程对知识产权管理提出的实际需求，从《企业知识产权管理规范》国家标准的诸项要求出发，梳理提出企业知识产权全过程管理"三纵三横"的脉络框架。该管理体系模型将企业知识产权管理划分为三大部分：企业文化、外部支持和管理实体，其中核心的管理实体部分包括战略层、支撑层、实务层三个层次。企业可以通过实施该体系助其贯彻知识产权管理国家标准，实现对知识产权全过程和系统化的管理和运用。

【关键词】

企业 知识产权管理 贯标 全过程管理

一、引 言

当今世界，科技迅猛发展，产品快速更新，创新日趋开放，经济全球化、贸易自由化使得市场的控制手段和竞争格局发生重大变化。联合国主要成员国国民生产总值的50%以上依赖知识创新[1]，对市场趋势的掌握及对关键技术的研发已逐渐成为企业活力的决定要素。知识资本，包括人才资本、信息资本、组织资本和知识产权资本，已取代物质资本成为创造价值的主要原动力。知识产权因其集经济、技术、法律属性于一体，更加成为企业生存发展的重要战略性资源，成为企业参与国际竞争的入场券和进攻防御武器。企业能否有效组织

---

[*] 作者单位：国家知识产权局专利局实用新型审查部。

[1] 李宗南. 改变中国的密码 [M]. 北京：北京大学出版社，2012.

对知识产权的整体谋划和管理,对其在国际市场中能否占据并保持竞争优势发挥着至关重要的作用。

我国政府高度重视推动企业加强知识产权管理。2013年3月1日,国家标准《企业知识产权管理规范》(GB/T 29490—2013)(以下简称"国标规范")颁布实施,旨在指导企业建立科学、系统、规范的知识产权管理体系,帮助企业全面落实知识产权战略精神,积极应对知识产权竞争态势,有效提高知识产权对企业经营发展的贡献水平。5月23日,国家知识产权局启动企业知识产权管理标准推行工作(以下简称"贯标")。2013年六七月,工业和信息化部分别针对工业企业和中小企业发文,指导和支持企业开展知识产权贯标工作,促进企业增强创新能力和核心竞争力。可以说,知识产权管理是现代化企业管理的重要组成部分,是我国企业快速崛起、进入可持续发展良性循环阶段、参与国际竞争的必然选择。

二、企业知识产权全过程管理的概念及建立管理体系的必要性

企业管理涉及战略、运营、人力资源、信息化、企业文化、成本控制及法律机制等方方面面,其最终目的是赚取利润、谋求发展。在企业管理中,知识产权管理以企业的财务、技术、法律管理为基础,并与之相结合发挥总和作用,为实现企业的总体发展目标服务。由于知识产权作为无形资产的依附特征,其贯穿于立项研发、产品生产及市场销售等企业经营发展的全过程,渗透于立项评估、委外协作、商业谈判等具体事务,各环节密切关联、有机结合、相互影响,涉及的对象、程序复杂,且延时效应明显,可说是牵一发则动全身,因此,若要整体把控、有效管理知识产权,必然提出"全过程"的要求。

(一)企业知识产权全过程管理的概念

对企业知识产权全过程管理存在广义和狭义两种理解。狭义的知识产权全过程管理是指以知识产权对象本身为着眼点,对企业的知识产权无形资产在其生命周期全过程中进行有效维护、运用和管理;广义而言,知识产权全过程管理是指将知识产权视为资本,从企业的长期发展着眼,把对知识产权的考量、运用和管理嵌入企业决策管理、研发管理、产品管理、营销管理等运营全过程。

国标规范对企业知识产权管理的"全过程"要求将广义与狭义两种理解相结合,包含三个层次的含义:全要素、全流程、全历程。全要素,是指人、

财、物及产、供、销全部纳入知识产权管理对象；全流程，是指将知识产权管理融入产品立项、研发过程及采购、生产、销售和售后的全部管理过程，且各环节相互协同、良好衔接；全历程，是将管理贯穿知识产权的获取、维护、运用、保护及失效的全生命过程。

已有的对于知识产权全过程管理的研究主要集中在重大专项、科研管理、产品开发等范畴，侧重于促进在科研项目的立项、开发、验收和实施各阶段中运用专利资源、获取专利成果，内容涉及专员制度、经费管理、安全保密、绩效考评、权属分配等方面，提出了一些制度性、流程性模型。这些制度设计、管理模型与企业的实际需求还存在相当大的差别，指导借鉴价值有限。本文以国标规范为纲，结合企业实际需求和贯标要求，研究提出企业知识产权全过程管理体系模型。

（二）建立企业知识产权全过程管理体系的意义和必要性

企业知识产权管理的对象包括专利、商标与品牌、著作权、集成电路布图设计、商业秘密、技术诀窍等，对于技术密集型企业而言，专利无疑是最为重要的知识产权。企业知识产权全过程管理的目标是促进企业技术创新，获得大量专利尤其是核心专利技术，并依靠知识产权的法律保障力实现技术安全和经营安全，最终提升企业的投资价值。投资价值包括内部投资价值和外部投资价值。内部投资价值是指企业在产品研发、生产制造、市场销售等方面进行投资的回报率，通过专利战略布局、专利信息利用、专利权利保护等管理手段，提升产品和服务的竞争力、减少成本开支、降低法律或财务风险。外部投资价值是指，通过对知识产权资产的积累、维护和运营，掌握足够的知识产权筹码，能够用于与竞争对手、供应商、客户等进行谈判，获得有利形势。

瑞士洛桑国际管理学院（IMD）2012年世界竞争力年鉴显示，中国位列国家整体竞争力排行第23位，技术基础建设排行第26位，科技基础建设第8位。世界经济论坛（WEF）发布的2012~2013年全球竞争力报告显示，中国位于企业成熟度榜第45位，创新能力榜第33位。可见，在较好的科技基础建设之上，我国企业并没有获得相应的创新能力，丰富的科研资源未能有效转化为现实生产力。这与我国企业成熟度较低不无相关，没有商业模式和管理思路的创新，技术的创新行之不远，这也正是推动企业建立知识产权全过程管理体系的必要性所在。因此，国标规范中突出体现了全过程管理的原则和理念。同时，帮助企业快速而有效地建立知识产权全过程管理体系，使企业能依据其整体政策与目标，制定最佳的知识产权管理解决方案，提高知识产权对企业经营发展的贡献度，也是我国知识产权管理服务业的社会责任和发展方向。

三、企业知识产权全过程管理的需求解读

当前，在我国政府鼓励与扶持政策的带动和激烈的国际竞争外部环境的刺激下，我国企业保护知识产权、建立知识产权管理制度的意识逐步增强，已有相当一批企业在知识产权工作方面取得了长足进步，积累了知识产权管理和运用实践经验，但仍然有相当数量的企业对知识产权价值的认识薄弱或片面，知识产权意识和管理手段落后于其在商业上的迅速发展，缺少统一的战略指引、缺乏有效的组织机制、知识产权资产价值不高、权利与风险失衡。以下通过分析知识产权对于企业运营所具有的多方位的价值和作用，来厘清企业对知识产权全过程管理的需求。

（一）企业基础运营对知识产权管理提出的需求

知识产权对于企业基础运营的价值主要包括：促进技术创新转化，占据领先地位；提高产品附加值，扩大市场份额；防范知识产权风险，保障经营安全；实现资本化证券化，获取投资融资；获得商业信誉荣誉，赢得社会认可。

相应地，企业基础运营对知识产权管理提出的需求表现为以下四个方面：一是实现知识产权资产积累，如营造鼓励创新、尊重知识产权的企业文化，进行知识产权挖掘、申请与价值评估管理等；二是实现知识产权资产维护，如管理知识产权相关成本核算、知识产权事务流程等；三是实现知识产权商业运用，如利用知识产权情报分析指导研发方向和市场分析，开展知识产权许可转让、合作并购、质押融资等；四是实现知识产权法律保护，如进行保密管理、避免侵权管理、风险预警管理、诉讼应对等。

（二）企业"走出去"对知识产权管理提出的需求

目前，国内许多企业开始加快国际化进程，在前所未有的全球市场机遇下，企业也处于严峻的知识产权博弈之中。根据美国国际贸易委员会（USITC）网站公布的数据，2012年，USITC共发起"337调查"案件40起，我国企业遭受"337调查"案件13起，是涉案数量最多的国家，其中12起以专利侵权为诉由发起，1起以版权侵权为诉由而发起。遭遇"337调查"会使产品因某个技术点上存在专利侵权而使整个产品甚至整个企业遭到封杀，对企业科技创新、出口成本、市场开拓造成沉重打击。因此，我国企业迫切需要在科技创新的同时甚至早期进行高质量的知识产权尤其是专利布局，保障研发投入获得预期成果和市场回报。

知识产权对企业参与外部竞争的作用主要包括:通过自主创新参与全球竞争,延迟产品的趋同化;参加标准制定,引领市场,加速技术应用;保证参与国际合作或交易时获得有利条件;利用交叉许可、反诉等策略寻求制衡,形成应对知识产权侵权指控的防御手段。

企业"走出去"对知识产权风险管理的需求可分为两个方面:一是风险未实际发生时,要增强国际知识产权意识,加强知识产权全球布局,建立知识产权风险预警机制和风险防范策略,主动避免侵权、避免技术秘密外泄,强化企业内部研发档案管理和知识产权审查管理,通过有效的企业内部控制和外部资源利用,改变引起风险事故的条件,避免、消除和减少风险事故发生的机会;二是风险实际发生后,要组建专业团队,建立有效的纠纷应对流程,合理利用法律手段,灵活运用知识产权策略转移风险,帮助企业尽可能减少损失。

四、企业知识产权全过程管理体系构建

企业知识产权全过程管理体系依据国标规范,将国标规范要求细致化、具体化,面向企业需求,对企业知识产权管理活动的标准化建设提供引导和支持。该体系将企业知识产权管理横向划分为三个部分:企业文化部分、外部支持部分、管理实体部分。企业文化部分指企业的知识产权文化建设;外部支持部分指企业与外部的知识产权智囊或第三方服务机构的对接合作;管理实体部分为企业知识产权全过程管理体系的主体。纵向包括战略层、支撑层、实务层三个层次(见图1)。

图1 企业知识产权全过程管理体系示意图

（一）企业文化部分

由领导决策者到每个员工的全员参与是贯标的重要原则之一。企业知识产权文化建设是企业知识产权全过程管理体系得以有效运转的重要前提和保障，因此将其作为有别于管理实体部分各层次而独立设置一个部分。对知识产权制度的认识、对知识产权的尊重、保护知识产权的意识、对知识产权价值的认同，构成企业知识产权文化的核心内容。企业文化建设是长期而无形的过程，知识产权文化建设既依赖于整个社会知识产权环境等因素，更离不开企业持续提供有价值的教育和宣传，积极创设激励创新、尊重人才、诚信守法的文化氛围。

（二）外部支持部分

随着科技、经济发展，社会分工越来越细，专业化程度越来越高，组织规模不是越来越大，而是越来越精确，行业间横向协作成本越来越低。因此，企业在面对繁复的知识产权工作时，大可不必将所有具体事务揽入内部知识产权管理机构的职能范围，而是借助外部早已应需而生，正在快速成长的知识产权服务机构作为智囊，联合精通知识产权诉讼的诉讼律师、熟悉涉案专利技术的专利律师、具有丰富经验的专利检索分析师等外脑，组建优秀的知识产权管理联合团队。因此，外部支持亦成为企业知识产权管理体系不可缺少的一部分。在甄选知识产权服务机构与开展合作的过程中，应当注意慎重选择、互相配合、分类合作、自我保护，尽可能建立长期、深入的良好合作关系。

（三）管理实体部分

管理实体部分是企业知识产权全过程管理的核心和关键。国标规范指出，贯标应考虑以下因素：①经济和社会发展状况，法律和政策要求；②企业的发展需求、竞争策略、所属行业特点；③企业的经营规模、组织结构、产品及核心技术。部分因素对知识产权管理的影响或有规律可循，更多的情况则需要企业根据自身特点具体分析，选择适合的知识产权管理策略。因此，本文将从目标、内容和原则、理念等方面对各层次模块进行基本的分析把握。

1. 战略层

战略层管理目标为制定企业中长期知识产权战略、发展规划、目标和方针。知识产权战略规划是企业所有知识产权工作的纲领，是指导方方面面各项具体工作的总体原则和方向。战略规划的制定需站在全局性角度，以前瞻性视角，在综合分析企业内部环境（如自身性质、规模以及经营目标等）和外部环境（如法律环境、行业状况、产业链环境、专利竞争态势等）的基础上，确定知识产权工作的总体战略思想、目标定位、管理策略以及战略重点、实施步骤等。

2. 支撑层

支撑层对企业知识产权管理的机制建设和资源管理进行规范。机制建设做到知识产权管理的"五个落实"，即领导落实、机构落实、制度落实、人员落实、经费落实。资源管理围绕知识产权管理相关的人力资源、财务资源、工具资源、信息资源管理等事项进行统筹。

（1）机制建设

机构权责方面，确定企业知识产权管理组织模式与机构分级以及权责和管理分工，建立决策程序，将知识产权管理机构、职能设置与业务目标相结合。知识产权管理机构应由企业最高管理者领导，对知识产权管理体系的建立、适应性、有效性负责并配备必要的资源，拥有企业知识产权战略及重大事项的决策权；最高管理者在企业最高管理层中指定专人落实知识产权管理体系运行，向最高管理者报告知识产权管理绩效和改进需求；知识产权管理机构支持最高管理者和全企业范围内与知识产权有关的活动，与各部门建立沟通渠道，确保知识产权管理体系有效运行。

制度体系方面，固化知识产权管理程序，保证程序可控性，适时修订完善，推动知识产权相关工作的开展。制度体系依据法律法规、国家政策以及企业其他规章，由最高管理者批准实施，可包括知识产权资产管理程序、技术创新与知识产权权属制度、人事管理控制程序、保密管理控制程序、奖励管理控制程序、合同管理控制程序、外包管理控制程序等。

（2）资源管理

人力资源方面，配备专业的知识产权管理人员，开展教育培训，加强人事合同对知识产权问题的约定，降低入职和离职中的知识产权风险，建立知识产权相关奖励和惩罚。人的能力构成企业的能力，知识产权人力资源工作要注重知识产权专业人才的培训、培养或引进，注重具有科技、法律、经管与知识产权复合型知识结构的人才的培养，注重为全体员工提供必要的知识产权普及教育。

财务资源方面，设立与知识产权战略的发展理念和知识产权资产储备规划相匹配的知识产权管理经费，以满足知识产权资产维护、日常事务、机构运行、制度运转、风险抵抗等的经费保障。

基础设施方面，除应配备必要的办公场所和硬件设备，还应通过内部平台建设实现知识产权管理信息化。系列管理软件可包括知识产权全过程标准化管理平台、专利申报评审管理系统、知识产权资产管理系统、专利检索数据库、专利诉讼数据库等。

信息资源方面，企业应建立收集信息的渠道，加强筛选、分析和利用，一方面加强内部知识管理和分享，另一方面控制信息外泄的风险等，如建立信息搜集渠道，对信息进行分类筛选和情报分析，在对外信息发布之前进行相应审批等。

3. 实务层

实务层对知识产权资产积累、风险防控、加值运营、争诉解决四个主要管理环节进行梳理。将四个主要环节的管理工作融入企业生产经营全过程和知识产权资产的创造、管理、运用和保护全过程，以确保企业生产经营各主要环节的知识产权管理活动处于受控状态，避免自主知识产权权利流失或侵犯他人知识产权。

（1）资产积累维护

知识产权资产的积累维护与企业集团研发、生产过程高度融合，将创新成果权利化、资产化，在知识产权生命周期内对其价值进行评价与权利取舍。

知识产权资产积累维护的内容包括：①专利挖掘：进行于专利布局之前和之后，之前针对技术创新成果进行可专利化筛选，之后结合布局进行上下游产业链和关联技术的拓展；②专利组合与布局：在了解整个行业技术环境、竞争对手信息、专利热点、专利价值分布等信息的基础上，结合己方的经营战略和诉求，在技术、时间、地域或产业等多个维度进行规划布局，积累高质量的专利组合资产，使专利资产形成一个立体的权利网络；③知识产权的原始取得管理：包括在获取知识产权前进行必要的检索和分析、内部申报流程管理（技术交底书、审查意见的答复等）、知识产权申请程序（时间、费用、手续等）管理；④知识产权的继受取得管理：包括知识产权价值评估、权利转让合同管理、知识产权尽职调查等；⑤内部知识产权价值评估：包括对创新成果可专利性评估、潜在商业价值评估，知识产权质量控制，对现有知识产权的权利维持评估，以及依据评估结果进行知识产权分级或分类管理与权属管理；⑥权属管理与权利维护：包括保障发明人署名权、明确知识产权权利人，知识产权的维持、放弃、维权和侵权救济等。

（2）风险防范控制

知识产权风险防范控制涉及企业生产经营全过程，对可能发生的知识产权争端提前防范、发布警告、准备应对方案，以维护企业集团利益，最大限度减少损失。其内容包括：深度知识产权分析、知识产权侵权回避设计、专利壁垒布局、组建知识产权联盟或专利池、侵权调查、保密管理、档案管理、合同管理等。

知识产权法律风险防范应贯穿于立项、研发、采购、生产、销售和售后全过程，在各环节的侧重点有所差异，如立项和研发环节侧重规避设计、保密管理和档案记录保留；采购、生产侧重明确知识产权权属、许可使用范围和侵权责任承担；许诺销售或销售前侧重侵权调查、拟定风险规避策略及方案。风险预警相关知识产权分析依靠数据检索与分析形成对风险防范具有重要参考价值的情报，包括产业宏观专利分析、竞争对手专利分析、新产品技术的知识产权监视、专利地图与风险预警分析等。

（3）资产加值运营

知识产权资产加值运营相对独立于其他经营活动，利用知识产权的资产属性和高附加值进行商业化运营，将技术转化为现实生产力，为企业集团创造经济效益。其内容包括：知识产权的使用与引进、许可、转让等交易管理，知识产权价值评估管理，知识产权抵押融资、作价入股或拍卖等资本运作，专利技术标准化等。

知识产权资产加值运营属于较高层次的知识产权运用，其以完善的知识产权价值管理为基础，通过转让、使用许可、特许经营、资本化、标准化等方式促使企业集团的知识产权资产保值、增值，具有投资大、回报周期长等特点。

（4）争端诉讼解决

知识产权争端诉讼解决对于可能发生于研发、申请、实施、市场运作等各阶段的国内诉讼或涉外诉讼，采取一定的策略和途径加以处理和解决，尽量减少对企业集团在经济、市场、时间、声誉等方面的损失。其内容包括：知识产权诉讼规划与执行、知识产权无效分析与主张、跨国知识产权诉讼管理、权利金追索规划执行因应、知识产权边境保护措施、营业秘密管理保护、知识产权保险等。

知识产权争端诉讼通常具有突发、时间长、破坏性大等特点，需要消耗大量人财物力，且往往个案差异较大，需要具体问题具体解决。一方面，在争诉发生之前，企业应注重知识产权积累、风险规避与防范，切实做好知识产权工作记录以保留证据。有条件的企业可以建立诉讼资料库，库中囊括主要竞争对手的研发、生产、制造资料；产品主要出口国法律法规和司法判例，进口国律师、专家、公证人资料。通过日常的总结、积累，使企业在真正应对知识产权纠纷时，做到游刃有余。另一方面，在争诉发生之时，应采取审慎态度，建立完整的纠纷应对流程，掌握主要法律规定、立法趋势及法院的判例，寻找双方的利益平衡点和对方的弱点，完善自身的应对措施，尽可能寻求外交手段、行业协会、产业同盟等各方面的支援，将损害降至最低。

五、结　语

企业知识产权全过程管理体系依据并配合国标规范，对企业生产经营活动各环节的知识产权管理工作进行了全面梳理。该体系模型综合考虑了不同规模、不同行业、不同类型企业知识产权管理的需求，具有一定的更具普适性与可操作性。企业可以结合自身发展阶段、经营规模、竞争策略、知识产权工作水平开展体系建设进而完成贯标，实现对知识产权创造、保护、运用的全方位和系统化的管理。